Säcke der Weisheit und Meere des Wissens

Ausgewählt von Hartmut O. Rotermund

D1666192

Säcke der Weisheit und Meere des Wissens

Alte japanische Hausbücher –
Ein kulturgeschichtliches Lesebuch

Ausgewählt von Hartmut O. Rotermund

iudicium

**Bibliografische Information
der Deutschen Nationalbibliothek**

Die Deutsche Nationalbibliothek verzeichnet diese Publikation in der
Deutschen Nationalbibliografie; detaillierte bibliografische Daten sind im Internet
über
http://dnb.d-nb.de abrufbar.

ISBN 978-3-86205-012-3

Grafische Gestaltung: Harald Bauer
Druck: Kessler Druck + Medien, Bobingen
Printed in Germany

www.iudicium.de

Die hier vorgelegte Untersuchung setzt sich zum Ziel, japanische „Alltags-Kultur" der frühen Neu-Zeit [17.–19. Jh.] anhand alter „Hausbücher", Enzyklopädien, Almanache und Zauberbücher vorzustellen. Vom Inhalt her gesehen wäre man fast bereit, den Titel eines im Jahre 1745 in Nürnberg veröffentlichten „Hausbuchs" – das eine eindrucksvolle inhaltliche Verwandtschaft mit den hier aufgegriffenen japanischen Hausbüchern aufweist –, mutatis mutandis, auf unsere Studie zu übertragen: *„Natürliches Zauber-Buch oder: neu eröffneter Spiel-Platz rarer Künste/in welchem nicht allein alle Taschen-Spieler – und andere curiöse Mathematische und Physicalische Künste sondern auch die gebräuchlichen […] Spiele aufs genaueste beschrieben, und mit vielen Figuren erläutert werden"* [Sigel: NZB].

Im Zuge der Material-Suche zu einer unserer früheren Veröffentlichungen [H. O. Rotermund 1998] hatten wir über viele Jahre hin japanische „Haus[wirtschafts]-Bücher" der Edo-Zeit [17.–19. Jh.] gesammelt. Ihre systematische Durchsicht und Auswertung im Hinblick auf Themen aus dem so überaus vielschichtigen Gebiet der Alltags- und Haushalts-Kultur lieferte, Jahre später erst, den Rahmen und die Grundlage der vorliegenden Arbeit. Angesichts des Fehlens bekannter Vorarbeiten zu solchen Materialien hat unsere Arbeit nicht die Ambition, in einer streng „akademischen" Darstellung mit definitiven Aussagen oder Resultaten das Genre japanische „Hausbücher" umfassend darzulegen; sie sucht lediglich in diesem ersten, thematisch angeordneten Versuch – in Form eines „Lesebuchs", i. e. in Übersetzungen [und, wo nötig und möglich, Kommentaren] – einen Einblick in den inhaltlichen Reichtum der Hausbücher als Quelle der Kulturgeschichte zu vermitteln, und damit zu einem besseren, zu einem anderen, Verständnis des japanischen Alltags-Lebens vergangener Zeiten einen bescheidenen Beitrag zu leisten.

Bei einigen Themen, zu denen wir – ohne die Absicht eines systematisch angestrebten Vergleichs – europäische Materialien zitieren, sind wir für die Einsichtnahme der deutschen Übersetzung von Portas *Magia Naturalis* [Sigel: MANA] der Handschriften-Abteilung der Universitäts-Bibliothek Erlangen zu Dank verpflichtet. Für wertvolle Hilfestellung bei der „Eindeutschung" von Pflanzen-Namen danken wir Dr. Eva Falge [Universität Mainz]. Ebenso sei den in der Literatur-Liste hinter verschiedenen Titeln genannten Universitäten und Instituten in Japan gedankt, die uns für diese Arbeit Kopien wichtiger Texte/Illustrationen anfertigen ließen.

Frühjahr 2010
Hartmut O. Rotermund

INHALT

EINLEITUNG

Einmal abgesehen von den ältesten Augenzeugen-Berichten, die vom fernen Japan und seiner Kultur Kunde gaben (1) und dabei einen weit gespannten Themenbereich aus Geschichte, Religion, Kunst und Brauchtum berührten, geben japanische „Kulturgeschichten", im weitesten Sinn, in der Regel einen mehr oder weniger vollständigen Überblick über die großen gesellschaftlichen Entwicklungen, betonen dabei aber nicht selten die herausragenden künstlerischen, ästhetisch-architektonischen, religiösen oder literarischen Höhepunkte einer über tausendjährigen Geschichte (2).

Von der Forschung bislang unbeachtet – ein Sonderfall ist eine frühe, von A. Bohner 1927 vorgelegte Übersetzung des *Kokon chie-makura* [„Weisheits-Kopfkissen aus alter und neuer Zeit"] (3) – spiegeln Hausbücher (4), in japanischen Katalogen zumeist unter der Rubrik „Haus[-wirtschaft]" aufgelistet (5), jedoch eine Summe von Alltags-Situationen, praktischen Lösungen, prophylaktischen oder therapeutischen Mitteln, magico-religiösen Denkmustern, belehrenden Anweisungen oder spielerischen Verhaltensweisen wider, die sich in ihrer Vielfalt häufig einer eindeutigen, übergeordneten Zuordnung entziehen.

Den hier aufgegriffenen Hausbüchern nahe – und in einzelnen Einträgen sogar mit ihnen identisch – stehen die *Ōzassho* [wörtlich: „große, vermischte Schriften"], Wahrsage-Enzyklopädien zum häuslichen Gebrauch, auf deren zivilisatorischen, i. e. erzieherischen Charakter z. B. Arbeiten von Yokoyama T. hinweisen (6). Die zu Beginn des 17. Jh. aufgekommenen und anfänglich in den Krieger- und Adelsschichten verbreiteten *Ōzassho*-Enzyklopädien – eine Standard-Ausgabe, vielmals nachgedruckt, ist die der Tenpō-Ära [1840] (7) – konzentrieren sich inhaltlich auf eine Unterrichtung, eine Orientierung des Lesers zu Fragen des Kalenders, zu „guten und schlechten Tagen", Erfolg versprechenden Wahrsage-Praktiken, Tabu-Beobachtung, etc. (8). In ihrer ideologischen Grundlage stellen sie anfangs eine Zusammenfassung von Elementen des Volksglauben und der Yin-Yang-Philosophie unter dem Zeichen der Fünf „Wandelzustände" [= Elemente] dar, reichern sich aber ab Mitte der Edo-Zeit in großem Umfang mit allerlei praktischem Wissen des täglichen Lebens an und finden in dieser Form dann in weiten Kreisen der Bevölkerung Verbreitung.

Verglichen mit den ebenfalls für die Volksbildung oder -erziehung wichtigen *Setsuyōshū* [Haushalts-Enzyklopädien in Wörterbuch-Form] (9), die mehr auf eine gesellschaftliche Ausrichtung sowie auf zwischenmenschliche Kontakte abstellen, sind *Ōzassho* eher für die Kontakte zu den Gottheiten und für die Welt des Übernatürlichen von Bedeutung.

Die Menschen der Edo-Zeit suchten bei vielen Tätigkeiten des täglichen Lebens Rat, Hilfe und Belehrung in einem Kalender oder auch in „Büchern zum praktischen Gebrauch" – Lebenshilfe und Wissensquell zugleich. Neben *Setsuyōshū* und *Ōzassho* waren in analoger Funktion auch die sog. *Chōhō-ki* [„Nützliche und bequeme Aufzeichnungen"] sowie auch die seit dem Mittelalter mit verschiedenen Schwerpunkten, im Laufe der Edo-Zeit mehr im Stil von umfassenden Lehrbüchern publizierten *ōrai-mono* [wörtlich: „Dinge, die hin- und hergehen"] beliebt (10). Als Literatur zum täglichen Gebrauch umfassten vorgenannte Quellen, vor allem aber die in dieser Arbeit näher untersuchten „Hausbücher", sehr detailfreudig, Fragen des Familien-Lebens, des Handwerks, der Landwirtschaft, der Medizin und Pharmakologie, der Sitten und Gebräuche ja sogar des Wissens einer Epoche, in welcher sich Tradition und Fortschritt, Rationalität und Irrationalität in signifikanter Weise verbinden.

Auch über eine systematische Analyse der *fūzoku* – und *meisho-zu-e*, i. e. „illustrierten Beschreibungen von Sitten, Gebräuchen oder Sehenswürdigkeiten" – (11) ließen sich unter Umständen einige Facetten der japanischen [Alltags-]Kultur der Vor-Moderne erarbeiten (12).

Wir haben im Rahmen dieser Arbeit an einigen, inhaltlich mit den Einträgen der Hausbücher verwandten Stellen auch auf *Ōzassho* – und hier auf das *Eitai ōzassho manreki taisei* [EZ] – sowie, vor allem im Bereich des Volksglaubens, auf einige *Chōhō-ki* Bezug genommen. Bei einer groben Titel-Durchsicht zweier außer-japanischer Hausbücher, des eingangs genannten *Natürlichen Zauberbuchs* sowie der *Magia Naturalis* [1588] *„des Vortrefflichen Herren Johann Baptista Portae von Neapolis"* (13) zeigte sich eine überraschend hohe Anzahl von Verfahren, die thematisch mit den entsprechenden japanischen Einträgen verwandt, wenn nicht mit ihnen identisch erschienen. In der deutschen Übersetzung von Portas *Magia Naturalis* wird hie und da unter <*Anmerckung*> auf Verfahren aus *„der Frantzösischen und anderen vorigen Editionen"* verwiesen (14). Wir haben an geeigneter Stelle, beispielhaft, aus beiden Ausgaben des Werkes, der deutschen und der französischen Übersetzung, Titel [teils aus dem <*Register*> übernommen] und – seltener – den Volltext eines Verfahrens zitiert, nicht in der Absicht, dadurch etwa die Möglichkeit von Rückschlüssen auf einen irgend gearteten, kulturellen Austausch auf diesem spezifischen Gebiet anzudeuten – die erste, klare Übernahme westlicher „wunderbarer Künste" [*myōjutsu*] datiert wohl vom Ende der Feudal-Zeit [s. infra] – sondern lediglich mit dem Ziel, Analogien [die jedoch eine weiter führende systematische Untersuchung verdienten] bei Theorie und Praxis der „Haushalt-Wirtschaft", bei Arbeit und Spiel im Alltag zweier verschiedener Kultur-Kreise zu unterstreichen.

Zeitlich erstreckt sich die Veröffentlichung der hier vorgestellten Hausbücher auf das 18. sowie auf die erste Hälfte des 19. Jahrhunderts. Aus der großen Anzahl bekannter Titel haben wir ca. zwanzig repräsentative Texte zur Untersuchung herangezogen, die wichtigsten hierunter sind nachstehend [al-phabetisch] aufgelistet [in Klammern die im Text verwendeten Sigel]:

Banpō chie-bukuro [„Weisheitssack der zehntausend Schätze"] 2 Bde [1725] **[P]**

Bansei hiji makura [„Kopfkissen geheimer Dinge für ewige Zeiten"] 3 Bde [1725] [*Chin-jutsu banpō zensho*], Hayami Kenzan **[H]**

Hiden sehō-bukuro [„Über Generationen geheim tradierter Sack von Schätzen"] 3 Bde [1763], Kusakabe Furen **[M]** Vgl. Abb. (1)

Hiji shian-bukuro [„Sack geheimer Dinge und Erfindungen"] 3 Bde [1729] Wada Yosuke **[B]**

Hiji shinan-guruma [„Leitwagen geheimer Dinge"] 3 Bde [1726], Wada Ihei **[C]**

Hyakkō hijutsu zenpen [„Geheime Technik zu verschiedenen handwerklichen Tätig-keiten"] 3 Bde [1725], Irie Teian **[D]**

Kokon chie-makura [„Kopfkissen der Weisheiten aus alter und neuer Zeit"] 3 Bde [1734] [*Myōjutsu hakubutsu-sen*, 1781], Kawauchi [Kōchi] Gentaku **[A]**

Minka nichi-yō kōeki hiji taizen [„Große Sammlung nützlicher geheimer Dinge für den täglichen Hausgebrauch"] 5 Bde [1851], Sanshōkan shujin **[Q]** Vgl. Abb. (2)

Sehō denju-bukuro [„Sack von überlieferten Schätzen aller Zeiten"] 3 Bde [1726], Tsutsumi Seizanshi [Hanzan] **[I]**

Shinpen senjutsu kinnō hikan [„Geheim-Kapitel aus dem Seidensack wundersamer Künste der Unsterblichen"] [1726] [*Myōjutsu hakubutsu-sen*], Irie Teian **[O]**

Shūgyoku nichi-yō denka-hō [„Gesammelte Perlen an Hausschätzen zum täglichen Ge-brauch"] 3 Bde [1765] [*Myōjutsu hakubutsu-sen kōhen*], Yanagiwara Motohide (?) [nach KSSM] **[K]**

Shūgyoku shin chie no umi [„Gesammelte Perlen aus dem neuen Meer der Weisheiten"] 3 Bde [1724] [*Kinnō chijutsu zensho*], Fujii Masatake [nach KSSM] **[F]**

Shūgyoku zoku chie no umi [„Gesammelte Perlen aus dem Meer der Weisheiten, Fortset-zung"] 3 Bde [1724] [*Kinnō chijutsu zensho*], Fujii Masatake [ibid.] **[E]**

Shūi chie no umi [„Nachtrag zu dem Meer der Weisheiten"] 3 Bd. [1788] [*Myōjutsu ha-kubutsu-sen kōhen*] **[L]**

Zōho shūgyoku chie no umi [„Ergänzungen zu den gesammelten Perlen aus dem Meer der Weisheiten"] 3 Bde [1747] [*Kinnō chijutsu zensho*] **[G]**

Anhand dieser und sporadisch herangezogener, weiterer Dokumente [s. Lite-ratur-Auswahl] wurden aus über zweitausend Einträgen für die untersuchten Themenkreise [infra] charakteristische und aussagestarke Beispiele ausge-wählt und in teils extensiver, teils partieller Übersetzung oder in einer Zusam-menfassung [in diesen beiden Fällen: Ziffern **fett** gedruckt] vorgestellt. Die nicht fett gedruckten Ziffern stehen vor Einträgen mit reinen Titelangaben, für welche keine Übersetzung vorgelegt wird: dies mehrheitlich bei Verfahren im Stil von rein technisch-praktischen Gebrauchs-Anweisungen. Oft beinhalten größere Titel mehrere Bezugsobjekte und verschiedene Finalitäten [z. B. A. 1-52: Schädliche Einflüsse, Unglück, Feuer, etc.]; in solchen Fällen wurde bei der alphabetischen Reihung und thematischen Einordnung auf das erste der Be-zugsobjekte abgestellt, im Index finden sich jedoch alle Stichwörter aufge-führt. Nachstehend eine kurze, keineswegs erschöpfende Inhalts-Angabe der einzelnen Kapitel [A–I].

[A. Haus, Hof und Garten]

Die hier aufgegriffenen Notizen umfassen konkrete, die Witterung in Rechnung stellende Maßnahmen, stipulieren aber auch die Kalender-abhängige Ausrichtung eines Hauses oder ein durch die Yin-Yang Philosophie determiniertes Vorgehen während der Bau-Periode (15). Von großer Bedeutung war in jedem Anwesen die Lage des Brunnens, sowie die Sicherstellung der Wasser-Qualität, während es im Haus-Innern galt, die richtige Herdstelle, den angemessenen Rauchabzug zu bestimmen oder auch über längere Zeit Feuerglut zu bewahren. Eine größere Anzahl von Einträgen betrifft den Schutz des Anwesens vor den vermeintlichen schädlichen Einflüssen böser Geister sowie vor Brandgefahr: Feuerfestigkeit war vor allem auch für den Speicher [*kura*] von Bedeutung. Bei den Vorsichtsmaßnahmen gegen Brände ist die Hinwendung zur Magie augenfällig, die in zahlreichen Gedichten [*majinai-uta*] [A. 3–6] ihren markanten Ausdruck findet (16).

Vielerlei Methoden zielten auf eine Art von Sparmaßnahmen ab, so die Herstellung von kleinen Kerzen, die jedoch eine ganze Nacht über „hielten"; genau wie gewisse „[Spar] Lampen mit geringem Ölverbrauch" – sicher eher Notwendigkeit denn „Öko-Bewusstsein" vor der Zeit.

Die Einträge zu Bäumen und Pflanzen sind durchgehend sehr technischer Natur: wie bei anderen Abschnitten auch, haben wir hier eine gewisse Anzahl von Verfahren lediglich unter ihrem Titel aufgeführt, mit dem Ziel, einen Einblick in die Vielfalt der angeschnittenen Probleme auf diesem Gebiet zu ermöglichen.

Manchen Aussagen zum Wetter kann durchaus ein empirischer Hintergrund zugestanden werden, die Bestimmung von Regen mittels eines Blicks auf die zwölf Tierkreiszeichen [A. 4–30] entzieht sich jedoch wissenschaftlichen Kriterien, ebenso wie auch ein Verfahren, per Magie einem heftigen „Wind Einhalt zu gebieten" [A. 4–44].

[B. Haushalt, Arbeit und Handwerk]

Unter diesem bewusst weit gefassten Titel werden mehrheitlich Verfahren aufgeführt, die technische Fähigkeiten zur Grundlage haben, wenn auch, wie z. B. im Abschnitt „Räucherwerk", spielerische Elemente keineswegs fehlen [B. 3]. Zahlenmäßig stark vertreten sind Färb-Techniken, die wir aber nur mit ihrem Titel vorstellen können.

Die Fertigstellung von Kleidung und das Zuschneiden von [teuren] Stoffen erforderte eine sichere Hand, Erfahrung und Geschick, wozu auch entsprechende magische Gedichte ihren Beitrag leisteten. Ein Blick auf die verschiedenen Flecken auf Stoffen und Kleidung erlaubt – fokalisiert auf diesen Punkt – einen Einblick in Risiken und Ablauf des täglichen Lebens. Auf anderen Gebieten wieder, wie z. B. bei Lack-Arbeiten, Leimen etc., fällt die Anzahl von Vorkehrungen auf, die bei Mangel an den üblichen Materialien oder unter bewusstem Verzicht auf diese wirksame Ersatz-Lösungen vorschlagen.

[C. Essen und Trinken]

Anhand unserer Materialien zeigen sich hier sehr schnell als wichtigste Nahrungsmittel Fisch, Nudeln und Reis, sowie, unter den Getränken, natürlich der beliebte Reiswein [Sake].

Beim Fisch-Verzehr bleiben bei aller Vorsicht oft Gräten im Hals stecken, ein Vorfall, dem man nicht nur mit praktischen Mitteln zu begegnen sucht, sondern bei welchem auch eine größere Anzahl magischer Formeln zur Anwendung kam. Frisch-Haltung von Fisch – vor allem beim Transport über längere Strecken – sowie auch, ganz allgemein, die Konservierung von Nahrungsmitteln und besonders von Frisch-Gemüse ist ein oft angesprochenes Problem. Neben dieser berechtigten Sorge um die Siche-

[01]
Das Hausbuch *Hiden sehō-bukuro*

[02]
Minka nichi-yō kōeki hiji taizen

rung der Qualität lesen wir immer wieder von Methoden, bestimmte Früchte oder auch Gemüse-Arten saisonunabhängig zu züchten oder zu ernten.

Auffallend aber sind in diesem Kapitel die zahlreichen Einträge, die den Kampf gegen den Hunger zum Vorwurf haben – ein Zeichen von Mangel, Ernährungsschwierigkeiten oder eher Ausdruck der Notwendigkeit während längerer Reisen?

[Soba-]Buchweizen-Nudeln waren offensichtlich ein überaus beliebtes Gericht, wie aus der großen Anzahl von Methoden zu ersehen, die Abhilfe bei unmäßigem Verzehr versprechen. Die Bedeutung von Reis als dem Hauptnahrungsmittel wird durch eine Vielzahl von Einträgen belegt. Auch beim Verzehr von Reisklößen [mochi] bestand, analog zum Problem der Fisch-Gräten, die Gefahr, dass diese im Hals stecken blieben und so zu schweren Unfällen führten.

Die Wasser-Versorgung war teilweise schon im Kapitel [A] angesprochen worden, sie wird aber, vor allem auf Reisen, zu einem echten Problem, wie Verfahren zeigen, ohne zu trinken doch keinen Durst zu leiden, oder aber aus schlechtem Wasser reines Trinkwasser zu filtern.

Nicht weiter wunders nimmt es, dass der Sake-Trink-Kultur im weitesten Sinn breiter Raum eingeräumt wird. Aus der bunten Palette von Einträgen seien jene zitiert, die z. B. einen starken Trinker zu einem „schwachen", oder aber – Einbruch des Spielerischen? – umgekehrt, schwächere Trinker trinkfest zu machen versprechen. Die Möglichkeit, durch „Anklopfen" der kleinen Sake-Flasche [tokuri] die Qualität ihres Inhalts zu erkennen, oder auch der Versuch, mehr Sake in ein Schälchen zu füllen als eigentlich hinein geht, sind beides Handlungen, die klar in den Bereich des Spielerischen verweisen.

[D. Lesen, Schreiben und Malen]

Diese Tendenz zum Spielerischen tritt uns in diesem Kapitel noch klarer entgegen. So z. B. bei Praktiken, die es gestatten, „im Dunkeln zu lesen" [D. 1-1], „Zeichen zu [er]riechen" [D. 1-4], wurmstichige Inschriften herzustellen [D. 2-7] oder gar auf Wasser zu schreiben; aber in gewisser Hinsicht zählen hierzu auch die verschiedenen Verfahren von Geheimschriften. Korrekt zu schreiben war und ist immer noch eine Kunst – was indirekt Einträge belegen, die Wege aufzeigen, „falsch geschriebene Zeichen" zu korrigieren.

Im Bereich der Malerei finden wir einerseits Hinweise auf die Beliebtheit europäischer [= holländischer] Ölbilder, andererseits tritt aber auch hier das spielerische Element zu Tage, wie dort z. B., wo von einem vorweg präparierten Gemälde die Rede ist, dessen Figuren im Kontakt mit dem Duft von Sake – wie echte Trinker – „erröten" [D. 3-4].

[E. Krankheit, Schwangerschaft, Unfälle]

In diesem Kapitel wurde eine durchwegs alphabetische Auflistung von Pathologien versucht, die nicht unbedingt immer einer streng medizin-kundlichen Logik folgen. Zahlenmäßig stärker vertretene Gebiete sind Dermatologie, Epidemien, Neurologie und Schwangerschaft – Gebiete auch, bei denen die relativ große Anzahl von verbal-magischen Verfahren ins Auge fällt. Der Kampf gegen die Epidemien der Vor-Moderne liefert in den Notizen zur Pocken-Gottheit einen bedeutsamen Einblick in das magico-therapeutische Denken der Edo-Zeit, einer Epoche, welche durch das Phänomen der „Gottheiten à la mode" [hayari-gami] charakterisiert ist (17).

Hintergrund verschiedener neurologischer Krankheitsbilder ist oft der Glaube an die üblen Machenschaften von Füchsen – den Hauptakteuren im Bereich der Tiergeister, die vermeintlich vom Menschen Besitz nehmen können. In indirekter Weise zeichnet der Fuchs aber auch für nächtliches Kinderweinen verantwortlich.

Bei vielen der in den Hausbüchern vorgestellten Gebiete finden wir Handlungsweisen, die auf einer Koexistenz von rationellem Vorgehen einerseits und von magischem Denken inspirierten Handlungen andererseits basieren. Der genaue Stellenwert magischer Hilfsmittel ist im Edo-zeitlichen Denken nicht immer leicht zu definieren, wie die Behandlung gewisser Krankheiten oder vor allem das Vorgehen bei Unfällen zeigen, und bei welchen alleinig modern anmutendes, „logisches" Denken bestimmend scheint. Dies z. B. bei der Reanimation Ertrunkener oder Erhängter: dort finden wir keinerlei Andeutung von Magie, sondern ausschließlich empirisch erklärbares Verhalten. Gibt es also einen selektiven Gebrauch von Magie? Die Bestimmung des Geschlechts eines Fötus [mit dem Ziel, männliche Nachkommen in die Welt zu setzen] – ein wichtiger Punkt im Bereich der Schwangerschaft – ist mangels „technischer" Möglichkeiten gänzlich von magischen Gesten und Vorkehrungen getragen [E. 245, 246].

Ganz allgemein wird in der Verbal-Magie eine Vorliebe für die durch doppelsinnige Wortspiele [*kake-kotoba*] nutzbare Homophonie deutlich. So z. B. in einem Gedicht zu leichter Geburt, welches auf das buddhistische Weisheits-Sutra, *Hannya haramita-kyō*, anspielt, das ja in seinem Titel das zu „schwanger" [*harami*] homophone Morphem *harami* [-*ta*] führt und daher seine magische Potenz gewinnt [E. 260].

[F. Körperpflege]
Große Aufmerksamkeit galt der Pflege des Teint, der – wie noch heutzutage gesucht – hell [und glänzend] sein sollte. Wir haben weitgehend darauf verzichtet, die verschiedenen Ingredienzien der Pharma-Kosmetika näher zu betrachten. Nächst dem Teint nimmt die Haar-Kultur einen breiten Raum ein, in der Regel mit dem Bestreben, langes, schwarz-farbenes Haar zu erzielen.

Wie ein Spiegelbild der damaligen Hygiene erscheinen jene Notizen, die vom Auftreten von Läusen im Scham-Bereich beider Geschlechter berichten [F. 66]. Vom Standpukt der Shintō-Ethik aus gesehen war das Auftreten der Menses, ohne Überraschung, ein Hindernis für einen Schrein-Besuch. Die Formel jedoch, die ein solches, traditionelles Tabu-Denken entschärft, gibt zugleich Einblick in das im japanischen religiösen Denken seit alters verankerte, symbiotische Verhältnis von Kami-Gottheiten und Buddhas [F. 70].

In den verschiedenen Texten regelmäßig anzutreffen ist schließlich die Sorge um die Beseitigung von Mundgeruch und [Achsel-]Schweiß, klimatisch einsichtige bzw. gastronomisch bedingte Erscheinungen, die in der Regel mit pharmakologischen Mitteln bekämpft wurden. Die schon in chinesischen Chroniken erwähnte Sitte des Zahn-Schwärzens [„Japan, das Land der schwarzen Zähne"] war seit der Edo-Zeit speziell den Frauen zu eigen und wurde in der Meiji-Zeit sichtbares Status-Symbol der verheirateten Frau.

[G. Tiere, Vögel und Insekten]
Wie bereits in anderen Bereichen zu Tage getreten, beinhaltet das Verhältnis Mensch : Tier eine manchmal überraschende Tendenz zum Spielerischen. Das Beispiel der Hähne, die man dahin bringt, zur Unzeit zu krähen, zeigt jedoch, dass spielerisches Vorgehen, rationelles Denken und magische Überlegungen parallel existieren oder gar zusammengehen können: einerseits lässt man Hähne zur Unzeit krähen, andererseits aber sucht man eben dieses Krähen [ob natürlich oder bewusst herbeigeführt] unter dem Blickwinkel guter oder schlechter Omina zu interpretieren.

Ein charakteristisches Verfahren, sich gegen Hundebisse zu schützen, bestand in einer per Wortmagie operierten, personalen Transformation des Sprechers [„Ich bin der Tiger"]. Allerdings wird die Sitte, sich diese Schriftzeichen in die Handfläche zu schreiben – wie in einem Text des frühen 18. Jahrhunderts vorgeschlagen – ein Jahrhundert später, in der Essay-Sammlung *Kiyū-shōran* [1830] bereits parodiert und der Misserfolg [= Hund beißt trotzdem zu] dem Umstand zugesprochen, dass das Tier wohl des „Lesens unkundig" gewesen sein müsse. Zeigt sich nicht an diesem Beispiel der Rückzug magischen Denkens in einer alle Lebensbereiche umspannenden „Entmythologisierung" und [beginnenden] Modernisierung des Landes?

Jäger konnten nicht umhin, berufsbedingt das buddhistische Verbot der Tötung von Lebewesen zu übertreten. Warum dabei das von den Jägern der Suwa-Gegend dem Schrein als Opfergabe dargebrachte Wild trotzdem den [in ihrem „Urstand" ja buddhistischen] Kami-Gottheiten gefällig ist, verrät eine vom Suwa-Schrein herausgegebene magische Formel. Ihr Hintergrund ist einmal mehr das Bewusstsein eines spezifischen, engen Verhältnisses von Kami und Buddhas, so wie es die gesamte religiöse Mentalität Japans bestimmt [G. 1-47] (18).

Eine große Anzahl von Notizen galt der Mäuse-Plage, wenngleich auch hier spielerische Elemente nicht fehlen, wie z. B. in einem Verfahren erkenntlich, Mäusen größere Ohren wachsen zu lassen [G. 1-74] (19). Auch heute noch gehört in einigen Gegenden Japans Umsicht zu den nötigen Vorsichtsmaßnahmen gegen Schlangen-Bisse. Eine Zauber-Formel, die auf ein *antécédent magique* anspielt und das Farnkraut in den Mittelpunkt stellt, besitzt bei näherer Untersuchung einen durchaus rationalen Hintergrund: galt doch seit alters als Schutzmittel gegen vielerlei Gefahren, sich Arme und Beine mit dem Saft des Farnkrautes zu bestreichen.

Mushi: „Insekten", ist ein Terminus, der im Japanischen eine vielschichtige Realität umfasst, vornehmlich allerlei Ungeziefer bezeichnet, aber auch Schlangen miteinschließt (20). Ameisen, Kakerlaken, Moskitos und Tausendfüßler gehören wie eh und je zur Stammtruppe japanischer *mushi*. In unserem Zusammenhang ein Sonderfall: die „Toiletten-Insekten", deren Vernichtung am achten Tag des vierten Monats angesetzt ist. Die korrekte Etymologisierung ihres a priori unverständlichen Namens eröffnet einen aufschlussreichen Blick in die multifaktorielle Tradition Japans, die in eigener Weise Kami-Gottheiten, Buddha und Ahnen vereint [G. 3-46] (21).

[H. Auf Reisen]

Die Tradition von Reisen [innerhalb und außerhalb des Landes], unter anderen Vorzeichen als einer durch Nahrungssuche und Wohnungswechsel bedingten Migration, geht weit in die japanische Geschichte zurück; als ältestes Dokument einer Reise, außerhalb des Landes, gilt eine Notiz über die Fahrt eines japanischen Botschafters nach Lo-yang [Han-China], aus der Mitte des 1. Jahrhunderts.

In diesem Kapitel [H.] zitieren wir, neben verschiedenen Einträgen aus den Hausbüchern, in extenso aus einem Edo-zeitlichen Reiseführer [1810], der in klarer, oft amüsanter Form die näheren Umstände und Gefahren einer Reise in jener Zeit aufzeigt, und adäquate Verhaltensweisen in den unterschiedlichsten Situationen vorstellt.

Flüsse zu Fuß durchwaten oder auch per Schiff übersetzen war nicht nur bei Hochwasser, oder in Begleitung von Frauen und Kindern, ein mitunter gefährliches Unterfangen, sondern es galt dabei auch ganz allgemein, sich gegen die *kappa*-Wasserkobolde und ihre Untaten zu schützen [H. 20].

Zu den konkreten Gefahren, unliebsamen Zusammentreffen mit Fremden oder auch der Unsicherheit bei nächtlichem Ausgang, gesellte sich auch der noch weit verbreitete Glaube an die gefährlichen Machenschaften von Füchsen [H. 48]. Ein Ratschlag, wie man sich angesichts vermeintlich von ihnen verursachter unheimlicher Phänomene zu verhalten habe, zeigt, dass einerseits das Wirken von Füchsen [noch] nicht angezweifelt wurde, andererseits aber die passende Antwort hierauf durchaus von einer gesunden Rationalität diktiert wird – eine bemerkenswerte Verbindung von traditionellem Volksglauben und logisch-rationellem Denkansatz.

Unter den möglichen Erkrankungen während einer Reise wird vor allem der „Wasser-Wechsel" herausgestellt, i. e. ein der Umstellung auf „fremdes" Wasser zugeschriebenes, einige Tage währendes Unwohlsein.

Einen breiten Raum nehmen weiter Notizen über Reisen zu Pferd ein. Besondere Vorsicht war geboten, wenn auch Pferde auf ein Boot mitgenommen werden mussten [s. Umschlag-Bild]. Wer aber statt zu Pferd im Tragkorb oder per Schiff zu reisen vorzieht, riskierte häufig „seekrank" zu werden – wogegen die Hausbücher die verschiedensten Mittel anpreisen.

[I. Miszellaneen]

In dieses Kapitel wurden all jene Situationen und Verfahren aufgenommen, die anhand des vorliegenden, untersuchten Materials, und auch angesichts der vielschichtigen Inhalte, zahlenmäßig kein gesondertes Kapitel gestatten.

Unter dem Stichwort Physiognomik wird hier vor allem das *Eitai ōzassho manreki taisei* [EZ] herangezogen, welches u. a. verschiedene Ausprägungen der Gesichtspartien [Auge, Ohr Mund Zähne, etc.] untersucht und dazu eine bunte Palette überraschender Interpretationen anführt. Auch die beliebte „Traum-Deutung" (22) basiert mitunter auf nur schwer nachvollziehbaren Betrachtungsweisen, wenngleich sich einige Erklärungen durchaus psychologisch begründen ließen. Die in diesem Bereich aufgenommenen magischen Gedichte zielen meist – Zeichen des Unvermögens, Träume mit guten Omina zu „erzwingen" – auf die „Umkehr" schlechter Träume.

Der Bereich der Spiele (23) und des Spielerischen – wie schon in den anderen Kapiteln angeschnitten – wurde bewusst hier nur gestreift, rechtfertigte er doch in seiner inhaltlichen Vielfalt eine eigene Untersuchung. Die unter dem Sigel [S] oder [W] aufgeführten Notizen beziehen sich zum größten Teil auf Materialien aus dem Bereich der Tricks und Taschenspielereien [*tejina/tezuma*], die aber auch, in teils wörtlicher, teils leicht modifizierter Form, Inhalte aus älteren Hausbüchern aufgreifen und mit karikaturalen Zeichnungen versehen: wir haben auch aus diesen Dokumenten zitiert und Illustrationen in unsere Arbeit mit hereingenommen. Der Bau einer „Gebetsmühle" zur mühelosen Rezitation der Anrufung Amidas – *Namu Amida Butsu* – zeigt z. B., dass auch im Bereich religiöser Praktiken spielerische Elemente keineswegs fehlen [I. 95].

Die frühe Neu-Zeit [Edo-Zeit] kannte einen Aufschwung der verlegerischen Tätigkeit und Buch-Produktion, die von buddhistischen Texten und chinesischer Poesie über Klassiker der japanischen Literatur bis zu „Büchern für den praktischen Gebrauch" reichte, die meist in Form der traditionellen Holzdrucke veröffentlicht wurden. Die Zahl der Verlage belief sich auf mehrere tausend und allein im Kansai-Gebiet [Kyōto/Ōsaka] zirkulierten Ende des 17. Jahrhunderts bereits an die zehntausend Buch-Titel (24).

In der Folge-Zeit wechselte das Schwergewicht der Verlagstätigkeit in die Hauptstadt Edo, mit der Entwicklung der Vielfarben-Drucke, unter einer immer stärker werdenden Kontrolle seitens der *bakufu*-Regierung. Da uns jedoch genauere Zahlen über die Auflagen der Hausbücher fehlen, lässt sich nichts Sicheres über deren Verbreitung aussagen; lediglich vom Inhalt her betrachtet, könnte ihre Verbreitung in Analogie zu den *Chōhō-ki* und *Ōzassho* gesehen werden.

Die Lektüre der Hausbücher zeigt, dass sich in den verschiedenen Sammlungen Einträge, wörtlich kopiert oder nur leicht variiert, häufig wiederholen.

Nur selten wird am Ende einer Notiz [Wundermittel oder praktisches Verfahren] die Quelle benannt, in einigen Fällen handelt es sich dabei um chinesische Texte. Im Titel meist als „Methode" [*hō*] oder „Art und Weise" [*-yō*] aufgeführt, verbinden die einzelnen Verfahren in der Regel pharmakologisches Wissen, Magie und Technik – Abbild einer Epoche sich anbahnender Modernisierung.

In einigen Texten finden wir mehr Anleitung zu praktischen Handfertigkeiten, in anderen wieder ausführlichere Darstellungen zu Fauna und Flora. Der „Weisheitssack der zehntausend Schätze" [*Banpō chie-bukuro*] stellt in mancherlei Hinsicht einen Sonderfall dar, insoweit als sein Autor in zeitkritischem oder didaktischem Ton zu unterschiedlichen Themen Stellung nimmt (25). Manche Hausbücher zeigen Spuren einer früheren, aufmerksamen Lektüre: rot geschriebene Randbemerkungen unterstreichen die erstaunliche Wirksamkeit oder die erfolgreiche Anwendung der angesprochenen Mittel (26). Vgl. Abb. (3)

Hausbücher sind in der Regel mit einer mehr oder minder großen Anzahl von Illustrationen angereichert – meist über das ganze Buch verteilt, und nicht immer in unmittelbar kenntlicher Nähe zu dem Eintrag, den sie offensichtlich ansprechen sollen. Zum besseren Verständnis der übersetzten Texte wurde eine große Anzahl solcher Bilder mit in die Arbeit aufgenommen. In vielen Fällen deckt jedoch eine Illustration inhaltlich mehr als nur ein Verfahren ab, i. e. es handelt sich häufig um komplexe Bild-Kompositionen: ihrer Einreihung in unseren Text liegt jedoch die Zuordnung von jeweils nur einem der dargestellten Bild-Themen zum begleitenden Text zu Grunde.

In älterer Zeit schon wurden mancherlei magische Vorstellungen [vgl. Abb. 4] oder auch aus der Volkstradition genährte Gebräuche rundweg verworfen – wie z. B. Passagen in Yoshida Kenkō's „Betrachtungen aus der Stille" [*Tsurezure-gusa*] (27) verraten – oder, Jahrhunderte später, einer detaillierten kritischen Untersuchung unterzogen, wie im *Myōhō kiwa chie no hikari* [„Wunderbare Methoden und Seltsame Geschichten – Strahlen der Weisheit"] (28) aus dem Jahre 1803. Diese medizinisch und pharmakologisch ausgerichtete Aufklärungs-Schrift, die volkstümliche „Ansichten" [*setsu*] hinsichtlich verschiedener Überlieferungen kritisiert, wurde in einigen Passagen unserer Arbeit zum Vergleich zitiert.

Wenig Jahre später [1817], wird ein parodistisches „Ulkbuch" [*kokkei-bon*] veröffentlich, das [*Kyōge betsu-den*] *Shōge jichi-roku* [„Lachhaft-vergnügliche Aufzeichnungen eigener Erkenntnisse außerhalb der orthodoxen Tradition"] (29), welches, thematisch den Hausbüchern nahe, zahlreiche, in unseren Materialien vorgestellte Praktiken nicht wie das vorstehend genannte *Chie no hikari* kritisiert, sondern sie eher ins Lächerliche zieht und ad absurdum führt. Auch auf dieses Werk wurde an gegebener Stelle Bezug genommen.

Mit dem am häufigsten zitierten *Minka nichi-yō kōeki-hiji-taizen* [Q] vom Ende der Feudalzeit [1851] besitzen wir eine Zusammenstellung aus älteren, allerdings nicht namentlich genannten Hausbüchern in einer systematischen,

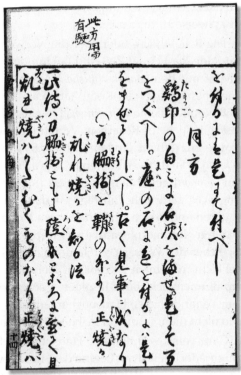

[03]
Eine Seite aus dem *Shūgyoku zoku chie no umi* mit handschriftlichem Eintrag „Geprüft und für gut befunden"

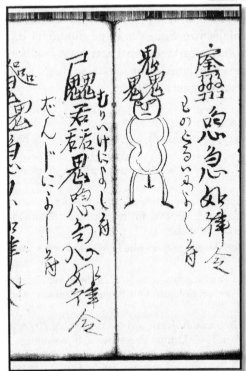

[04]
Unno monjo: Amulette

thematischen Anordnung, wie sie nur in sehr wenigen anderen Dokumenten ansatzweise zu finden ist.

Die Beliebtheit – oder aber die Notwendigkeit? – der Hausbücher nimmt mit Ende der Feudal-Zeit und Beginn der Meiji-Periode natürlich ab. 1860 erscheint mit dem *Banpō shinsho* [„Neue Schrift zu zehntausend Verfahren"] eine Übersetzung oder Kompilation aus holländischen Quellen, und auch das 1868 veröffentlichte *Hiji shinsho* [„Neue Schrift zu geheimen Dingen"] basiert ausschließlich auf Rezepten, Verfahren und geheimen Künsten europäischer Provenienz (30). In den Jahren 1877/83 wird der „Speicher des Wissens" [*Chie no kura*] in 90 dünnen Heften [von je acht bis zehn Einträgen], zu Sammelbänden [*gappon*] gebunden, publiziert (31). Ein Charakteristikum dieser Sammlung ist es, zahlreiche Einträge mit dem Namen ihres Autors aufzuführen; des weiteren finden sich am Ende einiger Hefte oft Leser-Fragen aufgelistet, die in späteren Nummern beantwortet werden. Wenn auch, inhaltlich gesehen, der „Speicher des Wissens" viele der Themen der alten Hausbücher aufgreift – vielleicht mit einem Akzent auf Nahrung und Sake, handwerklichen Arbeiten, Blumenzucht oder Insekten – so gehört er doch bereits, verglichen mit dem Tenor der alten Hausbücher, einer jüngeren Epoche an, und wurde deshalb nicht mehr in unsere Arbeit aufgenommen.

Ganz verschwunden sind Hausbuch und Almanach oder deren ferne Nachfahren jedoch selbst mit Beginn der Showa-Ära [20. Jh.] nicht, wie neben jährlich neu aufgelegten Kalendern (32), z. B. das *E-iri yorozu hiketsu hōten* [„Bebildertes Schatzbuch von zehntausend geheimen Verfahren"] (33) zeigt. Ein moderner Ableger der alten Hausbücher ist ebenfalls, vom Ende des 20. Jahrhunderts, das *Kurashi no mame chishiki* [„Wissenswertes des täglichen Lebens, im Miniformat"] (34), dessen Inhalt aber mit den hier untersuchten „klassischen" alten Hausbüchern nur mehr einen mittelbaren Vergleich gestattet.

[Anmerkungen]

[1] L. Frois, *Die Geschichte Japans [1549–1578]*. Übersetzung und Kommentar G. Schurhammer u. E. A. Voretzsch, Leipzig.

––––, *Kulturgegensätze Europa–Japan [1585]*, J. F. Schütte ed., Sophia Universität, Tōkyō 1955.

Japan in Europa –Texte und Bilddokumente zur europäischen Japankenntnis von Marco Polo bis Wilhelm von Humboldt, 2 Bde [+ Begleitband mit ausführlicher Bibliographie], P. Kapitza ed., Iudicium Verlag, München 1990.

E. Kaempfer, *The History of Japan*, 3 Bde, Glasgow, James MacLehose and Sons, Publishers to the University, 1906.

Ph. F. v. Siebold: *Nippon. Archiv zur Beschreibung von Japan [...]*, 2 Bde, 2. veränderte und ergänzte Auflage, hrsg. von seinen Söhnen. Leo Woerl, Würzburg und Leipzig 1897.

[2] Als nur ein Beispiel sei genannt: G. B. Sansom, *Japan – A Short Cultural History*, Appleton-Century Crofts, Inc. New York 1943. Einmal abgesehen z. B. von einigen [zeitbedingten?] Bemerkungen zu „Rasse" und „Seele" des japanischen Volkes, bietet auch Buschan's *Kulturgeschichte Japans* [Bernina Verlag, Wien–Leipzig, 1938],

bei selektiver Lektüre, Allgemeinwissen zu Land und Leuten, wie auch zu verschiedenerlei Brauchtum.

„Erinnerungs-Orte" und die wichtigsten Entwicklungen der japanischen Kultur und Geschichte bieten die 14-bändige *Illustrierte Geschichte der japanischen Kultur* [*Zusetsu Nihon bunka-shi taikei*], Shōgaku-kan, T. 1968, sowie auch, von demselben Verlag: *Zusetsu Nihon bunka no rekishi* [1981], 13 Bde. In keinem dieser Werke – dies gilt auch für die als übergreifende Literatur nützliche „Lebensgeschichte des einfachen Volkes" [*Zusetsu Nihon shomin seikatsu-shi*], 8 Bde, Kawade shobō shinsha, T. 1962 – wird näher auf Literatur-Gattungen wie z. B. *Ōzassho, Chōhō-ki* oder auch auf *myōjutsu* „wundersame Künste" [welche letztere Bezeichnung inhaltlich einen Großteil des Inhalts der Hausbücher abdeckt] eingegangen, noch werden die in dieser Arbeit vorgestellten Hausbücher und die in ihnen enthaltenen Alltags-Situationen und -Probleme erkenntlich angesprochen. Im Vergleich zu der Sammlung *Nihon shomin seikatsu shiryō shūsei* [30 Bde „Materialien zum Leben des einfachen Volkes in Japan"] [San'ichi shobō, T. 1968 sq.], wertvoll durch die Vielfalt der Themen sowie die Heranziehung von Zeit-Dokumenten – in gewissem Maße gilt dies auch für einige Titel unter den vom gleichen Verlag publizierten 15 Bänden „Materialien zur Kulturgeschichte des einfachen Volkes in Japan" [*Nihon shomin bunka shiryō shūsei*] [San'ichi shōbō T. 1974] –, erscheinen Hausbücher mehr als eine Zusammenstellung von Problemen und Pannen, Gefahren-Quellen und Hilfsmitteln, Rezepten und Ratschlägen oder adäquaten Verhaltensweisen in den verschiedensten Situationen des täglichen Lebens.

Einen interessanten, und in einigen Kapiteln thematisch der hier vorliegenden Arbeit nahen, Einblick in die so vielschichtige [Bürger-]Kultur des 17.–19. Jahrhunderts gibt z. B. Ehmcke 1994.

[3] A. Bohner [üb.], *Japanische Hausmittel. Das Buch „Kokon Chie Makura"*, MOAG, Bd. XXI, Teil E, T. 1927. Kleinere Ungenauigkeiten [so z. B. eingangs des Buches II ein falsch analysiertes Verbum, das die Finalität einer magischen Geste: *fumasu*: „mit den Füßen treten lassen" in ihr Gegenteil: *fumazu*: „verhindern, dass…" verkehrt…] schmälern keineswegs das Verdienst dieser Pionier-Arbeit.

[4] Ließe sich eine gewisse Konzentration der Veröffentlichung von „Hausbüchern" auf das 18. Jahrhundert u. a. auch mit den in jener Zeit besonders häufigen Natur-katastrophen und Epidemien erklären? Hunger und Miss-Ernten werden vor allem aus der Genroku-Zeit [1688–1704, insbesondere 1695 sq.] sowie den Ära Hōreki [1751–64] und Tenmei [1781–89] gemeldet; zerstörerische Brände sind für 1682 [Edo] und 1788 [Kyōto] überliefert. Zu Details der Katastrophen-Geschichte, vgl. Nishimura M./Yoshikawa I. 1983. Zum Verlagswesen der Edo-Zeit, vgl. E. May, 1983.

[5] Vgl. *Ōe–bunko mokuroku– Edo-jidai hen*, Kasei-gakuin daigaku, T. 1973.

[6] Yokoyama T. 1999; 2003/4. Morita T. 2004.

[7] *Tenpō shinsen Eitai ōzassho manreki taisei* [Nachdruck Takashima ekidan honbu], Jingū-kan, T. 1973. Idem, Meiji-Nachdruck, Ōsaka [Ichida G.] 1897.

[8] Vgl. unter den neueren Veröffentlichungen: [*Kokuhō zassho*] *Eitai sanze-sō manreki taisei* [Kōbundō shujin], Kyōto/Ōsaka 1903. Takashima ekidan-sho honbu ed., *Kai-un hiketsu sanze-sō ō-kagami*, Jingū-kan, T. 1936.

[9] Für eine modern ausgerichtete Ausgabe, vgl. [*Denka hōten*] *Meiji setsuyō taizen*, 1894, Geiyū sentā (repr.), T. 1974.

[10] Vgl. Kinsei bungaku shoshi kenkyū-kai ed., *Chōhō-ki shū* I, II [= *Kinsei bungaku shiryō ruijū: Sankō bunken-hen* 14, 15], Benseisha, T. 1979. *Chōhō-ki shiryō shūsei – seikatsu-shi hyakka jiten*, 45 Bde, Rinsen shoten, Kyōto/T. 2004 sq. Zu der großen Anzahl von *ōrai-mono*, vgl. *Ōrai-mono kaidai jiten*, 2 Bde, Ōzora-sha, T. 2001.

[11] Vgl. *Nihon meisho fūzoku zu-e*, 19 Bde, [*bekkan: fūzoku no maki*], Kadokawa shoten T. 1988.

[12] Vgl. als einen Ansatz hierzu, *Alltag in Japan, Sehenswürdigkeiten der Edo-Zeit – Edojidai meisho-zue* [A. Dufey / J. Laube, ed.], Katalog zur Ausstellung japanischer Holzdrucke des 17. bis 19. Jahrhunderts in der Bayerischen Staatsbibliothek München, Harrassowitz Verlag, Wiesbaden, 1995.

[13] Des Vortrefflichen Herren Johann Baptista Portae, von Neapolis Magia Naturalis oder Haus-Kunst- und Wunder-Buch zu erst von demselben Lateinisch beschrieben; hernach von Ihm selbst vermehret; nunmehr aber allen Liebhabern der natürlichen Wissenschafften zum besten/ nicht nach dem alten Druck/der Frantzösischen und Teutschen Edition, darinnen nur vier Bücher; sondern durch alle zwantzig Bücher gantz aufs neu in die Hochteutsche Sprache übersetzet; von allen Fehlern/ so in dem Lateinischen Druck/ mit grossem Hauffen übrig geblieben/ und aufs neue eingeschlichen/ aufs fleissigste gereiniget […] heraus gegeben durch Christian Peganium, sonst Rautner genannt, Nürnberg/in Verlegung Johannes Ziegers Buchhändlers, Gedruckt zu Sultzbach durch Abraham Liechtenthaler/im Jahr Christi 1680, zwei Bände [eingesehen in der Handschriften-Abteilung der Bibliothek der Universität Erlangen].

[14] *La Magie Naturelle ou Les Secrets et Miracles de La Nature* [Edition conforme à celle de Rouen, 1631], Nachdruck Guy Trédaniel, Editions de la Maisne, Imprimerie Central de l'Ouest, La Roche-sur-Yon, 1975.

[15] Zu den Schriften über eine den Fünf Wandelzustände [*go-gyō*] gemäße Hausausrichtung [*kasō*], vgl. *Kasō hiden-shū* [Matsuura K.], Hotei-ya shoten, T. 1920. *Kasō hiroku*, 2 Bde [Hikida Y.], Nara 1783. Oder auch: *Chisō kasō ō-kagami* [Nakamura Sh.], Kokusho kankō-kai, T. 1980.

[16] Ausführlich hierzu Hartmut O. Rotermund 1975; 1998.

[17] Vgl. Hartmut O. Rotermund 1991.

[18] Vgl. Hartmut O. Rotermund 1994.

[19] Zu Mäusen in der Edo-Zeit allgemein, vgl. Y. H. Döring 2008/2009.

[20] Zur Problematik der *mushi*, vgl. E. Laurent 2002.

[21] Vgl. Hartmut O. Rotermund 1996.

[22] Vgl. z. B. das bebildertes *Shomu kikkyō wago-shō* [Mukaku Ichinyoshi], 1713 [Kopie: Universität Tōhoku], sowie zu Träumen allgemein: Hartmut O. Rotermund 2009.

[23] Zu Spielen allgemein, vgl. St. Scholz-Cionca 1998.

[24] Vgl. P. Kornicki 1998.

[25] z. B. die Mode-Erscheinungen bei der Blumen-Haltung [A. 2.2.1].

[26] z. B. *Hyakkō hijutsu zenpen* [D], *Shūgyoku zoku chie no umi* [E], etc.

[27] Vgl. Kap. A. 2.1.15.

[28] *Myōhō kiwa chie no hikari* [1803], Zenka chinjin (?), 3 Bde.

[29] Von Handa Sanjin, 2 Bde [Kopie: NB Tōkyō].

[30] *Banpō shinsho* [1860], Udagawa Kōsai, Arzt und Spezialist des Holländischen [Übersetzer]. [Kopie: Universität Kasei-gakuin]. *Hiji shinsho* [1868], Tenrindō [Motoki Shōzō], Dolmetscher für Holländisch und Pionier der modernen Druckkunst. [Kopie: ibid.].

[31] Hinzu kommen noch Nachträge zu den Nummern 22–35 [jeweils mehrere Verfahren umfassend]. Yūki-sha, T. 1877 sq. [Kopie: Stadt-Bibliothek Nishio-shi], Sammelbände 6 [Nr. 51–60] und 8 [Nr. 71–80]. Ein Ausschnitt aus den Themen: Heft (2): Den bitteren Geschmack des Bieres beseitigen / Methode des Schuhputzens, (3): Eier-Produktion fördern / Schlechte Luft auf den Toiletten beseitigen, (4): Mit Tinte Geschriebenes auslöschen, (7): Gift-Pilze erkennen, (10): Weißen Flanell waschen, (13): Wolldecken reinigen, (14): [Europäische Küche] Austern in Essig an-

setzen / Kontrazeption [nach europäischem Vorbild: coitus interruptus], (18):
Schal gewordenem Bier wieder guten Geschmack verleihen, (19): Verhindern, dass
Milch sauer wird, (25): Herstellung von Eier-Likör, (26): Bettzeug für arme Leute,
(30): Wunderbare Methode, Füchse zu fangen, (40): Limonade herstellen, (61):
Foto-Technik, (62): Orgasmus-Hilfe für Frauen, (64): Herstellung von Konfitüre,
(70): Qualität von Schweinefleisch testen, (87): Von einem tollwütigen Hund gebissen werden, (88): Wein-Erzeugung, etc.

32) Nihon unmei gakkai/Takashima eki kenkyū honbu, *Shōwa 39-nen unmei hōkan*,
Jingū-kan, T. 1964.
Takashima ekidan-sho honbu, *Shōwa 46-nen Jingū-kan kyūsei honreki*, Jingū-kan, T.
1971. Takashima goryū-kaku honbu/Tōkyō unmei-gakuin, *Shōwa [kinoe-ne] 59-nen
kigaku unsei-goyomi*, Jingū-kan, T. 1984. Koyomi no kai [ed.], *Koyomi no hyakka jiten
– Encyclopedia of Calendar*, Shin Jinbutsu ōrai-sha, T. 1987.

33) *E-iri yorozu hiketsu hōten* [= *Hinode* 1-1, Anhang], Shinchō-sha, T. 1932. Hier ein kurzer Blick auf den Inhalt dieses Werkes. Untertitel:
Soziale Beziehungen: Höflichkeit am Telephon / die Schwächen des anderen erken-
nen / erfolgreiche Briefe schreiben / Zeit für Besuch
Geld verdienen / Intelligenz erhöhen / Berufseintritt / Harmonie in der Familie / Redekunst
Hauswirtschaft: wie bindet man eine Kravatte / Schuhe am Abend kaufen / Quali-
tät der Schuhcreme / Plattenspieler / einen verrosteten Nagel ausziehen / gute
und schlechte Seife / Wäsche besser im Fluss waschen / Sake und Tabak /
Mäusefalle / alte und frische Eier
Hygiene: im Flugzeug / auf dem Schiff / Mittel gegen Sonnenbrand / Diarrhö
Rettung bei Unfällen, verschiedenerlei Abhilfe: Ertrinken / Wasser im Ohr / Mäusebiss
/ Karies
Schönheitspflege: Sommer-Orangen / Haarwuchs / elegante Art zu laufen / Kosme-
tik
Hobby und Zeitvertreib: Theater, Konzert / Tanz / Vogelzucht / Goldfische
Erfolg im Handel: billige Reklame
*Nahrungszubereitung / Abfall-Verwertung / Kindererziehung / Hortikultur / Spiele / Phy-
siognomik / Sport / Katastrophen-Schutz*

34) *Kurashi no mame chishiki 86*, Kokumin seikatsu sentā, T. 1986. Wir finden hierin un-
ter anderem:
Aktualität: Neue Medien / Privatsphäre / Zielgruppe ‚ältere Menschen‘ / Einfluss
der Frauen
Sein Leben gestalten: der Weg zum Eigenheim / Kredite für Haus oder Schule /
Lebensversicherung / Kreditkarten / Einschreibe-Briefe / Energie-Ersparnis /
Umzug
Kleidung: Kleidung für Körperbehinderte / Wasch-Methoden / Bügeltechnik / Ge-
gen Motten-Fraß / Teppiche erstehen / Hemden auswählen
Ernährung: ausgeglichene Ernährung / Ernährungsweise Alleinstehender / rote
und weiße Fische / Tiefgefrorenes / Milch und Soya-Milch / Brat-Öl beseitigen
/ Mikrowelle / Eisschrank
Wohnung: Kinderzimmer / Wohnung für Senioren / Unfälle durch Gas / Einfami-
lien-Haus oder Appartment / gegen Feuchtigkeit und Schimmel / Schutz vor
Taifunen / Heizung
Gesundheit: Hausarzt / Schwangerschaft / zusammen mit dem Kind / Rolle der
Großmutter in der Erziehung / Unfall mit Kinderwagen / Häusliche Umwelt
und Asthma / Korrektes Zähneputzen / Hoher Blutdruck / Alkohol-Vergiftung bei Frauen / Hexenschuss / zu dick? zu dünn? / Kosmetik und Haut-
krankheiten / Vorsicht mit Vitaminen.

1. HAUS UND HOF

Allgemeines: 1 • Ausmaße: 2 • Ausrichtung: 3 • Baumaterial und Konstruktion: 4–13 • Brunnen: 14–23 • Grund und Boden: 24–30 • Haus-Innere: 31–45 • Schutz und Sicherheit: 46–53 • Speicher: 54–55 • Toilette: 56–57

Allgemeines

[1] Ein Haus dient dazu, den Menschen vor direkter Sonnenstrahlung, vor Regen oder Tau zu schützen, ihm Sicherheit zu bieten, weshalb man [beim Bau] das rechte Maß beachten und nicht lediglich auf Eleganz abstellen sollte. Selbst wenn man reich genug ist, sollte man nicht die Wohnhäuser Höhergestellter nachzuahmen suchen, sondern eher größte Aufmerksamkeit auf die Sauberkeit verwenden. Von Baubeginn an sollte man alles ganz genau bedenken [Q/3]. Vgl. Abb. (1)

> Der Hausbau war, wie wohl jeder Bereich menschlichen Handelns im vormodernen Japan – vieles wirkt bis heute in die hoch industrialisierte Gesellschaft nach – von Tabu-Vorstellungen, einem Blick auf den Kalender sowie magisch-religiösem Denken bestimmt.
> Von Bedeutung waren z. B. für den Beginn des Hausbaus die „günstigen" Tage, die gesamte Ausrichtung, das Gelände. Mehrere Daten waren als tabuisierter Zeitpunkt im traditionellen Kalender bekannt. Besondere Aufmerksamkeit galt dem Errichten der Pfeiler, den Türen – auch hier war die Ausrichtung bedeutsam – oder dem Legen der Dachbalken. Je nach Jahreszeit begann man mit der Aufstellung der Pfeiler in einer bestimmten Richtung, z. B. im Frühjahr von Süden aus anfangend und dann nach Osten, Westen, Norden gehend; im Sommer, von Norden aus, etc.

Ausmaße

[2] Die Größe eines Hauses sollte den üblichen Ausmaßen entsprechen; falls Besucher kommen, ist es besser, etwas zu eng zu erscheinen, ohne allerdings gegen die Etikette zu verstoßen. Für Hausrat sollte dagegen genügend viel Platz vorliegen. Man sollte sein Haus nicht zu hoch bauen, weil es sonst unter starkem Wind Schaden nehmen kann. Der Fußboden dagegen sollte höher ausfallen, um Feuchtigkeit, und damit Krankheiten, zu vermeiden.
Zweistöckige Häuser sollten natürlich etwas höher sein, wobei die Aussicht von der zweiten Etage aus wichtig ist; die Fenster sollten dabei aber nicht zu hoch angesetzt werden, so dass man im Sitzen die Aussicht genießen kann [Q/3]. Vgl. Abb. (2)

Ausrichtung

[3] Ein Haus sollte nach Yang, nach Süden und gegen Yin, nach Norden ausgerichtet sein, was den Naturgesetzen entspricht, d. h. die Vorderseite nach Süden, die Rückseite nach Norden. Das Innere des Hauses sollte hell sein, mit guter Sonneneinstrahlung, auch auf den Mond[-Blick] hin angelegt ist recht schön. Ein solches Haus wird im Sommer frisch und im Winter warm sein.

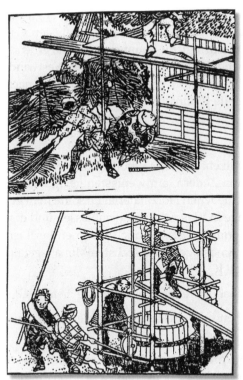

[01]
Hausbau 1

[02]
Hausbau 2

Als zweite Möglichkeit sollte man die Vorderseite nach Osten [Yang], die Rückseite nach Westen [Yin] hin ausrichten. Falls ein Haus nach Osten verschlossen, nach Westen aber offen ist, dringt im Sommer zwar die Abendsonne herein, nicht aber der [erfrischende] Ostwind, im Winter der Westwind, aber kein Strahl der Morgensonne. Ist man aber gezwungen, den Salon nach Nord-Westen auszurichten, so sollte die Wohnstube in jedem Fall nach Süd-Osten liegen [Q/3].

Baumaterial und Konstruktion

[4] Als Holz sollte man Zypressen benutzen, die sehr schön sind und nicht so schnell faulen. An zweiter Stelle dann Zedern, am wenigsten geeignet sind Kiefern, die Harz ansetzen. Die verschiedenen Holzmaterialien sollte man geschnitten und die Rinde entfernt lange in Wasser eingetaucht lassen und erst dann verwenden – was das beste Verfahren ist und auch geeignet, Insekten fern zu halten. Hölzer, die an den „Hundstagen" des sechsten Monats gefällt wurden, kennen keinen Insektenbefall [Q/3].

[5] Einen langen, großen Baumstamm über eine enge Wegkreuzung ziehen [G].

[6] Baumstämme, Holzpfeiler für Nischen oder ausgefällte Bäume zusammenbinden [G].

[7] Dächer, besonders Strohdächer oder Vorderdächer, die starkem Wind ausgesetzt sind, nehmen Schaden. Dem vorzubeugen, sollte man dem Stroh dünnen Bambus beimischen [P].

[8] Kalkerde [*shikkui-tsuchi*] herstellen [Q/2].

> *Shikkui* ist die sino-japanische Lesung von zwei chinesischen Zeichen für eine Kalkmischung, die für Decken und Wände, aber auch, in Verbindung mit Erde, für Fußböden und Küchenabflüsse Verwendung fand. Vgl. Abb. (3).

[9] Mit Schindeln bedeckte Dächer halten in der Regel zehn Jahre. Bestreicht man sie jedoch mit einer Leim-Alaun-Mischung, so halten sie zwanzig Jahre. Dächer, welche mit im Herbst geschnittenem Schilf gedeckt wurden, halten zwanzig, ja dreißig Jahre [Q/3].

[10] Wenn man von Zeit zu Zeit die Wände eines Hauses mit Lack überstreicht, so wirkt dies sehr schön, nur sollte man darauf achten, dass dadurch die Wände nicht zu dick werden [P]. Vgl. Abb. (4).

[11] Eine Wand [ohne Vertäfelung] mit Pech anstreichen [*chan-nuri*] [H].

[12] Wände anstreichen, die heftigem Wind und Regen ausgesetzt sind [E].

[13] Verhindern, dass sich bei Regen die Erde von den Wänden löst [L].

[14] Beim Brunnen-Bohren erkennen, wo man auf Wasser stößt.
Hierzu fülle man in einer klaren Nacht Wasser in einen Bottich oder Trog und stelle diesen dort auf, wo man einen Brunnen bohren will. Wenn sich nun der Schein der Sterne ganz klar im Wasser widerspiegelt, grabe man an dieser Stelle, und man wird ganz sicher auf eine gute Wasser-Ader stoßen [Q/2]. Vgl. Abb. (5)

[15] Um eine Wasser-Ader zu lokalisieren, stelle man dort, wo man zu bohren gedenkt, um sechs Uhr abends Raben-Federn auf und untersuche sie am nächsten Morgen, zur gleichen Stunde. Dort, wo eine Wasser-Ader liegt, wird sich mit Sicherheit Feuchtigkeit, so wie Tautropfen, auf den Federn finden; im anderen Fall, werden die Federn, feucht, darniederliegen [EZ].

[16] Um jedoch bei einem hoch am Berg gelegenen Brunnen Wasser zu erhalten, hänge man Watte hinein und zünde diese an – auf diese Weise wird die Wasser-Ader abgerufen werden [S/2] [C].

> Der traditionelle Kalender bestimmte gewisse Tage als günstig zum Brunnen-Bohren oder Säubern: es waren vor allem die Tage um die Sommer-Sonnenwende. Neben einigen „günstigen" Tagen in den vier Jahreszeiten, waren vor allem die Herbstmonate für solche Arbeiten tabuisiert, da dann die Gottheit „Herr der Erde" [*dokō-jin*] den Brunnen bewohnte. Der siebte Tag des siebten Monats jedoch galt als geeigneter Tag für derlei Arbeiten [EZ]. Vgl. Abb. (6)
> „Herr der Erde" ist die vor allem in Mittel-Japan verehrte shintoistische Gottheit des Feuers oder der Herdstelle, deren „Urstand" der Bodhisattva Fugen ist. Im Ablauf der vier Jahreszeiten wechselt *dokō-jin* seinen Aufenthaltsort [Herd → Eingangspforte → Brunnen → Garten]; in dieser Zeit belegt ein von der Yin- und Yang-Ideologie gefordertes Tabu jegliche Arbeit mit Erdreich. Ganz allgemein wird jedoch diese Gottheit als Beschützer des Hauses angesehen.

[17] Ist irgendetwas auf den Boden des Brunnens gefallen, dann hilft es wenig, eine Fackel oder ein Licht hinunter zu lassen, man wird den Boden nicht sehen. Besser nehme man ein zinnoberrotes Tablett: der Schein der Fackel wird sich darin widerspiegeln und so den Boden ausleuchten [G]. Vgl. Abb. (7)

[18] Geheime Methode, in der Regenperiode oder bei starken Regenfällen trübes Brunnenwasser wieder klar zu machen.
Ist durch Regen das Brunnenwasser trüb geworden ist, so zerreibe man fünfzig Soja-Bohnen und fünfzig Aprikosenkerne und streue sie in den Brunnen: das Wasser wird sich auf der Stelle aufklären [Q/2].

[19] Schlechtes Brunnenwasser aufbessern.
Falls das Wasser einen metallenen Geschmack hat, lege man auf den Boden des Brunnens harte Holzkohle oder auch beliebig viel Ingwer: man wird so ein äußerst gut schmeckendes Wasser erhalten [K].

[03]
Kalkerde herstellen

[04]
Maler- und Dachdecker-Arbeiten

[05]
Suche nach der Quelle

[20] Um die Qualität von Brunnenwasser zu erkennen, stecke man in eine mit Wasser gefüllte Teeschale einen dicken Kupferdraht. Falls am nächsten Morgen an ihm glänzende „Barthaare" auftreten, deutet dies auf schlechtes Wasser hin. Im anderen Fall handelt es sich um äußerst gutes Wasser [EZ].

[21] Falls es irgendwo an gutem Wasser mangelt, so sollte man schlechtes Wasser mehrmals kochen, den Schmutz-Satz entfernen und dann nochmals kochen. Dies ist ein von den Alten überliefertes Rezept [B].

[22] Wenn man in das Wasser eines alten Brunnen 0,18 l aufgekochten Essig gibt, wird man sich durch den Genuss des Wassers nicht vergiften [L].

[23] In alte Brunnen sollte man nicht leichtfertig eindringen. Gelegentlich kommt es vor, dass hierbei Menschen zu Tode kommen. Man nehme deswegen versuchsweise eine leichte Hühnerfeder und werfe sie in den Brunnen: fällt sie sofort hinunter, so bedeutet dies, dass keinerlei Gift-Ausdünstungen vorliegen. Sollte sie sich jedoch im Fallen drehen und herumwirbeln, so deutet dies auf giftige Ausdünstungen hin. In einem solchen Falle sollte man zunächst einmal drei oder vier Male je 18 Liter Reis [Wasch-]Wasser in den Brunnen kippen, bevor man dann in ihn hinein steigt – so steht es im *Yūyō zasso* [S/17]. Vgl. a. [S/18].

> Das *Yu yang tsa tsu* [*Yūyō zasso*] ist eine chinesische Enzyklopädie zu verschiedenerlei Themen, in dreißig Kapiteln, um 860 verfasst von Tuan Ch'eng-shih.

Grund und Boden

[24] Ein Grundstück sollte eine höher gelegene Wasserstelle aufweisen, denn Wasserlachen hier und da sind eine Quelle von Schäden und Krankheiten durch Feuchtigkeit [Q/3].

[25] Im [Vor-]Garten vor Wohnräumen oder vor der Schlafstätte sollte man keine gewöhnlichen [wilden] Bäume anpflanzen, sondern edle, und etwas Achat dazu geben [Q/3].

[26] Am Nordrand eines Grundstücks sollte man Bambus pflanzen, der den Wind abwehrt, im Winter wärmt und so gegen Unheil schützt. Man kann ihn natürlich auch im Westen anpflanzen, wo er im Sommer vor Sonne schützt, im Winter vor Wind [Q/3].

[27] Man sollte sein Haus nicht an einem Bergsaum wegen der dort herrschenden gesundheitsschädlichen Feuchtigkeit bauen, sondern drei oder vier *ken* [1 *ken* = 1, 8 m] weiter entfernt. Außerdem sollte man sich weder in der Nähe einer noch nicht ganz trockenen Wand aufhalten noch auch sich dort schlafen legen [Q/3].

[28] Weiterhin sollte man in der Nähe von Wohn- und Schlafstätten keinen Teich oder Graben anlegen – die Feuchtigkeit wirkt wie Gift auf den menschlichen Körper, und das Haus selbst wird rasch verfaulen. Problemlos wäre ein kleiner, mit Kalk gefertigter Teich [Q/3].

[29] Da die Menschen sich, je nach Art ihrer Wohnung, zahlreiche Krankheiten zuziehen, sollte man beim Hausbau mit Umsicht vorgehen. An der Schatten-Seite von Bergen, in tiefen Tälern, an Flüssen und am Meer, bei Teichen und Seen, d. h. in feuchten Gebieten, sollte man darauf achten, Nord-West-Winden ausgesetzt zu sein, denn kühler Wind vertreibt die Feuchtigkeit: auf ganz natürliche Weise vermeidet man so Epidemien.

Unter den sechs „atmosphärisch bedingten Krankheiten" treten die durch Wind und Feuchtigkeit verursachten am häufigsten auf. Winde von Süd-Ost sind warm und bringen Feuchtigkeit mit sich, Nord- und West-Winde, kühl und trocken, vertreiben sie. In schmutzigen, übel riechenden Gegenden sind Epidemien besonders häufig [P].

> *Rikki*, die sechs atmosphärischen Elemente der traditionellen chinesischen Medizin sind: Wind, Kälte, Hitze, Feuchtigkeit, Trockenheit und Feuer.

[30] Gelände-Beschaffenheit.

[Je nach den fünf Elementen wird für den Menschen als gut oder schlecht definiert: ein Terrain, das im Osten tief liegt, im Westen aber hoch, ist bestimmt durch das Element Holz. Für jemanden im Zeichen Holz Geborenen bedeutet dies Armut, für einen unter dem Zeichen Feuer Geborenen Reichtum, für unter dem Zeichen Erde Geborene Krankheit, etc. [...] Ein Gelände, das nach allen vier Richtungen abfällt, in der Mitte aber hoch gelegen ist, gilt als für alle nicht bewohnbar und sollte deswegen sorgfältig gemieden werden] [EZ].

Haus-Innere

[31] Wohnzimmer oder Salon [*zashiki*] sollten hell sein, auf dass man sich darin entspannen kann. Vor dem Studierzimmer oder vor einem Teeraum sollte man Bäume pflanzen, die eine gewisse Abgeschiedenheit gewährleisten [Q/3].

[32] Der Rauchabzug sollte mitten über dem Küchenherd sein; falls er seitlich angebracht ist, bleibt der Rauch stehen und verzieht sich nur schwer [Q/3].

> Die heutzutage noch gelegentlich in traditionellen alten japanischen Häusern anzutreffende Herdform – ungedielt auf ebener Erde – ist, wie alte Bildrollen belegen, schon im frühen Mittelalter bekannt. In der Neuzeit unterschied man in Form und Ausrichtung Herde in den Ost-Provinzen und solche in der Gegend von Kyōto. Von sozialer wie auch religiöser Bedeutung, ist der Herd für die Familie ein Platz, den Gottheiten beschützen, und deshalb Objekt der Verehrung. In seiner Nähe findet sich oft ein shintoistischer Hausalter oder – wie in den Nordgegenden – an einem Pfeiler befestigt, die Maske der Herd-Gottheit. Vgl. Abb. (8)

[33] Das Innere der Wohnräume sollte anmutig fein sein, sauber und ohne große Dekoration. Wenn man ständig Buntes und schön Verziertes vor Augen hat, kann daraus nur Unheil entstehen [Vgl. *Kyoka hitsuyō*] [Q/3].

[34] *Tatami*-Matten sollten versetzt gelegt werden [Q/3].

[35] Mit Papier die Umrandung der *tatami*-Matten fertigen [A].

[36] Schmutz von Ryūkyū [Binsen]-*tatami* entfernen [E].

[06]
Brunnen-Reinigung

[07]
Den Brunnen ausleuchten

[08]
Verehrung der Herd-Gottheit

[37] Fett- oder Tusch-Flecken auf *tatami* entfernen.

Bei Fett-Flecken verspritze man sofort reichlich Wasser, das Fett wird auf dem Wasser schwimmen, und kann so leicht entfernt werden. Wenn man nicht sofort eingreift, lässt es sich später nur mehr schwer entfernen. In einem solchen Fall sollte man [aus Reiskörnern gefertigten] Leim auf Papier auftragen und dieses auf die *tatami* pressen. Nimmt man dann am anderen Tag das Papier weg, werden die Flecken verschwunden sein.

Wenn man aber bei Tuschflecken Wasser darüber gießt, wird die Tusche in die Matten eindringen – was schlecht ist. Besser lasse man daher erst die Tusche trocknen und reibe dann mit neuen Strohsandalen darüber [G].

[38] Falls Fettflecken seit langer Zeit auf den *tatami*-Matten sind, so brühe man rohes Stroh auf, appliziere es und streiche darüber mit rohem geriebenen Rettich, verspritze darüber Wasser und wasche die Stelle. Oder aber man stecke Reiskleie in einen Beutel und reibe damit mit heißem Wasser darüber.

Bei Fettflecken auf wollenen Teppichen mache man Talk und unglasierte Tonwaren zu Pulver, streue dies darüber, zerknittere sorgfältig ein Sugiwara-Papier, falte es in vier oder fünf Stücke, lege es darüber und presse darauf dann einen Gewicht-Stein: das Fett wird vollständig in das Papier aufgesogen [L].

> Das in Sugiwara, Provinz Harima [Präfektur Hyōgo], seit dem Mittelalter hergestellte Papier ähnelt dem hochwertigen weißen Papier für zeremonielle Anlässe [*hōsho-gami*] und fand im Mittelalter hauptsächlich unter den Samurai Verwendung, verbreitete sich aber in der Folgezeit in allen Schichten der Bevölkerung.

[39] Für Badebottiche sollte man Wacholder-, Zedern-, Torreya-Nuss- oder Steineiben-Holz benutzen, d. h. Hölzer, die duften und wasserresistent sind [Q/3].

[40] Für die Pfeiler sollte man dickstämmige, eckig geschnittene Hölzer verwenden, die kleineren [runden] verfaulen sehr schnell. Lediglich im Salon wirken [kleinere] Rundpfeiler elegant, und werden in dieser Zeit viel benutzt [Q/3].

[41] Bei [Papier-]Schiebetüren, die dem Regen ausgesetzt sind, verzichte man auf den Gebrauch von Fett, sondern trage besser den Saft von ausgepressten Rettichen oder Rüben auf. Verwendet man Wachs, so bleiben die *shōji*-Schiebetüren zwar drei, vier Jahre intakt, aber es wird Tropfspuren geben, weshalb man an wichtigen Stellen nur ungern Wachs benutzt [Q/1].

[42] Falls bei der Reparatur von [Regen-]Schiebetüren der Leim nicht greift, so schafft ein Zusatz von Ingwer-Saft Abhilfe [C].

[43] Geheime Überlieferung, um Dachfenster und [Regen-]Schiebetüren so zu bekleben, dass sie auch nach zwei Jahren nicht schadhaft werden [H].

[44] Verhindern, dass sich das Papier der Schiebetüren oder -Fenster ablöst, oder nach längerer Zeit dunkel verfärbt [M]. Vgl. Abb. (9/1).

[45] Wandschirme aufziehen [Q/3].

Schutz und Sicherheit——————

[46] Für die Hecke um das Haus eignen sich Zedern gut [Q/3].

[47] Um jegliches Unglück im Haus-Innern auszuschalten, alle giftigen Ausdünstungen sowie Erscheinungen von bösen Geistern fern zu halten, vergrabe man am letzten Tag des zwölften Monats in den vier Richtungen des Hauses einen großen Stein, den so genannten „Stein zur Festigung des Hauses". Es heißt auch, dass man zum gleichen Zweck runde Steine an den vier Ecken des Wohnhauses vergraben und mit je sieben Zweigen eines Pfirsich-Baumes auf diese Steine schlagen soll [O]. Vgl. Abb. (9/2) (9/3)

> Unter den zahlreichen Einträgen zum Hausbau findet sich im *Eitai ō-zassho manreki taisei* [EZ] eine Notiz zu „Götter-Steine" [*kami-ishi*], die an den vier bzw. acht Kardinalpunkten um das Haus platziert werden.

[48] Dasselbe Resultat wird erreicht, wenn man das Blut eines weißen Hundes in vier Richtungen an die Türen streicht oder dort den Panzer eines Krebses anbringt [O].

[49] Um giftige Ausdünstungen, Dämonen und Gespenster-Unheil aus dem Haus-Innern zu verbannen, tauche man Rauschgelb [Operment] in Wasser, nehme einen nach Süd-Osten gewachsenen Pfirsich-Zweig, spreche einen Fluch gegen diese Übel und verspritze Wasser im Haus-Innern: Dämonen und böse Geister werden so spurlos verschwinden. Dieses Ritual sollte aber nicht in Gegenwart von Frauen oder jungen Mädchen durchgeführt werden [O].

> Wie in vielen anderen Bereichen des täglichen Lebens finden wir auch bei der Furcht vor Gespenstern spielerische Gesten, die weit entfernt sind von urzeitlicher Furcht vor diesen Erscheinungen. So z. B. die Technik, ein Haus wie von Geisterhand zu erschüttern und zum Stöhnen zu bringen, benutzt die Aufhänger eines Moskito-Netzes, das im ersten Stock eines Hauses an vier Stellen angebracht wurde, und gestattet, nach unten einen [unheimlichen] ächzenden Lärm zu vermitteln [*ya-nari*] [W/9]. Vgl. Abb. (9/4)

[50] Falls in einem Haus Unheimliches oder Gespenstisches auftritt, schreibe man mit Zinnober ein Amulett und bringe es an den entsprechenden Stellen an. Man kann es auch im Ärmel bei sich tragen, Männer im linken, Frauen im rechten. Ein solches Amulett schützt vor allem Unheimlichen, Unklaren, sowie auch vor Besessenheit durch Füchse oder Dachse [G].

> Füchse gehören zum größeren Bereich der zahlreichen Tiere und Geisterwesen, die von einem Menschen Besitz ergreifen können. Zu ihnen zählen: Geister Lebender oder Toter, vor allem aber Tiere wie Fuchs, Dachs, Katze, und weiter Dämonen wie Tengus oder auch die Geister von Bäumen. Die derart Besessenen erlangen in einigen Fällen außerordentliche Fähigkeiten, werden reich, aber meistens ziehen sie Krankheit auf sich oder fallen durch ungewöhnliches Benehmen auf. Die besagten Geister nehmen sehr hartnäckig vom Menschen Besitz, und die Besessenheit kann sich auf Kinder und Kindeskinder vererben – mehrere Gegenden sind für Fälle solcher erblicher Besessenheit „berühmt". Trotz einiger Aufklärungsschriften und sogar Verbotserlassen aus der Edo-Zeit scheint diese Art von Aberglauben auch heute noch nicht vollständig ausgerottet. Der Ruf von Beses-

[09-1] Papier-Schiebetüren • [09-2] Schutzbringende Steine vergraben
[09-3] Giftige Ausdünstungen und böse Geister • [09-4] Das Haus von Geisterhand erschüttern

senheit durch, oder Kontakt mit, „Wesen, die sich anheften" [*tsuki-mono*], kann vor allem bei Heirat oder gesellschaftlichen Kontakten zu folgenschwerer Diskriminierung führen. Zu „Füchsen" vgl. Kap. E: Krankheit → Neurologie

[51] Ein weiteres Mittel, um zu verhindern, dass unreine Gerüche ins Zimmer dringen, sind im Schatten getrocknete und in Brand gesetzte „Seidenpflanzengewächse" [*metaplexis japonica Makino*], im Volksmund auch „Kraut, das Gerüche wegnimmt", genannt. Auf wunderbare Weise beseitigt dieses Kraut Unreinheiten und hält jeglichen Geruch von außen fern [A].

[52] Das ganze Jahr hindurch schädliche Einflüsse, Unglück sowie Feuersbrünste fern halten. In der sechsten Stunde am Morgen des letzten Tages im Jahr, fülle man Wasser in einen Bottich oder eine Schüssel, gehe damit unbemerkt hinter die Toilette, und verspritze dort drei Mal dieses Wasser. Auf wunderbare Weise wird das Haus ein ganzes Jahr hindurch von Unglück und Feuer verschont bleiben [A].

[53] Die Sitte, „Himmelsbambus" [*Nanten*] [*nandina domestica Hornstedt*] oder Knoblauch über der Tür anzubringen.
Diese Sitte beruht auf dem *Honzō kōmoku*, wonach Knoblauch Gespenster und üble Geister vertreibt. *Nanten* stärkt die Muskeln, vermehrt die Lebenskraft, macht den Körper leicht und verlängert das Leben, und hat darüber hinaus zahlreiche andere, überragende Qualitäten. Nach einer Zaubermethode gibt man dem Reis *nanten*-Saft bei und nennt ihn dann „Reisbrei der Langlebigkeit" [chin: *ch'ing-ching-fan*]. Von smaragdener Farbe, stellt er ein glückbringendes Medikament dar, das noch von den Menschen unserer Zeit verwendet wird [S/18].

Speicher ──────

[54] Wenn man für die Wände des Speichers sehr starke Holzteile verwendet und von der Außenseite her dick Erde aufträgt, so wird kein Feuer durchdringen. Im Innern sollte man dünne Bretter vom Berg None [Präfektur Kōchi] so anbringen, dass die Erde sich nicht ablösen kann [P].

> Solche dünnen Bretter [*None-ita*] wurden gewöhnlich für die Decken von Tee-Pavillons benutzt.

[55] Das Allerwichtigste bei einem Speicher ist seine Feuer-Undurchlässigkeit. Auch bei Fenstern und Türen solle man von innen dick Erdreich auftragen, da die Flammen sehr leicht durch die Ritzen eindringen können.
Bei einem Speicher sieht ein hoher Steinwall zwar gut aus, aber durch die Mäuse- oder Ameisenlöcher kann sehr rasch Feuer eindringen. Wenn aber nicht anders möglich, sollte man über den Steinwall [eine Schicht] Erdreich legen, für den Brandfall aber immer etwas Erdreich bereit gestellt haben. Man kann dieses zwar gut in Krügen aufbewahren, aber im Notfall kann man es nur schwer herausnehmen. Am besten sind Sake-Tonnen von vier *to* [ein *to* = 18 Liter] [Q/3].

Toilette ————

[56] Falls man bei eng gebauten Häusern in der Nähe der Veranda ein Urinal anlegt, so versenke man dort einen irdenen Topf mit Deckel in die Erde, um solcherart üble Gerüche zu unterbinden. In die Öffnung des Gefäßes stecke man von Zeit zu Zeit Zedern-Nadeln. Bei Toiletten und Urinalen in der Nähe des Salons [*zashiki*] sollte man auf höchste Sauberkeit achten, und über die Toilette einen Deckel setzen, der alle Ritzen gut verdeckt [Q/3].

[57] Wenn man zur Toilette geht, sollte man entweder mit den Findern schnalzen oder sich räuspern, um sich dadurch dem Vorbenutzer erkennen zu geben. Es heißt aber auch, dass man so verfahre, um nicht das Gesicht der Toiletten-Gottheit zu beschmutzen, so wie es, einer alten Geschichte nach, einem Mönch passierte [vgl. *Giso roku-jō*] [S/17].

> *Giso rokujō*, chin: *I Chu liu-t'ieh*, apologetisches Schrift gegen falsch verstandene Ansichten des Buddhismus seitens der Konfuzianer. Genaue Lebensdaten des Autors sind nicht bekannt [wohl Beginn der nördlichen Sung, 960–1127]. Titel des Werks, auch *Shakushi roku-jō*, in Anlehnung an das *Haku-Shih roku-jō* des Dichters Po Chü-i.

2. FELD UND GARTEN

2.1. Bäume und Sträucher

Bäume: 1–14 • Bambus: 15–20 • Kiefern: 21–22

Bäume————————

[1] Vorder- und Hinterseite eines mit vielen Blättern und Zweigen gezierten großen Baumes erkennen [L].

[2] Mit Hilfe von ein wenig Stalaktiten-Pulver Obstbäume dazu bringen, dass sie viele wohlschmeckende Früchte tragen [C]. Vgl. Abb. (10)

[3] Obstbäume, in der ersten Monatshälfte gepflanzt, bringen zahlreiche Früchte, die in der zweiten Hälfte, nur wenige. Wenn die Früchte zum ersten Mal gereift sind, sollte man sie mit beiden Händen abnehmen, Jahr für Jahr wird der Baum Früchte tragen [G].

[4] Plötzlich absterbende Bäume wieder beleben [C].

[5] Wurzelteil und Endstück eines Baumstammes erkennen, der in identischer Weise geschnitten wurde und keinerlei Maserung aufweist [E] [G].

[6] Einen Baum verbiegen [E].

[7] Verschmutzte Bäume säubern [E].

[8] Erreichen, dass Obstbäume, wie z. B. Pflaumen, Kaki, Birnen etc., die zwar Blüten, aber keine Früchte bringen, doch wieder sehr zahlreiche Früchte tragen [I].

[9] Nachbars Brustbeeren-Baum zu sich heranziehen [L].
[*Brust-Beerlein wo solche aufzubehalten*] [MANA]

[10] Wenn man einen Kaki-Baum mit einem Pfirsich-Zweig pfropft, ergibt dies auf wunderbare Weise gold[-farbene] Pfirsiche [C].

[11] Pflaumen auf Maulbeerbäume gepfropft, verbessern ihren Geschmack – es wird keine sauren Pflaumen mehr geben [C].

[12] Veredelungstechnik [Q/5]. Vgl. Abb. (11)
[*Peltzen der Bäume wann es am besten*] [MANA].

[13] Setzlinge pflanzen [Q/5].

[14] Säen und aussetzen [Q/5]. Vgl. Abb. (12)

Bambus————————

[15] Gute und schlechte Tage zum Bambus- oder Holzfällen.
[Eine Tabelle mit den Zyklus-Zeichen des [chin.] Kalenders kombiniert mit einer Tabelle bestehend aus offenen, halb offenen oder ganz geschlossenen Punkten gibt Auskunft. Die rechte Hälfte [des Punktes] ist schwarz = Insek-

[10] Baumpflege

[11] Veredelungstechnik

[12] Feldarbeit

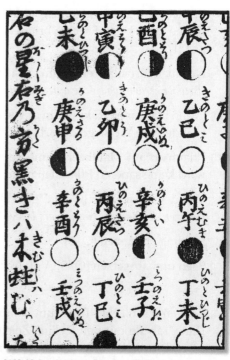

[13] Kalender zum Bambus-Fällen

tenbefall bei Bäumen; die linke, bei Bambus. Wenn der Punkt völlig schwarz ist, werden beide, Bambus und Bäume befallen werden. Ist der Punkt offen [weiß], kennzeichnet dies günstige Tage zum Bambus- oder Holz-Fällen [G]. Vgl. Abb. (13)

[*Holtz wann es zufällen*] [MANA]

> „Bezüglich der unheilbringenden Tage gibt es in der Kalenderkunde keine An- weisungen. Im Altertum kannte man durchaus keine Scheu vor bestimmten Ta- gen. Wer mag wohl in neuerer Zeit als erster davon gesprochen und sie als un- glückbringend bezeichnet haben? Nun heißt es allgemein, Unternehmungen, die an diesen Tagen begonnen würden, kamen nie zu Ende: alles, was man zu diesen Zeiten spreche oder tue, erreiche seinen Zweck nicht, Gewonnenes gehe wieder verloren, und auch sorgfältig ausgedachte Pläne könnten nie verwirkli- cht werden. Das ist aber alles Unsinn. Zählt man die Taten, die man an den als glückbringend ausgewählten Tagen begann und die dann misslangen, so wird sich ungefähr die gleiche Zahl ergeben wie bei den als unglückbringend gelten- den Tagen. Die Unbeständigkeit der Welt geht nicht nach bestimmten Regeln. Schon das, was noch unmittelbar vor uns liegt, besteht oft im nächsten Augen- blick nicht mehr, und was angefangen worden ist, bleibt ohne Abschluss. Trotz- dem kennen die Wünsche der Menschen keine Grenzen. Unbestimmt schwankt das Herz, und alle Dinge sind nichts als täuschende Vorspiegelungen. Was gibt es denn, das auch nur kurze Zeit unverändert währte? Aber das macht sich niemand klar" [Yoshida Kenkō, *Betrachtungen aus der Stille*].

[16] Verhindern, dass sich die Wurzeln des Bambus ausbreiten und zur Plage wer- den [C].

[17] Grünen Bambus weiß kochen [D] [Q/2].

[18] Geheime Methode, um Bambus zu pflanzen, der nicht welkt [I].

[19] Von Krankheit befallenen, absterbenden Bambus wieder aufrichten [I].

[20] Durch einen Weg getrennten Bambus zu sich heranziehen [H].

Kiefern ——————

[21] Verhindern, dass Kiefern beim Umpflanzen eingehen.
Hierfür sollte man von Zeit zu Zeit den Sud von gekochten Venus-Muscheln [*hamaguri*] an die Wurzeln gießen. Auch mit gewöhnlichem Dünger wird die Farbe der Nadeln sehr schön werden [H]. Vgl. Abb. (14)

[22] Absterbende Kiefern wieder beleben [F].

2.2. Blumen und Pflanzen

Allgemeines: 1–10 • Chrysanthemen: 11–13 • Glyzinien: 14 • Ikebana: 15–16 • Kamelie: 17 • Kirschblüten: 18 • Lilien: 19 • Lotus: 20–22 • Mohnblumen: 23 • Narzissen: 24 • Orchideen: 25–26 • Päonien: 27–30 • Trichterwinden: 31–32

Allgemeines ————

[1] In Sachen Blumenzucht folgen die Menschen der jeweiligen Mode. Von Urzeiten her Vertrautes gibt man auf in einer Vorliebe für Außergewöhnliches. Gleiches gilt für die Vorliebe für irgendeine Farbe [der Blumen]. In neuerer Zeit sind in Mode: Päonien, Orchideen, Chrysanthemen, Lotus, Kamelie, Lilien, Azalie, etc.

Sobald etwas als außergewöhnlich gilt, sucht man es zu besitzen, versteckt es in seinem Garten und weist alles andere ab. Falls aber die jeweilige Art allgemein populär wird, sucht man aufs Neue nach seltenen Vertretern. Reiche Familien scheuen keine Ausgaben und freuen sich über etwas, das nur schwer zu erlangen war.

Hinter all dem steht ein Mangel an echtem Wesen oder Charakter. Gerät etwas in der Welt in Vergessenheit, lässt auch die Popularität nach. Warum sich aber nicht an der Natur, so wie sie ist, erfreuen! Vergleichbar der Päonie [*botan*] in der T'ang-Zeit, oder Chou Tun-i's [Shū Ton-i] Liebe für Lotus[-Blumen]; T'ao-ch'ien [Tō Sen] [= T'ai Yüan-ming, 365–427] schätzte Kiefern und Chrysanthemen, He-ching [Wa Sei] [= Lin Pu, 967–1029] Pflaumen, Tung-p'o [Toba] [= Su-Shih, 1036–1101] Bambus: die Geisteshaltung all dieser Menschen ist von der unserer Zeit so weit entfernt wie Himmel und Erde [P].

[2] Aufhänger-Gurt für Bambus-Blumenvasen [G]. Vgl. Abb. (15)

[3] Schachtelhalm zum Schmuck von Gefäßen.

Man stecke Schachtelhalme aus Shinano [Präfektur Nagano] ungefähr zwanzig Tage in Wasser, nehme sie dann, erweicht, heraus, kratze die Rückseite etwas ab, färbe dann diese dünn gewordenen Schachtelhalme in verschiedenen Farben und verwende sie so als Zierde für Gefäße [C].

[4] Verwelkte Blumen so aufrichten, dass sie wie frisch gepflückt aussehen.

Hierzu brühe man Ginseng in der für Medikamente üblichen Weise auf, lasse ihn gut erkalten und stecke ihn dann in die Vase so, dass er bis an den Kopf der Blumen reicht. Dann stelle man alles in den Wandschrank und schließe die Türe: innerhalb einer Nacht werden die Blumen ein Aussehen wie frisch geschnittene annehmen [G].

[5] Verhindern, dass das Blumenwasser nach Fäulnis riecht.

Blumenwasser beginnt in jedem Fall nach einigen Tagen übel zu riechen. Deshalb nehme man einen Ziegel und lege ihn in die Vase: so wird es keinen Fäulnisgeruch mehr geben [S/17].

[6] Verhindern, dass im Winter das Wasser in der Blumenvase gefriert und diese zerbricht: ein Zusatz von Asche oder etwas Schwefel schafft Abhilfe. Dies ist das Geheim-Rezept eines Blumenmeisters [S/2].

[7] Um Narzissen in verschiedenen Farben aufblühen zu lassen, zerteile man die Wurzelknollen in zwei Teile und füge nach Belieben eine Malfarbe hinzu. Wenn man z. B. bei den roten Trichterwinden Eisenpulver an die Wurzel streut, werden sie in klarer Salzfarbe erblühen [S/21].

[8] Je nach der Zeit, zu welcher man Pflanzen und Blumen schneidet, werden sie entweder lange halten oder aber schnell verwelken: Rosen am Abend, Zucker-schoten am frühen Morgen, Lilien, Narzissen, Schwertlilien, nachmittags gegen drei oder vier Uhr geschnitten, halten sich lange [S/21].

[9] Süßklee oder Glyzinien lange in einer Vase frisch halten [L].

[10] Schneidetechnik, mittels derer Wasserpflanzen sich lange halten [C].

Chrysanthemen

[11] Mit Hilfe einer besonders aufbereiteten Erde ist es möglich, Chrysanthemen im Frühjahr zu ziehen [S/2].

[12] Chrysanthemen bis zum Frühjahr und Sommer aufbewahren [C]. Vgl. Abb. (16)

[13] Dünger für das Chrysanthemen-Beet [D].

Glyzinien

[14] Glyzinien züchten, die lange Zeit frisch bleiben [E].

Ikebana

[15] Weisheit, die es gestattet, Blumen in Schalen, auf Tellern und in Vasen mit großer Öffnung zu arrangieren [D].

[16] Ein Blumen-Arrangement [*ikebana*] dauerhaft frisch erhalten, und seine Blüten schnell aufblühen lassen.
Wenn man Pflaumen oder Kirschblüten arrangieren will, bringe man etwas Schwefel in das Gefäß. Wenn man dann heißes Wasser dazu gibt, werden alle Knospen aufgehen, erblühen und sich lange halten. Man stelle eine Päonie in eine Blumenvase mit enger Öffnung, gebe etwas heißes Wasser dazu, verschließe die Öffnung. Während drei oder fünf Tagen werden die Blumen, wunderschön, nicht verwelken [Q/2]. Vgl. Abb. (17) (18)

Kamelie

[17] Wenn man an einer einfarbig blühenden Kamelie die Farbe verändern will, so verglimme man in einem Feuertopf [*hi-ire*] Schwefel – die Blüten werden weiß werden. Will man sie z. B. unregelmäßig gesprenkelt machen, lasse man in einem Feuertopf den Schwefel verbrennen. Darüber stülpe man dann eine

[14]
Umsetzen von Kiefern

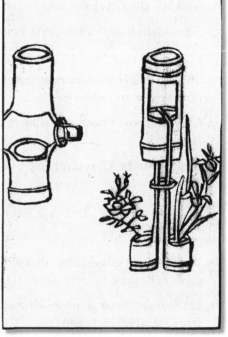

[15]
Bambus-Blumenvase

[16]
Chrysanthemen-Schau

[17]
Ikebana

[18]
Suche nach Material zum Blumen-
Stecken [*rikka*]

[19]
Eine Kamelie verfärben

Schale, in deren Boden man ein Loch gebohrt hat. In dieses setze man dann eine Pfeife und dirigiere den Rauch auf die Blüten und zeichne so nach Belieben ein Muster [H]. Vgl. Abb. (19)

Kirschblüten————————

[18] Arrangement mit Kirschblüten.

Wenn man Kirschblüten-Zweige in eine Blumenvase steckt, verlieren sie leicht ihre Blüten. Dem vorzubeugen, senge man ein klein wenig die Spitzen der Zweige an, und stelle sie dann in die Vase [M].

Lilien————————

[19] Die Wurzeln der Lilien sind essbar [Q/5].

Lotus————————

[20] Lotus-Blüten die Form einer Münze geben.

Man gebe alte Lotus-Samen in die Schale eines [Hühner-]Eis, verschließe dann darüber mit Papier die Öffnung und stelle alles in den Hühnerstall. Sobald dann aus den anderen Eiern Küken geworden sind, nehme man das präparierte Ei heraus, ziehe die Samenkerne aus der Eischale, vermenge etwas Puder vom Spargel [*tenmondō*] und vom Horn eines Hammels, rühre es unters Erdreich, streiche diese Mischung auf den Boden einer Tonschale, säe darauf dann Lotus-Samen und gieße Wasser darüber. Die Blumen werden aufgehen, und in sehr schöner Weise die Form einer kleinen Münze annehmen [I].

[21] Lotus züchten [K].

[22] Worauf man bei einem Lotus-Teich aufpassen soll, ist, kein Öl aus dem Tungbaum [*aleuritis cordata*] [*tōyu*] dazu zu geben, sonst sterben alle Blumen ab [O].

Mohnblumen————————

[23] Mohnblumen mit tausend Blatt zur Blüte bringen, oder auch auf einem Stiel zwei Blüten erzielen.

Wenn man in der Nacht des fünfzehnten Tages des achten Monats Samen aussät, werden in jedem Fall große Blüten kommen. Wenn man darüber hinaus mit einem Bambus-Besen darüber fährt, blühen sie in tausend Blättern auf. Oder aber man sät, indem man die linke und rechte Hand übereinander legt: so werden, auf wunderbare Weise, an einem Stiel zwei Blüten entstehen [I].

> Nach dem traditionellen Kalender ist der fünfzehnte Tag des achten Monats [Mid-Herbst] der Zeitpunkt einer zeremoniellen Mondbetrachtung im Rahmen einer Feier mit Rezitation von Gedichten, Opfern von Sake und „Reis-Klößen zum Mond-Beschauen" [*tsuki-mi dango*]. Diese Sitte wird in gewisser Weise auch am dreizehnten Tag des neunten, und am zehnten des zehnten Monats beobachtet.

Narzissen————————

[24] Narzissen ansetzen und in zahlreichen Blüten aufblühen lassen [I].

[25] Ameisen und Läuse von Orchideen fern halten [I].

[26] Geheime Methode zur Aufzucht von Orchideen [I] [L].

Päonien ─────────

[27] Päonien zu großer Blüte bringen [I].

[28] Die Wurzel von Päonien teilen und auf diese Weise zahlreiche Blüten hervorbringen [I].

[29] Päonien pfropfen [I].

[30] Päonien vor Insektenbefall schützen und zu großformatiger Blüte bringen [I].

Trichterwinden ─────────

[31] Trichterwinden am hellen Tag aufblühen lassen.
Wenn man die Knospen einer Trichterwinde am nächsten Tag aufblühen lassen möchte, so umwickle man sie mit angefeuchtetem Papier, welches man dann am folgenden Tag wegnimmt: die Blüten werden so sein, als ob sie gerade aufgeblüht seien [L].

[32] Trichterwinden saflorrot färben [L].

2.3. Garten-Anlage

Fisch-Teich: 1–15 • Gartensteine: 16–18 • Tee-Garten: 19 • Wasser: 20

Fisch-Teich ─────────

[1] Einen Fisch-Teich aus Erde bauen.
Wenn man aus „geschlagener Erde" einen Fisch-Teich bauen will, sollte man, bevor man Wasser einlässt, Stroh verbrennen: auf diese Weise wird das Wasser sich lange Zeit frisch halten. Nachdem man die Fische ausgesetzt hat, tausche man über einen Zeitraum von fünfzig oder siebzig Tage alle drei, vier Tage das Wasser aus: Fett und Salz-Gehalt werden so verschwinden, die Fische gedeihen munter. Die Zeit, wo sich dunkles Moos gebildet hat, ist besonders geeignet. Wenn man die Fische zu schnell einsetzt, ist es schwer, sie am Leben zu erhalten. Um Fische zu züchten, sollte man in den Teich auch Schildkröten aussetzen [Q/2].

[2] Um Goldfische aufzuziehen, schneide man feine Nudeln [sōmen] zu je fünf Teilen, fülle Wasser in einen großen Behälter, lege eine Schicht feines Gras hinein, darüber dann eine Schicht Nudeln, dann wieder Gras, und darüber nochmals Nudeln. In der glühenden Hitze des sechsten Monats stelle man diesen Behälter in den Hof und bedecke ihn mit irgendetwas. Nach ungefähr dreißig Tagen werden sich ganz von selbst kleine Goldfische entwickeln. Es

kann aber passieren, dass sich in diesem Wasser auch Moskito-Larven bilden, welche man dann sorgfältig entfernen sollte [G].

[3] Um Fisch-Krankheiten zu heilen, stelle man eine Hand voll Faden-Nudeln [*sōmen*] in den Gartenteich: kein Fisch wird mehr verenden. Dieselbe Wirkung hat auch Pfeffer [L].

[4] Um richtig Goldfische zu züchten, sollte man ihnen Fadenwürmer zu fressen geben. Dieselben kann man sich verschaffen, indem man etwas von dem Schlamm nimmt, in welchem gewöhnlich zahlreiche Würmer leben, ihn in Ziegel legt und einen halben Tag trocknen lässt. Wenn man dann diese Erde untersucht, so findet man, dass sich die Fadenwürmer an einer Stelle zusammengefunden haben: mit ihnen füttere man dann die Goldfische [E].

[5] Um Goldfische in einem Bambus-Korb zu halten, sollte man den Korb auswaschen, an der Sonne trocknen, dann außen und innen mit Gelatine bestreichen und wieder trocknen: beim Wasser Einfüllen wird der Korb nicht auslaufen [S/2].

[6] Verfahren, Goldfische in großer Zahl zu züchten.
Zuerst unterteile man den Gartenteich in drei Partien, lege in eine davon zehn große Goldfische und gebe ihnen als Futter gesüßtes Gebäck [*senbei*] zu fressen. Danach gebe man in den Teich dicht gewachsene Wasserlinsen, auf welchen dann Nachkommen entstehen können.
Wenn alle geboren sind, stecke man die Gräser, so, wie sie sind, in einen der anderen Teile des Teichs und tauche sie unter Wasser. Junge werden entstehen so groß wie eine Nadel, die allmählich wachsen und zu Goldfischen werden. Wenn sie ungefähr so groß wie ein Finger sind, transferiere man sie erneut in einen anderen Abschnitt [des Teichs]. Auf diese Weise verhindert man, dass sie von den größeren Goldfischen gefressen werden [I].

[7] Fische in einem Teich aussetzen.
Wenn die Fische am ersten Tag [unter dem Zeichen] „Älterer Bruder-Metall" des zweiten Monats ins Wasser gehen, ohne dieses aufzuwühlen, so werden sie ganz gewiss gut aufwachsen [G].

[8] Quellwasser für einen kleinen Teich herzustellen, in welchem man leicht Fische züchten kann [C].

[9] Kranke Fische im Gartenteich heilen.
Falls die Fische in den Sommer-Monaten in trübem Wasser leben oder, auf Gift gestoßen, dabei sind zu verenden, solle man Chrysanthemen-Blätter zerreiben und ihnen diesen Saft zu trinken geben. Solange sie noch atmen und die Kiemen sich bewegen, werden sie nicht verenden. Man kann ihnen natürlich genausogut auch Tee-Pulver ins Maul geben [H].

[10] Um Goldfische am Leben zu erhalten, gebe man ihnen aus *san-shichi-sō* [*Gynura japonica Makino*] geriebenen Saft zu trinken [S/2] [Q/2].

[11] Schwächlich gewordene Fische wieder munter machen [M].

[12] Sterbende Goldfische wieder zum Leben zu bringen [C].

[13] Fische dauerhaft ohne Krankheiten aufziehen.
Bei [einem Teich mit] fest gestampfter Erde wird im Wasser Kalk-Gehalt frei werden, und die Fische werden darunter leiden. Deshalb schabe man von einem rohen Paulownia-Baum ungefähr zwei Zoll im Quadrat ab und lege davon drei oder vier Stück in das Bassin: Die Fische werden keinerlei Krankheiten mehr haben und noch nach langen Jahren der Aufzucht werden ihre Augen nicht blind werden [H].

[14] Sind die Goldfische von Ungeziefer befallen, so lege man einen Tag lang einen neuen Ziegel in einen Düngertrog, nehme ihn danach heraus, trockne ihn und lege ihn dann in den Fisch-Teich – das Ungeziefer wird allesamt verschwinden [I].

[15] Zum Schutz vor Wieseln hänge man am Goldfisch-Teich einen Flaschen-Kürbis auf – die Tiere werden sich kein zweites Mal zeigen; den gleichen Zweck erfüllt aber auch ein See-Ohr [*awabi*] oder auch Pfeffer, in Papier gewickelt und in den vier Richtungen um den Teich herum aufgestellt. Es tut aber auch eine magische Formel, auf ein kleines Amulett geschrieben und neben dem Teich aufgestellt [G]. Vgl. Abb. (20)

Gartensteine

[16] Nach Belieben auf Gartensteine Moos anpflanzen.
Man zerschneide Kletten [*gobō*] in kleine Stücke und reibe damit vier, fünf Male über die Steine, auf welchen man Moos ansetzen möchte: auf der Stelle wird sich Moos bilden. Dasselbe Verfahren eignet sich auch gut, um Moos auf Steinlaternen u. ä. anzusetzen [A].

[17] Zerbrochene Miniaturgarten-Steine u. ä. reparieren.
Verwendet man hierzu Lack mit Weizenmehl vermengt, so bleiben Nahtstellen und es sieht nicht schön aus. Wenn man aber diese Arbeit unter Zuhilfenahme des Schleims einer Schnecke ausführt, kann man die reparierten Stücke sogar bedenkenlos in Wasser tauchen – die Verbundstelle wird sich nicht lösen [D].

[18] Wenn man die Bruchstücke verloren hat, zerkleinere man fein *bletilla striata* [*shiran*], vermenge sie mit heißem Wasser und ergänze so das fehlende Stück, das, einmal erhärtet, zu Stein wird [Q/2].

Tee-Garten

[19] Um zu verhindern, dass ein Tee-Garten von Insekten befallen wird, vergrabe man am Fuß der Teesträucher mehrere getrocknete Sardinen: auf der Stelle werden die Insekten abziehen [M].

[20] Mit einer normalen Kelle kann man das Wasser nicht weit verspritzen. Man nehme hierzu eine Kelle, deren Griff [durch die Schale] nach unten geht. Dann kann man damit mehrere *ma* [ein *ma* = 1, 8 m] weit ganz nach Belieben spritzen. Anzuwenden, wenn man von außerhalb einer Umzäunung Wasser in einen Garten spritzen soll [D]. Vgl. Abb. (21)

[20]
Den Goldfisch-Teich vor Wiesel schützen

[21]
Bewässerungstechnik

3. FEUER UND LICHT

> Feuersbrunst: 1–6 • Flamme, Glut und Holzkohle: 7–11 • Kerzen: 12–18 • Lampen und Öl: 19–25 • Wachsherstellung: 26–27 • Zündschnur: 28

Feuersbrunst————

[1] Erkennen, ob ein Brand nah oder fern ist.
Bei einer Feuersbrunst in der Nacht erscheinen die Flammen, die sich ausbreiten, sehr nahe. In einer Mondnacht erscheinen sie weiß und entfernt. Der Rauch beim Brand eines Wohnhauses erscheint schwarz und dick, alle anderen Rauchentwicklungen erscheinen dünner – woraus man die Situation unterscheiden kann [C].

[2] Den Ausbruch einer Feuersbrunst im Voraus erkennen.
[Auch hier, wie schon bei anderen Beispielen auch, wird ein bestimmtes Abzählen an den Fingern der Hand mit den vier Elementen Erde, Wasser, Feuer und Wind sowie den entsprechenden Kalender-Monaten angewandt] [M]. Vgl. Abb. (22)

[3] Eine Brandgefahr abwehren.
Man schreibe mit Zinnober auf ein Stück Papier eine magische Formel und hefte sie über der Tür an. Vor dem Schreiben wasche man sich die Hände, spüle den Mund und schreibe dann die Formel: ohne jeden Zweifel wird man so von Feuersbrunst verschont bleiben [I].

[4] Verhindern, dass Funken vom Holzkohlenfeuer versprühen, was als besonders unangenehm empfunden wird. Abhilfe schafft ein wenig Salz, ins Feuer gestreut [S/2] [C]. Vgl. Abb. (23)

[5] Durch Wind übertragene Flammen abwehren.
Man mache aus einem fünf oder zehn Fuß großen, roten Seidenstoff eine Fahne, hefte sie an eine Bambusstange und stecke sie mitten in das Feuer – auf der Stelle wird sich der Wind drehen und der Brand zum Stillstand kommen. Im Notfall kann man auch ein ganzes Kleidungsstück ins Feuer stellen. Diese Methode ist äußerst wirkungsvoll [G].

[6] Zum Schutz bei einem Brand in der Nachbarschaft rezitiere hierfür folgendes Gedicht:

> Die Flammen drängen – schon bis an die Umzäunung – meines Hauses vor – dort aber steht Akahito – und die Flammen halten an [MA].

„Die Flammen halten an", hi-tomaru, auf japanisch, ist homophon zum Namen des großen Dichters der ersten Poesie-Sammlung [Manyōshū], Kaki-no-moto no Hitomaru; Akahito, ein weiterer berühmter Dichter dieser Sammlung, trägt in seinem Namen ein homophones Morphem zu „rote Flammen".
Die genauen Lebensdaten des Hitomaru sind nicht bekannt [zweite Hälfte des 7. Jh.]. Da aber die ersten historischen Quellen ihn nicht erwähnen, dürfte er erst seit der Entstehungszeit des Kokinshū bekannt geworden sein – wie aus dem Vorwort dieser Sammlung abzuleiten. Seit dem frühen 11. Jh. schreibt ihm eine

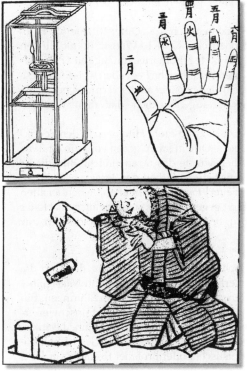

[22]
Lampe ohne Docht / Brand voraussagen
Eine Flamme mittels eines Fadens auf-
nehmen

[23]
Glühende Feuerzange
Funken vom Holzkohlen-Feuer

Poesie-Tradition die Autorenschaft einer großen Zahl der bekanntesten Gedichte zu.

Seit dem Ende der Heian-Zeit entwickelten sich die „Opfer-Rituale für Hitomaru", i. e. ein halb religiöser, halb poetischer Gedicht-Wettstreit, mit Blumen – und Sake Darbringung vor einem Gemälde Hitomarus. Im Zuge einer Verklärung und Vergöttlichung dieses Dichters – zahlreiche Legenden weisen in diese Richtung – soll Ende der Heian-Zeit ein Gedenkstein an der vermutlichen Stelle seines Grabs errichtet worden sein – der augenblickliche datiert aus der Edo-Zeit.

Als Schutzgottheit der Poesie erscheint Kaki-no-moto Hitomaru in den Poetik-Schriften des Mittelalters, und zahlreiche Orte in Japan geben vor, sein Grab zu beherbergen. In verschiedenen Studien wurde das fazettenreiche Bild dieses Dichters analysiert: neben der Rolle als Schutzgottheit der Poesie gestattet die Homophonie seines Namens, hi [= Feuer]-tomaru [= anhalten], einen leichten Übergang nicht nur zur Schutzgottheit gegen Brände, sondern auch als Helfer in der Geburt [hito-umaru > hitomaru], bei Augenkrankheiten, Epidemien, zur Papier-Herstellung, etc.

• • •

Eine der Charakteristika der japanischen Literatur ist der Platz, den dort die Poesie einnimmt. Schon die ältesten erhaltenen Werke, *Kojiki* und *Nihongi*, beinhalten zahlreiche Gedichte inmitten ihrer mythologischen Erzählungen. Ein Blick in die verschiedenen Genre der japanischen Literatur lässt unschwer erkennen, welch wichtige Stellung Gedichte im Aufbau einer Erzählung besitzen. Oft sind sie Höhepunkt, Ausgang oder aber Wendepunkt einer Geschichte. Die mittelalterlichen Sammlungen buddhistischer oder profaner Exempla verdeutlichen die besondere Qualität, die dem traditionellen 31-silbigen japanischen Gedicht zukommt.

Auch Texte zu Doktrin und Ritus shinto-buddhistischer, synkretistischer Tradition beinhalten regelmäßig Gedichte – oft die Quintessenz der Lehren – oder magische Formeln zur Durchführung von Riten. Die Rezitation von Gedichten dieser letzteren Art ist in gewisser Hinsicht Voraussetzung für die erhoffte wunderbare Wirksamkeit. Solcherart können diese Gedichte, qualitativ und funktionell, den buddhistischen *dhāranī*-Formeln gleichgesetzt werden. Die Theorie von der Identität japanischer Gedichte mit den *dhāranī* wurde im japanischen Mittelalter ausgearbeitet, in zahlreichen Poetik-Schriften detailliert dargestellt und rechtfertigte so die Hereinnahme von „magischen Gedichten" [*majinai-uta*] in Riten und Praktiken apotropäischer oder Glück bringender Natur.

Die neue Religion des Buddhismus, lange Zeit vor der in den Quellen belegten Periode nach Japan gekommen, wurde zunächst – vor allem über ihre eindrucksvolle Ikonographie – als ein neues, starkes Mittel zur Heilung von Krankheiten und Abwehr von Epidemien gesehen. Die Aufnahme oder auch die vehemente Ablehnung der neuen Götter liest sich in den frühen oben genannten Annalen als erstaunliche, regelmäßige und in einem Ursachen-Verhältnis stehende Reaktion auf das Auftreten von Epidemien.

Für den Buddhismus stellt sicherlich die selbst gefundene Erleuchtung ein hehres Ziel inmitten einer skeptisch-pessimistischen Weltanschauung dar, aber Tatsache ist ja, dass der historische Buddha Shakyamuni selbst nie klar, für Mönche wie für Laien, den Gebrauch von Magie zurückgewiesen oder gar verboten hatte. Im bekannten Lotus-Sūtra findet sich selbst ein Kapitel mit dem Titel „*Dharani-bon*".

Im indischen Buddhismus hatte sich neben den beiden Richtungen des Kleinen und des Großen Fahrzeugs eine dritte Bewegung, die des Esoterismus [*mikkyō*], gebildet, der in den beiden Schulen Tendai und Shingon nach Japan eingeführt worden war. In einigen seiner Grundzüge übernimmt der Esoterismus Elemente der vedischen Religion, vor allem die Idee augenblicklicher Gewinne, die durch Opfer erzielt werden. Sobald jedoch in einem Opfer der Aspekt der Verdinglichung von Bitten betont wird, kann ein Opfer-Ritual leicht die Züge einer magischen Handlung annehmen, d. h. auf einen Automatismus von Ursache und Wirkung abzielen. Solches aus der vedischen Magie stammendes Gedankengut fand in die Riten des Esoterismus Eingang.

Während der Heian-Zeit [9.–12. Jh.] rivalisierten die beide Schulen Tendai und Shingon am Kaiserhof um den größtmöglichen Einfluss bei der Ausführung esoterischer Rituale. Im nachfolgenden Mittelalter [13.–16. Jh.], welches das Aufkommen eines japanischen, volkstümlichen Buddhismus sah, waren weiterhin magische Praktiken populär, oft in spektakulärer Form, wie bei der stark national orientierten Schule Nichirens. Der Vollständigkeit halber sei noch angemerkt, dass die Schulen des Reinen Landes mit ihrem absoluten und ausschließlichen Glauben an den Buddha Amida und dem Verwerfen jeglichen Versuchs, eigene, in buddhistischer Praktik gelegene Verdienste zu erwerben, konsequent den Gebrauch von magischen Handlungen ablehnten; Tatsache ist aber, dass auch in diesen Schulen die Idee „augenblicklicher Profite" [*genze riyaku*] nicht völlig unbekannt ist.

Rein von der Funktion her gesehen, stellen die Heilsformel der Amidisten [*Namu Amida Butsu*] und die Rezitation des Titels des Lotus-Sūtras [*Namu myōhō renge-kyō*] ebenso magische Formeln dar wie das bekannte Sanskrit-Mantra des Sonnen-Buddhas Mahā Vairocana [Dainichi nyōrai]: *abira unken sowaka*.

Innerhalb des japanischen Volksglaubens oder der traditionellen Lebensweise gibt es in früherer Zeit kaum ein Gebiet, das – oft bis in neuere Zeit als survivals zu beobachten – nicht den Gebrauch von Magie, insbesondere verbaler Magie, kannte: magische Formeln begleiten jeden Abschnitt, jeden Zeitpunkt menschlichen Lebens. Auch in den hier vorgestellten Hausbüchern des 18. und 19. Jahrhunderts finden wir Spuren dieses Jahrhunderte überspannenden Glaubens an die „Wortkraft" [*kotodama*].

Als der Buddhismus nach Japan eindrang und auf kultischem und ideologischem Gebiet die prä-buddhistischen Glaubensvorstellungen [Shintō] beeinflusste – aber auch von ihnen beeinflusst wurde –, erstellte er in der Theorie von Urstand [=Buddha] und Manifestation/Spur [= Kami] einen Symbiose-Bezug der beiden Religionen eigenen Gottheiten auf, der bis in die Jetzt-Zeit nachwirkt. Man kann sichergehen, dass dieser Prozess der Identifizierung beider Gottheiten auch die Interpretation des japanischen Gedichts als *dhāranī* begründete. Vereinfacht ausgedrückt: so wie die shintoistischen Kami-Gottheiten den Buddha gleichgestellt wurden [allerdings nur als deren „Spur" auf Erden], so die japanischen Gedichte den magischen Formeln des Esoterismus.

Flamme, Glut und Holzkohle

[7] Mehr Spielerei denn Notwendigkeit in der folgenden Praktik, die es gestattet, eine Flamme mittels eines Fadens aufzunehmen. Es genügt, das Ende des Fadens mit etwas Salz im Mund anzufeuchten und ins Feuer zu halten, das sich so gut aufnehmen lässt [S/2]. Vgl. Abb. (22)

[8] Um eine glühende Feuerzange [*hi-bashi*] in der Hand halten zu können, reinige man die Handflächen mit Wasser, schreibe dann daselbst mit Wasser ein Zeichen und rezitiere drei Mal das Mantra des Mahā Vairocana: *abira unken sowaka* [S/3]. Vgl. Abb. (23)

[9] Feuerglut, die lange anhält.
Man nehme aus einem Teich die Ranken und Blätter der Wassernuss und verbrenne sie: die so gewonnene Asche wird die Glut lange bewahren. Auch bei Räuchergefäßen findet diese Methode Verwendung [B].

[10] Feuer lange aufbewahren.
Man lege eine Walnuss ins Feuer: sobald sie zur Hälfte verbrannt ist, vergrabe man sie in heißer Asche – während vier oder fünf Tagen wird die Glut nicht erlöschen [G].

[11] Mit einem einzigen Stück Holzkohle einen Tag lang Feuer zum Tabak-Rauchen besitzen.
Man schneide etwas Holz vom Kamelien-Baum in der Größe von Holzkohlen-Stücken und platziere diese in die Asche eines Ton-Gefäßes. Dann verkohle man Hundspfeffer [*inu-tade*] [*Polygonum Blumei Meisn.*] und streue dies auf das Holz. Auf die Asche lege man dann ein wenig von der Glut. Dergestalt verfahren wird ganz natürlich das Feuer weiter brennen und einen ganzen Tag anhalten [A]. Vgl. Abb. (24)

Kerzen——————

[12] Eine nur ein Zoll große Kerze brennt eine ganze Nacht über.
Man erwärme und schmelze zusammen T'ang-Wachs, Kiefernharz, Blüten des Pagoden-Baums sowie Bimsstein, wickle dann ein Bündel Dochte in ein Tuch ein und tauche sie in das Wachs. Getrocknet und angezündet, wird eine solche Kerze während einer Nacht nur einen Zoll niederbrennen [A].

[13] Eine Kerze von großer Leuchtkraft herstellen [H].

[14] Durch Magie verhindern, dass eine Kerze tropft [E].

[15] Das Tropfen einer Kerze unterbinden.
Wenn man drei Mal mit einem Taschenmesser, auf die Schnittstelle [*koguchi*] der Kerze hin gerichtet, das Zeichen „Schiff" schreibt, so wird die Kerze auf wunderbare Weise sofort aufhören zu tropfen [G].

[16] Eine windresistente Kerze herstellen.
Zutaten: Trockenlack, Lygodium japonicum Swartz, Schwefel, Kalisalpeter, Pech, China-Wachs, pulverisiertes schwarz gefärbtes Leintuch. Zuerst verflüssige man das Pech im Feuer, erhitze dann das Wachs, vermenge alles miteinander, wasche und trockne gut ein altes Tuch, wickle da hinein diese Mischung, drehe es zusammen wie eine Schnur: angezündet, ergibt dies einen sehr hellen Schein, die Flamme wird auch im Wind nicht verlöschen [G].

[Pour faire des torches que le vent ne peut éteindre] C'est ce qui arrive avec le soufre, car il s'éteint difficilement, dès lors qu'il a été embrasé; c'est pourquoi les flambeaux composés de cire et de soufre pourront se porter sans s'éteindre contre tous vents et toute tempête. Pour conduire des armes, on emploie le moyen suivant. On fait bouillir la mêche en salpêtre dans l'eau, puis séchée au soleil, on la trempe dans du soufre et de l'eau ardente; ensuite on fait des chandelles avec cette mixture. Elle est composée de soufre, de camphre et de la moitié de résine de térébenthine, à quoi il faut ajouter le double de colophane et la troisième partie de cire. Vous en ferez quatre chandelles, et les assemblerez, mais au milieu vous jetterez force soufre vif, et par ce moyen cette composition résistera mieux que toutes les autres. Si vous environnez une chandelle de neige ou de glace, on verra la flamme brûler dans la neige [POMA]

[17] Eine regenresistente Kerze.

Man verfestige eine Mischung aus Kupfervitriol, Kampfer, Kiefernharz, Schwefel und Schießpulver, forme sie zu einer Kerze und entzünde sie: selbst wenn man sie mit Wasser bespritzt, wird sie nicht verlöschen [Q] Vgl. Abb. (25)

[Comment on pourra mettre une chandelle ardente sous l'eau] Ayez un vase long et d'une capacité raisonnable, mettez dans son orifice un bouchon de bois et faites que dans ce vase la chandelle allumée se tienne complètement immobile; vous plongerez ce vase dans l'eau et aucune goutte n'y entrera, puisqu'il sera rempli d'air, et de la sorte sous l'eau votre chandelle brûlera sans s'éteindre [POMA].

[18] Die Gespenster-Kerze.

Eine Kerze besonderer Art, die, sobald angezündet und auf dem Boden neben den Schiebetüren [*shōji*] aufgestellt, auf diese die Silhouette eines Gespensts [*bakemono*] erscheinen lässt [S/9]. Vgl. Abb. (26)

Lampen und Öl————————

[19] Methode, um eine Nacht lang eine Lampe ohne Docht brennen zu lassen, ohne dass dabei viel Öl abnimmt, und ohne dass sie bei einem Erdbeben verlöscht. Ermöglicht wird dies durch ein zusammengedrehtes Papier, das mitten in die zu 80 % mit Öl gefüllte Lampe gelegt und mit einem kleinen Stein beschwert wird [H]. Vgl. Abb. (22)

[20] Mit einem *gō* [1 *gō* = 0,18 l] Lampen-Öl einen Monat haushalten [A].

[21] Eine Lampe ohne Öl brennen lassen.

Hierzu fertige man kleine Kugeln aus einem Gemisch von Räucherwerk [*nyū-kō*], Schwefel, Kiefernharz, Trockenlack, gemahlenen schwarzen Bohnen und Salpeter und verbrenne jeweils eine dieser Kugeln auf einer Eisenplatte [A].

[22] Verhindern, dass eine Fisch-Öl-Lampe beim Verlöschen übel riecht.

Wenn man Lampen, die mit Wal-Öl oder irgendwelchem Fisch-Öl betrieben werden, ausbläst, steigt ein übler Geruch in die Nase. Daher presse man mit

[24]
Holzkohlen Dauerbrenner

[25]
Die regenresistente Kerze

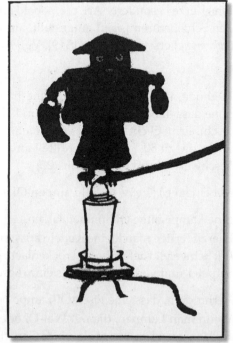

[26]
Gespenster-Kerze

einem Schürhaken den Docht in ein Tongefäß und lösche die Lampe so aus: es wird kein übler Geruch zurückbleiben [M].

[23] Eine magische Formel, auf die Lampe geschrieben, verhindert, dass Insekten sich dem Licht nähern [C].

[24] Verfahren, in einer Lampe die Umrisse von Weintrauben aufzuzeigen.
Man fülle Öl in einen Krug, stecke eine Traube hinein, verschließe den Krug gut mit einem Deckel und halte ihn dann dreißig Tage unter dem Weintrauben-Spalier vergraben. Danach fülle man das Öl in ein Tongefäß und zünde das Licht an: auf wunderbare Weise werden sich die Umrisse von Trauben zeigen [Nach dem *Kō-chū-shū*, chin. *Hsing-ch'u-chi*] [E].

[25] Den Lichtschein einer Lampe, die eine ganze Nacht über brennt, nicht nach außen fallen lassen [B].

Wachsherstellung───────

[26] Geheime Überlieferung, rohes Wachs zu ziehen [C].

[27] Den Bodensatz von Walfett zu Wachs verarbeiten [C].

Zündschnur───────

[28] Eine regenresistente Zündschnur.
Man tauche eine gewöhnliche Zündschnur in aufgekochte Zahnschwärze [*o-haguro*], färbe sie kräftig ein und trockne sie dann an der Sonne. Angezündet, wird sie auch im Regen nicht mehr verlöschen [G].

4. WIND UND WETTER

> Blitz und Donner: 1–10 • Dürre: 11 • Erdbeben: 12–14 • Wetter–Vorhersagen: 15–24 • Raureif: 25 • Regen: 26–32 • Schnee: 33 • Schönwetter: 34–35 • Wind: 36–44 • Wolken: 45–48

Blitz und Donner————

[1] Blitzschlag vermeiden.

Ein Mann schreibe dazu mit den Fingern in die linke, eine Frau in die rechte Hand die zwei Zeichen *me-ichi* [„Auge-Eins"]. Zur Haltung, vgl. nachstehendes Bild [A]. Vgl. Abb. (27)

[2] Verfahren, um Blitzschlag zu vermeiden.

Man pflücke am fünften Tag des fünften Monats, zur Stunde des Pferdes [= Mittag] Beifuß [*yomogi*] [*Artemisia princeps Pampanini*] und Wasserlinsen [*ukikusa*] [*Spirodela polyrhiza Schleid.*], trockne sie im Schatten und verbrenne etwas davon, sobald der Donner rollt [L]. Vgl. Abb. (28) (29)

[3] Vorkehrung, nicht vom Blitz getroffen zu werden.

Hierzu führe man ein Räucherwerk aus [lila] Glyzinien [*shitō-kō*] [*wisteria sinensis*] mit sich und verbrenne es bei Gewitter: kein Blitz wird in das Umfeld einschlagen. *Shitō-kō* ist lilafarben und ein Räuchermittel allerbester Qualität [F].

[4] Feuersbrunst und Blitz-Einschlag vermeiden.

Hierzu pflanze man im Garten [rötlich-weiße] Fetthenne/Herbstsedum [*shinka-sō*, im Volksmund auch *Benkei-sō* genannt] [*sedum alboroseum*]: der Blitz, abgeschreckt, wird nicht mehr in ein solches Haus einschlagen. Man kann diese Pflanze auch an dem Dach, unter welchem man Feuer anmacht, aufhängen – es verhindert sehr gut jegliche Feuergefahr und wird auch nach langer Zeit nicht welken [E].

[5] Jemanden, der durch Blitz/Donner erschreckt, gestorben ist, wieder zum Leben zu bringen.

Man sammle eine große Anzahl von Regenwürmern, zerstampfe sie und reibe diese auf die Fußsohlen: das Opfer wird wieder zum Leben zurückkehren [K].

[6] Geheime Methode, um Kindern das Erschrecken beim Donnerschlag zu nehmen.

Im Sommer nähe man aus roter Seide einen Beutel, stecke sieben gehäutete Aprikosen-Kerne hinein und lasse das Kind diesen Beutel am Körper tragen: es wird nicht mehr erschrecken [I].

[7] Jemandem die Angst vor dem Blitzschlag nehmen.

Man bereite einen Aufsud von Ginseng, getrockneten Wurzeln von „Schlangenbart" [Lilienrasen] *baku-mondō* [*Ophiopogonis Tuber*], „Beerentraube" [*go-*

[27]
Schutz vor Blitzschlag

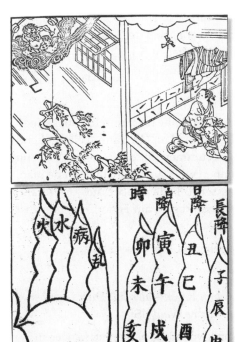

[28]
Gewitter

[29]
Gewitter
Unwetter errechnen

mishi] [*schizandra chinensis*] und nehme ihn wie üblich ein. Für lange Zeit wird die Angst vor einem Blitz vergehen [E].

[*Von* Plitz und Wetter *erstaunter Mensch wie ihm geholffen worden*] [MANA]

[8] Hilfe bringen, wenn jemand, vom Blitz getroffen, schwarz verkohlt ist.

Falls jemand durch Blitzschlag schwarz verkohlt wurde, so wird er auch durch Waschen nicht mehr sauber werden; außerdem wird er unter starken Schmerzen leiden. Abhilfe schafft hier geriebene Karausche [C].

[9] Einen vom Blitz Getroffenen retten.

Den vom Blitz Getroffenen lege man ganz schnell auf die Seite, zünde eine Fackel an und setze das Opfer so der Hitzequelle aus. Die Schwarzfärbung des Körpers wird in der Hitze verschwinden und das Opfer wird wieder zum Leben erwachen. Falls man ihn aber fälschlicherweise mit Wasser, und sei es nur ein klein wenig, bespritzt, wird er sterben.

Hat ein vom Blitz Getroffener alle Empfindung verloren und ist nicht mehr recht bei Sinnen, so verbrenne man das Räuchermittel *kōshin-kō* [*acronychia pedunculata*] [„Rautengewächs"] – er wird wieder zum Leben erwachen [F].

[10] Ein Blitz nimmt die Gestalt der zwölf Stunden-Tierkreiszeichen an.

[Eine solche Vorstellung wird als absolut unzutreffend verworfen] [S/18].

Dürre ───────

[11] Eine Dürre vorweg zu erkennen.

Wenn am ersten Tag des fünften Monats starker Regen fällt, wird es im Jahr wenig Wasser [Regen] geben. Desgleichen, wenn es in der Kälteperiode nicht von Zeit zu Zeit regnet, wird es ein Dürre-Jahr geben [L].

Erdbeben ───────

[12] Erdbeben rechnerisch bestimmen.

Man stelle die vier Finger auf und zähle sie der Reihe nach durch, vom kleinen Finger ausgehend: /*ran*/ (1), /*byō*/ (2), /*sui*/ (3), /*ka*/ (4), dann weitergehend wieder der kleine Finger /*ran*/ mit der Nummer (5), /*byō*/ mit (6). Wenn dann der betreffende Tag [den man erkennen will], auf /*ran*/ fällt, wisse man, dass es Disput und Streitigkeiten geben wird. Falls er aber auf /*byō*/ fällt, wird es viel Leid geben; falls auf Wasser, viel Regen, auf Feuer, Feuersbrunst und Dürre [E]. Vgl. Abb. (29) (30)

Der Text entspricht offensichtlich nicht direkt dem Titel dieses Eintrags.

[13] Im Voraus ein Erdbeben bestimmen.

Neun, eine Krankheit – fünf und sieben bringt Regen – vier eine Dürre – sechs und acht ein Erdbeben – und immer sehr starker Wind [IS]

Auch hier scheint eine Art Abzähl-Technik vorzuliegen, die unter anderem auch ein Erdbeben vorweg zu erkennen sucht.

[14] Gegen ein Erdbeben.

Der Dachfirste acht – an Winkeln sind es gar neun – doch nur eine Tür – alle sind in Sicherheit – an Izanagis Seite [IS]

Die ersten drei Zeilen dieser Formel stellen eine polyvalente Formel dar, die auf den verschiedensten Gebieten der Wortmagie Anwendung findet.

Wetter-Vorhersagen

[15] Weht an den „Hundstagen" [*doyō*] im Sommer Südwind, der nicht nach Norden umschlägt, so wird in der Kälteperiode viel Schnee fallen [G].

[16] Wie man zu den vier Jahreszeiten die [tabulosen] „Zwischen-Tage" während der Perioden „unter dem Einfluss der Erde" [*doyō*] auswendig lernen kann [E].

Zusammen mit Büchern über Astronomie und Geographie kam vom Festland her eingeführt der Mond/Sonnen-Kalender nach Japan, wohl im 7. Jahrhundert. In einem chinesischen Dokument des 5. Jahrhunderts ist verzeichnet, dass die Japaner nur Frühling = Zeit der Feldarbeiten und Herbst = Erntezeit kennten, und wenig Astronomie betrieben. In einem solchen Kalender wechselten sich lediglich Perioden von Arbeit und von Ruhe ab.

Der vorgenannte Kalender chinesischen Ursprungs teilte das Jahr in zwölf Mond-Perioden [sechs à 29 Tagen, sechs à 30 Tagen], die Differenz zum Sonnenjahr, ca. zehn Tage, wurde durch Einfügen von zusätzlichen [Schalt-]Monaten [= 7 in 19 Jahren] kompensiert.

Der Kalender nach dem Sonnen-Jahr umfasst „24 Atem" [*nijū-shi ki*], zwölf zu Beginn eines Mond-Umlaufs [*sekki*] und zwölf „mittlere" [*chū-ki*], die den zweiten Teil eines Mond-Umlaufs bezeichnen. Der Wechsel der vier Jahreszeiten – welche nicht mit der Tag- und Nacht-Gleiche oder der Sonnwende beginnen – ist durch vier „Angel-Punkte" [*setsu-bun*] gekennzeichnet, die nicht mit der Tag- und Nacht-Gleiche oder den Sonnwend-Zeiten zusammenfallen. Der wichtigste und durch verschiedene Riten der Volkstradition markierte „Angelpunkt" ist der des Frühlingsbeginns.

Den vier Jahreszeiten sind – nach der chinesischen Astronomie – vier der fünf Elemente [Holz, Feuer, Metall und Wasser] zugeordnet. Nach der chinesischen Yin- und Yang-Philosophie regieren fünf Elemente [die vorstehenden vier + Erde] Raum, Zeit, die menschliche Gesellschaft, ja das gesamte Universum. Das dergestalt frei bleibende, nicht gewertete Element Erde wurde durch Übertragung des letzten Fünftels [= 18 Tage] jeder Jahreszeit zu einer 72 Tage lange Periode konstituiert, die den Namen *doyō* = Periode unter dem Einfluss der Aktivität des Elements Erde trägt.

Jeweils dreizehn Tage nach dem Tag des „klaren Lichts" [*sei-mei*], einem der „24 Atem" des Sonnen-Kalenders, im Sommer nach der „mäßigen Hitze" [*shōsho*], im Herbst nach dem Tag des „kalten Taus" [*kan-rō*] und im Winter nach dem Tag der „milden Kälte" [*shō-kan*], beginnt eine *doyō*-Periode, und achtzehn Tage später dann die neue Jahreszeit.

Unter den vier *doyō*-Zeiten hat sich die am Ende der Sommerzeit, i. e. der heißesten Periode des Jahres, am stärksten im Volksbrauchtum niedergeschlagen. Zwei Tage innerhalb dieser Periode finden besondere Beachtung: der „dritte Tag *doyō*" [*doyō Saburō*] – Regen an diesem Tag lässt auf schlechtes Wetter die ganze Periode über schließen, Sonnenschein auf eine reiche Ernte –, und der „*doyō*-Tag des Ochsen" [*u*], an welchem es Brauch ist, Nahrung, die mit dem

Buchstaben <u> [u ← ushi: Ochs] beginnt, zu sich zu nehmen, wie z. B. Melonen [uri] oder auch Rindfleisch, vor allem aber Aale [unagi]: der Aal ist durch seine Länge leicht mit Langlebigkeit in Verbindung gebracht worden. In der Sitte des Badens im Meer oder im häuslichen Bad – dem Wasser werden dazu heilende Kräuter beigegeben – spiegelt sich sicherlich ein alter Reinigungs-Brauch als Vorbereitung auf eine neue Saison.

Die Erde ist das Element, das für Schöpfung und Wechsel steht und von der Gottheit „Herr der Erde" regiert wird, aus welchem Grunde zu bestimmten Zeiten gewisse Tätigkeiten des Menschen mit einem Tabu belegt werden, z. B. Brunnen graben, Wände hochziehen und anstreichen, Pfeiler festrammen, Herde reparieren u. ä. Arbeiten mit Erdreich. Tatsache ist jedoch, dass innerhalb eines Jahres eine viermalige Periode des Stillstands Probleme schafft, nicht zuletzt auch für die, die mit obigen Aktivitäten ihren Lebensunterhalt verdienen. Hier liegt der Ansatzpunkt für das Einschalten von „Zwischen-Tagen" [ma-bi], an welchen – nach der populär-buddhistischen Mythologie auf Betreiben des Bodhisattva Manjusri – in Abwesenheit des „Herrn der Erde" ansonsten tabuisierte Arbeiten freigegeben werden. Von diesen „Zwischen-Tagen" und ihrer Identifizierung handelt eine Rechen-Methode: Im Frühjahr [die Tage] Schlange, Pferd und Vogel; im Sommer Hase, Drache, Affe; im Herbst Schaf, Wildschwein, Vogel; im Winter Tiger, Hase und Schlange.

[17] Von alters her gibt es vielerlei Methoden der Wettervorhersage, die meisten aber sind nutzlos und wenig zutreffend. Die hier aufgezeichneten sind japanischen und chinesischen Schriften entnommen und sollten vor allem der Schiff-Fahrt, der Landwirtschaft, dem Fischfang oder der Jagd von Nutzen sein [Q/3].

[18] Um gutes oder schlechtes Wetter vorherzusagen, betrachte man das Wetter im Morgengrauen und bei Sonnenaufgang: bei einem roten Sonnenaufgang wird es Wind geben, bei einem schwarzen Regen, erscheint die Färbung bläulich und weiß, Wind und Regen. Ist es erst heiter und dann bedeckt, so wird es Wind und Regen geben [Q/3].

[19] Das Wetter des nächsten Tags erkennt man am Vorabend. Wenn bei Sonnenuntergang die Sonne [bei sonst heiterem Himmel] zwischen einigen Wolken untergeht, wird es ab der zweiten Nachthälfte Regen geben oder zumindest am nächsten Tag regnen. Färbt sich der Himmel bei Sonnenuntergang rot, kommt Wind oder Regen auf [Q/3]. Vgl. Abb. (31)

[20] Um zu wissen, ob es regnen oder aufklaren wird, praktiziere man eine der verschiedenen Orakel-Methoden, sei es mit Pflaumenblüten oder mittels der shin-eki Methode oder auch mittels eines Kompass in der Handfläche [G].

Die shin-eki [„nach Belieben"] Methode wird dem Sung-Zeit-Gelehrten und Mathematiker Shao K'ang-chieh [1011–1077] zugeschrieben, der vor allem durch seine Studien zum I-ching, dem Buch der Wandlungen, bekannt wurde. Unter Verzicht auf die traditionellen Wahrsage-[Bambus]-Stäbchen, liegt dieser Methode die Interpretation der Summe einer beliebigen Anzahl von Gegebenheiten [Strichfolge eines chinesichen Zeichens, Lebensdaten, etc.] zugrunde.

[21] In einem Wetter-Vorhersage-Spruch heißt es:

Südwind im Frühjahr – im Sommer kommt der Westwind – winters der Nordwind – Aufhellen, von Drache und Schlange her – aus Süd-Ost bestimmt Regen [G]

[22] Ein japanisches Wetter-Männchen.

Aus *karukaya* [*Themeda japonica*] [eine Art Süß-Gras] stelle man eine kleine Puppe her: bei Regen werden die Ähren sich nach rechts, bei Trockenheit nach links drehen. Die Puppe wird also so den Schirm bei Regen hochhalten, bei schönem Wetter ihn wieder herunternehmen [S/9]. Vgl. Abb. (32)

[23] Methode, die Wetterlage zu interpretieren.

Wenn es in einem Monat, an einem Tag und zu einer bestimmten Stunde bewölkt ist, so zähle man die drei Ziffern [Monat-Tag-Stunde] zusammen und teile sie durch fünf: an der verbleibenden Zahl erkennt man, ob es Sonnenschein oder Regen geben wird. Beispiel: im achten Monat [= 8], am ersten Tag [= 1], zur Stunde der Schlange [mi = die vierte Stunde] [= 4] ergibt zusammen gezählt: $8 + 1 + 4 = 13$; davon dann zwei Mal 5 = 10 abziehen, es verbleibt 3. Aus der nachstehenden Liste erkennt man unter der Ziffer 3, dass es halb regnerisch, halb aufgeheitert sein wird. Ergibt also dieses Kalkül eine Endziffer von: eins oder sechs, bedeutet dies Regen; von zwei oder sieben → heiter; von drei oder acht → halb und halb; von vier oder neun → Regen; von fünf → Wind [E].

[24] Im Edo-zeitlichen Reiseführer *Ryokō yōjin-shū* [infra] finden wir eine lange Liste von Anzeichen, welche über das kommende Wetter Auskunft geben: derlei Wetterregeln seien jedoch von Provinz zu Provinz verschieden [RY].

Raureif ───────

[25] Im Voraus erkennen, ob in einer Nacht Raureif fallen wird oder nicht.

Man notiere sich den Tag, an welchem ein Frühjahrs-Gewitter niederging. Von diesem Tag an gezählt wird in der 180. Nacht kein Raureif fallen. Andererseits: vom Tag an gerechnet, an dem aus Norden die ersten Wildgänse auftauchen, wird in der achtzehnten Nacht Raureif fallen [O].

Regen ───────

[26] Regnet es abends zur neunten, tagsüber zur fünften oder siebten Stunde, so kündet dies lang anhaltenden Niederschlag an. Falls es aber im Januar zur vierten oder sechsten Stunde regnet, wird es in kurzer Zeit wieder aufklaren. Fängt es abends zur fünften oder siebten Stunde, tagsüber aber zur neunten Stunde an zu regnen, so fallen große Tropfen, und der Regen hört bald wieder auf [RY]. Vgl. Abb. (33)

[27] Wenn die Raben sich mit Wasser bespritzen, so ist dies ein sicheres Zeichen für kommenden Regen. Wenn die Tauben singen, klärt sich das Wetter auf, andernfalls wird es Regen geben [RY].

[30]
Ein Erdbeben

[31]
Wetter-Vorhersage
Der traditionelle Kalender

[32]
Ein Wetter-Männchen

[28] Wird für die ersten Tage der durch Wahrsagen bestimmten Todeszeit Regen errechnet, so wird dieser zwei oder drei Tage lang anhalten. Tauchen Wasser-Spinnen auf, so wird es innerhalb von drei Tagen zu regnen anfangen [G].

[29] Kommt nach tagelangem Regen die Sonne heraus und heitert sich das Wetter [allzu] schnell auf, so deutet dies eher auf neuen Regen hin. Es ist besser, wenn es am Morgen etwas bedeckt ist und sich nur allmählich aufklärt [Q/3].

[30] Bei schlechtem Wetter erkennen, ob es aufklaren oder regnen wird.
[Hierzu werden die zwölf Tierkreis-Zeichen auf die Innenseite der Finger geschrieben und in folgender Weise interpretiert: Ratte [*ne*] bedeutet langen Regen, Ochs [*ushi*] nur einen Tag, Tiger [*tora*] liegt so dazwischen, Hase [*u*] nur einen kurzen Augenblick.
Auf diese Weise kann man die „Zwölf Zweige" anhand der Finger [auswendig] lernen. Man liest von oben nach unten Ratte-Drache-Affe [*ne-tatsu-saru*]: wenn es nun in einer dieser Stunden anfängt zu regnen, weist dies auf lang anhaltenden Regen hin, bei Ochs-Schlange-Tiger [*ushi-mi-tora*] auf nur einen Tag, etc.] [E].

[31] Bewölktes oder aufklärendes Wetter erkennen.
Man sollte hierzu am frühen Morgen den Tau auf den Gräsern anschauen: falls er an den Blattenden erscheint, wird es den ganzen Tag lang gutes Wetter sein. Falls der Tau sich aber an den Graswurzeln ansammelt, wird es bestimmt den ganzen Tag über regnen [L].

[32] Ziehen Sternschnuppen nach Osten, bedeutet das Wind; nach Süden Aufklärung und nach Westen Regen. Auch wenn der Mond sich weiß zeigt, ist dies ein Zeichen für Regen. Bildet sich morgens im Westen ein Regenbogen, bedeutet das drei Tage lang Regen; hingegen am Abend im Osten schönes Wetter [RY].

Schnee ————

[33] In einem Jahr, in welchem die Blätter der Gemüse groß sind, wird viel Schnee fallen [G].

Schönwetter ————

[34] Ziehen bei Sonnenaufgang Wolken in Richtung Osten auf die Sonne hin, so wird es schönes Wetter geben. Wenn es bei Sonnenaufgang einen Regenbogen gibt, so deutet dies auf gutes Wetter hin; dasselbe gilt für einen Regenbogen im Osten [G].

[35] Wenn der Mond des dritten Tags spitz zuläuft, bedeutet dies gutes Wetter. Erscheinen beim Mond des vierten Tags die Mondspitzen kräftig, so bleibt es diesen Monat schönes Wetter. Weißer Mondschein deutet auf gutes Wetter. Wenn bei Sonnenuntergang der Westen rötlich aufleuchtet, wird das Wetter gut; ebenso, wenn morgens im Westen lila Wolken stehen [G].

[36] Sonnenuntergang rot oder blau, bedeutet Wind. Bei roten Wolken am Abend klärt sich das Wetter auf. Bei rot-weißen Wolken steht ein Taifun bevor. Wenn in der Nacht der Nebel sich legt, kommt am nächsten Tag ein Taifun [RY].

[37] Wenn rote Wolken um die Sonne stehen, wird es Taifun geben. Nur wenn diese Färbung sich nicht ändert, sondern nur allmählich dünner wird, wird es aufheitern und auch kein Wind wehen [Q/3].

[38] Anhand der Windrichtung das Wetter vorhersagen.
Ostwind bringt zwar Regen, aber während der „Hundstage" [doyō] [supra] oder auch in der Regen-Periode bedeutet Ostwind gutes Wetter. Im Herbst heißt es, dass Nordwind Regen bringt, wenn jedoch im Herbst abends Nordwind weht, klart das Wetter auf [A].

[39] Sieht man klar die Bergsilhouetten, so weht ein Yang-Wind, andernfalls ist es ein Yin-Wind [RY]. Vgl. Abb. (34)

[40] Wenn sich [morgens] Wolken bilden, so als ob sie [rot] verglühten, dann wird Wind aufkommen [G].

[41] Bilden sich bei schönem Wetter zwei Regenbogen, so verheißt dies starken Wind [G]. Vgl. Abb. (35)

[42] Eine Jahresvoraussage treffen und erkennen, ob viel Wind aufkommen wird.
Ein Jahr, in welchem die Wurzeln des Mais [tōkibi] [Zea Mays L.] offenliegen und hoch ineinander verflochten sind, in einem solchen Jahr wird es viel Wind geben, andernfalls nur sehr wenig [G].

[43] Erkennen, ob es ein Jahr mit viel Wind geben wird.
Ein Jahr, in welchem die Milane ganz hoch in den Bäumen [ihr Nest] bauen, wird nur wenig Wind kennen. Bauen die Vögel jedoch ihre Nester an tiefhängenden Ästen, so wird es ohne Zweifel ein Jahr mit viel Wind [L].

[44] Heftigem Wind Einhalt gebieten.
Man verbrenne hierzu die Haare eines schwarzen Hundes zu Asche und streue diese in die Richtung, aus welcher der Wind weht: dieser wird sich schnell legen [O]. Vgl. Abb. (36)

[45] Eine Wettervorhersage für das ganze Jahr machen [G].
[Wolken z. B., die sich in einer bestimmten Richtung ansammeln, bedeuten schlechtes Wetter, aus einer anderen aber gutes. Das Verfahren arbeitet mit einer Zeichnung, auf der die zwölf Tierkreis-Zeichen unter die vier Jahreszeiten aufgeteilt und dazu für jeden Monat die Wolkenbewegung und ihre Bedeutung notiert sind.]

[33] Regen-Schauer

[34] Der Witterung trotzen
     Wetter-Beobachtung

[35] Wind bestimmen

[36] Wind zum Stillstand bringen

[46] Schwärzliche Wolken bei Sonnenuntergang deuten auf schlechtes Wetter am nächsten Tag. Wenn sich jedoch die Wolken, zunächst schwarz, verzogen haben, und man die Sonne klar sieht, wird es am nächsten Tag schönes Wetter geben [Q/3].

[47] Wenn bei Sonnenaufgang im Osten schwarze oder rote Wolken auftauchen, bleibt das Wetter vier, fünf Tage lang schlecht [G].

[48] Wolken in Fisch- oder Drachen-Form deuten auf Regen und Wind, wenn sie das Aussehen von Ochs oder Wildschwein haben, wird es Regenschauer geben. Erscheinen sie wie ein Rad, so wird es einen Taifun geben, aber auch, wenn sie die Gestalt galoppierender Pferde annehmen. Faden-Wolken am Himmel, die sich nicht bewegen, künden Hagel an. Erscheint die Farbe der Wolken wie die des Feuers, so wird eine Dürre kommen. Die Form von zwei Trommlern kündet ebenfalls Regenschauer an, etc. [EZ]

Duftstoffe und Räucherwerk: 1–9 Färben, Weben, Auswaschen: 10–26 • Geschirr, Töpfe und Kessel: 27–36 • Glas und Spiegel: 37–43 • Holz-Arbeiten: 44–48 • Kleidung und Kleiderpflege: 49–86 • Knoten binden: 87 • Lack-Arbeiten: 88–98 • Leim- und Klebe-Arbeiten: 99–104 • Metall-Arbeiten: 105–134 • Papier-Arbeiten: 135–148 • Schildpatt, Horn und Elfenbein: 149–156 • Stein und Edelstein: 157–163 • Unter-Wasser Arbeit: 164–168 • Vermessen: 169

Duftstoffe und Räucherwerk ——————

[1] Blumen-Tau.
Hierzu vermische man Duftöl, rohes Wachs und Borneol, wobei die Menge des Wachses je nach Jahreszeit zu bestimmen ist [Q/1].

[2] Den Rauch von Räucherwerk sammeln und verhindern, dass er sich zerstreut. Man mische unter verschiedenen Räucher-Essenzen etwas welsche Hagebutte [Brustbeeren-Baum] [*sanebuto-natsume*] [*ziziphus vulgaris*]. Angezündet, wird der Rauch ca. drei Fuß hoch steigen, sich dann wie zu einer Kugel formen und, ohne sich zu zerstreuen, lange Zeit schön anzusehen sein [I].

[3] Im Qualm von Räucherwerk allerlei Formen wie Puppen, kleine Schriftzeichen etc. bilden.
Hierzu pflanze man Lotus-Blumen in einer Tonschale. Wenn dann im fünften Monat die Blätter groß gewachsen sind, bestreiche man sie mit Honig und hebe sie so auf. Kleine Insekten werden entstehen, die alles Grüne von den Blättern auffressen: die derart verwelkten Blätter sammle man ein, entferne die Stiele, trockne sie und zerreibe sie zu Pulver. Stellt man dann Riechstoffe zusammen, so füge man [von diesem Pulver] ein wenig hinzu und zünde sie dann an: der Rauch wird zunächst gerade hochsteigen und sich zusammenfügen: dann male man in Linien die Silhouette von Puppen, Ochsen, Pferden, einer Landschaft, alter Schriftzeichen, etc. – auf wunderbare Weise wird die gezeichnete Form im Rauch auftauchen in einem unvergleichlich schönen Anblick. Dies ist eine wunderbare Unterhaltung [I].

[4] Verschiedenerlei Räucherwerk.
[Hier sind verschiedene Zusammenstellungen, für Frühling, Sommer, Herbst und Winter, aufgelistet, aber auch Essenzen gegen schlechte Luft oder Körpergeruch, sowie Duftwasser zum Waschen der Haare] [Q/2]. Vgl. Abb. (1)
[*Rauchwerck wohlriechendes zu machen*] [MANA]

[5] Adlerholz [*kyara*] lange aufbewahren.
Hierzu löse man schwarzen Zucker in Wasser, gebe Bambusrinde hinzu und koche beides auf. Mit dieser Bambusrinde umwickle man dann gut das Adlerholz, stecke es in einen Krug und verschließe diesen gut – solcher Art wird das Holz nach wie langer Zeit auch immer nicht faulen [B] [Q/1].

[6] Methode, beim Verbrennen von Adlerholz dessen Duft zu verstärken.
Hierzu lege man auf ein Metallblatt geriebenes Bambus-Mehl und zünde dann das Holz an [B] [Q/1].

[7] Duftstoffe aufbewahren.
Alles, was irgendwie einen Duft ausstrahlt, wie Sandelholz, Nelke, etc., sollte man nicht zerkleinert aufbewahren, sondern erst bei Gebrauch schneiden – andernfalls verflüchtigt sich der Geruch. Um Räucherwerk u. ä. aufzuheben, umwickle man es mit Wachspapier und lege es in eine Duftschachtel, so dass der Duft sich nicht verflüchtigt [Q/2].

[8] Verfahren, um sicherzustellen, dass Weihrauch-Duft sich schnell an die Kleider heftet und lange Zeit nicht verflüchtigt.
Man lege das Kurzärmel-Gewand über den Trockenkorb [über einer Feuerstelle]; trägt man dann Adlerholz[-duft] auf, so kann man so viel verbrennen, wie man will, der Duft wird sich immer nach einer Weile verflüchtigen. Dies wird nicht eintreten, wenn man Ärmel oder Kragen mit einem feuchten Handtuch nässt und sie danach erst über den Trockenkorb legt. [B].

[9] Asche des Weihrauch-Brenners.
Um eine pfirsichfarbene Asche zu erhalten, verbrenne man Kalk, Mennige, Blätter vom Weizen und etwas Kamelie, lege sie in Lauge, rühre dann in diese Lauge Kalk und Zinnober ein, entferne das Wasser, das sich oben gesammelt hat, trockne alles an der Sonne, nehme davon so viel wie eine geballte Faust, härte dies und lege es dann in den Krug und verkohle es. Danach nehme man es heraus, schäle die äußere Haut ab, zerreibe alles in einem Mörser und benutze es so. Um eine blaue Farbe zu erzielen, verfahre man in analoger Weise mit Kalk und Grünspan aus Nara [M].

Färben, Weben, Auswaschen

[10] Da in früheren Zeiten Färber nur in unzureichender Zahl vorhanden waren, haben die Menschen in der Regel alles bei sich zu Hause gefärbt. In der augenblicklichen langen Periode des Friedens, in dieser dankenswerten Epoche, denkt keiner mehr an diese [Techniken der alten] Zeit. Auf dem Land allerdings, in den entlegenen Gegenden kennt man immer noch solche traditionellen, nutzbringenden Verfahren [Q/3]. Vgl. Abb. (2)

Ohne auf die technischen Details der Färber-Methoden einzugehen, seien nachstehend nur einige Beispiele genannt aus über dreißig verschiedenen Verfahren, die sehr häufig mit der Rinde von Lorbeer [*yama-momo*] [*myrica rubra Sieb. et Zucc.*] arbeiten [Q/3].

[11] Betel-Nuss Färbung [*binrōji-zome*] [*Areca Catechu Linné*]: Seide mit einem Sud von Betelnuss färben [idem].

[12] Schwarz-Tee-Färbung [*kuro-cha-zome*]: als Grundierung färbe man sehr dick mit Indigo ein, darüber dann sechs oder sieben Male einen Sud aus der Rinde des Erdbeerbaums, darüber dann in Wasser gelöste Erde [idem].

[13] Edo-Tee-Färbung [*Edo-cha-zome*]: man koche Rinde vom Lorbeerbaum und vom *hai-no-ki* [*symplocos prunifolia*] auf und verwende weiter eine Prise Alaun-Pulver, was eine Tee-Farbe ergibt [idem].

[14] Samt-Färbung [*birōdo-zome*]: als Grundierung ein leichtes Blau, darüber dann Stielblüten-Gras [*kariyasu*] [*miscanthus tinctorius*] [idem].

[15] Gardenia-Färbung [*kuchi-nashi-zome*]: man zerkleinere Schale und Früchte der Gardenia [*gardenia jasminoides*], setze sie eine Nacht in Wasser, zerreibe sie und siebe sie in einem Stoff-Sack aus, entferne den Satz und trage dann eine Nacht lang auf [idem].

[16] Maus-Farbe: hierzu verwende man das Pulver karbonisierter Walnüsse oder auch verkohlte Auberginen und Tusche [idem].

[17] Pflaumen-Färbung mit Hilfe des Holzes und der Rinde des Pflaumenbaums [idem]. Vgl. Abb. (3).

[18] Indigo-Färbung auswaschen.
Hierzu lege man Abfall von der Bohnengallerte [*tōfu*] in einen Kessel und koche ihn – damit wird Indigo gänzlich verschwinden [Q/2]. Vgl. Abb. (4)

[19] Saflorrot-Färbung ausfällen
Um *beni*-Rot aus gefärbter Kleidung auszufällen, sollte man sie ausschließlich mit Lauge von frühreifem Stroh waschen [B].

[20] Die Färbung der Kleider ausfällen [B].

[21] Waschfeste braune Teefarbe herstellen [B].

[22] Geheime Überlieferung zum Färben von Beinkleidern mit einer Bittersaft [*shibu*]-Lösung [B].

[23] Unter Verzicht auf den Leim eines Färber-Meisters auf der Stelle elegante Muster auftragen [D].

[24] Webtechnik zur Streifenseide von der Insel Hachijō-jima [B]. Vgl. Abb. (5)

[25] Wollstoffe [*rasha*] weben [C].

[26] Auf Tee-farbenem Grund ein Wappen anbringen [Q/1]. Vgl. Abb. (3)

Geschirr, Töpfe und Kessel

[27] Leichte Tee-Schalen und Töpferwaren herstellen.
Will man Tee/Reis-Schalen leicht an Gewicht herstellen, so koche man in einem Kessel starken Tee, stelle die Schalen oder Teller da hinein und lasse sie kochen; je länger sie kochen, desto leichter werden sie [A].

[01] Räucherwerk und Duftproben

[02] Färb-Techniken 1

[03] Färb-Techniken 2

[04] Färb-Techniken 3

[28] Das Summen von Kochtöpfen abstellen.

Hierzu rezitiere man drei Mal *bajo*, i. e. den Namen der Herdgottheit: dadurch wird mögliches Unheil ins Positive verkehrt.

Oder auch: ein Mann imitiere die Gestalt einer Frau, diese die eines Mannes und nähere sich so der Herdstelle: das Geräusch wird verstummen. In jedem Fall ist es gut, sich nicht aufzuregen [F].

> Das beim Reis-Kochen oder Wasser-Aufbrühen entstehende Summen des Kochtopfs galt in alter Zeit als etwas Ungewöhnliches, als Unheil verkündendes Phänomen, und wurde in Verbindung mit den Zyklus-Zeichen des Tages einem Akt der Wahrsagerei unterworfen. Gegen Ende des 18. Jahrhunderts aber finden wir – wie auch schon in anderem Zusammenhang zu beobachten – spielerische Praktiken, die gestatten, das seit alters gefürchtete Phänomen des Pfeifens oder Summens bewusst hervorzurufen, wie aus nachstehendem Eintrag ersichtlich.

[29] Man kerbe den Deckel ein, und schließe mit ihm den Kochtopf. Beim Kochen sucht der entstehende Dampf einen Ausweg, was einen Ton wie den des Tritons-Horns ergibt. Um aber einen Topf sehr schnell zum Pfeifen zu bringen, befestige man auf ihm eine Pfeife aus Bambus oder Kirschbaum-Rinde [W/9]. Vgl. Abb. (6)

[30] Ein Loch in Tongeschirr bohren [B] [Q/2].

[31] Geheime Brenn-Technik für unglasiertes Tongeschirr [D].

[32] Glasur verändert sich je nach Tonerde [D].

[33] Geheim-Technik zur Herstellung von Teeschalen und allerlei Gefäßen [D]. Vgl. Abb. (7)

[34] Schnelle Methode zum Polieren von Flaschen-Untersätzen oder Teekesseln [B].

[35] Neue Geräte sehr schnell gründlich abwischen [Q/2].

[36] Verhindern, dass im Winter Wasser in Tongefäßen gefriert [E].

Glas und Spiegel ————————

[37] In Glas schnitzen.

Hierzu ist ein [zu] scharfes Messer nicht geeignet. Man nehme ein grob beschlagenes Eisenschwert und bearbeite damit nach Belieben das Glas: mit einem scharfen Schwert ziehe man dann die Linien nach [Q/2].

[38] Glas herstellen [C] [L].

[39] Spiegel poliert man mit einer Verbindung aus Alaun, Quecksilber, Zinn und Asche vom Hirschhorn [Q/2]. Vgl. Abb. (8)

[40] Geheime Überlieferung mittels derer man das Bild einer Menschengestalt auf einem Spiegel erscheinen lassen kann.

Eine Mixtur aus Bambus-Sud [= die Flüssigkeit von verbranntem grünen Bambus], Haar-Asche [= mit einem Aufguss der Christus-Akazie das Haar waschen, den Fettgehalt entfernen und dann karbonisieren], Schildkröten-Urin und Kröten-Fett. Dies alles reibe man gut zusammen, male dann auf den Spiegel eine menschliche Gestalt, und lasse alles an der Sonne trocknen. Daraufhin poliere man, unter Auslassung des Bildes, mit dem Pulver eines Wetzsteins und Essig aus [getrockneten] Pflaumenschalen. Wenn man dann wie üblich mit Quecksilber darüber fährt, so wird der Spiegel ganz klar werden. Auf dem Grund aber bleibt die Silhouette eines Menschen zurück, nicht wie ein Bild, sondern wirklich wie der Schatten eines Menschen. Dies ist ein Geheimverfahren [C]. Vgl. Abb. (9)

[Spiegel daß das gantze Gesicht ungestalt sey/und mancherley Verstellungen habe]
[Spiegel wird schadhafft wenn ein unreines Weibs-Bild drein siehet] [MANA]

[41] Produkt zum Spiegel putzen [A].

[42] Verhindern, dass ein Spiegel blind wird [B].

[43] Vom Polieren holländischer Spiegel [M] [Q/2].

Holz-Arbeiten

[44] Harz-Ausfluss an Schränken oder Kleider-Kasten zum Stillstand bringen.
Solange aus Zypressen-Holz gefertigte Dinge noch neu sind, tritt Harz aus. Noch bevor man sie in Gebrauch nimmt, lege man deshalb Stroh hinein, welches das Harz aufnehmen wird; danach erst lege man andere Gegenstände hinein. Bei Gegenständen mit Shunkei-Lackierung wird das gleiche Phänomen beobachtet, es hilft hier aber nur Abwischen mit in Fett getränkter und am Feuer stark erhitzter Baumwolle, mit keinem anderen Mittel lässt sich sonst das Harz entfernen [B].

> Bei der Herstellung von Shunkei-Lackwaren wird zunächst gelbe oder rote Farbe aufgestrichen und dann mit durchsichtigem Shunkei-Lack überzogen, so dass die natürliche Maserung des Holzes besonders gut zur Geltung kommt. Der Überlieferung nach soll ein Lack-Meister namens Shunkei aus der Stadt Sakai [Präfektur Ōsaka] diese Technik gegen Ende des 14. Jh. entwickelt haben, aber bereits seit der Nara-Zeit [8. Jh.] sind ähnliche Verfahren mit Rotlack [*sekishitsu*] bekannt.

[45] Harz von Lackwaren, Metall oder Tonerde entfernen [B].

[46] Alt gewordenen Lack-Gegenständen Glanz verleihen [B].

[47] Sanduhr-Mechanismus.
Im Innern eines Holzkastens, groß oder klein, klebe man dickes Papier so versetzt zu beiden Seiten an, dass damit eine Fläche entsteht, auf welcher der Sand gleitet. Alle Sanduhren haben innen einen solchen Mechanismus. Wenn der Druck des Sandes nachlässt, drehe man den Kasten anders herum [F]. Vgl. Abb. (10)

[48] Leichte Methode, an Wandschirmen Scharniere anzubringen [F]. Vgl. Abb. (11)

[05]
Hachijō-jima-Seide

[06]
Das Pfeifen des Kessels

[07]
Tonwaren aus Imari

[08] Spiegel polieren

[09] Die Silhouette im Spiegel

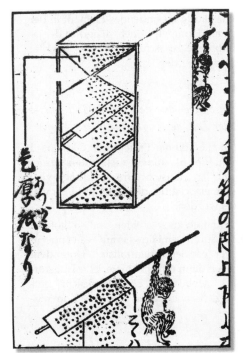

[10] Eine Sanduhr basteln

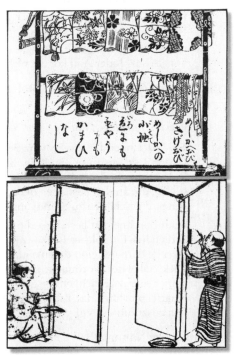

[11] Kleiderständer
Wandschirm-Scharniere

[49] Wie man Kurzärmel-Gewänder über den Kleiderständer legt.

Dies hier ist die Art des Dekoration für den Frühling, die für den Jahresbeginn oder für [Hochzeits-]Feiern ist identisch. Je nach Saison sollte man der Etiquette entsprechend vorgehen.

[Text über den einzelnen Kleidungsstücken, von links nach rechts: Frühling: Rehkalb, blau; Sommer: Päonie, rot; Hundstage: Stickerei, gelb; Herbst: Chrysanthemen gefärbte Blätter, weiß; Winter: schwarz].

[Auf der zweiten Leiste: Zweit-Gürtel zum Umziehen [*meshikae-obi*]; nach vorne gebundener Hänge-Gürtel [*sage-obi*]; Kurz-Ärmel-Gewand zum Wechseln [*meshikae no kosode*]. Farben und Muster sind [hier] gleichgültig [F]. Vgl. Abb. (11)

[50] Hachijō-Seide reinigen [F].

[51] Den Stoff für ein Frauenkleid zuschneiden.

> *Ich folg' der Lehre – durch die kami-Gottheiten – auf dieses mein Haus – wird so, das ist ganz sicher – Reichtum vom Himmel fallen* [ZMA]

[52] Den Stoff für Männer-Kleidung zuschneiden.

> *Die Morgensonne – sie steht schon hoch am Himmel – ich fange jetzt an – nach dem Prinzen Aishi – diesen Rock zuzuschneiden* [ibid.]

Der Aufruf der Morgensonne ist ein sehr häufig zu findendes Element in der Wort-Magie [Kraft der Strahlen]; „[hoch am Himmel] stehen" liefert in der japanischen Sprache eine bequeme Homophonie zu „schneiden". Die Identität von „Aishi" [oder Aiji] könnte nicht ermittelt werden.

[53] Schnelles Zuschneiden eines Stoffes.

> *Diesen einfachen – Stoff der [üblen] Barbaren– aus dem Lande Tsu – jetzt gleich schneide ich ihn zu – unbedacht der Zeit, des Tags* [ibid.]

Tsu bezeichnet die alte Provinz Settsu, heute Teil der Präfekturen Ōsaka und Hyōgo. Der Ausdruck „Stoff der Barbaren [Ebisu]" könnte auch anders ausgelegt werden und im Zusammenhang mit den „Ebisu-Stoffresten" [*Ebisu-gire*] stehen, die an den Festtagen der Kult-Gemeinschaften der Gottheit Ebisu von den Stoffgeschäften zum Kauf angeboten wurden.

Beim Zuschneiden besteht ja die Gefahr, falsch zu schneiden und so Stoff zu vergeuden. Ein solches Risiko wäre dann durch den Hinweis auf weit entfernt lebende Barbaren und deren einfache, wertlose Seide, neutralisiert. Unter dem Blickwinkel der Wortmagie handelte es sich dann um eine materielle Transformation der Wirklichkeit [= guter Stoff]. „Unbedacht, ohne Rücksicht" entschärft sprachlich das Tabu, gewisse Tätigkeiten an Tagen negativer Konnotation auszuführen. Vgl. Abb. (12)

[54] Ritual der Nähnadel.

> *Dies hier ist Seide – ganz im Sinne unserer – kami-Gottheiten – lang ist dieser Nähfaden – lange auch währt mein Leben* [OM/6]

Das Gedicht spielt auf die in diesem Ritus gesuchte Langlebigkeit an, welche durch den expliziten Parallelismus erreicht wird: das Leben des Menschen wird mit einer Kette von *tama*, i. e. Vital-Elementen verglichen, eine „zerbrochene Kette" ist ein bekannter, literarischer Ausdruck für → sterben.

[55] Im diesem Gedicht findet sich eine Anspielung auf ein auch heute noch zu beobachtendes Tabu, nämlich ein am Körper getragenes Kleidungsstück zu flicken:

Sogar Saigyō – in der Hast seiner Reise – flickte sein Gewand – ohne es auszuziehen – eine Glück bringende Geste [Ka]

Saigyō ist einer der bekanntesten buddhistischen Dichter und Wanderer [1118–1190], um den sich zahllose Legenden ranken. Seine Gedichte sind aufgenommen im *Shin Kokinshū* und im *Sanka-shū*.
Zuschneiden, Flicken, Nähen sind die drei Zielpunkte der vorstehenden Gedichte auf diesem Gebiet der Kleidung. Der Hinweis auf eine Unterweisung durch die Gottheiten soll den Arbeitsvorgang erleichtern, Fehlschnitte vermeiden und letztlich Glück bringen. In obigem Gedicht liegt ein „antecédent magique" vor, welcher die Überschreitung einer tabuisierten Handlung ermöglicht. Das *Zoku Majinai chōhō-ki* empfiehlt, zur Ausführung dieser Arbeiten einen günstigen [Glück bringenden] Tag zu wählen, während das *Eitai ō-zassho manreki taisei* noch hinzufügt, man solle sie auf einer neuen Matte durchführen.

* * *

[56] Auffallend schmutzige Stellen an Kleidern bereinigen, ohne diese zu waschen [B].

[57] Lange Zeit verschmutzte Kleidung säubern [Q/2]. Vgl. Abb. (13)

[58] Samt [*birōdo*] von Schmutz reinigen [Q/3].

[59] Geheime Überlieferung zum Auswaschen von Flecken.
Um Flecken von Kleidung zu entfernen, wasche man zunächst die verschmutzte Stelle aus, tauche sie dann in Lauge und wasche sie; wenn man sie vor dem Auswaschen in Lauge taucht, werden die Flecken nicht verschwinden [B].

[60] Um Schmutz von Kleidungsstücken zu entfernen, nehme man den Saft von Wintermelonen [*tōga*] [*benincasa cerifera*] oder den Sud von [Süß-]Kartoffeln, gekochtem Reis oder von den Blättern der Schirm-Akazie und wasche damit: die Flecken verschwinden und die Stellen werden klar und sauber [P].

[61] Um verschmutzte Kragen zu reinigen, siebe man *azuki*-Puder durch ein Seidensieb, rühre dies in Wasser an, und schöpfe drei Mal das über dem Satz stehende Wasser ab. Den Bodensatz trockne man bei gutem Wetter und hebe ihn auf. Zum Waschen zerreibe man dann davon in heißes Wasser, so viel wie ein Schluck Tee: die Verschmutzung wird vollständig verschwinden [I] [B]. Vgl. Abb. (13)

[62] Um Schmutz von Kopfbedeckungen und Kapuzen zu entfernen, wasche man mit der Lauge von Baumwoll-Samen [B].

[63] Ein Kopftuch waschen [Q/3].

[64] Gelb gewordene oder schwarze Seide waschen [Q/3].

[65] Wenn in der Regensaison die Kleidung vermodert, sollte man sie mit dem Sud von gekochten Pflaumen waschen [P] [Q/3]. Vgl. Abb. (14)

[66] Um im Sommer ein dünnes Kleid [*katabira*] vom Schweiß-Geruch, oder anderen üblen Gerüchen von Menschen zu beseitigen, zerreibe man zahlreiche Pfirsich-Blätter, füge den Saft hinzu und wasche es damit [P].

• • •

[67] Blutflecken entfernen.
Man wasche die Seide mit ausgepresstem Ingwer oder, wenn das nicht wirkt, mit Muttermilch [L] oder geriebenem Rettich [S/3a-95]. Oder auch, indem man über die Stelle in Wasser getauchten Samen streut, darüber dann ein Papier und darauf eine Zeitlang ein Gewicht legt: die Flecken werden schnell verschwinden [M].

[68] Eiter- oder Blut-Flecken nach einer Behandlung mit Moxa [Q/1].

• • •

[69] Fettflecken auf Kleidung auswaschen.
Hierzu nehme man etwas gekochten Reis, reibe ihn über die verschmutzte Stelle und wasche danach mit reinem Wasser aus [B]. Nach anderen Verfahren wasche man die fettigen Stellen mit geriebenem rohen Rettich – die Flecken werden auf der Stelle verschwinden [L].

[70] Man streue über den Fettfleck Weizenmehl oder mache dieses mit Wasser klebrig, trage es dann auf, lasse es einen Tag und eine Nacht einziehen und reinige dann den Fleck. Man kann auch Talk und Kinderpuder zu gleichen Teilen nehmen, die Fettstelle über dem Feuer erhitzen, das obige Pulver auftragen, diesen Vorgang zwei, drei, vier oder fünf Mal wiederholen – alle Flecken werden verschwinden. Auch mit Rettichsaft kann man das gleiche Resultat erzielen. Oder aber man saugt mit dem Mund den frisch entstandenen Fettfleck auf und trägt danach Talk auf [P].

[71] Fettflecken vollständig entfernen.
Man zerstampfe einen kleinen irdenen Teller in einem Mörser zu Pulver, erhitze dann dieses Pulver in einer irdenen Röstpfanne, lege dann auf die Fettstelle oben und unten zwei, drei Lagen Papier, streue das so erhitzte Pulver darüber und beschwere das Ganze mit einem Gewicht: durch die Wärme und das Gewicht verschwindet das Fett spurlos. Sogar alte Fettflecken werden so auf wunderbare Weise aufgesaugt [A].

[72] Kleider von Fett- und Tusch-Flecken reinigen.
Eine Mischung aus Tintenfisch-Knochen und Alaun, in gleichen Teilen zu Pulver machen und dann etwas Öl darauf träufeln, so anfeuchten und eine Nacht über belassen.

[12]
Stoffe zuschneiden

[13]
Kleider-Reinigung 1

[14]
Kleider-Reinigung 2

Bei Tusche etwas dünne Tusche darauf bringen, anfeuchten und mit obigem Pulver waschen und dann mit einem Binsenmark-Docht darüber reiben. Im Fall von Tuschflecken kann man auch rohe Aprikosenkerne kauen, diese darauf ausspucken und dann waschen. Den gleichen Dienst tut gekochte Hirse [G].

• • •

[73] Bei Flecken von herbem Kaki-Saft auf Kleidungsstücken streue man weißen Zucker darüber und wasche sie damit [C]. Nach anderen solle man zu Saft von Sauerklee greifen [P].

• • •

[74] Verschmutzungen durch Kot reinigen.
Hierzu vergrabe man das Kleidungsstück einen Tag lang in der Erde und nehme es dann heraus: nichts ekelhaft Schmutziges wird zurückbleiben [Q/3].

• • •

[75] Zum Entfernen von Lackspuren auf der Kleidung pulverisiere man zu gleichen Teilen Aprikosenkerne und Bergpfeffer, streiche beides auf und wasche so [P].

• • •

[76] Flecken von Malfarben [Q/3].

• • •

[77] Seidenstoffe von Mäuse-Urin reinigen [M].

• • •

[78] Sake-Flecken entfernen, ohne das Kleidungsstück zu waschen.
Hierzu nehme man im Schatten getrocknete Glyzinien-Blüten, trage sie auf Seidenstoff auf, lege ein Papier darüber und beschwere es mit einem Gewicht-Stein. Die Glyzinien-Blüten saugen die Sake-Spuren auf, die Flecken werden völlig verschwinden [G].

[79] Sake, Essig, Soja-Sauce Flecken [Q/3].

• • •

[80] Tabak-Flecken sollte man mit dem Saft von Melonen auswaschen. Falls keine Melonen zur Hand sind, geht es auch sehr gut mit „Wintermelonen" [benincasa cerifera/kamo-uri] oder mit zerkauten Melonen-Kernen [Q/3].

• • •

[81] Bei Tusch-Flecken zerreibe man gekochte Reiskörner und wasche mit Wasser aus, das man im Mund gehalten hatte [P].

[82] Tusche-Flecken auf Seide, Baumwolle, Papier entfernen.
Hierzu wasche man darüber mit einer Mischung aus geriebenem Ingwer-Saft, rohem Bohnenmus und geriebenem rohen Rettich. Bei Tusche auf Papier schneide man die Rettiche ganz dünn, benutze sie als Unterlage und schlage von oben mit einem Rettich darauf. Der Vorgang kann beliebig wiederholt werden: der klebrige Charakter verschwindet, die Tusche wird flüssig bleiben [L].

[83] Einen Tusch-Fleck auf einem Frauen-Kleidungsstück entfernen.

Niemals ausgesät – woher kommen die Samen – der Wasserlinsen – die in überreicher Zahl – auf den Wellen forttreiben [ZMA]

Das Bild der auf dem Wasser verstreut treibenden Pflanzen, im vorliegenden Fall von Wasserlinsen [*uki-kusa*], sowie der Aufruf der Wellen soll sicherlich das leichte Verschwinden der Flecken unterstützen, so wie sich die Wasserlinsen zerstreuen, die überdies ja von niemandem „ausgesät" worden waren.

• • •

[84] Vogelleim auf Kleidungsstücken entfernen.

Hierzu trage man rasch Senfmehl auf: der Vogelleim wird völlig trocknen und sich von selbst aufrollen [L]. Dasselbe Resultat wird erzielt, wenn man die Kleidung mit dem Schleim einer Schnecke wäscht [C].

• • •

[85] Bei Wachsflecken nehme man heiße Asche, in Papier gewickelt, und lege sie auf die Stellen. Der Vorgang sollte mehrmals wiederholt werden [P].

• • •

[86] Um Zahnschwärze auf Kleidungsstücken zu entfernen, wasche man diese mit Essig: die Flecken werden verschwinden [C].

Knoten binden

[87] Mündliche Überlieferung zu verschiedenen Arten von Knoten. Vgl. Abb. (15) [Obere Reihe von rechts nach links: *Omoi-musubi*: Verwendung bei der Gerte von Adligen, oder auch im Gürtel von *haori*-Überwurfen. *Kake-obi-musubi*: von Frauen anlässlich eines Tempel- oder Schrein-Besuchs als äußeres Zeichen in dem auf dem Rücken geknoteten roten Gürtel. *Awaji-musubi*: Verballhornung aus *awabi-musubi* in Anspielung auf die Form eines See-Ohrs. Knotenform der Schnur an einem Zypressenholz-Fächer zum zeremoniellen Aufzug einer Frau. Eine Schlinge in der Mitte und je zwei rechts und links.

Zweite Reihe: *Kanau-musubi*: Knotenform zur Wunscherfüllung (?). *Ai-oi-musubi*: Zwillings-Knoten für die Schmuckschnur am Blattfächer.

Untere Reihe: Knoten einer der üblichen Amulett-Täschchen] [F].

Lack-Arbeiten

[88] *Chinkin-bori* [Lack mit Goldeinlagen-]Methode

Eine chinesische Verzier-Technik, bei welcher auf eine Lackgrundierung Muster eingraviert und mit Blattgold [-silber] ausgefüllt werden. Aus Sung-China übernommen, wurde diese Technik in Japan vor allem in der Muromachi-Zeit populär. Die bekanntesten Produktionsstätten sind Okinawa und die Noto-Halbinsel [Q/2].

[89] Lackarbeiten ohne echten Lack ausführen.

Ausgehend von Zinnober nehme man als Grundierung rotes Bleioxyd, streiche darüber rohes Öl aus den Samen der Schwarznessel und lasse alles gut an der Sonne trocknen. Danach vermische man *abura-giri* [*aleurites cordata*] Öl-

Lack [*aleurites cordata* Öl + Talk + Bleioxyd, etc.] mit Glanz-Zinnober in zwei Schichten so, dass die Farbe schön herauskommt. Wenn dann jede Schicht gut getrocknet ist, überstreiche man alles mit einer Schicht dünnen Leims – man wird einen sehr schönen Glanz erzielen [C] [Q/2].

[90] Ausbessern von abgesprungenen Lackteilen.
Man zerschneide dafür ein altes Tuch in kleine Stücke und vermenge es gut mit Lack. Danach lasse man die Verbundstellen gut trocknen, schneide dann mit einem kleinen Messer den an diesen Stellen ausgetretenen Lack ab und lege darüber eine Deckmaterie. Oder aber man poliere mit getrocknetem Schachtelhalm und streiche darüber dann Lack. Die Farben sollte man nach Belieben mit Lack versetzt auftragen [C] [Q/1].

[91] Die Qualität von Lack beurteilen.
Falls dieser mit Wasser vermischt sein sollte, bringe man ihn an einen Leucht-körper [*shi-soku*] und zünde ihn an – er wird nicht brennen. Falls der Lack aber mit Öl vermischt ist, so wird dieses, wenn der Lack auf Papier gebracht und dem Feuer ausgesetzt wird, ausfallen [B] [Q/2]. Vgl. Abb. (16)

[92] Herstellung von Bleioxyd-Lack [A].

[93] Lackier-Methode, um sicherzustellen, dass die Medikamente sich gut in der Pillen-Schachtel [*inro*] halten [C].

[94] Verfahren, um Fett von Lackwaren oder Töpferwaren zu entfernen [B].

[95] Den Geruch aus Lackschalen entfernen [I].

[96] Schachteln u. ä. in schöner Weise farbig machen [Q/2]. Vgl. Abb. (17) (18)

[97] Lackwaren abstauben [Q/2].

[98] Wasserfeste Lackierung [*chan*] [Q/2].

Leim- und Klebe-Arbeiten

[99] Schnell wirkenden Leim herstellen.
Hierzu vermenge man Hirschhorn-Puder, im Feuer geröstete Blätter [oder auch, nach Q/2–141, die Wurzeln] von *omoto* [*rhodea japonica*] und Leim [*nikawa*] und bessere damit die schadhafte Stelle an Schieß-Bögen oder was auch immer aus. Was am Morgen geleimt wurde, ist bereits mittags wieder ge-brauchsfertig [A].

[100] Leim mittels dem herben Saft von [unreifen] Kaki herstellen [Q/2].

[101] Zerbrochene Gefäße so zusammenfügen, dass keine Spur davon zurückbleibt [Q/1].

[102] Eine lecke Vase reparieren.
Wenn im Boden einer Vase ein Sprung entstanden ist, bereite man etwas [Reis-]Brei auf: im Nu wird die lecke Stelle geschlossen werden. Dieselbe Wir-

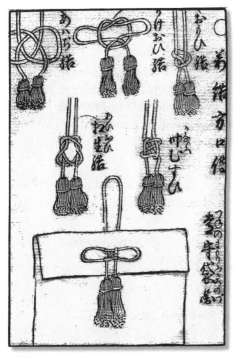

[15] Knoten-Technik

[16] Lack-Gewinnung

[17] Lack-Arbeiten 1

[18] Lack-Arbeiten 2
Rollbilder herstellen

kung wird erreicht mit Pulver gekochter Nudeln oder dem Sud weißer Bohnen. Lediglich bei sehr großen Sprüngen ist es schwer, mit diesem Verfahren zu arbeiten [Q/2].

[103] Zerbrochenes Geschirr ohne Leim wieder untrennbar zusammenfügen.
Um lackierte Holz-Gegenstände oder auch zerbrochenes Geschirr zu reparieren, vermische man Weizenmehl mit einem Quecksilber-Präparat [*haraya*] und Eiweiß und bestreiche damit die schadhafte Stelle – nach kurzer Zeit werden die geklebten Teile untrennbar verbunden sein [C].

[104] Leck gewordene irdene Teekannen reparieren.
Man bestreiche die Stellen mit Asche und augenblicklich wird die lecke Stelle geschlossen und die Kanne wieder benutzbar werden [H].

• • •

Metall-Arbeiten —————

[105] Eine Legierung aus Blei und Zinn herstellen [Q/1].

[106] Eisenwaren mit einer Rostfarbe versehen [Q/2].

[107] Auf Eisen, Metallwaren, Schwertschäfte Rostfarbe anbringen [D].
[*Eisen daß es Kupffer-Farbe bekomme*] [MANA]

• • •

[108] Erkennen, ob ein Gewebe mit echtem Gold oder mit einer Messing-Plattierung hergestellt wurde.
Da es schwer ist, echtes Gold in einem Gewebe zu erkennen, erwärme man dieses eine Zeit lang im Kontakt mit der menschlichen Haut: echtes Gold wird seine Farbe nicht verändern, wohl aber eine Messing-Plattierung. Um wieder zur ursprünglichen Farbe zurück zu finden, nehme man das Gewebe auf die Toilette mit und hänge es dort eine Zeit lang auf [L] [Q/2].

[109] Herstellung von Schnitzerei mit Goldeinlage.
Wenn man sich anschickt, Lacksachen, bei denen ein Messer leicht ausgleitet und deshalb nur schwer zu benutzen ist, oder aber auch irgendwelche kleineren Gegenstände mit Schnitzereien zu versehen, so benutze man anstelle des Messers den Zahn einer Maus. Wie klein auch immer das Bild sein mag, auf diese Weise wird man nach Herzenslust schnitzen können [A].

[110] Goldeinlage und ihre Fertigstellung.
Man schnitze irgendein Bild auf ein Medizin-Etui oder auf irgendein anderes Gefäß und bestreiche die geschnitzte Stelle mit Lack. Danach wische man gut darüber, fülle Blattgold oder Goldstaub hinein und poliere mit Hirschhorn-Pulver. Wenn man den Glanz des Lacks gut herausbringen will, sollte man zur Technik des geriebenen Lacks [*suri-urushi*] – der mit einem Tuch eingerieben wird – greifen. Um Gold einzulegen, zerkleinere man das Blattgold und reibe es mit den Fingern ein [A].

[111] Blattsilber so auftragen, dass sich die Farbe niemals mehr verändert [C] [Q/1].

[112] Angeschmutztes Goldblatt reinigen [Q/2].

[113] Bilder in Silber, Eisen und Bronze, Kupfer und Gold-Legierung altern machen [C].

• • •

[114] Kupfer- oder Eisen-Geräte polieren [B].

[115] Ohne zu waschen, den Rost vom Kupfergerät entfernen [Q/1].

[116] Legierung aus Kupfer und Gold brennen [Q/2].

• • •

[117] Methode, um neue Messer wie alt erscheinen zu lassen [Q/1].

[118] Rasiermesser oder große Küchenmesser so gebrauchen, dass sie nicht rosten [B].

[119] Mit einem kleinen Messer nach Herzenslust in Bambus, Stein oder Ebenholz schnitzen [L].

• • •

[120] Messing weiß machen [B].

[121] Verschmutztes Geschirr aus Messing-Plattierung, Gold oder Silber säubern [B].

[122] Reinigen von Behältern aus Messing, Gold oder Silber.
Lange Zeit verschmutzte Behälter lassen sich nicht leicht säubern. Deshalb erhitze man Essig und wasche sie damit ab. Die Behälter werden dabei nicht beschädigt, der Schmutz fällt leicht ab. Man kann dies auch mit Sauerklee machen [Q/1].

• • •

[123] Verhindern, dass eine Eisennadel rostet [Q/2].

[124] Um Nadeln längere Zeit aufzubewahren, sollte man sie in die Asche von [jap.] Zedern einbetten, wo sie niemals rosten werden [L] [D].

[125] Eine Nadel auf dem Wasser schwimmen lassen [M].

• • •

[126] Einen Nagel ohne zu Zuhilfenahme einer Zange ausziehen [D] [Q/2].

[127] Einen Nagel ohne Kopf ausziehen [D].

• • •

[128] Verspritztes Quecksilber aufsammeln [C].

• • •

[129] Schnelle Methode, ein Schwert zu schärfen [Q/1].

[130] Die Größe des Griffs eines Lang- oder Seitenschwerts abschätzen [Q/2].

[131] Verhindern, dass Schwerter oder Kurz-Schwerter rosten.
Man streiche die Schwerter, nachdem man sie geschärft hat, gut mit dem Öl von Kamelien-Samen ein und stecke sie so in die Scheide [C].

[132] Stichblätter im Stil von Karatsu färben.
Hierzu tauche man zu gleichen Teilen Schwefel, Kupfervitriol und Eisenvitriol in Pflaumen-Sud-Essig und lege die Stichblätter hinein [A].

[133] Ein neues Kurzschwert zu einem alten machen.
Auf die Oberfläche eines neuen Schwertes streiche man Mäusekot und lege es eine Nacht lang über einen Trog mit Essig. Nachdem es solcherart den Essig-Dünsten ausgesetzt war, putze man es glatt und es wird das Aussehen eines alten Schwertes erhalten [C].

• • •

[134] Matt gewordenes Zinn-Gerät aufpolieren [B] [Q/1].
[*Zinn wie solches in ein edler Metall zuverwandeln*] [MANA].

Papier-Arbeiten————

[135] Stützpapier von chinesischem Papier oder auch zusammengeklebte Papiere ohne Wasser problemlos trennen [D].

[136] Scherenschnitte aufkleben [D].

[137] Herstellung eines gemusterten Papier-Kleides [Q/2].

[138] Papier im Innern eines Kürbis ankleben [D].

[139] Leimwasser auf Buch-Umschläge, Seide oder Papier auftragen [D].

[140] Papier auf ewig fest zusammenkleben [Q/2].

[141] Aufziehen [*hyōgu*] [Q/3].

[142] Einen Fächer gründlich reparieren [H].

[143] Ein Papier mit Linien überziehen [B].

[144] Auf Papier oder Holz ganz schnell Linien ziehen [C].

• • •

[145] Verfahren um Wachspapier herzustellen.
Man stülpe einen Trog aus Kupfer um, entzünde darunter ein Feuer, und sobald dieser Trog erwärmt ist, lege man Papier darüber und betreiche es mit weißem Wachs. Dieses wird die ganze Fläche bedecken und so aus dem Papier Wachspapier machen [A].

[146] Mit Kaki-Saft getränktes Papier [*shibu-kami*] herstellen [Q/3].

[147] Papier-Falten glätten [Q/3].

[148] China-Papier füttern [*ura-uchi*] [Q/3].
Vgl. Abb. (19)

[149] Hirschhorn erweichen [M] [Q/1].

[150] Horn färben [C] [Q/1].

[151] Schildpatt verbinden [B] [Q/2].

[152] Schildpatt mit älteren Flecken wieder auffrischen.
Um Schildpatt, Kämme und Haarspangen aus Horn zu waschen, sollte man nicht mit heißem Wasser arbeiten, sondern mit kaltem sowie mit Waschmitteln. Danach spüle man nur mit Wasser, gebe etwas Salz ins Wasser und wasche nochmals. So verfahren, treten die Farben gut hervor und sehen wie neu aus [B].

[153] Mittel, Schildpatt zu flicken.
Man feile die Bruchstellen des Schildpatts an beiden Enden schräg an, füge sie wieder zusammen, festige auf beiden Seiten je zwei Zündhölzer und binde alles zusammen. Danach erhitze man eine Zange und klemme mit ihr die Bruchstellen fest [A].

[154] Um Schildpatt zu erweichen, koche man es in einem Sud von Stroh[-Asche] [A].

[155] Allerlei Horn aufkochen, zu Leim oder *mochi*-Reisklößen erweichen und daraus Gefäße herstellen [Sehr geheime Methode] [D] [C].

[156] Aus Elfenbein oder Rhinozeros-Horn Korallen herstellen [D].

Stein und Edelstein

[157] Edelsteine erweichen und zu allerlei gebrauchen.
Hierzu koche man sie ein oder zwei Stunden [eine jap. Stunde = zwei Stunden] in einem Sud von Wiesenkopf, Lauch und Knoblauch und verarbeite sie danach: man kann sie dann, weich geworden, nach Herzenslust bearbeiten, schnitzen oder gravieren [I].

[158] Allerlei Edelstein-Arten, Korallen-Perlen, Bergkristalle polieren und ihnen Glanz verleihen [D].

[*Edelgesteine so falsch wie solche zuzurichten*] [*Crystallen zum Edelgestein machen zuzurichten*] [MANA]

[159] Kunstkorallen herstellen [Q/2].

[*Comment faire la pierre précieuse appelée le diamant*] *Premièrement prenez du très bon cristal, posez-le dans un pot de terre que vous mettrez dans une fournaise de verrier où vous le laisserez pendant l'espace d'une nuit. Après, éteignez-le, pilez-le, et broyez-le bien menu, mêlez-le avec du sel de tartre, puis avec de l'eau formez-en de petites pillules. Après l'espace d'une nuit faites-le demeurer sur un feu ardent jusques à en rougir, sans toutefois le laisser fondre; puis retirez-le et posez-le dans un autre vase qui soit plus réfractaire à l'action du feu et vous l'y laisserez séjourner pendant deux jours, et vous aurez un très beau et bon diamant* [POMA].

[*Demant aus einem Sapphier zu machen*] *Wilstu aus einem Sapphier einen Demant machen / so erwehle dir einen Sapphir der ziemlich weiß sey / lege ihn in Eisen-Feil in einem Schmeltz-Tiegel: laß ihn durch starcke Hitze erglüen doch aber nicht fliessen (…) Wann er seine Farbe vollkommen bekommen / und die Eigenschafften des Demanten ziemlich an sich genommen / so nimm ihn heraus und brauche ihn*] [MANA]

[*Corallen in Formen zu bringen und ein gantz Stuck daraus zu machen*] [MANA]

• • •

[160] Im Berg auf Steine stoßen und erkennen, ob es sich um Gold handelt.

An Stellen, an denen sich im Berg Zinnober findet, liegt in tieferen Schichten in jedem Fall Gold. Dort, wo es [Natur-]Magnete gibt, lagern sicher Kupfer oder Gold. Unter *ryōseki*-Steinen gibt es mit absoluter Sicherheit Blei, Zinnober oder eine Mischung aus Kupfer und Gold. Da, wo es roten Stein gibt, liegt tiefer ganz bestimmt Eisen – so steht es im *Kuan Tzu* [*Kan-shi*] [C].

> *Kuan Tzu*, eine Sammlung von politischen und militärischen Notizen, aus der Zeit der Streitenden Reiche [403–221]; Autor unbekannt [vermutlich mehrere Autoren], manchmal dem Minister Kuan-Chung zugeschrieben.

[161] Steine weich kochen und daraus Geschirr herstellen [D].

[162] Einen Rasier-Wetzstein, der stumpf geworden ist, schärfen.

Hierzu streue man auf ein Brett feinen Sand und reibe darauf den Wetzstein; er wird so äußerst glatt werden. Falls man es aber mit einem groben Wetzstein macht, so ist es schwierig zu reiben. Obige Methode ist die allerbeste [Q/2]. Vgl. Abb. (20)

[163] Eine Frau sollte nicht über einen Wetz-Stein hinwegschreiten.

Es heißt, dass Wetz-Steine, über welche eine Frau schreitet, zerbrechen: wahr oder falsch, ich habe es noch nicht ausprobiert, aber bei Ts'ang Ch'i der Tang-Zeit lesen wir, dass nicht bekannt ist, worauf die Annahme beruht, dass Menschen, die einen Wetz-Stein überschreiten, an Leukorrhöe erkrankten. In China wie auch in Japan geht jedoch dieser Glaube um, und in jedem Fall solle man eben nicht [über einen solchen Stein] hinweggehen [S/18].

Unter-Wasser Arbeit

[164] Lange Zeit unter Wasser arbeiten und dabei frei atmen können.

Hierzu entferne man, wie auf der Abbildung zu sehen, die Knoten eines Bambus, lasse einen davon stehen und bringe einen Stein als Ständer an, der schwer genug sein sollte, um den Bambus zum Sinken zu bringen. In einer Entfernung von einem Fuß, sieben, acht Zoll vom unteren Ende des Bambus an gerechnet, bringe man seitlich einen Bambus zum Atemholen an. Den Stöpsel für dieses Mundstück fertige man aus Paulownia-Holz, am Ende zugespitzt; mit ihm verschließt man diese Öffnung nach dem Atem-Holen.

Wenn dann der Atem knapp wird, verfahre man beliebig oft wie vorstehend beschrieben. Weil sich aber alles unter Wasser abspielt, wird jedes Mal, wenn man das Mundstück herausnimmt oder wieder einführt, ein wenig Wasser eindringen; da aber im Bambus nach unten hin die vorgenannte Länge zur Verfügung steht, wird sich das Wasser unten ansammeln, man kann es beim Auftauchen wegschütten. Nur sollte man sich, wenn man ins Wasser eintaucht, die Nase mit Papier zustopfen, so dass keine Atemluft mehr zirkuliert; andernfalls tritt beim Atmen Luft durch die Nase ein und es ist schwer über das Bambus-Mundstück zu atmen. Schiffer sollten dies gut bedenken [S/10]. Vgl. Abb. (21)

[165] Methode, die verhindert, dass beim Schwimmen Wasser in die Ohren dringt, welche aber gestattet, dass man die Augen offen halten kann, ohne dass Wasser eindringt.
Man sollte dafür beim Schwimmen Fett in die Ohren streichen – das Wasser wird nicht eindringen und man kann sich unbeschwert bewegen. Im anderen Falle rauscht es in den Ohren und es fällt schwer, etwas zu tun. Auch um die Augen herum sollte man etwas von dem Fett einstreichen [C].

[166] Ohne Angst vor dem Wasser bis auf den Meeresgrund vorstoßen [E].

[167] Ohne Angst vor dem Wasser tausend Faden tief tauchen und auf den Meeresgrund gefallene Dinge heraufbringen [S/8].

[168] Einen Wasserlauf durchwaten ohne [durch einen Krampf] unterzugehen. Hierzu klemme man sich ein vier, fünf Zoll großes Holzstück ins Haar oder an die Seite und schwimme so durch das Wasser: man wird keinen Krampf bekommen [E].

Vermessen—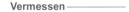

[169] Auf steilen Bergwegen oder gekrümmten Wegen deren Länge vermessen. Auf solchen Wegstrecken kann man weder mit einem Bambus-Mess-Stab noch mit einem gespannten Seil arbeiten. Deswegen fertige man ein Objekt an [s. Abb.], bewege es durch Schieben und Drehen vorwärts und markiere dann mit einem Pfahl die jeweils zurückgelegte Entfernung. Dies ist eine leichte Methode, die überdies absolut korrekte Ergebnisse gibt. Diese Technik sollte man sich aneignen [G]. Vgl. Abb. (22)

[19] Herstellung von Qualitäts-Papier

[20] Den Wetz-Stein schärfen

[21] Unter Wasser arbeiten

[22] Messungen auf schwierigem Gelände

1. SPEISEN

Allgemeines: 1–6 • Eier: 7–14 Fische: 15–47 • Gebäck: 48–57 • Geflügel: 58–62 • Getreide und Hülsenfrüchte: 63 • Gewürze: 64–85 • Hunger stillen: 86–97 • Konservierung: 98–105 • Muscheln und Weichtiere: 106–110 • Nudeln: 111–117 • Obst und Gemüse: 118–159 • Pilze: 160–166 • Reis: 167–179 • Tōfu – Bohnengallerte: 180–183 • Vegetarisches: 184–185

Allgemeines —————

[1] Essen und Trinken erhält den Menschen am Leben, und kann so keinen Tag fehlen. Wenn man dabei aber die Art der Nahrung und die Menge außer Acht lässt, kann man oft zu Schaden kommen. Die Einträge am Ende des 5. Buches wurden aufgezeichnet für Alte und Kinder [Q/1].

[2] Für die tägliche Nahrung sollte man leichtes Gemüse verwenden. Ohne Unterschied zwischen jung und alt, hoch und tief Gestellten, sollte man nur nicht vergessen, dass [die Nahrung] Leib und Leben zusammenhält: deswegen sollte man mit dem Essen aufhören, wenn man keinen Hunger mehr verspürt [ibid.].

[3] Wenn man gerne erlesene Speisen wählt und in großen Mengen Fisch und Geflügel, Sake und *mochi*-Reiskuchen zu sich nimmt, dabei aber weder Arme noch Beine bewegt, stellen sich zahlreiche Krankheiten ein, die das Leben verkürzen. Leute mit schwachem Magen jedoch sollten gelegentlich Fisch und Geflügel essen, aber nicht zu viel auf einmal […]. Bei *miso*-Bohnenmus, Soja-Sauce, Essig, Sake u. a. sollte man stets ältere Ware wählen, durch den Verzehr von neuen, frischen entstehen leicht „Feuchtigkeits-Fieber" und Probleme mit dem Magen [ibid.].

[4] Unter den vielen in den Schriften als gut aufgeführten Gerichten gibt es welche, die, falls roh oder kalt eingenommen, wie Gifte wirken. Aber auch zu heiß essen ist ungesund. *Sushi* oder eingelegte Fische sollte man Kranken nur mit Vorsicht geben [ibid.].

[5] Starken Hunger oder Durst sollte man nicht allzu lange aushalten: dies schadet Magen und Darm. Auf Reisen und während der kalten oder warmen Jahreszeit sollte man ganz besonders auf die Nahrung aufpassen [ibid.].

[6] Fisch, Geflügel oder Fleisch essen macht stark und gesund [S/18].
Vgl. Abb. (1)

Eier —————

[7] Beim Verzehr von Eiern ist es wichtig, zu unterscheiden, ob dieselben gut oder schlecht sind. Hierzu ein einfacher Test: Man tauche die Eier in einen mit Wasser gefüllten Bottich: verdorbene Eier schwimmen an der Oberfläche, die guten aber werden untergehen – eine schnelle und wundervolle Methode [P].
Vgl. Abb. (2)

[8] Eier-Schnitten.

Hierzu vermenge man Eier mit Pfeilwurzel-Mehl [*kuzu-no-ko*], strecke den Teig [wie bei der Zubereitung von *fu*] und schneide diese Masse in Streifen. Mit *iri-zake* zu rohem Fisch [*sashimi*] oder auch in einer Suppe schmeckt dies sehr gut [A].

[9] Eier tanzen lassen.

Man bohre ein kleines Loch in die Eier, entnehme das gesamte Ei-Innere und fülle [das Ei] mit Essig auf. Danach entferne man die äußere Haut und trenne sie von der inneren Haut, ohne diese zu verletzen. Wenn man nun die Eier tanzen lassen will, und dazu die innere Haut der Eier aufbläst, so gleicht es einem [normalen] Ei. Man fixiere es auf dem Rücken einer Spinne und lasse diese frei: die Spinne rennt davon, und man hat den Eindruck, als ob die Eier tanzten [C]. Vgl. Abb. (3)

[Ein Ey auf dem Tisch lauffend zu machen] Ein rohes Ey wird durch ein Löchlein ausgeblasen, und dafür ein Blut-Igel hinein geschoben, und ohnfern davon ein Wasser gesetzt, das Loch aber mit weissem Wax zugemachet. Der in dem Ey verborgene Igel wird das Wasser, so von fernen stehet, riechen, und sich selbigem nähern, wodurch dann das Ey beweget wird, und zu dem Wasser nach und nach kommt, worbey dann der Taschen-Spieler sich stellet, als ob es auf seinen Befehl geschehe [NZB]

[10] Eier aufeinander setzen, gelingt mit Hilfe von weißem Wachs, das auf die Eier aufgetragen wird [S/3].

[11] Etwas sehr Schweres auf Eier aufsetzen.

Zunächst einmal schlägt man in das Tischchen, auf das die Eier zu stehen kommen sollen, Nägel ein, darüber dann lege man Eierschalen [die so die Nägel verdecken], darauf dann einen großen Stein oder auch einen Handmörser [*hiki-usu*] [S/3a].

[12] Rasche Methode, um aus Eiern eine *netsuke*-Schnitzerei zu machen.

Zunächst mache man vorsichtig mit einem Bohrer von der Seite her ein Loch in das Ei und ziehe die Flüssigkeit heraus. Dann erhitze man Kiefernharz und fülle es über das Loch ein. Wenn das Ei gefüllt ist, dann bringt man an der Öffnung einen Ring an, und lasse das Ganze sich abkühlen. Das Kiefernharz innen wird sich erhärten; dann zerschlage man die Schale des Eis, belasse den Ring daran und mache sich so ein *netsuke* [C].

[13] Aus Eiern Chrysanthemen oder Ballonblumen [*Platycodon grandiflore*, jap. *kikyō*] machen.

Man koche die Eier, schäle sie und stelle sie in Essig. Nach einer Weile nehme man sie heraus und schneide sie in Form von Chrysanthemen oder Ballonblumen. Wenn man sie dann mit beiden Händen nimmt und fest drückt, tritt das Eigelb heraus, und was dann zu Chrysanthemen oder *kikyō* geworden ist, kann man auch sehr gut zu den Speisen beigeben [C].

[14] Verschiedenerlei Formen aus weichgekochten Eiern herstellen [S/10].
[Eyer so groß zu machen daß sie grösser seyn als Menschen-Köpffe] [MANA]

Fische————————

[15] Einen salzigen Fisch so zubereiten, dass er die Qualität eines rohen Fisches erhält [E].

[16] Auf der Stelle Fisch oder Geflügel entsalzen.
Hierzu lege man den Fisch oder das Geflügel in Wasser und tauche ein heiß gebranntes Tongefäß dazu hinein. Zwei oder drei Male wiederholt, wird der Salzgehalt vollständig verschwinden [A]. Vgl. Abb. (4)

[17] Mittels Eiern den Salzgehalt des Wassers bestimmen, in welches Fische eingelegt werden [S/18].

. . .

Das größte Problem beim Fisch-Essen sind natürlich die Gräten, die im Hals stecken bleiben. Um sie zu entfernen, gibt es zahlreiche Verfahren:

[18] Man fülle eine Teeschale, schreibe dreimal darin: *Vogel fliegt, Drache steigt auf, Fisch macht einen roten Hügel* und rezitiere diese Formel für sich still drei Mal: die Gräte wird sich sofort lösen [A]. Vgl. Abb. (5)

[19] Andere Rezepte empfehlen zu gleichem Zweck die Einnahme von Elfenbein-Pulver, schwarz gebrannten Mandarinen oder auch getrockneten Kaki-Früchten [D].

[20] Eine komplexere Aktion, die offensichtlich auf magischem Denken beruht, empfiehlt, das Seitenschwert heraus zu ziehen und ein Taschenmesser darauf zu setzen: die Gräte wird sofort ausfallen [G].

[21] Bei der Einnahme von mit Soja zusammengekochtem Gemüse verdrehe man den Kopf nach hinten – bei sehr harten Gräten wirkt nur dieses Rezept [H]. Vgl. Abb. (6)

[22] Die Fisch-Gräte im Hals [S/18].

Eine große Anzahl magischer Gedichte hat ebenfalls die Lösung dieses Problems zum Ziel. Hier einige Beispiele:

[23] *Blick ich auf das Weiß – Raureif über der Brücke – welche die Elstern – hoch am Himmel aufgebaut – spät schon ist es, tiefe Nacht!* [IS]

Die hier zitierten Elstern, hauptsächlich in China und in Korea verbreitet, und in Japan auf Kyūshū, ähneln einem Raben mit einem längeren Schwanz, weißem Brust-Gefieder. Da der Vogel kaum in der Yamato-Gegend zu finden ist, dürfte sein Platz in Gedichten wohl auf den Einfluss chinesischer Poesie zurückzuführen sein. Hintergrund dieser magischen Formel ist das am siebten Tag des siebten Monats gefeierte Sternenfest (*tanabata*) des Zusammentreffens von Hirte und Weberin.
Über die in der Wortmagie genutzte Qualität eines klassischen [dem berühmten Dichter Ōtomo no Yakamochi zugeschriebenen] Gedichts hinaus, lie-

[01]
Blick in die Küche

[02]
Der Eier-Test

[03]
Spiel mit Eiern

[04]
Fisch-Zubereitung

[05]
Die Fisch-Gräte im Hals 1

[06]
Die Fisch-Gräte im Hals 2

fert das japanische Wort für „Brücke", *hashi*, die Idee eines Übergangs, einer Entfernung – hier der Entfernung der Gräten aus dem Hals, es sei denn, man denke ganz konkret an den Gebrauch von Ess-Stäbchen [*o-hashi*] zur Entnahme des Fremdkörpers.

[24] *Himmelsgefilde – Wasser stürzt in seinem Fall – fünf Zoll hernieder – und reißt mit sich die Gräte – langer Hals des Kormorans*

An magisch wirksamen Elementen finden sich hier der Hinweis auf die himmlischen Gefilde, den Wasserfall, sowie die Verben „niederdrücken" und „fallen", welche klar die Finalität der Formel zum Ausdruck bringen. Karpfen oder kleine Forellen sind die Beute des Kormorans, die er leicht hinunterschluckt.

[25] *Unter dem Flügel – des Kormorans mache ich – meinen Mittagsschlaf – nimm sie weg, diese Gräte – Hilfe durch Vairocana* [MAS]

Wir finden hier einen klaren Hinweis auf die Eigenart des Kormorans, leicht seine Nahrung herunterzuschlucken. Mutatis mutandis ist der Sprecher in der Lage, das Übel zu beseitigen/verschlucken. In dieser Sicherheit wiegt sich der Mittags-Schläfer. Maha Vairocana, ist hier weiter durch sein Mantra *abira unken sowaka* aufgerufen, welches häufig Bestandteil magischer Formeln ist.

[26] *Tief in den Bergen – hatten sie den Zaun erstellt – böse Dämonen – von ihm nunmehr keine Spur – so wird es überliefert* [OMA]

Bild des Pfahlzauns der – gleich der Gräte im Hals – den Durchgang versperrt.

$\bullet\ \bullet\ \bullet$

[27] Rohen Fisch einen Monat lang aufbewahren.
Ein Sud aus Essig, Sake und Salz gestattet, auch bei heißem Wetter einen Fisch zwanzig, dreißig Tage lang aufzubewahren. Andere Rezepte empfehlen die Beigabe von Pfefferkörnern [C].

[28] Sicher stellen, dass eingesalzene Fischeingeweide ihren guten Geschmack behalten.
Ein kleiner Zusatz von Zucker verhindert jegliche Geschmacks-Verschlechterung [A].

[29] Um bei Sonnenschein Fische zu transportieren, bestreiche man dieselben mit weißem Zucker und lege sie in einen Krug [L].

[30] Fisch-Zubereitung während der Hitzeperiode.
In der Zeit der größten Hitze schneide man einen Fisch in drei Teile, fülle dann eine große Schüssel mit Wasser und gebe Salz dazu. Danach lege man ein Ei hinein und betrachte es genau: falls das Ei untergeht, sollte man noch etwas mehr Salz nachgeben, wenn aber der Salzgehalt genügend groß ist, wird das Ei schwimmen. In die so gewonnene Salzbrühe lege man dann den Fisch ein [A].

[31] Ein anderes Rezept: die im Schatten getrockneten Blüten von Mandarinen zu Pulver machen und im Sommer beim Kochen von Fischen hinzufügen; diese werden sich so mehrere Tage lang halten [G].

$\bullet\ \bullet\ \bullet$

[32] Wenn bei Fisch-Vergiftungen nicht gleich ein gutes Medikament zur Hand ist, sollte man Oliven aufbrühen und einnehmen. [Das Fieber?] wird auf geheimnisvolle Weise heruntergehen. Von analoger Wirksamkeit: Kampfer zu Pulver gemacht und mit warmen Wasser eingenommen [E].

• • •

[33] Kleingehackter Bonitfisch.
Man trenne vom Bonitfisch seine schwärzlichen Teile ab und schneide ihn dann in Stücke, so wie man es mit einem Wels macht. Dann vermische man Salz und Hefe und lege den Fisch in einen Krug, dessen Öffnung man verklebe. Diesen Krug stelle man dann während der Hundstage ungefähr zwanzig Tage lang in die Sonne. Wenn [der Fisch] dann durchgezogen ist, reibe man ihn kurz ab und lege ihn in einen [anderen] Krug: er wird auf unbegrenzte Zeit seinen guten Geschmack behalten [A].

[34] Abhilfe bei Bonit-Vergiftung [D].

[35] Konservierung von Bonit-Flocken [P].

• • •

[36] Brassen in Salzwasser kochen [A].

• • •

[37] Sand aus den Heringsrogen entfernen [D].

• • •

[38] Eine Karausche entschuppen [Q/2].

• • •

[39] Einen Karpfen, der einzugehen droht, wiederbeleben.
Will man einen frischen Karpfen an einen weit entfernt gelegenen Ort schicken, droht derselbe aber [unterwegs] einzugehen, so wird er doch auf der Stelle wieder munter werden, wenn man ihm Lauch-Saft ins Maul träufelt. Auch ein bereits übergangener lebloser Karpfen wird genießbar werden, wenn man ihn mit Pulvertee [*hiki-cha*] übergießt [C].

[40] Einen lebenden Karpfen so auf ein Tablett legen, dass er nicht hochspringt.
Um solcherart z. B. einen Karpfen in den Haushalt eines Hochgestellten zu liefern, sollte man die Augen des Fischs mit Papier bedecken. Es geht aber auch, die Augen mit einem kleinen Holzstück zu „stützen": der Fisch wird so nicht mehr hochspringen [C]. Vgl. Abb. (7)

• • •

[41] Will man einen Kugelfisch [*fugu*] so präparieren, dass eine Vergiftung beim Verzehr ausgeschlossen ist, so wasche man ihn gut und gebe beim Kochen ein wenig Weißdorn [*san-zashi*] bei [A].

• • •

[42] Ganz schnell für mehrere Personen Meeraal [*hamo*] zubereiten.

• • •

[43] Schmerlen [*dojō*] einen Tag lang bei sich tragen, ohne dass sie verenden.
Nachdem man die Schmerlen in ein Tuch gewickelt hat, lege man vier, fünf weiße Bohnen hinzu und begieße diese dann und wann mit Wasser. So wer-

den Schmerlen selbst auf einem Weg von sechs, sieben Meilen Länge nicht verenden [L] [Q/2].

[44] Technik, Schmerlen zu kochen [D].

[45] Schmerlen still halten [M].

• • •

[46] Um einen getrockneten Stockfisch [*tara*] weich zu kochen, wasche man ihn zunächst gründlich, entziehe das Salz, stopfe Stroh in den Fisch und koche ihn so. Auf diese Weise wird er äußerst weich werden [A].

• • •

[47] Herstellung von *Sushi* [zum sofortigen Verzehr].
Man koche Essig, Sake und Salz zusammen, lasse es abkühlen und lege dann irgendeinen Fisch hinein. Hierauf wasche man vorsichtig [den gekochten] Reis, gebe Sake dazu, stecke alles in einen Wassersack, lasse den Sake-Gehalt abtropfen und mache dann, ohne Salzzugabe, *Sushi* daraus [A].

Gebäck

[48] Zu Süßigkeiten finden sich nur wenige Einträge zu Kuchen [*kashi*], wie z. B. solchen aus weißem Zucker, *tokoro-ten*-Gelee-Kuchen, oder auch zu den Herstellungsweisen von süßem, weißen Bohnenmus [*an*]. Eine auch heute noch beliebte Kuchen-Form sind die *manjū*-Semmeln aus Pfeilwurzel-Mehl [*kuzu*] [A].

[49] [Japanisches] Zitronen-Gebäck.
Man fülle in eine Zitronen-Schale ein Gemisch von [jap.] Zitronen, Sesam-Öl, *miso*-Bohnenmus, klebrigem Reis, etwas Pfeffer und dünste dies. Danach gebe man noch Walnüsse und *kaya*-Nüsse hinzu. Man sollte jedoch die innere Haut der Zitronen entfernen [A].

[50] In Öl gebackenes [Weizenmehl-]Gebäck.
Rohen Weizenmehl-Teig [*fu*] eine Nacht in *miso*-Bohnenpaste einlegen und dann in Öl ausbacken. [A]

[51] Den Geschmack von Honigkuchen verbessern [Q/2].

[52] Dampfklößchen mit Zitronengeschmack [*yubeshi*] [Q/5].

[53] Fritiertes Weizenmehl-Gebäck [*age-fu*] vom Higashi-yama Bezirk [F].

[54] *Kasutera* herstellen [K].

> Das Ende des 16. Jh. durch die Europäer bekannt gewordene, und auch heute noch in Japan sehr beliebte, lockere Kuchengebäck *kasutera* – aus dem Portugiesischen *pão de Castelha* – wird aus Eiern, Weizenmehl und Zucker hergestellt.

[55] Gezuckerte Bohnen-Paste [*yōkan*] herstellen.

[56] Gefüllte Semmel [*manjū*] fertigen. Vgl. Abb. (8)

[57] Knusper-Gebäck [*senbei*] backen. Vgl. Abb. (9)

[58] Zahlenmäßig weitaus weniger als die zu Fisch- sind die Eintragungen zu Fleisch-Gerichten: hier finden wir Hühnerfleisch, das sich lange frisch hält [C] dank Bambus-Rinde und Salz, was aber auch für fein geschnittenes Fleisch von Enten gilt [A]. In der gleichen Kategorie: Klopse von Vogelfleisch sowie ein Rezept für den beliebten *yakitori*-Spieß [A]. Nicht weiter überraschen sollte der Umstand, dass noch nicht von Rindfleisch die Rede ist – letzteres wurde erst ab der Meiji-Zeit populär. Vgl. Abb. (8)

[59] Herstellung von Geflügelklößen [A].

[60] Geflügelfleisch lange aufbewahren [Q/5].

[61] Gekochte Wildgans oder Wildente [A].

[62] Geflügelspieße [*yakitori*] zubereiten.
Man bestreiche den aufgespießten Vogel mit Salz, so dass er aussieht wie von dünnem Raureif befallen und brate ihn so. Wenn er gut durchgebraten ist, gebe man in die Soja-Sauce etwas Sake, bestreiche damit den Spieß und esse davon, bevor die Sauce eintrocknet. Nur bei Fasanen streiche man zuerst die Sauce drüber und salze danach [A].

Wir beschränken uns hier auf eine Auflistung der verschiedenen Getreide-Arten, zu welchen sich im aufgeführten Text mehr oder minder detaillierte Anmerkungen finden:

[63] Weizen [*komugi*], Buchweizen [*soba*], Kolben-Hirse [*awa*], Hirse [*kibi, hie*], Mais [*tō-kibi*], Bohnen [*mame*], Mungo-Bohnen [*azuki*], Sau-Bohnen [*sora-mame*], Erbsen [*endō*], Schwert-Bohne [*nata-mame*], Sesam [*goma*] in drei Arten: weiß, schwarz und rot; der schwarze ist für Medizin bestimmt. Perlgraupen [*hato-mugi*], Mohn [*keshi*] etc. Die Anbau-Anleitungen unterstreichen meistens den Gebrauch von Asche als Dünger [Q/5]. Vgl. Abb. (10)

[64] Essig kann bei längerem Aufbewahren zum Problem werden, konkret, es kann zu Schimmelbildung kommen. Wenn man etwas geröstetes Salz hinzugibt, wird jedoch selbst in Sommermonaten keine Schimmelbildung auftreten [C].

[65] „Zehntausend-Jahre Essig" herstellen [E].

• • •

[66] Verhindern, dass Ingwer schimmelt [B].

[67] Die Fibern vom Ingwer entfernen [D].

[68] Ingwer gedeiht gut in schattigen Lagen [Q/5].

• • •

[07] Einen Karpfen still-legen

[08] Manjū-Semmel backen
     Geflügel

[09] Gebäck anfertigen

[10] Getreide-Dresch-Methode

[69] „Brennsake" [*iri-zake*].
Man vermische Sake mit Soja-Sauce und Bonitfisch und erhitze ihn über einem Holzkohlenfeuer, bis der Alkohol-Geruch verflogen ist [A] [Q/1].

• • •

[70] Grünen Riementang [*konbu*] herstellen [Q/2].

• • •

[71] Verhindern, dass Insekten in den Sommer-Monaten den Meerlattich befallen [H].

[72] Meerlattich erhärten [S/17].

• • •

[73] Meer-Rettich herstellen, wenn kein echter zur Hand ist [D].

• • •

[74] Wenn die Bohnen-Paste einen säuerlichen Geschmack annimmt, bohre man in das Bohnenmus im Bottich mit den Fingern an drei Stellen ein Loch; in diese Löcher fülle man heißen Sake, verschließe den Bottich mit einem Deckel und lasse das Ganze ungefähr zehn Tage ziehen. Danach entferne man den Sake, vermische das *miso* gut – der säuerliche Geschmack wird verschwunden sein [B/7]. Auch zwei, drei oder vier Teile roher Kiefern-Rinde, in das Bohnenmus gesteckt, erzielen nach sieben, acht Tagen dasselbe Resultat [C].

[75] Rezept für *miso*-Bohnenmus vom Tempel Kinzan-ji [China].
Man nehme große Bohnen und [leicht] gerösteten Weizen, vermische sie, fülle beide in einen Dampf-Kochtopf und lasse sie gären. Wenn sich [Hefe-]Blüten gebildet haben, füge man Salz hinzu, gebe fünfzig Auberginen dazu und beschwere sie, so wie bei der *sushi*-Zubereitung.
Alle sieben Tage kehre man das Ganze um und gebe nach vierzig Tagen [Berg-]Pfefferschoten hinzu. Nach noch einmal sieben Tagen wird sich oben Wasser absetzen. Falls alles genügend weich geworden ist, schöpfe man das Wasser ab und füge es, sobald das Mus getrocknet ist, wieder hinzu. Man kann hierzu auch die Flüssigkeit von Melonen nehmen [Q/5] [A].

[76] *Miso*-Bohnenmus aus [jap.] Zitronen.
Hierzu nehme man die Schalen entkernter Zitronen, Pfeilwurzel-Mehl, Sojasauce, Zucker und Walnüsse. Man verkoche zusammen den Zucker, die Zitronen und Soja-Sauce, und füge danach dann die Walnüsse und das Pfeilwurzel-Mehl hinzu [A].

[77] Zubereitung einer *Miso-shiru* Suppe [B].

• • •

Bergpfeffer [*sanshō*] oder chinesischer Pfeffer [*tōgarashi*] sind wichtige, oft aufgeführte Gewürze der Speisetafel. Lange Aufbewahrung oder auch Techniken, einen schärferen Geschmack zu erzielen etc., finden sich überall in unseren Dokumenten. Beim Verzehr von Pfeffer besteht jedoch konkret die Gefahr, zu ersticken, wogegen zahlreiche Rezepte Abhilfe anbieten.

[78] Wenn man an Bergpfeffer zu ersticken droht, sollte man Wasser trinken, etwas Zucker lutschen oder auch Hanf-Früchte [*asa no mi*], in Wasser gerieben, einnehmen [C]. Auch Essig trinken, Salz oder etwas Asche auf die Zunge geben – all diese Verfahren werden augenblickliche Linderung bringen [F].

[79] Roter Pfeffer [*tōgarashi*] ist Gift [S/18].

[80] Pfefferkörner zu Pulver machen [D].

[81] Chinesischen Pfeffer roh aufbewahren [B].
[*Saltz wenn man keines zu den Speisen hat dessen Statt saltzet*] [MANA]

• • •

Wichtiger Bestandteil der japanischen Küche sind die eingelegten Salz-Pflaumen [*ume-boshi*], zu deren Herstellung sich die verschiedensten Verfahren finden. Hier ein Beispiel:

[82] Man lege die Pflaumen einen Tag und eine Nacht in Wasser, um ihnen ihren bitteren Geschmack zu nehmen. Dann füge man drei *gō* [ein gō = 0,18 l] Salz hinzu und lasse sie so einundzwanzig Tage eingelegt. Bei schönem Wetter trockne man sie dann drei Tage. Danach setze man sie eine Nacht Raureif und Tau aus, lasse sie wieder eine Nacht trocknen und verwahre sie dann in einem Krug. Bei Gebrauch wasche man das Salz gut ab, erhitze Sake, lasse sie darin aufkochen und verwende sie in dieser Form [A].

[83] Sind *ume-boshi* Pflaumen ein Medikament? [S/18]

• • •

[84] Verhindern, dass Insekten sich an die Soja-Sauce setzen [I].

• • •

[85] Grüne Zitronen [*yuzu*] einlegen.
Man koche hierfür zehn kleingeschnittene Zitronen mit Salz und Wasser und lasse sie sieben Tage lang in einem Topf stehen. Den Sud fülle man dann in einen Behälter und lege die grünen Zitronen hinein [A].

Hunger stillen————

[86] Im Ryokō-yōjin-shū, einem Reise-Führer der ausgehenden Edo-Zeit, finden wir folgenden ganz allgemeinen Rat für eine angemessene Ernährung:
In der Zeit der großen Hitze, die leicht auf den Magen schlägt und Verdauungsschwierigkeiten verursacht, sollte man nicht zu viel an Fisch, Geflügel oder Muscheln, die man nicht kennt, essen, sowie weiter auch keine Bambus-Sprossen, Pilze, Melonen, Kürbisse, Reiskuchen, Reisklöße, etc. Verdauungsstörungen im Sommer sind oft die Ursache von Brechruhr [*kakuran*], was sehr unangenehm sein kann. Analoge Vorsichtsmaßnahmen gelten im Frühjahr, Herbst und Winter [RY].

[87] Typisch für die Präsentation [einfachen] japanischen Essens ist die Imbissschachtel [*bentō-bako*]. Um zu vermeiden, dass sich hierin, oder auch in einem Satz von mehreren lackierten Ess-Schachteln, zur Sommerzeit Geruch und

Geschmack der Speisen vermischen, aber auch um Lackgeruch auszuschalten, lege man mehrere Salz-Pflaumen [*ume-boshi*] auf die Speisen: man kann sie dann ohne Risiko aufbewahren. [Besonders] auf Reisen oder bei der Taschen-Imbiss-Schachtel für den Reis der Samurai sollte man auf diese Verfahren zurückgreifen [D].

[88] Auf Reisen Hunger unterdrücken und verhindern, dass sich an den Füßen Blasen bilden.
Abhilfe schafft hier Pulvertee, den man mit sich führt. Wenn man überdies Schwefelhölzer in der Tasche hat, wird es zu keiner Blasenbildung kommen [Q/2] [B].

[89] Unterwegs sollte man auch bei Hunger sich nicht satt essen. Vernünftig ist, ohne Eile in Ruhe zu essen. Bei sehr großem Hunger „ermüdet" der Magen: wenn man sich aber dann übersatt isst, riskiert man, die „Lebensgeister" [*ki*] zu blockieren oder sich plötzlich irgendeine Krankheit zuzuziehen [RY].

[90] Zehn oder zwanzig Tage lang keine Nahrung zu sich nehmen, und doch nicht hungern.
Man zerstampfe in einem Steinmörser Tragant [*ōgi*] [*astralagus membranacens*], „Pfirsich-Blumen-Stein" [Kaolin], Drachenknochen, *bōfū* [*siler divaricatum*] [Familie: *Apiaceae*] und Alaun und forme daraus mit Hilfe von Honig kleine Kugeln in Form von Klößchen [*dango*]. Vor einer weiten Reise esse man sich zuerst einmal an Reis satt und schlucke dann eine von diesen Medizin-Kugeln: mit einer schon schafft man fünf hundert Meilen [*ri*], mit zweien tausend: unglaublich, wie man dabei völlig den Hunger vergisst [A].

[91] Ein Rezept des [legendären] taoistischen Einsiedlers Huang Shi-kung [„Herr des gelben Steins"].
„Genien-Mehl" [*sen-fun*], fünf Jahre in Sake eingetaucht, dann getrocknet und wieder eingetaucht; „Lebens-Verlängerer" [*ju-en*] und [chin.] Ginseng [*nin-jin*]: um viel davon herzustellen, tut es aber auch japanischer Ginseng. Aus diesen drei Bestandteilen mische man sich kleine Kugeln, umkleide sie mit Reismehl, trockne sie gut, erhärte sie und verzehre davon bei Bedarf. Eine Tablette vertreibt den Hunger zwei, drei Tage lang und man fühlt sich voller Kraft und in besserer Form als üblich. Man nehme so jeden Tag eine Pille. „Genien-Mehl [*sen-fun*] und „Lebens-Verlängerer" [*ju-sen*] [Fehlschreibung für *ju-en*?] sind, da es sich hier um ein großes geheimes Verfahren handelt, Decknamen. „Genien-Mehl" ist Buchweizenmehl [*soba-ko*], „Lebens-Verlängerer" ist Mehl von Klebreis [*uruu-gome*] [E].

[92] Zum selben Zweck nehme man: Sesam, chinesische Brustbeere [*tō-natsume*] und kalt getrocknetes Reis-Mehl [*kan-zarashi mochi-gome*], forme sie mit Honig zu Kugeln, von denen man drei pro Tag einnehme [F].

[93] Wie man Hunger vertreibt.

Man säubere fünf *masu* von großen Bohnen [*daizu*], dämpfe sie drei Mal und ziehe dann ihre Haut ab. Dann setze man drei *masu* [= 3 x 1,8 l] Hanf-Kerne [*asa no mi*] eine Nacht in Wasser, dämpfe sie drei Mal, und wenn sie dann aufgeplatzt sind, entferne man ihre Haut. Bohnen und Hanfkerne zerstampfe man gut, forme sie rund wie Reisklöße und dämpfe sie in einem Reis-Topf von acht Uhr abends bis Mitternacht. Zur Stunde des Tigers [vier Uhr morgens] nehme man sie aus dem Reis-Topf heraus, trockne sie bei Tageslicht und mache sie zu Pulver.

Von diesem Mehl esse man bis zum Überdruss, ohne irgendwelche andere Nahrung. Beim ersten Male wird man sieben Tage lang keinen Hunger mehr verspüren. Wenn man danach dann davon wieder bis zum Überdruss isst, wird man neunundvierzig Tage keinen Hunger leiden. Danach dann, wieder eingenommen nach neunundvierzig Tagen, wird man dreihundert Tage hungerfrei sein. Wieder eingenommen, bleibt man künftig zweitausendvierhundert Tage hungerfrei, etc.

Wenn man Durst verspürt, dann trinke man die Hanf-Kerne in heißem Wasser. Wenn man danach dann wieder zu einem normalen Ess-Rhythmus zurückfinden will, dann mache man drei *gō* [ein *gō* = 0,18 Liter] von Winter-Sonnenblumen-Kernen [*tōkishi*] zu Pulver, koche sie auf, lasse sie abkühlen und nehme sie so ein.

Obiges Medikament gibt einen goldfarbenen Stuhl. Wenn man danach wieder ganz normal weiterisst, treten keinerlei schädliche Nebenwirkungen auf. Durch das Einnehmen dieses Medikaments wird der Körper gekräftigt, der Teint verbessert, man magert nicht ab – so steht es in der Agronomie-Abhandlung des Meisters Wang [G].

> Eine rot geschriebene Notiz von fremder Hand besagt, dass jemand dieses Rezept mit großem Erfolg ausprobiert hat. Wang Chen [?–1333], Agrar-Spezialist und Autor des *Nung-shu*, „Über die Landwirtschaft" [1313], war auch Fachmann für Druckkunst.

[94] An einem Ort, an welchem es an den fünf Getreide-Arten mangelt, keinen Hunger leiden.

Man nehme vom Silberhaar-Gras [*chigaya*] [*haku hōkan: imperata cylindrica*], wasche es und verzehre es so. Man kann es auch auf einem Stein zum Trocknen legen, zerstampfen und dann je einen Löffel einnehmen: auf diese Weise wird man keinen Hunger leiden [O].

[95] Wie man augenblicklich großen Hunger stillen kann.

Wenn man auf einer längeren Reise oder auch bei einer Falken-Jagd sehr stark von Hunger geplagt wird, so esse man ein klein wenig nur von gelbem Wachs – und der Hunger wird auf wunderbare Weise gestillt werden. Gelbes Wachs ist harmlos und nicht giftig. Man tut gut daran, es immer vorrätig zu haben [A].

[*Hunger wie man leyden könne*] [MANA]

[96] Eine sehr einfache Methode, einen Tag lang Hunger auszuhalten, besteht darin, immer wieder seinen Speichel zu schlucken [M].

• • •

Auch eine Art Instant-Nahrung war offensichtlich schon bekannt.

[97] Bohnen-Paste [*miso*] trocknen, zu Pulver machen und in einem Beutel bei sich tragen: zum Verzehr dann mit Wasser aufbrühen. Selbst nach einem Jahr nimmt der Geschmack keinen Schaden [G].

Konservierung ————

[98] [Esswaren im Sommer frisch zu halten, stellte sicher ein großes Problem dar]. Um bei heißem Wetter zu verhindern, dass gekochte Esswaren übel riechen, lege man Pfeffer auf dieselben: der schlechte Geruch wird verschwinden [C] [Q/1].

[99] Eingelegtes nach Nara-Art.
Man teile eine Beutel-Melone in zwei Teile, entkerne und schäle sie, und fülle sie dann zur Hälfte mit Salz; darüber lege man Hefe von guter Qualität und lagere alles in einem Fass [A].

[100] In den Sommermonaten verhindern, dass in Pflaumen- oder Reis-Essig eingelegte Nahrung verschimmelt [D].

[101] Um Farn frisch zu halten, lege man ihn mit gekochter Gerste wie in Essig ein, nehme davon bei Bedarf heraus und koche ihn in einem Kupferkessel. So wird sich seine Farbe nicht verändern und der Geschmack dem des rohen Farns gleichen [Q/5]. Vgl. Abb. (11)

[102] *Achara*-Einleg-Methode.
Lotuswurzeln, Rettiche, Bambussprossen, Rüben etc. mit Essig und Zucker zusammen eingelegt [Q/5].

> *Achara* = portug. *achar* = Gemüse oder Früchte eingelegt.

[103] Einleg-Methode der südlichen Barbaren.
[Fische eingelegt in einem Sud von Essig, Salz, Soja-Sauce und Sake] [A].

[104] Geräte und Bestecke zur Zubereitung der Speisen müssen von Metallgeschmack frei sein. Das große Küchenmesser [*hōchō*] z. B. verliert seinen Metallgeschmack, wenn man es vor Gebrauch mit Ingwer-Blättern eingerieben hat [C].

[105] Das gleiche Problem stellt sich auch bei neuen Pfannen und Kesseln. Zu allererst verbrenne man darin Stroh, entferne danach die Asche und streiche die Gefäße, sowie auch den unteren Teil des Herds, mit Öl ein. Wenn man danach Feuer macht, trocknet der Fettgehalt – der Metallgeschmack wird völlig verschwinden [C] [B].

[106] Um Kreiselschnecken [*sazae*] aus ihrem Gehäuse zu ziehen, binde man jede einzeln an eine Schnur, hänge sie umgekehrt auf und fächle mit einem Fächer Wind auf sie. Die Kreiselschnecken werden sich zusammenziehen, an Kraft verlieren und sich aus dem Innern der Schale lösen – in diesem Augenblick ziehe man sie mit der Hand ganz heraus [A]. Vgl. Abb. (12)

[107] Nach einem anderen Verfahren stelle man unter die *sazae*-Schnecken Wasser in einer Schale oder einem Teller und „ziehe" auf diese Weise die Schnecken heraus [D].

• • •

[108] *Awabi*-Seeohren und Rotmuscheln weich kochen.
Hierzu nehme man diese aus der Schale heraus, lege sie in einen Korb, füge dazu eine entsprechende Menge kleiner Steine und schüttle sie fest: sie werden auf der Stelle weich werden [A]. Vgl. Abb. (13)

• • •

[109] Ein Oktopus bringt das Blut in Wallung? [S/18]

[110] Einen Oktopus zum Verzehr weich machen [B] [G].

Neben Reis und Reis-Klößen [*mochi*] [infra] sind auch Nudeln [*soba*] ein überaus beliebtes Nahrungsmittel.

[111] Um zur Sommerzeit, wenn die neuen Buchweizen [*soba*] noch nicht reif sind, mit Hilfe alter *soba*-Nudeln „neue" herzustellen, gebe man zu den alten ein wenig Saft von gepressten Bitter-Knöterichs [*tade*]: die Nudeln werden wie neu erscheinen [D].

> Ein ähnliches Verfahren, angewandt in Frühjahr und Herbst, gilt der Aufbesserung der Nudeln zu gut riechenden „neuen" *soba*.

[112] Im Frühjahr oder im Sommer sind [*soba*-] Nudeln alt und von schlechter Qualität. In diesem Fall sollte man, im Frühjahr, Blätter der Sommer-Kartoffel [*natsu-imo*] zerreiben, zu Saft pressen, mit Wasser vermischen und damit Mehl kneten. Im Sommer schäle man Melonen, entferne die Kerne und zermahle alles gut in einem irdenen Mörser [*suribachi*], vermischt mit Wasser. Die solcherart gewonnenen Nudeln haben eine schöne Farbe, und sehen aus wie neu [H].

Übermäßiger Nudel-Verzehr zieht oft Unwohlsein nach sich. Dem kann abgeholfen werden.

[113] So viel Nudeln essen wie auch immer, ohne dass der Bauch spannt.
Vor einem Nudel-Essen sollte man als erstes die zu Pulver geriebene Schale vom japanischen Ampfer [*shibuki*] [*rumex japonicus*] trinken, und dann erst die Nudeln angehen. Auch wenn nach dem Essen der Bauch spannt, trinke man davon: die Spannung wird sofort nachlassen [A].

[114] Auch etwas Kochbrühe der Sumpfschnecke [*tanishi*] in die Suppe getan, gestattet es, nach Belieben zu essen, ohne dass der Bauch spannt [S/2].

[115] Wenn man zu viel gegessen hat und der Bauch spannt, schließe man den Mund, richte seine Augen gen Himmel und halte den Atem an. Man verfahre so vier, fünf Mal und presse dabei den Atem in den Bauchteil unterhalb des Nabels: die eingenommene Mahlzeit wird auf der Stelle verdaut werden [I]. [*Viel-Fraß wie er die übermässige Speise von sich bringe*] [MANA]

[116] Verfahren, das verhindert, dass frisch gemachte *soba*-Nudeln schon nach einem Tag verderben [G].

[117] Sind [*soba*-]Nudeln gut bei Kolliken? [S/18].

Obst und Gemüse

[118] Tabus beim Obstpflücken.
Folgende Personen sollten sich unbedingt an das Tabu halten, keine Früchte zu ernten: jemand, der in Trauer um seine verstorbenen Eltern ist, oder auch eine Schwangere. Falls solche Personen aber diesem Tabu zuwiderhandeln, werden die Obstbäume über mehrere Jahre hin nicht wieder blühen; sollten sie aber dennoch Früchte tragen, so werden es nur ganz wenige sein. Man sollte sich dieses Tabu gut merken und danach handeln [I].

[119] Eine reiche Ernte von Mandarinen [*mikan*], Goldorangen [*kinkan*], Pomeranzen [*kunenbo*], Äpfeln, Pfirsichen, Birnen, Kaki oder Nüssen erzielen.
Man vergrabe von der Wurzel des Baumes ausgehend zwei Fuß zur Seite und in einer je nach Baumgröße angemessenen Tiefe eine tote Katze, einen Hund, Hirsch, Hasen, ein Schwein oder irgendein anderes Tier. In dem Jahr werden dann große Blüten auftreten und der Baum wird auf geheimnisvolle Weise zahlreiche Früchte tragen. Bei Topf-Pflanzen verfahre man so mit einer Maus, mit Fischen oder Vögeln ist es schwieriger zu realisieren [W/9]. Vgl. Abb. (14) (15) (16)

[120] Verhindern, dass Obstbäume manche Jahre keine Früchte tragen [L].

[121] Verhindern, dass Früchte von den Obstbäumen abfallen [G].

[122] Verhindern, dass Krähen oder Weihen an Obstbäume gehen [D].

• • •

Auberginen zählten zu den wichtigen Gartenfrüchten. Ihre langfristige Aufbewahrung oder ihr üppiges Wachstum wird in zahlreichen Verfahren vorgestellt.

[123] Man warte, bis die Auberginen in Blüte stehen, pflücke dann ihre Blätter und zerstreue sie auf einer Weg-Kreuzung. Um die Blätter herum lege man im Kreis Asche: wenn dann Passanten über diese Stelle laufen, wachsen im eigenen Haus die Auberginen, so viel das Herz begehrt [A].

[11] Farn einlegen

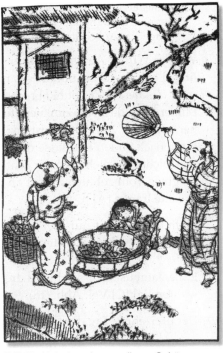

[12] Kreiselschnecken aus ihrem Gehäuse ziehen

[13] *Awabi*-See-Ohren fischen

[14] Reiche Obst-Ernte 1

Vorstehende Praktik ist sicher von magischen Vorstellungen diktiert, nach welcher eine große Menge Passanten per sympathetischer Magie auch eine große Menge von Auberginen [im Garten?] hervorbringen wird.

[124] Wer im Winter Auberginen anbauen will, sollte auf die Wurzeln der Stecklinge Leim streichen, und dies ganz besonders reichlich, sobald ihre Blüte einsetzt. Zu diesem Zeitpunkt breche man die Blüten ab und unterbinde weiteres Blühen. Von da an bis zum neunten Monat umzäune man die Pflanze mit Steinen und lege viel Pferdemist an ihre Wurzeln. Danach mache man eine Öffnung nach Süden und lasse die Sonne von morgens bis Mittag darauf scheinen, nicht aber mehr von der achten Stunde an. So verfahren, werden die Auberginen vom zehnten Monat an Blüten ansetzen und bis zum elften Monat Früchte tragen [A] [Q/2].

[125] Methode, um mit nur vier oder fünf Auberginen-Pflanzen jeden Tag doch sehr viele Früchte zu ernten [C]. Vgl. Abb. (17)

• • •

[126] Rohe Bambus-Sprossen bis zu dreißig Tagen nach der besten Erntezeit aufbewahren [H] [C] Vgl. Abb. (18)

[127] Der dreizehnte Tag des fünften Monats ist der Tag zum Anpflanzen [Q/5].

• • •

[128] [*Biwa-*] Mispeln züchten, die so groß wie [*mikan-*] Mandarinen werden [I].

• • •

[129] Schnell-Methode zum Kochen von Mungo-Bohnen [*azuki*] [B].

[130] Einlegen von grünen *sasage*-Bohnen [*vigna Catiang*] [Q/5].

• • •

[131] Von einem Granatapfel-Baum einen Ableger machen [I].

[132] Große und zahlreiche Granatäpfel züchten.
Hierzu lege man einen Stein in die Baum-Gabel, desgleichen zahlreiche Steine an die Wurzeln des Baums. Ein solcher wird dann nicht erblühen, ohne auch Früchte zu tragen, sondern seine Früchte werden groß und sehr zahlreich sein [I].

[*Comment on pourra faire que les fruits soient plus doux, plus odoriférants et plus grands*] *Il y a certains arbres qui pour avoir eu leurs troncs fendus ou avoir reçu quelque mutilation ou blessure par suite d'un soudain coup d'air ou de chaleur, périssent; ils deviennent langoureux, et sèchent pour ainsi dire soudainement. Il y en a d'autres aussi qui endurent qu'on fende leur tronc, et souffrent qu'on les perce avec une tarière, ce qui, de peu fertiles qu'ils étaient, les rend féconds, ce qui est le cas du grenadier, de l'amandier et du pommier. Car ainsi blessés, ils porteront un fruit plus doux et plus suave, parce qu'ils ne prennent de nourriture que juste autant qu'il leur en faut et rejettent l'humeur superflue et nuisible, comme on peut le voir parfois chez les animaux, digérant par ce moyen plus facilement ce qui leur reste de suc et de vigueur. Ce qui fait que ces plantes donnent des fruits plus doux et plus beaux, c'est*

[15] Reiche Obst-Ernte 2

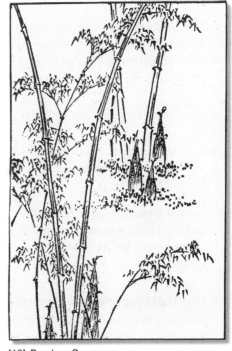

[16] Reiche Obst-Ernte 3

[17] Auberginen züchten

[18] Bambus-Sprossen

*qu'elles vivent ensemble en plus petit nombre et gardent ainsi tout leur suc, sans avoir
à le partager avec d'autres* [POMA].
[*Wie man die Früchte zurichten soll / daß sie einen lieblichen und süssen Geschmack
bekommen*] [MANA].

• • •

[133] Kaki [-Früchte] können sich ein ganzes Jahr über halten, wenn die frischen Früchte, am Stiel mit Lack eingestrichen, in einen gut verschlossenen Krug gelegt werden: keine davon wird faulen [C]. Vgl. Abb. (19)

[134] Kaki-Bäumen, die in manchen Jahren keine Früchte tragen [*nen-gire*], kann geholfen werden, indem man an Neujahr mittels eines großen Bohrers den Baum anritzt und dort geriebenen Bonit-Fisch [*katsuo-bushi*] einlegt. Sehr häufig trägt ein solcher Baum dann Früchte [C].

[135] Allzu herbe Kaki-Früchte kann man süßer machen, indem man Lauge an die Wurzeln des Baums gießt [C] oder Asche dorthin streut [S/2]: im folgenden Jahr werden die Früchte nicht mehr herb sein.

[136] Die getrocknete Kaki-Frucht [*shibu*] verfärbt sich in den Sommermonaten und verwelkt, weswegen man sie nur schwer aufheben kann. Wenn man aber Auberginen schneidet, häutet und dazugibt, wird dies nicht eintreten [C]. Vgl. Abb. (20)

[137] Schwarze Kaki züchten [E].

• • •

[138] Von sehr starkem Geruch, findet Knoblauch vor allem in der traditionellen Medizin Verwendung. Wenn man davon in der Hitzeperiode isst, wird man keine Brechruhr bekommen. Als Dünger verwende man den Mist von Pferden und Ochsen; Aussaat ist zwischen dem sechsten und achten Monat [Q/5].
[*Knoblauch dient wieder das Gifft*] [MANA]

• • •

[139] Mandarinen [*mikan*], in einer Fichtenholz-Schachtel zusammen mit Bambus im Vorrats-Keller gelagert, und den Deckel gut verschlossen, werden sie sich lange Zeit halten [C].

[140] Um zu kleine Mandarinen größer werden zu lassen, solle man zur Reifezeit nur die Hälfte ernten, die andere Hälfte der Früchte aber am Baum belassen. Letztere werden dann so groß wie eine Sake- oder Holzschale, von roter Farbe und äußerst gutem Geschmack [C]. Vgl. Abb. (21)

• • •

[141] Weiß[-grüne] Melonen in ihrer ganzen Frische aufbewahren.
Hierzu teile man die Melone in zwei Teile, reinige sorgfältig das Innere und lege sie so in mit Salz vermischte rote Erde: sie wird ihre Farbe bis ins folgende Jahr behalten [Q/5].

[142] Melonen ohne Wasser kühlen.

Hierzu ritze man mit den Fingernägeln die Früchte an verschiedenen Stellen ein und stelle sie einen Tag in die Sonne. Sobald sie warm geworden sind, stelle man sie in den Schatten, danach verzehre man sie gut gekühlt – es ist, als ob man Eis verzehrte [Q/2]. Vgl. Abb. (22)

• • •

[143] Pfirsiche bis in den Winter hinein aufbewahren [G].

[144] Einen Pfirsichbaum lange am Leben erhalten.

Pfirsichbäume gehen schnell ein. Um sie lange Jahre zu erhalten, schneide man sie zwei, drei Jahre hindurch nach dem Anpflanzen, von der Wurzel her ab. Ein weiteres Mal sollte man sie schneiden, wenn von der Wurzel her Knospen hervortreten. Erst beim dritten Mal sollte man dann den Baum sich auswachsen lassen: auf diese Weise wird er auch nach hundert Jahren nicht absterben [I].

[145] Erkennen, ob Pfirsiche oder Aprikosen giftig sind.

Falls sechs Blütenblätter vorliegen, werden die Früchte in jedem Fall einen doppelten Kern besitzen. Solche Früchte, sollte man wissen, sind dann für den Menschen tödlich [L].

• • •

[146] Wenn man grüne Pflaumen länger aufbewahren will, empfiehlt es sich, Blätter und Früchte, mit Stroh umwickelt, zusammen mit gesondert geschälten Pflaumen in Essigwasser zu legen. Bei Bedarf nehme man davon heraus und frische die Pflaumen in Wasser auf [C] Vgl. Abb. (23)

[147] Ein ähnliches Verfahren empfiehlt, grünen Bambus in zwei Teile zu spalten, die Pflaumen hineinzustecken, die beiden Teile wieder zusammenzufügen und mit Stroh zu umwickeln. Darauf dann Bergerde schmieren und das Ganze vergraben. Auf diese Weise werden die Pflaumen sich dann bis ins folgende Jahr halten. Bei Bedarf bediene man sich davon und vergrabe sie wieder nach dem Verzehr [B]. Vgl. Abb. (24) (25).

[148] Weiße Pflaumenblüten schwarz aufblühen lassen [H].

[Aepffel-Pflaumen zu zeugen] [MANA]

• • •

[149] Im achten Monat ausgesät, ergibt der Raps eine Zuspeise für den Winter. Im zehnten Monat oder an Neujahr sollte man ihn umpflanzen, im dritten Monat wird er aufblühen; nach der Reife kann man dann Öl pressen [Q/5].

• • •

[150] Wenn ein geriebener Rettich nicht scharf genug ist, sollte man ihn umdrehen und vom anderen Ende her reiben – so werden selbst Winter-Rettiche sehr scharf [B]. Vgl. Abb. (26)

[Rettich daß solcher groß wächst] *[Rettich daß er süß werde]* [MANA]

[19] Kaki einlegen

[20] Getrocknete Kaki anfertigen

[21] Mandarinen [*mikan*]-Ernte

[22] Melonen

[151] Wenn kein scharfer Rettich zur Hand ist, den geriebenen Rettich scharf machen [S/18].

[152] Wenn ein Rettich nicht scharf genug ist, so bestreiche man ihn mit Salz, hänge ihn umgedreht an einen Faden und führe ihm mit einem Fächer Wind zu. Wenn man ihn danach dann reibt, so wird sein Geschmack sehr scharf geworden sein [F].

[153] Aus Rettichen Gebilde wie aus Melonen formen.
Man höhle das Innere eines Rettich aus und stecke Mandarinen, so wie sie sind, hinein. Den Rettich schäle man dann sechseckig und schneide ihn an den Enden ab. Das Resultat sieht dann so aus, als ob man eine Melone bearbeitet hätte. Im Winter oder im Frühjahr, als Verzierung zu kalten Speisen, ergibt dies ein liebliches Stück [B].

[154] Rettiche, zu hundert Stück mit Reiskleie und Salz eingelegt [*takuan*], behalten ihren Geschmack bis in den Sommer hinein [A]. Vgl. Abb. (27).

• • •

[155] Man säe rote Rüben zwanzig Tage nach dem Rettich aus. Sie gedeihen vor allem in der Nähe von alten Häusern. Mit Asche gedüngt, sind Rüben ein unvergleichliches Nahrungsmittel für die ganze Familie [Q/5].

• • •

[156] Methode, um Schwarzwurzeln, Meerrettich oder Schachtelhalm [*tsukushi*] aufzubewahren [Q/5].

• • •

[157] Eine reiche Weintrauben-Ernte erzielen [I].

[158] Weintrauben lange aufbewahren [Q/5].

[*Trauben daß solche schwartze und weisse Beeren beysammen tragen wie solche zu zeugen*] [MANA]

• • •

[159] Zitronen-Bäume, die keine Früchte mehr tragen, wieder zu reichem Ertrag bringen [H].

Pilze ————

[160] Von einem frischen *matsutake*-Pilz den Stiel abschneiden, zwei, drei Tage bei gutem Wetter trocknen lassen und so aufbewahren: die Pilze werden sich gut das ganze Jahr über halten [S/2]. Vgl. Abb. (28)

[161] *Matsutake* einlegen.
Man brühe die *matsutake* mit ihrem [in der Erde steckenden] Fuß-Teil ab, tauche sie dann in kaltes Wasser, nehme wie wieder heraus und trockne sie so lange, bis keine Feuchtigkeit mehr zurückbleibt. Danach gebe man Salz in ein Fass und lege sie nebeneinander ein, ganz so, wie man es bei [*narabe-*]*sushi* macht [A].

[23]
Pflaumen aufbewahren 1

[24]
Pflaumen aufbewahren 2

[25]
Pflaumen-Ernte

[26]
Rettiche scharf reiben

[27]
Eingelegte Rettiche

[28]
Markt für *matsutake*-Pilze

[162] Bei einer Vergiftung durch *matsutake* oder irgendeinen anderen Pilz, grabe man auf der Stelle eine Vertiefung in die Erde, fülle einen Schlag Wasser hinein, vermenge es zu Schlamm, warte, bis sich dieser etwas abgesetzt hat, und trinke dann von diesem Wasser eine Teeschale voll: das Gift wird sich auf der Stelle lösen [K].

[163] *Hatsutake*-Pilze [Grubiger Milchling] [*lactarius scrobiculata*] einlegen.
Man bringe Wasser und Salz zusammen zum Sieden, lege die Pilze hinein und lagere dann beides in einem Fass, welches mit einem Deckel verschlossen wird. Vor der Speise-Zubereitung ziehe man eine Nacht den Salzgehalt ab. Die Brühe sollte die Pilze gerade bedeckt haben [A].

[164] Getrockneten *matsutake* herstellen [F].

[165] Verhindern, dass getrocknete *matsutake* ihr Aroma verlieren [Q/2] [F].

[166] Alte *shiitake*-Pilze zu neuen, frischen machen [G].

Reis ————

[167] Reis ist der König unter den hundert Zerealien, sagt man, und am allerwichtigsten für das menschliche Leben. Er ist göttlichen Ursprungs, weshalb man auch die ersten [geernteten] Reis-Ähren aus Dankbarkeit den Gottheiten opfert. Dass solcher Brauch in neuerer Zeit allmählich zurückgeht, ist bedauerlich [Q/5].

[168] 18 Liter Reis in ein Gefäß von nur 1,8 Litern stecken und auf Reisen mitnehmen.
Für Leute die, lange unterwegs, in einem Absteige-Quartier [*kichin-yado*] übernachten wollen, ist es schwierig, viel Reis mit sich zu tragen. Mit folgender Methode ist es jedoch ganz einfach: Man tauche die Blätter von *nandina domestica* [*nanten*] in Wasser und presse den Saft heraus. In diesem Saft setze man Reis an, dämpfe ihn, trockne ihn, lege ihn danach nochmals ein und trockne ihn aufs Neue. Wenn man so neun Mal verfahren hat, wird der Reis so dünn wie Sesam und 18 Liter Reis werden nicht mehr als 1,8 Liter sein. Beim Verzehr tauche man ihn dann in gekühltes Wasser, danach in heißes – woraus sofort essbarer Reis [*meshi*] wird, der schnell gar wird und äußerst bequem zu handhaben ist [RY].

Eine größere Herausforderung war sicher:
[169] Bei Nachtwanderungen unterwegs Reis kochen.
Hierzu nehme man ein Stück von einem Bambus, schneide es bei den Knoten an beiden Enden ab, mache dann eine kleine Öffnung, in die man Reis presst, fülle durch diese Öffnung eine entsprechende Menge Wasser ein, und verschließe sie mit einem Papier-Faden: angebunden halte man sie dann an die Fackel: deren Hitze wird dann einen äußerst gut schmeckenden Reis ergeben [G].

Was aber tun, wenn man, unterwegs, weder Topf noch Wasser hat, um Reis zu kochen?

[170] Man grabe in saubere Erde ein fünf Zoll tiefes Loch, wickle den Reis in eine Strohmatte, stecke diese dort hinein und überdecke alles gut mit Erde. Dann verbrenne man darüber Holz, Gräser, Blätter, die man in der Umgegend gesammelt hat. Nach einer Weile gräbt man den Reis heraus – er wird sehr wohlschmeckend geworden sein [G].

[171] Um angebrannten und übel riechenden Reis zu verbessern, lege man eine Scheuerbürste gewaschen auf den angebrannten Reis und verschließe ihn mit einem Deckel. Nach einiger Zeit ist auf wunderbare Weise der Geruch von Angebranntem verschwunden [B].

[172] Über zu hart gekochten Reis träufele man ein wenig Sake, verschließe ihn mit einem Deckel und lasse ihn auf gedämpfter Flamme stehen: nach einiger Zeit wird daraus Reis von sehr guter Qualität [B].

Das nächste Verfahren gibt einen Blick ins Innere der traditionellen japanischen Familie.

[173] Kalt gewordenen Reis [*hiya-meshi*] so aufbessern, dass er wie frisch gekochter schmeckt.

Zunächst entzünde man ein Feuer und erhitze darauf den Topf. Als nächstes fülle man Reis hinein, träufle auf den Rand des Topfes Wasser, und verschließe ihn mit einem Deckel. Nach einer Weile fülle man den Reis um – er wird wie frisch gekocht sein [B].

> Hauptadressaten dieser Praktik könnten – Tradition der Edo-Zeit – alle zweit- und drittgeborenen Söhne einer Familie sein, die erst dann zum Essen kamen, wenn der Erstgeborene und Erbe des Hauses seine Mahlzeit beendet hatte; daher auch der Name „kalter [kalt gewordener] Reis" für die solchermaßen Benachteiligten.

[174] Um Reis lange frisch zu halten, zehn, zwanzig Jahre lang, ohne dass er von Insekten befallen wird, hebe man ihn zusammen mit Getreide auf. Was den Reis angeht, mit welchem man Medikamente präpariert, so schätzt man alten Reis am höchsten [C].

[175] Anleitung für gewürzten Reis [*ryōri-meshi*] [A].

[176] Festtags-Reis [*seki-han*] schön rot gestalten [L].

. . .

Die zu kleinen Ballen gestampften Reis-Klöße [*mochi*] sind ein weiterer wichtiger Bestandteil der japanischen Küche.

[177] Bei der Aufbewahrung von *mochi* galt es, sie vor Schimmelbefall zu schützen [B], was u. a. auch durch eine bestimmte Art des Reisstampfens erreicht werden konnte. Hierzu empfiehlt es sich, beim Reis-Stampfen in die Masse 3,75 g

Kandis-Zucker, in Wasser gelöst, zu geben, was das Schimmeln für immer verhindert [B].

[178] Großformatige spiegel[-förmige] *mochi* stampfen [L]. Vgl. Abb. (29) (30)

Mochi-Reiskuchen sind nicht nur eine wichtige Zutat, besonders an Festtagen [z. B. Neujahrsfest], sondern auch eine mögliche Quelle von Unfällen, da sie bei unvorsichtigem Verzehr leicht im Hals stecken bleiben. Was kann man dagegen tun?

[178] Hier hilft ein schwarz verkohlter Regenwurm, den man zu trinken gibt: die *mochi* werden schnell herunterrutschen, genau wie nach Einnahme eines Suds von *jiō* [*Rhemnania glutinosa*] [E].

[179] Oft besteht bei solchen Unfällen Lebensgefahr. Abhilfe schafft, wenn man schnellstens Sake erwärmt und dem Opfer in die Nase bläst – unverzüglich wird er den Kloß ausspucken [F].

Tōfu – Bohnengallerte

[180] Aus *tōfu* nach Herzenslust Pfirsiche, Äpfel, etc. herstellen und bemalen [S/9].

[181] Auf der Stelle [dicke] Nudeln [*udon*] oder *tōfu* für hundert Personen herstellen [F].

[182] *Tōfu* aus Ise.
[Spezielle Bohnengallerte, gefertigt aus geriebener Yams-Wurzel, Fleisch von der Meerbrasse und Eiweiß, ausgepresst und in eine Zedern-Schachtel gelegt. Nach dem Aufkochen mit geriebenem Ingwer, *wasabi*-Meer-Rettich und *miso*-Bohnenmus zubereitet]. [L]

[183] *Dengaku* aus Nagasaki [H].

Dengaku bezeichnet länglich geschnittene *tōfu*-Stücke, aufgespießt, mit dickflüssiger *miso*-Paste bestrichen und geröstet.

Vegetarisches

[184] Um vegetarische „Fisch-Stäbchen" herzustellen [*shōjin sashimi*], koche man *konnyaku* [*amorphophalus konjac*] und färbe ihn mit *perilla nankinensis* [Sesamblatt] ein: so wird man sehr schöne „Fisch-Stäbchen" erhalten [S/3].

[185] Vegetarische Bachforellen [*ayu*-]*sushi* herstellen [L].

[29]
Reis stampfen 1

[30]
Reis stampfen 2

2. GETRÄNKE

> Amazake: 1 • Chōmei-shu: 2 • Wasser: 3–12 • Sake: 13–47 • Ume–shu: 48 • Tee: 49–51

Amazake

[1] Methode, um auf der Stelle süßen Reiswein [*amazake*] herzustellen.
Man verrühre Reiswein [eine Tasse], Wasser [gleiche Menge], Sendai-Reis, Zucker [gleiche Menge] und zwei Eier und koche alles zusammen, woraus schnell süßer Reiswein wird. An Tagen der Enthaltsamkeit [*shōjin*] lasse man jedoch die Eier weg, weswegen der Geschmack dann noch leichter wird [A].

Chōmei-shu

[2] „Alkohol des langen Lebens" [*Chōmei-shu*] herstellen
In ein *shō* [= 1, 8 Liter] reinen Sake gebe man 375 g Kandis-Zucker, zwanzig bis dreißig *ume-boshi*-Pflaumen, gut gewaschen und entsalzt, zusammen in einen Krug, und halte diesen fünfzig oder hundert Tage gut verschlossen in der Erde vergraben. So wird das Getränk einen sehr guten Pflaumengeruch und -Geschmack haben. Es heilt Schleim-Auswurf [*tan*], unterstützt den Blutkreislauf, vermehrt die Spermiogenese und wirkt bei Kolliken [B].

Wasser

Den Durst löschen war wohl vor allem auf Reisen wichtig. Wie aber steht es mit der Wasser-Versorgung? Hören wir zunächst, was das bereits zitierte *Ryokō yōjin-shū* dazu sagt:

[3] Während einer Reise zur Sommerzeit kommt es immer wieder vor, dass man Durst hat. Dann sollte man besonders darauf achten, nur reines Wasser zu trinken und keineswegs achtlos Wasser von irgendeinem alten Tümpel, genau so wenig wie das Wasser in Tälern, durch die langsam ein Bach fließt, aber auch Bergwasser. Andernfalls wird man sich sicher Krankheiten zuziehen. Beim Wasser trinken sollte man etwas *gorei-san*-Medizin bei sich tragen. Weiterhin braucht man in jedem Fall Pfeffer, der imstande ist, die [schädlichen] Ausdünstungen der Berge, aber auch Geschlechts-Krankheiten fern zu halten. [Genaueres im Paragraphen „Medikamente" am Ende des Buchs] [RY].

> *Gorei-san* bezeichnet ein Präparat aus: *takusha* [Froschlöffel] [*alisma orientale*], *bukuryō* [Pilz: Indisches Brot] [*poria cocos*], *sōjutsu* [Speichelkraut] [*atractylodes lancea*], *keihi* [Zimtkassie] [*cinnamomum cassia*], *chorei* [Pilz: Eichhase] [*polyporus umbellatus*]. Seine Wirksamkeit erstreckt sich über weite Gebiete, von Kopfweh, Erbrechen, Diarrhö bis zu Katzenjammer, Diabetes, Gastritis, etc.

[4] Auf Reisen, ohne warmes oder kaltes Wasser zu trinken, trotzdem keinen Durst zu leiden, ist möglich kraft eines Präparats aus Süßholz, eingelegten Pflaumen, weißem Honig, Pfefferminz, „Krähenpflaumen" [halb reif verbrannte Pflaumen] und Pfeilwurzel. Dies vermische man mit Honig, forme es zu kleinen Kugeln, die man mit heißem Wasser einnimmt: einen ganzen Tag lang, wie weit auch immer man gehen mag, wird man keinen Durst verspüren [L].

[5] Nach einem anderen Rezept kaue man Knoblauch und streiche diesen in die Nasenlöcher, was nicht nur den Durst vertreibt, sondern auch in der kalten Jahreszeit vor Kälte schützt [F].

[6] Den Durst löschen, selbst wenn weder heißes Wasser noch Tee zur Hand sind [Q/2].

• • •

[7] Bei unüberlegtem Genuss von Wasser in einer fremden Gegend besteht die Gefahr einer Erkrankung an „Wasser-Veränderung" [*mizu-gawari*]. Um eine solche auszuschließen, lege man die Schale einer Sumpfschnecke in gebranntes Salz und trinke auf diese Weise Wasser – jegliches Risiko wird damit ausgeschlossen. Falls diese Maßnahme zu spät kommt, kann man sich aber auch durch Verzehr von *tōfu* aus der Gegend, in der man sich befindet, heilen [L] [I].

Wo aber findet man, in einer anderen Provinz, im Berg und auf Feldern, Wasser?

[8] Man findet es an Plätzen, wo Weiden stehen, wo [weiße] Möwen, Reiher u. ä. leben, oder aber an steilen Berghängen: ganz sicherlich wird es da einen Wasserlauf in der Nähe geben [C].

Wasser ist aber nicht gleich Wasser. Wo gibt es Wasser von guter Qualität?

[9] Reines Wasser von bester Qualität findet sich am Berg auf der Höhe der ersten [Berg-] Etappe [L].

Vom Fuß eines Bergs bis zur Spitze werden zehn „Etappen" [*gō*] unterschieden.

[10] Schlechtes Wasser in gutes verwandeln [Q/1].

[11] Trinkwasser gewinnen aus Urin gelingt, wenn man diesen mittels zweier Federn durchsiebt. Eine analoge Technik gestattet es, auf See aus Meerwasser frisches Wasser zu gewinnen [M].

[12] Trübes Wasser mittels Alaun klären [S/18].
[*Seewasser zuzurichten daß man es trincken könne*] [MANA]

[13] Ein tragbares Trinkgefäß lässt sich leicht aus verstärktem Papier, mit Lack überstrichen, fertigen. Das halbmondförmige Gefäß kann man dann in der Tasche mit sich führen. Bei Gebrauch nun presse man beide Enden so zusammen, dass daraus ein Trinkgefäß wird: ein äußerst bequemes Verfahren, wenn man in der warmen Jahreszeit unterwegs ist [G].

Sake————

[14] Auf nüchternen Magen sollte man keinen Sake trinken, sondern nur nach einer Mahlzeit. Bei warmem wie bei kaltem Wetter sollte man den Sake immer lauwarm trinken [RY]. Vgl. Abb. (31) (32)

[31]
Sake-Herstellung

[32]
Sake warm trinken

[15] Sake wird in der Regel warm getrunken. Wenn nun beim Erhitzen die Flammen aus Versehen in den Sake einschlagen, sollte man sie durch kräftiges Blasen oder auch mit Hilfe grüner Weiden löschen [C].

[16] Auf Reisen sollte man nicht zu viel von starkem Alkohol [*shōchū*] trinken, der manch einem zu schaffen machen kann. Besitzt man hingegen Sake von höherer Qualität, so kann man ein wenig davon einnehmen. Tatsache ist, dass im Sommer und in feuchten Gegenden, dort wo es in großen Mengen regnet, der Genuss von starkem Reis-[Kartoffel-] oder Hirse-Alkohol [*awa-mori*] die giftigen Ausdünstungen der Feuchtigkeit vertreibt. Im Herbst und Winter aber sollte man eher enthaltsam bleiben [RY].

Wer aber auf Reisen nicht auf seinen Sake verzichten will, sei es im Schnee, im Bergwald, an Orten, wo kein Feuer ist, der halte sich an folgendes Verfahren:

[17] Man vergrabe Kalk im Schnee, welcher daraufhin schmilzt. In diesem Augenblick fülle man Sake in einen kleinen Krug oder auch in Stanniol-Papier und vergrabe es in diesem Kalk im Schnee. Nach einer Weile wird dieser Sake die übliche Temperatur aufweisen [I].

• • •

Wie kann man einen starken Trinker zu einem schwachen Trinker zu machen?

[18] Mittels eines Papiers sammle man früh morgens im Gebüsch den Tau von abgeschnittenen Bambus-Strunks und gebe ihn sieben Tage lang morgens und abends der Suppe oder irgendetwas Gekochtem bei. Ein starker Trinker [*jō-go*] wird fortan Sake ablehnen oder zu einem schwachen Trinker [*ge-ko*] werden. Dies ist ein sehr geheimes Verfahren [E].

> Zur Unterscheidung zwischen starken und schwachen Trinkern verwendet die japanische Sprache zwei Ausdrücke, die in der älteren Zeit einen Groß-Haushalt [*jō-go*] und einen kleineren [*ge-ko*] bezeichneten. Berücksichtigt wurde hierbei im Altertum die Anzahl von Personen in einem Haushalt,und darüber hinaus dann, bei gleicher Benennung, die Zahl der bei Festlichkeiten zum Verbrauch kommenden Sake-Fässer: davon ausgehend dann letztlich die Menge des konsumierten Alkohols.

[19] Ein analoges Verfahren empfiehlt Tausammeln am fünften Tag des fünften Monats. Den Tau vermische man mit Sake und gebe davon dem Betreffenden, ohne dessen Wissen, zu trinken: er wird auf wunderbare Weise geheilt werden. Eine Variante: das auf dem Grabstein der Vorfahren geopferte Wasser dem Sake beimischen und so zu trinken geben [K].

[20] Eine andere Methode, um von einem großen zu einem mäßigen Trinker zu werden, verlangt z. B. das Blut eines weißen Hundes, mit Sake vermischt, einzunehmen: Wie stark auch immer der Trinker auch sein mag, er wird zum Abstinenzler werden [O].

Nicht viel besser auch die Variante: Pferdeschweiß oder ein Sud von aufgebrühten Pferde-Hufen, in Sake vermischt [S/3].

[21] Zum Abgewöhnen sicherlich auch folgendes Rezept: Exkremente vom Kormoran, gebraten, zu Asche gemacht und mit Wasser eingenommen, wonach man keine Lust mehr haben wird, auch nur einen Tropfen Sake zu trinken [I].

[*Comment on peut faire perdre l'amour du vin aux ivrognes*] *Comme rien n'est plus pernicieux que l'excès dans la boisson, et que malgré cela beaucoup s'y abandonnent, et à tel point qu'ils en deviennent malades et quelquefois même en meurent, nous avons estimé convenable de vous enseigner comment vous le ferez avoir en horreur, – d'autant que la fontaine nommée Clitoire qui a cette propriété est en somme très éloignée d'ici. Voici donc comment vous ferez. Prenez trois ou quatre anguilles, plongez-les dans du vin et laissez-les y mourir, puis donnez à l'ivrogne de ce vin à boire; il l'abhorrera désormais à tout jamais et ne demandera plus à boire, mais vivra au contraire très sobrement. Athenœûs a également prétendu que si un homme mange d'un surmulet récemment suffoqué dans du vin, cela le guérira du péché de paillardise. Peut-être préférerez-vous arriver au même but de cette manière, de façon à provoquer un plus grand dégoût encore. C'est ce qu'enseigne Jarcas, de même que le montre Philostratus dans la vie d'Apollonius. Cherchez l'endroit où la chouette fait son nid et dérobez-lui ses oeufs. Faites les bouillir et présentez-les à un enfant pour son repas. Vous pouvez être sûr qu'après en avoir mangé, il détestera à tout jamais le vin. Pareillement le suc qui coule d'une vigne coupée, si on en boit beaucoup, rendra une personne sobre; c'est Démocrite qui l'enseigne* [POMA].*

[*Trunckenen Menschen zu machen / und daß er keinen Wein mehr trincke*] [MANA]

[22] Gefahren von zu reichlichem Sake-Genuss [S/18].

• • •

[23] Sake unbegrenzt aufheben, ohne dass er seinen Geschmack verliert.
Hierzu sollte man geröstete Glyzinien-Kerne hineinstecken – ein Verfahren, das auch bei sauer gewordenem Sake hilft. Nach vier, fünf Tagen wird er wieder sehr gut munden [E].

Mehr Spielerei denn notwendige Geschmacksverbesserung scheint folgendem Verfahren zu Grunde zu liegen:
[24] Die Füße eines „Fünf-Tugend" [Metall-]Untersatzes [*go-toku*] mit Sake beträufeln und anfeuchten. Dann fülle man Sake in einen Topf, stelle ihn, ohne den Deckel zu verschließen, auf den Untersatz und entzünde dann an seinen Füßen jeweils eine Portion Aloe-Holz [*kyara*]: dessen Duft wird sich in dem Sake niederschlagen [C].

Je nach Kontext unterscheidet man mehrere Fünfer-Gruppen, an erster Stelle die Fünf Elemente. Nach den „Gesprächen des Konfuzius" [Lun-yü] definiert die chinesische Philosophie als fünf „Tugenden": Sanftmut, Güte, Respekt, Bedürfnislosigkeit und Zurückhaltung. Die Fünf Tugenden eines Kriegers [nach Sun Tzu] sind: kluge Unterscheidungsgabe, Treue, Menschlichkeit, Tapferkeit und Strenge.

• • •

[25] Sake als „Lebensverlängernder Medizin-Sake" [nach dem Rezept eines berühmten Ming-Arztes].

Man vermische in einem Krug [starken] Reis-Alkohol [*shōchū*] von der besten Qualität, Drachen-Augen-Fleisch und weißen Zucker. Das Ganze wird in den Krug geschüttet und gut verschlossen. Nach dreißig Tagen öffne man ihn und trinke davon: der Geschmack ist sehr süß, er bringt die Lebensgeister [*tamashii*] zur Ruhe, fördert die Intelligenz, befeuchtet die Gesichtsfarbe, schützt vor Krankheiten und verlängert das Leben. Regelmäßig angewandt, hat er eine wunderbare Wirkung [I].

[26] Sake als Lebensverlängernde Medizin der Unsterblichen [G].

• • •

Bei aller Liebe zum Sake sollte dieser jedoch stets von gutem Geschmack sein. Dies wird mittels mehrerer Rezepte erreicht.

[27] Verfahren, einen säuerlichen Geschmack zu entfernen.

Kleine, rote Bohnen, geröstet, in einem Beutel in den Sake-Krug legen [I/36]; oder auch Süßholz, Zimt, Angelika-Wurzel [*byakushi*] und *amomum xanthioides* [Bastard-Kardamomen?] [*shukusha*] zusetzen [I].

[28] In schlechten Sake, oder solchen, der noch Schaum-Blasen bildet und deswegen schwer trinkbar ist, stecke man Ess-Stäbchen aus Fichtenholz: dies ergibt auf der Stelle Sake von höchster Qualität, und auch die Blasen-Bildung wird verschwinden [I].

[29] Sollte Sake nach Schimmel schmecken, so erzielt man eine Geschmacks-Verbesserung, wenn man die pulverisierte und weiß gebackene Schale eines Seeohrs [*awabi*] hineinsteckt [G].

[30] Verfahren, um zu verhindern, dass sich der Geschmack von Sake in den Sommermonaten verschlechtert [H].

Natürlich geht nichts über eine Kostprobe, aber auch schon von außen kann man die Qualität von Sake bestimmen:

[31] Man fülle in verschiedene Fläschchen [*tokuri*] Sake unterschiedlicher Qualität. Um nun zu bestimmen, welches der Sake der besten, der mittleren und der von schlechter Qualität ist, klopfe man an die Fläschchen: der beste Sake gibt einen hohen, der mittlere einen verschwommenen, der schlechtere einen dumpfen Ton von sich [E].

Gewöhnlich wird Sake in einem kleinen Fläschchen [*tokuri*] abgefüllt. Sollte dieses jedoch den Geschmack schlecht „halten", so kann auf folgende Weise Abhilfe geschaffen werden:

[32] Sei es Porzellan aus den Brenn-Öfen von Bizen [= Teil der Präfekturen Saga und Nagasaki], Imari [= Stadt in der Präfektur Saga] oder Kyōto, wenn man in eines dieser Gefäße Sake einfüllt, geht oft nach ein, zwei Tagen der gute Geschmack verloren. Um dies zu verhindern, fülle man solche Gefäße an den

Hundstagen [*doyō*] des Sommers mit Wasser, lasse sie zehn bis fünfzehn Tage stehen, entleere sie danach und fülle erst dann Sake hinein: auch nach mehreren Tagen wird er so seinen guten Geschmack nicht verlieren [D].

• • •

Sake, Objekt eines Spieltriebs, wie wir ihn in so vielen Bereichen der japanischen Kultur beobachten können. Hier z. B. der Versuch, mehr in ein Sake-Schälchen zu füllen als der Größe nach eigentlich hineingeht.

[33] Hierzu bestreiche man den Rand der Sake-Schale mit Myrrhe-Pulver: füllt man dann Sake ein, so wird nichts überfließen, selbst wenn man ein, zwei Striche über den Rand der Schale hinausgeht [C/145]. Derselbe Effekt lässt sich auch mit weißem Wachs erzielen [S/3]. Vgl. Abb. (33)

Ein anderes „Spiel" bestand darin, im Sake sich Blumen entfalten zu lassen.
[34] Hierzu fertige man mit Hilfe eines Docht des *stephanandra Tanakae* [*yamatōshin*] Baums verschiedene Formen, bestreiche sie mit dünnem Leim, falte sie zusammen und lege sie zum Trocknen. Bei einem Sake-Gelage nun lässt man sie oben auf schwimmen: sie werden die schönsten Formen entfalten [G] [B]. Vgl. Abb. (34)

• • •

Sake ist ein Getränk, von dem man leicht trunken wird. Zahlreiche Verfahren haben diesen Zustand zum Vorwand. Vgl. Abb. (35) (36)
[35] Verhindern, bei zu großem Alkoholgenuss betrunken zu werden, oder sich gar eine Alkohol-Vergiftung zuzuziehen.
Schickt man sich an, sehr viel zu trinken, so lege man sich vorweg getrocknete und in Scheiben geschnittene Kaki der Provinz Mino [aktuelle Präfektur Gifu] von bester Qualität auf den Nabel: solchermaßen wird man weder betrunken werden noch an Alkohol erkranken [A].

[36] Ist es unvermeidlich, Sake zu trinken, so zerteile man eine Kaki in zwei Teile, lege sich das Innere fest auf den Nabel und binde darüber dann den Bauch-Gürtel. Der Sake-Gehalt wird so aus dem Körper herausgezogen und keinerlei Alkohol-Vergiftung ist mehr zu befürchten. Sobald man wieder nüchtern ist, werfe man die Kaki weg, denn sie riecht stark nach Alkohol. Nach einem anderen Rezept soll man ein rohes Gebäck aus Weizenmehl [*fu*] verzehren, um sicher zu gehen, nicht betrunken zu werden [H].

[*Pour empêcher qu'un personnage assis dans un banquet, ne s'enivre*] *Si quelqu'un est incommodé pour avoir mangé trop de viande, il remédiera à cet inconvénient de la manière suivante, ainsi que nous l'apprend Caton. Qu'au commencement et à la fin de son repas, il mange quatre ou cinq tendrons de choux, cela modère l'excès du vin et maîtrise son effet nocif, le rend aussi dispos que s'il n'avait ni mangé ni bu, tant le vin et le chou s'accordent mal ensemble et se fuient. Ce qui fait qu'Androcydes, réputé personnage fort sage, a estimé que le chou était excellent contre l'ivrognerie et a recommandé d'en manger pour se préserver de l'abus de la boisson. Je ne veux pas omettre non plus de dire ce que Nestor en a dit dans son Alexicapus il appelle le chou la larme*

[33] Die übervolle Sake-Schale

[34] Blumen in Sake formen

[35] Sake-Trunkenheit 1

[36] Sake-Trunkenheit 2

de Licurgus. Après que Bacchus ayant révéré celui-ci, fut entré en mer, il vit Licurgus ceint de rameaux de vigne, verser une larme, laquelle donna naissance au chou, et c'est pourquoi il y eut toujours discordance et contrariété entre la vigne et le chou. Aristote, de son côté, raconte que cela advint parce que le chou a un jus doux et chasse l'intempérance produite par l'excès du vin. Plutarque, au discours de ses banquets, dit sagement que si les choses douées sont mises dans le vin, elles empêcheront l'ivrognerie [POMA].

[37] Trick, um vorzugeben, viel Sake trinken zu können.

Hierzu fertige man sich aus fünf dünnen Stoffstreifen so etwas wie ein Pfeifen-Futteral, stecke mehrere Dochte hinein und fixiere die Stoffstreifen mit einem Pflaster auf der Innenfläche der Hand. Führt man nun das Sake-Schälchen zum Mund, so halte man es so, dass dieses „Pfeifenfutteral", in den Sake getaucht, diesen völlig aufsaugt: daraufhin fülle man immer wieder nach, und jedes Mal wird alle Flüssigkeit aufgesaugt werden [W/9]. Vgl. Abb. (37)

• • •

[38] Methode, aus der Sake-Trunkenheit zu erwachen.

Wenn es schwer fällt, aus der Sake-Trunkenheit zu erwachen, trinke man einen Aufguss von Mutterkorn [*baku-ge*] oder esse es roh [K].

[39] Geheime Methode, nicht betrunken zu werden.

Man forme ein Gemisch aus *azuki*-[*phaseolus angularis*] Blüten, Ingwer von guter Qualität und Salz zu einer Pille in der Größe einer Eichel. Wenn man davon eine einnimmt, kann man zehn Sake-Schalen voll trinken, wenn zehn dann hundert – ohne auch nur irgendwie betrunken zu werden, denn die Pille löst den Alkohol sehr gut auf [E].

Wenn die Lektüre einiger Rezepte es leicht verständlich macht, dass man gründlich des Sake-Genusses überdrüssig werden kann, so finden sich andererseits auch erstaunliche Praktiken, die auf den genau umgekehrten Effekt abstellen, i. e. einen schwachen Trinker zu einem starken zu machen. Vgl. Abb. (38)

[40] Um mit nur 0,18 Liter [= 1 *gō*] Sake einen hohen Grad von Trunkenheit zu erreichen, so als ob man 1,8 Liter [1 *shō*] getrunken habe, setze man dem gut erwärmten Sake ein Stück von getrocknetem *rai-take* Pilz hinzu [S/3].

[41] Wenn bei einem Gelage ein starker Trinker plötzlich Blut spuckt, sollte man ihn zunächst einmal auf den Rücken legen, sich auf seine Brust setzen und kräftig rohe *tōfu*-Bohnen-Gallerte in seinen Mund stopfen. Wenn die Blutung aber trotzdem nicht zum Stillstand kommt, tröpfle man der Person gepressten Rettich-Saft in die Nase. Zuerst muss man die Blutung zum Stillstand bringen und dann erst sollte man einen Arzt rufen. Bei anhaltender starker Blutung besteht Lebensgefahr, weshalb man bis zum Eintreffen eines Arztes vorstehendes Verfahren anwende [N]. Vgl. Abb. (39)

[37] Der Trick mit dem Sake-Trinken

[38] Ein starker Trinker

[39] Übermäßiger Sake-Genuss

[42] Bei [starker] Sake-Trunkenheit kann es passieren, dass man daran elendig zugrunde geht. Um dem vorzubeugen, lege man in kaltes Wasser getauchte Handtücher auf Stirn, Ohren und die weichen Stellen des Kopfes [*hyō-muki*] [N].

[43] Einer Alkohol-Vergiftung [durch Sake] kann man durch Verzehr von Oliven [H] oder Pfeilwurzel vorbeugen [I].

[44] Wenn jemand von einem mit giftiger Vogel-Feder [*chin-doku*] vermengten Sake getrunken hat und bereits im Sterben liegt, der Oberkörper aber noch warm ist, kann ihm mit pulverisierten grünen Bohnen [*ryoku-tō*], vermischt mit Wasser, geholfen werden [O].

[45] Was aber tun, wenn ein Verrückter oder Sake-Trunkener mit Messern fuchtelt? Antwort: in ähnlicher Weise vorgehen wie gegen wild drauflos galoppierende Pferde: man stülpe der Person irgendein Kleidungsstück, das gerade zur Hand ist, über den Kopf, werfe sie zu Boden und entwende ihr das Messer [E].

[46] Nach Sake-Genuss Tee trinken? [S/18]

[47] Sake trinken vor dem Einschlafen – eine Medizin? [S/18]

Ume–shu

Ume-shu [*ume-zake*] zählt auch heute noch zu den beliebten Getränken. Hier ein Rezept bestehend aus 1,8 Liter altem Sake, zwanzig großen Pflaumen, Zucker je nach Belieben.

[48] Man entferne von den Pflaumen, die nicht die geringste Schadstelle aufweisen sollten, den Stiel, verstopfe die Öffnung mit Körnern von gekochtem Reis und lasse sie eine Nacht hindurch in Lauge ziehen. Am nächsten Tag nehme man sie heraus, entferne die Reiskörner, wasche sie gut, trockne sie ab und lege sie dann in den Sake [A].

Tee

[49] Tee längere Zeit aufbewahren, ohne dass er Feuchtigkeit anzieht.
Dieses Verfahren sollte man bei Tee der besten Qualität anwenden. Man lege auf den Boden des Teegefäßes die Asche von verbranntem Stroh und darüber, in Papier eingewickelt, den Tee. Den Krug verschließe man mit einem Deckel. Die Feuchtigkeit des Tees wird gänzlich auf die Asche übergehen. Im achten Monat dann kann man die Asche austauschen. Anstelle der Asche kann man aber auch Holzkohle [I] oder sehr harzreiches Kiefernholz [K] verwenden.

[50] Gewöhnlichen Tee [*ban-cha*] so aufbrühen, dass er ein köstliches Aroma bekommt.
Dazu röste man ca. zehn große weiße Bohnen in einer Pfanne, bis sie halb angebrannt sind, und bringe daraufhin in einem irdenen Topf Wasser zum

Sieden. Hier hinein lege man dann den Tee und die Bohnen und brühe beides gut auf. Der Duft wird dem des berühmten Yamabuki-Tees oder des Ichimori-Tees [aus Uji] vergleichbar sein. Falls der Tee zu dünn erscheint, gebe man etwas Tee-Blätter nach [L]. Vgl. Abb. (40) (41)

[51] Wenn bei zu reichlichem Tee-Genuss der Bauch schmerzlich spannt, sollte man zur Abhilfe etwas Essig trinken [S/17].

[40]
Tee-Anbau

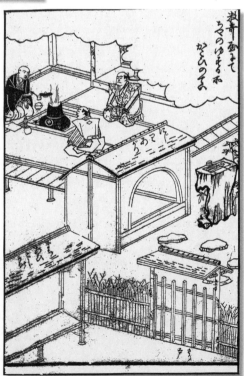

[41]
Tee-Kult

3. RAUCHGENUSS

[1] Einen Bambus-Aschenbecher lange Zeit benutzen.
Wenn man einen Bambus-Aschenbecher wie üblich zurechtschneidet und benutzt, kann bei zu heißer Asche der Bambus springen. Deshalb sollte man, wie beim Einlegen von Rettichen und Gemüsen, den Bambus etwa einen Monat lang in Reiskleie legen, um zu verhindern, dass er brüchig wird [D].

[2] Wenn eine Pfeife durch Harz verstopft ist, nehme man sie zunächst in die linke Hand, lege sie auf die linke Seite, fülle sie mit der linken Hand mit Tabak und rauche sie mit der linken Hand; man sollte sie nicht in die rechte Hand nehmen. Beim Anzünden drücke man mit dem Daumen der rechten Hand sehr fest den Saum der Kleidung und entzünde so die Pfeife: wie stark auch immer die Verschmutzung sein mag, mit diesem Verfahren wird sie wieder gut durchziehen [H]. Vgl. Abb. (42)

[3] Wenn man seine Pfeife mit heißem Wasser spülen will, aber keinen Trichter zur Hand hat, fülle man eine Teeschale mit heißem Wasser und schöpfe daraus mit dem Pfeifenkopf. In dem Augenblick, wo das Wasser aus dem Mundstück herausläuft, drehe man den Pfeifenkopf herum und lege ihn in das heiße Wasser der Teeschale – das heiße Wasser wird durch das Mundstück herausfließen [H]. Vgl. Abb. (43).

[4] Um aus einem Nikotin-Rausch zu erwachen, sollte man schnell rohe Soja-Bohnen Paste [*miso*] schlecken [H] oder eine Teeschale voll Zuckerwasser trinken: in ganz kurzer Zeit wird man gesunden [I].

[5] Gegen Insekten vorgehen, die auf den Feldern die Blätter der Tabakpflanzen befallen [E]. Vgl. Abb. (44)

[6] Verhindern, dass Tabak im Winter austrocknet.
Schnitt-Tabak trocknet im Winter aus und wird so leicht zu Pulver. Man schneide deswegen die Öffnung eines Flaschenkürbis auf, lege den Tabak hinein und verschließe die Öffnung mit Blättern von Goldkolben [*tsuwa* < *tsuwabuki*: *ligularia Kaempferi*]: auf diese Weise wird der Tabak seine Herbe und seine Feuchtigkeit behalten [H].

[7] Einen Tabaksbeutel aus Fett-Papier herstellen [M].

• • •

Tabak wurde gegen Ende des 16. und zu Beginn des 17. Jh. in Japan bekannt. Die ersten Samen [aus den Philippinen] sollen 1601 Tokugawa Ieyasu überbracht worden sein. In den folgenden Jahren verbreitete sich die Sitte des Rauchens – als Heilmittel gegen Krankheiten [Syphillis] und zur Lebensverlängerung – in ganz Japan, trotz anfänglicher Verbote durch die *bakufu*-Regierung.

[42]
Der Raucher

[43]
Die verstopfte Pfeife

[44]
Tabak-Anbau

1. LESEN

[1] Im Dunkeln lesen.
Im Lichte von Weihrauch geht dies wunderbar, natürlich aber auch mit Hilfe eines Glühwürmchens in einem Bambus-Rohr [W/1]. Vgl. Abb. (1) (2).

[2] In tiefer Nacht ohne Licht Schriftstücke lesen.
Hierzu höhle man einen Kristall aus, fülle ihn gut mit Quecksilber, hefte ihn mit der offenen Seite an die Stirn und lese auf diese Weise. Auch mittels Glas erzielt man genügend Helligkeit, um lesen zu können [A].

[Machen daß man im Finstern etwas so gut / als beym Licht sehen könne] Man erwähle sich einen gewissen Ort, welchen man aufs beste verschließen kan, und zwar dergestalten, daß nicht das geringste Licht hinein tringe; man lasse aber ein papieren Fenster machen, auf welches man kan mahlen oder nur reissen lassen, was man will.
Dieses Fenster aber muß also gegen die Sonne stehen, daß die Sonne völlig, und ungehindert ihre helle Strahlen dran werffen könne. Wann dieses nun also zugerichtet ist, so schaue man eine Zeitlang das Papierne Fenster beständig an, bis der Grund des Auges, das daran gemahlte Bild vollkommentlich in sich gesogen: Hernach thue man den Laden zu, und stelle in dem Fenster ein weiß Papier vor die Augen, so wird man mit Verwunderung befinden, daß auf diesem Papier gleichsam eine Morgen-Röthe aufgehen wird anfangs mit gelber, ferner mit rother, hernach mit Purpurbrauner Farbe, und endlich wird man einen Creyß sehen von allen Farben, so im Regenbogen zu finden sind. Hernach wird einem die Figur des Fensters, doch umgekehrt, vorkommen, daraus wird ferner ein wunder-schönes Blau mit einer hohen Röthe vermischt entstehen [NZB].
[Daß man bey finsterer Nacht kan Briefe lesen] Und ist zu solchem Zweck / ein Holl-Spiegel überaus dienlich / und möchte man sich in Nothfällen dessen wol gebrauchen können. Denn wenn man den Holl-Spiegel gegen die Sternen von erster Grösse / oder die Venus / oder den Mercurium / oder gegen ein Feuer / oder Fackel hält / so doch weit von einem sind / so wird das Liecht davon zurück fallen / in dem Brenn-Punct zusammen gehen / und einen sehr hellen Punct daselbst erwecken / bey welchem man gar leichtlich allerley / auch die kleineste Schrifft wird lesen können; wenn man nur diese liechte Strahlen-Spitze / von einem Wort zum anderen führet / als dadurch ein jedes so viel Liecht bekommen wird / als es bedarff] [MANA]

• • •

Wichtig ist aber auch z. B. verblasste oder schwer leserliche Grabstein-Inschriften zu entziffern.

[3] Man lege hierzu ein Papier darüber und reibe es – so werden die Zeichen erkennbar werden. In den Fällen, wo einige Zeichen auf sehr hohen Grabsteinen weit entfernt oben geschrieben sind, ist es schwierig, ein Papier darüber zu legen. In einem solchen Falle besprenkle man die Zeichen mit Wasser, welche bei dieser Methode „leer" erscheinen werden [H].

• • •

Ein geschriebenes Zeichen allein durch Riechen erkennen?

[4] Man verstecke ein kleines, zusammengerolltes Papier zwischen den Fingern. Dann nehme man ein Papier, das jemand mit einem anderen Zeichen beschrieben hatte, rolle es zusammen, schaue es an und lege es unten hin, indem man es mit dem vorher geschriebenen vertauscht. Dann öffne man den Fächer so, als wolle man orakeln, sage, dass man noch einmal riechen müsse und vertausche dann die beiden so, dass das zweitgeschriebene oben zu liegen kommt [W/7]. Vgl. Abb. (3).

[01]
In der Dunkelheit lesen 1

[02]
In der Dunkelheit lesen 2

[03]
Ein Schriftzeichen [er-]riechen

2. SCHREIBEN

[1] Beim Anfertigen von Abschriften den Lichtschein der Lampe verstärken.
Man fertige eine Lampe aus schwarzem Papier so, dass ihr Lichtschein nur auf den Tisch fällt. Auf diese Weise wird die Leuchtkraft sehr stark werden und sich nicht zerstreuen – eine außerordentlich gute Methode [H].

[2] Bildschriftzeichen von der Decke abschreiben.
Hierbei ist es natürlich schwer, für jeden Pinselstrich nach oben zu schauen. Man stelle daher auf den Boden einen Spiegel, in welchem sich die Bildschriftzeichen an der Decke widerspiegeln. Dann kopiere man, indem man nur in diesen Spiegel schaut. Hierbei muss man aber das Geschriebene umkehren und [so] schreiben [D]. Vgl. Abb. (4).

• • •

[3] Auf Holz Geschriebenes löschen.
Wenn man Zeichen, die auf Schachteln, Brettern etc. geschrieben wurden, löschen will, dann reibe man mit den Fingern Salz oder auch die weiße Asche von Stroh darüber [G], oder aber zerreibe sie mit rohem Rettich: die Schrift wird auf der Stelle verschwinden [L].

• • •

[4] Ein leichtes Verfahren, um mit Tusche auf Baumwolle zu schreiben oder zu malen.
Man drücke ein Stück Baumwolle in sehr heißem Wasser aus und lege es auf den zu beschriftende Baumwollstoff, darüber dann lege man eine Zeitlang ein Brett. Einmal erkaltet, kann man ganz ohne Problem Tusche wie auch Malfarben verwenden [L]. Vgl. Abb. (5).

• • •

[5] Schriftzeichen auf Eiern zum Vorschein bringen.
Man schreibe mit weißem Wachs oder mit irgendetwas anderem einige Schriftzeichen und setze die Eier eine Zeitlang in Essig – die Zeichen werden sichtbar werden [W/10].

[Wie man machen könne daß die Schrifft auf einem Ey durch ein Wasser sichtbar werde] [MANA]

• • •

[6] Zeichen in der Handfläche erscheinen lassen.
Hierzu schreibe man sich im Vorhinein die betreffenden Zeichen mit Sake in die Hand, dann dieselben auf ein Stück Papier, das verbrannt wird und dessen Asche man in der Hand zerreibt: die Zeichen werden klar erscheinen [W/6]. Vgl. Abb. (6)

• • •

[04]
Zeichen kopieren

[05]
Schreib-Unterlagen

[06]
In die Hand schreiben

[7] Ein Verfahren, wurmstichige Pfeiler, Bretter oder auch wurmstichige Buddha-Namen-Inschriften herzustellen.

Es gibt Leute, die wurmstichige Holzpfeiler oder Bretter als einen wertvollen Schatz ansehen. In der Welt bekannt sind „Wurmstich-Namen" [Amidas], d. h. [die Anrufung Amidas] *Namu Amida Butsu* oder auch [die des Lotus-Sutras] *Namu myōho renge-kyō* auf Pfeilern oder auf Brettern. Dies stimuliert die Neugier der Menschen, die Wunderbares hochschätzen: auf diese Weise aber wird der korrekte Weg [des Buddhismus] in Verwirrung gebracht.

All dies ist ja nur etwas Angefertigtes! Bei dieser Verfahrensweise schreibt man dort, wo man eine Spur von Insekten-Fraß sehen will, mit Honig auf einen Pfeiler oder ein Brett. Ameisen werden diesen Honig aus dem Holz heraussaugen, auf welche Weise auf dem Pfeiler oder dem Brett in „Wurmstich-Schrift" das erscheint, was man zuerst geschrieben hatte. Was bringt diese schädlichen Insekten dazu, die Buddha-Namen oder den Sūtren-Titel zu fressen! Ein wirklich stupides Vorgehen Buddha-loser Gesellen! [D].

• • •

[8] Um so etwas wie einen richtigen Steindruck zu bekommen, löse man Eisenspäne *byakkyū* [blethia hyacintha] und Alaun zusammen in Essig auf, schreibe dann irgendetwas auf Papier, lasse es trocknen und streiche dann die Tusche mittels einer Bürste ein. Die Zeichen werden auf der Oberfläche erscheinen [wie bei einem echten Steinabdruck] [A] [M].

• • •

[9] Wasser in den Mund nehmen und damit Schriftzeichen „blasen" [W/3]. Vgl. Abb. (7).

• • •

[10] Auf ein Papier-Taschentuch Tusche streichen und so Zeichen erscheinen lassen.

Man schreibe auf ein Papier mit Alaun und Zahnschwärze einige Zeichen, trockne sie und bestreiche dann die Rückseite des Papiers mit Tusche [W/5].

• • •

[11] Alte Quellen bestätigen es, gute Kalligraphen wurden bisweilen gebeten, auf Schirmen zu schreiben. Hier ein solches Verfahren, auf Ölpapier oder auf chinesische Schirme Zeichen zu schreiben:

Hierzu schneide man ein Büschel grüner Kiefernnadeln in ungefähr fünf Teile, lasse es eine Nacht in Wasser stehen und verreibe dieses Wasser dann zu Tusche: das Öl wird die Tusche nicht abstoßen [L]. Vgl. Abb. Titelblatt D.

• • •

[12] Schriftzeichen in eine See-Ohr Muschel schreiben.

Mit Lack irgendetwas im Inneren der Muschel schreiben und dann trocknen lassen. Danach dann zwei Tage lang die Muschel mit Kupfervitriol [tanpan] und Essig auffüllen [W/10]. Vgl. Abb. (8).

[13] In eine See-Ohr-Muschel wie von Natur gemachte Gestalten übertragen.

Mit dicker Tusche in die Schale eines See-Ohrs irgendwelche Formen malen. Nach dem Trocknen verschließe man die Öffnung der Muschel, fülle Essig ab und hebe sie darin auf. Nach längerer Zeit, wenn man dann das Bild abwischt, so werden die verschiedenen gemalten Formen sehr klar hervortreten [B] [Q/2].

[14] Man wähle ein besonders schönes, fein-schaliges See-Ohr und schreibe darin mit Roh-Lack Zeichen oder male ein Bild. Danach setze man die Schale einen Monat lang in Essig, entferne diesen dann und fälle den Lack aus. Bis ans Ende aller Zeiten wird dies dann ein wertvolles [Zier-]Stück bleiben [G]. Vgl. Abb. (9).

. . .

[15] Stein-Zeichen herstellen.

Wenn man auf gerahmten Bildtafeln oder auf Wand- und Pfeiler-Vorhängen Schriftzeichen aus Stein herstellen will, so schnitze man die Zeichen wie gewöhnlich in flacher Schnitzweise [hira-bori], zerkleinere einige Feuersteine und presse diese dann in die geschnitzten Zeichen. Falls es noch nicht schön genug ist, versuche man es erneut mit kleinen Steinen. Durch Leim aus Galläpfel werden die Steine fest verbunden bleiben [A].

. . .

[16] Um große Zeichen zu schreiben, schreibe man sich eine Vorlage [shitagaki] mittels [zu Kleie bestimmtem] Reis und schreibe dann um diese Zeichen herum mit einem „Brand"-Pinsel [yaki-fude] [aus angesengtem Weidenholz] [S/3a].

[17] Große Schriftzeichen oder Bilder kleiner machen oder kleinere größer.

Hierzu mache man [so wie auf dem Bild] eine grobe Unterteilung in [waagrechte und senkrechte] Linien und verfahre in gleicher Weise auch mit dem zu kopierenden Bild oder Zeichen. Je nach Größe der Unterteilung wird die Kopie größer oder kleiner ausfallen. Dies nennt man Go-Brett [goban]-Aufteilung [C]. Vgl. Abb. (8).

. . .

[18] Bei Büchern mit nur geringer Seitenzahl den Titel [koguchi-gaki] einschreiben [H]. Vgl. Abb. (10).

. . .

[19] Ein falsch geschriebenes Zeichen auslöschen.

Hierfür zerkleinere man Mönchspfeffer [mankeishi] [vitex rotundifolia Linné fil.], Drachenknochen [ryūkotsu], [eine Art] Kiefernflechte [?] [shōshisō] und Ocker [Tō no tsuchi], feuchte das falsch geschriebene Zeichen mit Wasser an und trage darauf dann dieses Präparat auf. Sobald die Stelle trocken ist, wische man mit einem Haarbesen darüber – es werden keine Spuren zurückbleiben [A].

[07]
Schriftzeichen blasen

[08]
Vergrößern und verkleinern
In ein See-Ohr schreiben 1

[09]
In ein See-Ohr schreiben 2

[20] Eine Fehlschreibung entfernen.

Hierzu tauche man einen Docht in kochendes Wasser, presse ihn aus und reibe damit das falsch geschriebene Zeichen: der Docht wird so die Tusche aufsaugen. Wenn man jedoch den Docht zu sehr anfeuchtet, ist es schlecht. Man presse ihn gut mit den Fingern aus [D].

[*Buchstaben ausgegangene wieder zu erneuern*] [MANA].

[21] Blutflecken auf Papier entfernen.

Hierzu schneide man Ingwer in dünne Scheiben und lege sie auf die Flecken. Mehrmals wiederholt, werden die Flecken unbemerkt verschwinden [A].

[22] Verbesserung von schlecht Geschriebenem auf Malseide.

Um Ausbesserungen auf Malseide vorzunehmen, streiche man über den Stellen etwas geriebenen Rettich – auf wunderbare Weise wird die Fehlschreibung verschwinden [Q/2].

• • •

[23] Man löse weiße [Soja-]Bohnen und etwas Alaun in Wasser auf, schreibe irgendetwas und verschicke den Brief. Um das Schriftbild wieder lesbar zu machen, tauche der Adressat das Papier in Wasser, worauf alle Schriftzeichen wieder klar zu erkennen sind [A]. Vgl. Abb. (11).

[*Buchstaben zu schreiben / so nicht können gelesen werden / man ziehe dann das Papier durch ein Wasser*] *Nehmet gestossenen Allaun, zerlasset ihn in ein Wasser, und schreibet damit auf weisses Papier, was beliebig, wann dann die Schrifft trucken, und man es lesen will, so ziehet die Seite, wo nicht darauf geschrieben worden, durch ein Wasser, da werden sich die Buchstaben lesen lassen; aus Ursach, weil das Wasser das Papier etwas grau machet, so scheinet die Helle oder Weisse des Allauns dadurch, welches verwunderlich doch warhafftig ist* [NZB].

[*Eine Schrifft zu machen / welche man nicht als zu Nachts lesen kan*] *Nehmet Brandwein und brandicht faul Holtz, so zu Nacht scheinet, und mischets zusammen, schreibet etwas damit, man wird es nirgends lesen können als bey Nacht im Dunckeln* [NZB].

[*Schrifften verborgene wie man sie lesen könne durch Eintauchung in gewisse Wasser*] [MANA]

[*Pour rendre les lettres visibles par le feu et dans l'eau*] *On le fait de la manière suivante: faites que votre lettre ou épître contienne quelque vain ou inutile discours, de sorte qu'elle semble plutôt composée sans but sérieux, et alors ou les curieux n'y verront rien du tout, ou les gens avisés y trouveront ce qui y est caché. Vous écrirez donc avec du jus de citron et d'oignon, tous deux aigrelets et âpres; si cela vient à s'échauffer au feu, incontinent leur âpreté fera découvrir l'écriture. Une autre manière plus subtile est la suivante: vous écrivez avec de l'alun dissous dans de l'eau, et quand vous voudrez lire, il faudra que vous trempiez votre papier dans de l'eau: vos lettres apparaîtront alors grosses et lisibles. Et si d'aventure vous les voulez blanches, c'est à dire cachées aux yeux, vous broyerez d'abord du gravier ou galet, en y mêlant un peu de vinaigre. Vous passerez le tout par un couloir ou étamine et vous le garderez pour*

[10]
Buchtitel auftragen

[11]
Geheim-Schrift 1

l'usage subséquent. Après cela, vous écrirez vos lettres avec du jus de limon; quand elles seront desséchées, elles disparaîtront, et si vous les plongez ensuite dans la liqueur que vous aurez faite comme il est indiqué ci-dessus, vous les apercevrez de nouveau belles et visibles. De plus, si les femmes plongent leurs mamelles dans la susdite liqueur, elles auront un lait abondant; donc, si elles voient que le lait vient à leur manquer, elles feront bien d'en user. Si on écrit des lettres ou caractères avec de la graine de bouc sur une pierre, et qu'on plonge cette pierre dans du vinaigre, elles apparaîtront incontinent et sembleront comme gravées dans la dite pierre [...] [POMA].

[*Schrifft wie man eine schreiben kan / die in gewisser Zeit aus dem Papier verschwindet*] [*Schrifft zu machen die erstlich unsichtbar sey / und über eine kleine Zeit erst sichtbar werde*] [MANA].

[24] Schwarze Zeichen schreiben, ohne Tusche zu verwenden.

Man schreibe mit Alaun-Wasser einige Zeichen, lasse sie trocknen, gieße darüber gekochten Saft von Galläpfeln [*gobaishi*] – die Zeichen werden klar erscheinen [C].

[*Schrifften daß man mit blossem Wasser schwartze Buchstaben schreiben könne*] [MANA]

[*Eine wunderliche Art zu schreiben*] *Nehme Gold-Glett, siede sie mit Wasser und Eßig, schreibe damit auf Papier, lasse es trucknen, und lege oben auf die Schrifft einen andern Bogen Papier von Wasser, Auripigment, und lebendigen Kalch bestrichen, so werden darunter alle Buchstaben zum Vorschein kommen* [NZB]

[25] Man schreibe mit Sake Zeichen auf ein leeres Blatt Papier. Nachdem sie getrocknet sind, tauche man das Blatt in Wasser, worauf die geschriebenen Zeichen erscheinen. Für einen geheimen Briefwechsel sollte man diese Methode benutzen. In getrocknetem Zustand sieht es aus wie ein leeres Blatt. Vorab sollte man sich aber mit dem Partner absprechen [C].

[26] Papier über Feuer erhitzen und so Zeichen erscheinen lassen.

Man schreibe im Voraus mit Sake einige Zeichen, schreibe dann mit dem Finger vor einem Betrachter diese Zeichen und erhitze das Blatt über dem Feuer: die Zeichen werden erscheinen [W/5].

[*Eine Schrifft zu machen / die nur gegen das Feuer gehalten / kan gelesen werden*] *Nehmet Salmiac, stosset es klein, und zerlassets in Wasser, schreibet dann damit was euch beliebet auf das Papier, und lasset es trucken werden: Wann man nun das Papier gegen das Feuer hält, wird man es lesen können. Diese thut auf gleiche Weise der Limony-Safft oder Allaun-Wasser* [NZB].

[*Schrifften verborgene daß sie können gelesen werden durch zuthun des Feuers*] [MANA]

[*Brieffe zu schreiben / die nicht können gelesen werden / man halte sie dann zum Feuer / oder Licht*] *Erstlich nimmt man grünes Vitriol, zerschmeltzet es in Wasser, und schreibt damit auf Papier, so können die Buchstaben, wann sie trucken worden, nicht mehr gesehen werden. Wer nun solche begehrt zu lesen, der nehme Gall-Aepfel, weiche sie in Wasser, und lasse es aufklähren. Duncke alsdann den geschriebenen Brieff in das klare Wasser, so wird die gantze Schrifft schwartz werden.*

Oder man nehme Salarmoniac, schmeltze es in Wasser, schreibe darmit, und halte es alsdann vor das Feuer, so wird die Schrifft gantz schwartz werden.

Oder schmeltze Alaun im Wasser, schreibe damit, und lasse es alsdann trucknen: Wer dieses lesen will, stecke es ins Wasser, so wird er alsbalden die Buchstaben ersehen können.

Oder man nehme fein-geriebene Gold-Glöde, koche sie in Wein-Eßig, lasse es durchlauffen, und setze es ein wenig beyseits. Inzwischen schreibe man mit Limoni-Safft, und lasse die Schrifft trucken werden, tuncke sie alsdann in erstbeschriebenen Wein-Eßig, so werden die Buchstaben gantz Milch-blau erscheinen [NZB]

[27] Ein weiteres Verfahren wäre das mit der besonderen Tusche des Tintenfischs: in Sake getaucht, kommen die Zeichen wieder zum Vorschein [L].

[28] Papier mit Wasser bespritzen und so Zeichen zum Vorschein bringen.
Auf dickes weißes Papier schreibe man etwas mittels in Wasser gelöstem Alaun guter Qualität und lasse es trocknen. Wird dann Wasser darüber gegossen, so werden die Schriftzeichen oder das gemalte Bild weiß erscheinen [W/5]. Vgl. Abb. (12).

. . .

[29] Verfahren, Schriftzeichen nachts aufleuchten zu lassen.
Man fülle die Tinte eines Tintenfisches in ein Gefäß und lasse sie so lange im Schatten trocknen, bis sich der Fischgeruch verflüchtigt hat. Dann füge man getrocknetes Schmink-Rot [*katabeni*] dazu, reibe Tusche von höchster Qualität an und gebe ihr die vorgenannte Tinte des Tintenfisches sowie Schmink-Rot hinzu und schreibe dann damit *Namu Amida Butsu* oder den Titel des Lotus-Sutras, *Namu Myōhō renge-kyō*.
Hiernach entzünde man reichlich Weihrauch in einem Räuchergefäß mit einem Abstand von fünf Zoll vor der Schrift. Wenn das Feuer gut brennt, wird man wahrnehmen, wie die Glut des Weihrauchs und der Glanz der Tinten-fisch-Tinte sich vereinen und so die Schrift in wunderbarem Glanz erstrahlen lassen [A] [Q/2]. Vgl. Abb. (13).

. . .

Falls es an Papier fehlt, kann man also auch auf Wasser schreiben oder malen.

[30] Hierzu zerreibe man Alaun, Mungo-Bohnen [*azuki*] und Knöterich, wickle alles in Seide oder in Stoff ein und tauche es in Wasser. Diese Mixtur streiche man dann auf ein Blatt Papier. Danach reibe man sich eine dickflüssige Tusche an und schreibe irgendetwas auf dieses Papier und lege es, die Zeichen nach oben gerichtet, ins Wasser. Die Schrift wird auf der Wasseroberfläche schwimmen, das Papier selbst drücke man mit einem Zahnstocher o. ä. nach unten und schiebe es an den Rand: zurück bleiben das Bild oder die geschriebenen Zeichen [G].

• • •

[31] Vom Papier-Maulbeerbaum gibt es allerlei Arten, aber was am meisten ange-pflanzt wird, ist die Art, deren Blätter einen Einschnitt aufweisen, die eine dicke Rinde haben und die in der Verarbeitung weich werden. Roter Boden in wärmeren Gegenden ist hierfür am besten geeignet, aber auch schwarzer tut es, falls er klebrig dick ist [Q/5]. Vgl. Abb. (14).

[32] Was Kopier-Papier angeht, so brühe man Zweige und Blätter der Kamelie auf, fülle den dicken Saft in ein Gefäß und stecke dann so viel Blatt Papier wie auch immer hinein. Nach zwei, drei Tagen nehme man alles heraus, lege es auf ein Spielbrett, nehme dann ein breites Brett und lege es, mit einem Gewicht be-schwert, fest darauf. Nach abermals zwei, drei Tagen schlage man das Papier mit einer Schiefertafel; wenn man es so trocken schlägt, so löst sich ganz von allein ein Blatt nach dem anderen.

Als Farbe ist gelb am besten. Selbst wenn man solches Papier lange aufbe-wahrt, wird es nicht von Insekten befallen werden [P].

[33] Um mit herbem [Kaki-]Saft getränktes Papier [*shibu-kami*] anzufertigen, gibt es verschiedene Verfahren, aber keines übertrifft das mit Farn-Saft. Hierbei koche man Farn-Puder mit Wasser zu Leim und lasse ihn abkühlen. Sobald es etwas wärmer wird, schütte man rohen [*shibu-*]Saft ins Wasser, vermische beides und gebrauche davon. Danach sollte man mit einer festen Bürste den Leim auftragen. Hierzu sind die „Zorn-Haare" des Wildschweins oder eine Bürste aus den Rinden-Haaren der Palme am besten.

Man trage den Leim jedoch so auf, dass er nicht fleckig wird und richte das Papier danach aus. Man sollte es nicht mit den Füßen platt treten, sondern im Schatten trocknen: falls es dem Sonnenlicht ausgesetzt ist, wird es rau und nicht biegsam. Sobald es einmal getrocknet ist, füge man einen zweiten Auf-guss von *shibu* zu etwas Wasser hinzu und trage den Leim auf Vorder- und Rückseite auf [P].

[34] Auch ohne *shibu*-Saft starkes Papier herzustellen.

Man bestreiche das Papier mit Mehl von der Pfeilwurzel; es wird so fest und die Farbe selbst bleibt unverändert: dieses Verfahren ist sogar besser als das mit *Kaki-shibu* [H].

[35] Von Insekten angefressenes Papier herstellen.

Falls bei dem Restaurieren eines alten Bildes oder von „Tusche-Spuren" das Unterlagen-Papier von Insekten zerfressen ist, so sollte das zur Reparatur be-nutzte Papier ebenfalls wurmstichig erscheinen. Um ein solches Papier herzu-stellen, breche man einen dicken Draht, lege das Papier auf die Schnittfläche eines Baums und schlage darauf mit dem vorgenannten Draht: das Resultat erscheint wirklich wie wurmstichig.

[12]
Geheim-Schrift 2
Große Zeichen schreiben

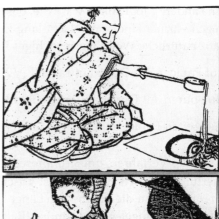

[13]
Schriftzeichen zum Leuchten bringen

[14]
Papier-Maulbeerbaum

Eine andere Möglichkeit wäre die, das Papier in feuchter Erde, dort wo viele Regenwürmer sind, eine Nacht lang zu vergraben: die Würmer werden auf ganz natürliche Weise wurmstichiges Papier herstellen [D].

[36] Auf Papier Gold-Staub auftragen [Q/2].

[37] Blutspuren auf Papier entfernen [ibid.].

[38] Rückseiten-Papier ohne Wasser lösen [ibid.].

• • •

[39] Geheimes Verfahren, um Strohpinsel herzustellen.

Hierfür nehme man im Herbst frisches Stroh, entferne die Halmscheide [*hakama*], ordne die Halme der Länge nach an und stecke sie dann, wie bei gewöhnlich eingelegtem Gemüse [Rettiche, Auberginen] in Sojabohnenmus [*miso*]. Nach ungefähr einem halben Jahr nehme man das Mus wieder heraus, fülle Wasser nach, belasse das Stroh eine Weile so, wie es ist und verfertige daraus dann wie gewöhnlich einen Pinsel: nichts wird ihn von einem Pinsel aus T'ang-Haar unterscheiden [D] [Q/2]. Vgl. Abb. (15)

[40] Um einen Pinsel länger aufzubewahren, brühe man Pfeffer [*sanshō*] und Korkbaum [*ōbaku*] in Wasser auf und tauche den Pinsel hinein. Nach einer Weile trockne man ihn an der Sonne: solcherart präpariert, kann man ihn lange Zeit aufbewahren, ohne Insekten-Befall befürchten zu müssen [P] [I].

• • •

[41] Zehn Blatt Papier in einem einzigen Druck mit dem Siegel „durchstempeln".

Um dies zu bewerkstelligen, mische man in die Stempel-Tinte den Urin einer Schildkröte. Legt man dann die Papierblätter übereinander und presst den Stempel darauf, so geht der Siegeldruck auf zehn Blatt durch [C]. Vgl. Abb. (16) (17).

[42] Auch wenn keine Tusche zur Hand ist, rasch stempeln können.

Hierzu stülpe man eine Röstpfanne nach unten um, feuchte eine Bürste mit Wasser an, streiche damit über die Pfanne und presse dann den Stempel. Diese Methode hilft auf der Stelle [E].

• • •

[43] Um auf Stein zu schreiben, vermische man die Tusche mit der Leber vom Affen [C].

[44] Zu demselben Zweck vermische man Tabakharz aus der Pfeife mit Tusche, schreibe dann auf die Steine und lege diese dann in einen kleinen Wasserlauf. Nach sechzig Tagen nehme man sie heraus: die Schriftzeichen werden sich in den Stein eingegraben haben und selbst beim Waschen oder Reiben nicht mehr verloren gehen [G].

[45] Geheime Methode, die verhindert, dass Tusche vom Ölpapier abgestoßen wird.

[15]
Pinsel herstellen

[16]
Papier-Bearbeitung

[17]
Durchstempeln

Man tauche hierfür getrocknete Samen von chinesischer Gleditschie eine Nacht in Wasser, reibe dann damit Tusche an und schreibe mit ihr: sie wird nicht abgestoßen werden [I].

[46] Geheime Tradition zur Herstellung von Stempel-Tusche.
Hierzu verkohle man die Stiele von Tabak – die Farbe wird sehr schön und das Stempelkissen lange feucht bleiben [C].

[47] Tusch-Flecken von Schriftstücken oder Bildrollen entfernen.
Hierzu schneide man die Wurzeln von Schwertlilien ab und schlage mit dem abgeschnittenen Teil mehrmals auf die verschmutzte Stelle [S/3a].

[48] Um zu verhindern, dass in einer kalten Nacht die Tusch-Flüssigkeit oder auch Öl einfriert, lege man in das jeweilige Gefäß vier oder fünf Pfefferkörner. Um aber klebrig gewordene Tusche wieder flüssig zu machen, nehme man ein wenig Ohrenschmalz, lege es in den Reib-Stein und fertige so die Tusche an [L].

[49] Die Reinigung eines Tusch-Steins gelingt mittels rohem Rettich und Nachspülen mit Wasser. So verfahren, riskiert man nicht, den Stein zu zerkratzen, die Tusche selbst aber wird vollständig und schnell entfernt [L].

[50] Geheime Überlieferung einer Kalligraphie-Schule.
Um Tusch-Steine zu waschen, benutze man *hangeshō* [*saururus chinensis*], der sehr gut Überreste von Tusche beseitigt. Tusche hält sich am besten, wenn man sie in reifen Beifuß einlegt und in der Asche von Zedern-Holz aufbewahrt. Auch wenn man Tusche in Leoparden-Fellen aufbewahrt, wird sie keinen Schaden nehmen.
Will man auf Seide schreiben, so feuchte man ein zweites Stück Stoff an, übertrage diese Feuchtigkeit und schreibe danach. Auch beim Schreiben auf Stein feuchte man vorweg an und schreibe danach mit sehr dicker Tinte. Wenn man auf Malfarben schreiben will, sollte man der Tusche Ohrenschmalz beigeben [G].

[51] Tusche „fließen" zu lassen.
Man vermische rohe Schminke oder auch Tusche mit Bambus-„Insektenpulver" [*mushi-ko*] und fülle reines Wasser in eine von Salz oder Fettrückständen freie Schale. Mit einem Pinsel vermenge man dann Schminke und Tusche, wobei man nur die Pinselspitze ins Wasser tauchen sollte. Falls man sie zu tief eintaucht, so werden die kleinen Klumpen versinken, ohne zu zerfließen. Um zu einer Auflösung [in allerlei künstlerische Schreibformen] [*chirashi-gaki*] zu kommen, sind Zahnstocher, so dünn wie möglich, geeignet. Fett sollte man in minimalen Mengen dazugeben. Bei größeren Mengen gelingt nur schwer eine zweite Auflösung [*chirashi*] [L]. Vgl. Abb. (18).

[52] Idem.

Man fülle Wasser in ein großes Gefäß, vermische die Tusche etwas mit Kiefernharz, bringe etwas davon an einen dünnen Malpinsel, halte ihn in der linken Hand, in der rechten die feinen Spitzen von Bambus-Ess-Stäbchen, tauche den Pinsel ins Wasser, auf welchem die Tusche treibt. Man betrachte das Muster, und wenn man es verändern will, fächle man mit der Hand darüber – die Tusche wird sich fein verteilen. Wenn man aber das Muster auf eine Stelle fixieren will, so bestreiche man die Bambus-Ess-Stäbchen mit etwas Nasenfett und streiche es an den Rand des Gefäßes: die Tusche wird sich dorthin ziehen. Sobald alles gut aussieht, tauche man ein Blatt Papier in das Wasser und übertrage so auf dieses das erzielte Muster.

Dieses Verfahren ist dasselbe, was auch immer die Malfarbe sein mag. Nur sollte man jedes Mal die oberste Schicht des Wassers abschöpfen. Wenn man auch nur ein wenig die Finger ins Wasser taucht und Nasenfett damit hineingibt, so wird die Tusche beim nächsten Versuch absinken. Deswegen sollte man jedes Mal, wenn man das Muster auf ein Papier übertragen hat, die oberste Schicht Wasser austauschen. Auch beim Bleichen von Seide verfährt man in dieser Weise [G].

• • •

[53] Mit gelbem Wachs schreiben.

Wenn man Wachs verflüssigen und damit schreiben will, so wird das Wachs sehr schnell hart, so, dass der Pinsel nur mehr schwer beweglich ist. Etwas Salz, das man hinzugibt, schließt dieses Problem aus [Q/2].

[54] Mit Lack schreiben.

Da Lack sehr dickflüssig ist, ist dies ein schwieriges Unterfangen. Deshalb gebe man dem Lack etwas Kampfer bei und schreibe mit einem Pinsel [mit gespaltenen Haaren?] – man kann dann ganz nach Belieben vorgehen [Q/2].

• • •

[55] Man fülle einen großen Bottich mit Wasser, gebe ein wenig Salz hinzu, löse den Einband der Schriftstücke, tauche sie in Wasser, wasche vorsichtig das Salzwasser weg, presse sie dann mit einem Brett von oben und von unten und trockne sie danach. Wenn man sie dann mit einem Schlagbrett [*uchi-ban*] gleichmäßig schlägt, werden sich die Falten ganz von selbst glätten [C].

• • •

[56] Der Einband eines chinesischen Buches.

Die Farbe des Einbandes eines chinesischen Buches ist schlecht, wenn sie mit der üblichen Tee-Färbung gemacht wurde, aber sehr gut, falls mit der Lauge eines Kuchenbäckers gefärbt. Dies ist eine chinesische Überlieferung [K].

• • •

[57] Verfahren zur Herstellung von Leimwasser für Büchereinbände [Q/2].

[58] Kalligraphie oder Bilder reparieren [Q/3].

• • •

[59] Um vor Insektenfraß zu schützen, lege man zwischen die Seiten eines Schriftstücks die Blätter oder die Früchte einer Trichterwinde – „eine außerordentlich gute Methode" [C]. Vgl. Abb. (19).

[60] Insekten fressen bekanntlich gerne mit Leim zusammengeklebte Papiere. Um dies zu verhindern, gebe man beim Leimen einen Aufguss von [jap.] Tarant in den Leim hinzu, was das Auftreten von Insekten unterbindet [C].

[61] Geheime Überlieferung zum Aufziehen von Papier [C].

[18]
Mit Tusche spielen

[19]
Schutz gegen Insektenfraß

[20]
Holländische Ölbilder

3. MALEN

[1] Auf einen Spiegel buddhistische Bildnisse oder Blumen und Vögel zu zeichnen, die auch nach langen Jahren, ohne zu verblassen, sichtbar bleiben.
Fein gerieben löse man Gummigutt, Kalomel und Borax in flüssigem Leim auf und zeichne damit nach Belieben irgendein Bild auf einen Spiegel. Nach dem Trocknen setze man ihn ungefähr eine Stunde dem Feuer aus und poliere ihn danach in der herkömmlichen Weise [A].

[2] In einem Spiegel die Gestalt von Dingen, ohne sie zu kopieren, zum Vorschein bringen.
Man pulverisiere hierzu Gummigutt und Borax, löse beides gut in Leim-Wasser auf und male damit auf einen Spiegel menschliche Formen oder irgendwelche Gestalten. Danach lasse man sie gut trocknen, reibe sie dann wieder weg und poliere danach den Spiegel wie üblich. Auf dem Spiegelgrund werden die Formen zurückbleiben und wie menschliche Schatten erscheinen [B] [G].

[3] Auf Elfenbein, Horn, Muscheln u. ä. gemalte Bilder „verwittert" erscheinen lassen.
Man male auf Elfenbein, Hirschhorn, die weißen Knochen vom Walfisch, auf See-Ohren [*awabi*], Austern, Venus-Muscheln – auf jegliche Art von Konchylien mit Yoshino-Lack Bilder und lasse den Lack ausdörren. Danach behalte man die Bilder drei, vier Tage in Essig aus geschälten Pflaumen [ohne Zusatz von Salz], nehme sie dann wieder heraus, lege etwas Salz auf Stroh und poliere alles gründlich. Wenn man dann den Lack ausfällt, wird das Bildmuster, „verwittert", sehr schön erscheinen. Das Muster ist jedermanns Geschmackssache [B].

[4] Maltechnik, mit welcher man einem Bild Sake opfert, so dass die Gesichtsfarbe rot wird.
Man vermische rote Stempelfarbe gehobener Qualität und rohen Salpeter mit Hilfe eines Steins und mische dreijährigen Sake unter: das Ganze gibt dann eine zähe Flüssigkeit, die man in einen Krug füllt. Gut verschlossen, stelle man diesen an einem sonnigen Platz in die Erde. Nach dreißig Tagen hole man ihn wieder heraus: falls sich der Duft von Alkohol verflogen hat, fügt man noch etwas Sake hinzu und vermenge ihn gut mit dem Rest.
Wenn man nun die Figur eines Menschen malt, trägt man zunächst einmal eine Schicht Bleiweiß auf, über die man dann obige Mixtur streicht; danach wird alles in der Sonne getrocknet, bevor man eine weitere Schicht Bleiweiß auf das Bild aufträgt. Opfert man nun vor diesem Bild Sake, so wird sich der Duft dieses Alkohols festsetzen und die Figur wird erröten, so, als ob sie betrunken sei. Wenn sich der Sake-Gehalt abgekühlt hat, wird sie wieder ihre ursprüngliche Farbe finden [C].

. . .

Reiz und Echtheitscharakter eines Bildes mit menschlicher Gestalt kann man noch erhöhen, wenn man die Augen in hellem Glanz erstrahlen lässt.

[5] Auf Bildern mit menschlichen Figuren die Augen erstrahlen lassen.
Man reibe in Kreide [Papier fressende] *shimi*-Insekten hinein. Wenn man dann mit dieser Mixtur die Augen einfärbt, so werden sie auf wunderbare Weise erstrahlen [G].

[6] Verfahren, um auf Bildern, so wie es mit Holzstatuen geschieht, Augen aus Glasperlen anzubringen.
Hierzu schneide man glänzendes Glas in dünne Scheiben und klebe diese auf die Augen im Bild. Die Ränder fixiere man mit Kreidepulver [*gōfun*] und über- male sie mit glänzender Farbe. Diese Technik wird für holländische [Öl-] Bil- der gebraucht und sieht recht geheimnisvoll aus [A].

. . .

[7] Malfarben [*e-no-gu*] herstellen [K].

. . .

[8] Zur Fertigung von *maki-e* Lackmalerei vermische man zähflüssigen [*seshime-*]Rohlack mit Bild-Lack [für die Muster], gebe Zinnober dazu und male damit irgendein Muster. Darüber streue man mittels eines Ohren-Stäbchens etwas Puder und etwas Yoshino-Lack und trage dann mit etwas Puder vom Schleif- stein, auf die Fingerspitze gebracht, Glanz auf [C].

[9] Lackmalerei mittels Steingut durchführen.
Man zerkleinere ganz fein Seto-Porzellan, vermische ein wenig Kalk mit Ei- weiß und stelle so eine Lackmalerei her [L].

[10] Verstaubtes, altes Werkzeug zur Herstellung von *maki-e* Lackbildern reinigen.
Man löse hierfür die Asche aus Baumwoll-Kernen in Wasser auf und bestrei- che damit das verstaubte Werkzeug. Nach dem Trocknen schabe man [diese Schicht] mit einem Seide-Schneide-Messer wieder ab. Die *maki-e* Bilder neh- men hierbei keinerlei Schaden, der Glanz bleibt erhalten, die Textur wird nicht berührt und alles wirkt wie neu – soweit eine Methode, wie sie von Werkzeugmeistern benutzt wird [B].

. . .

[11] Verfahren, holländische Ölbilder herzustellen.
Man male nach Belieben Blumen, Vögel, Gräser, Blüten oder auch Personen, etc. Über die Ölfarbe auf dem Bild schütte man etwas Schminkweiß und strei- che es mit den Fingern sorgfältig ein. Daraufhin kann man es mit jeglicher Farbe kolorieren [A]. Vgl. Abb. (20).

[12] Anleitung zur Herstellung von Ölbildern holländischer Art.
Ein Bewohner von Nagasaki hat, so heißt es, im 7. Jahre der Ära Hōreki [1757] im Tenman-gū Schrein von Ōsaka als Votiv-Gaben holländische Ölbilder dar- gebracht, die weder im Regen noch bei Hitze Schaden nahmen. Gemalt wur-

den diese Bilder mit dünner Tusche. Das Malöl sollte man dabei so lange aufbrühen, bis die Farbe gelb wird, dann Kampfer hinzugeben, über das Bild
streichen, trocknen lassen und danach die Farbe auftragen [W/9].

[13] Holländisches Malöl herstellen.

Hierzu brühe man Bleioxyd, [aus Schwarznessel-Kernen gewonnenes] Malöl,
Blätter vom Sternanis zusammen dickflüssig auf. Wenn die Sternanisblätter
beim Herausnehmen durchgekocht und spröde sind, passiere man den Aufguss durch ein Tuch und bewahre ihn in einem Krug auf, je länger, desto besser die Qualität [A].

• • •

[14] Geheime Überlieferung zur Anfertigung eines Schriftstücks oder eines Roll-
bildes [C].

Allgemeines: 1–4 • Akupunktur: 5–7 • Allergie: 8–10 • Atmung: 11 • Bäder: 12 • Beriberi: 13 • Blutungen [auch Nasen-Bluten]: 14–21 • Brandwunden: 22–29 • Buckel: 30 • Dermatologie: 31–60 • Diagnose erstellen: 61–64 • Epidemien: 65–101 • Epilepsie: 102 • Gelbsucht: 103–104 • Geschlechtskrankheiten: 105–109 • Gynäkologie: 110–120 • Hals-Nasen-Ohren: 121–132 • Hämorrhoiden: 133–134 • Hände, Finger, Fingernägel: 135–139 • Husten und Erkältung: 140–142 • Krämpfe: 143–144 • Lähmung: 145 • Lepra: 146 • Lumbago: 147–148 • Moxibustion: 149–159 • Neurologie: 160–176 • Oesophagitis: 177–181 • Ophtalmologie: 182–196 • Pädiatrie: 197–217 • Prolapsus ani: 218–219 • Reanimation: 220–227 • Ruhr: 228–231 • Schlaganfall: 232 • Schwangerschaft und Geburt: 233–275 • Sprechfähigkeit: 276–277 • Stärkungsmittel: 278 • Stomatologie: 279 • Wundliegen: 280 • Zahn-Heilkunde: 281–286

Allgemeines —————

[1] Heutzutage studieren nur mehr wenige Menschen [Medizin], und obwohl sie völlig ungebildet sind, stellen sie im Falle einer Krankheit irgendwelche Diagnosen: dies ist die und die Krankheit, sagen sie, empfehlen dagegen bestimmte Medikamente, messen den Puls, etc. – und so schaden sie nicht nur sich selbst, sondern gefährden auch das Leben anderer.

In der menschlichen Gesellschaft gibt es höher und tiefer Gestellte, aber angesichts des Lebens gibt es kein „höher" oder „tiefer". Der Weg der Medizin ist äußerst tief, aber selbst in China gibt es nur wenige berühmte Ärzte. Zwar gab es bis vor dem Zeitalter der Han viele, die den Weg der Medizin tradierten, aber ihre Ausbildung ist überhaupt nicht überliefert […]. Die Ärzte unserer Zeit, nur bedacht auf Profit und Lebensunterhalt, spielen mit dem Leben des Volkes, was wirklich äußerst verabscheuungswürdig ist! [P] Vgl. Abb. (1) (2)

[2] Das ganze Jahr hindurch den verschiedenen Krankheiten entgehen.

Man fülle am Neujahrstag rote Mungo-Bohnen [*azuki*] in einen neuen Stoffsack, hänge diesen in den Brunnen und nehme ihn drei Tage später wieder heraus. Davon nehme dann ein Mann sieben, eine Frau vierzehn Bohnen ein: bis zum Jahresende werden auf diese Weise beide von Krankheit verschont bleiben [O].

[3] Wie man saisonbedingte ungute Ausdünstungen fern hält und vertreibt.

Hierzu zerreibe man Zinnober der besseren Qualität, vermenge ihn mit Honig und forme daraus Pillen in der Größe von Hanf-Samen. An Silvester, zu früher Morgenstund [4 Uhr], sollten alle Mitglieder einer Familie, noch bevor sie irgendetwas anderes essen, ein jeder davon einundzwanzig Stück einnehmen. Man sollte sie aber nicht zerkauen, sondern so wie sie sind einnehmen: auf immer werden sie so nicht erkranken [O].

[4] Keine Medikamente an Feiertagen.

Es gibt Leute, die an Feiertagen keine Medikamente einnehmen. Ist es, weil sie denken, dass Medikamente von Kranken eingenommen werden müssen, und deswegen an Feiertagen nicht angebracht sind? Dies beruht auf einem völlig falschen Verständnis der Dinge. Medikamente sind dazu da, die Krankheits-geister zu vertreiben und das Leben zu verlängern, und deswegen etwas Glückbringendes. Gerade an Feiertagen sollte man davon nehmen. Da es sich also um glückbringende Dinge handelt, verlangt die Etiquette, die Medika-mente, die man anderen schickt, mit einer [Papier-]*noshi*-Geschenkverzierung zu versehen [...] Wie es in den Schriften heißt, ist es Aufgabe des Wegs der Medizin, die körperliche Gesundheit in Ordnung zu halten und das Leben zu bewahren [...] Alle, angefangen von den Adligen bis zu den vier Ständen der Samurai, Bauern, Handwerker und Kaufleute [*shi-nō-kō-shō*], trinken am ers-ten Tage des Neuen Jahres gewürzten Sake [*toso*] – was in Japan wie in China Sitte ist: zum glücklichen Neubeginn nimmt man als erstes solch ein Medika-ment ein, ebenso wie zu verschiedenen Festen. Zu *toso* finden sich Einträge im *Hsiao p'in fang* und auch im *Ch'ien chin fang*, und das Getränk ist in Japan in allen Arzt-Familien überliefert.

Wenn einer davon trinkt, bleibt die ganze Familie von Krankheit frei, wenn eine ganze Familie davon trinkt, bleibt das Dorf frei von Krankheit, und wenn ein ganzes Dorf davon trinkt, bleibt die Provinz von Krankheit frei [...] Wei-terhin ist Tatsache, dass der Beifuß [*yomogi*] beim Feste der Puppen [*jōshi*], die Schwertlilien [*ayame*] des Knabenfestes, die Chrysanthemen [*kiku*] des Festes vom neunten Tag des neunten Monats in jedem Fall Medikamente sind, um Glück und langes Leben zu bestimmen [der fünfte Tag des fünften Monats, das Knabenfest, wird insbesondere auch als „Tag des Medikaments" [*kusuri-bi*] bezeichnet, mit der Sitte des *kusu-dama*, des verzierten, rituellen Riech-und Desinfektions-Arrangements] [S/18]

> *Noshi* bezeichnet kunstvoll gefaltetes, mehrfarbenes Papier, in welches in alter Zeit Algen-Streifen oder dünne See-Ohr [*awabi*] Lamellen als Beigabe und Ver-zierung von Geschenken gewickelt wurden. In späterer Zeit [17. Jh.] wurden diese getrockneten See-Ohr Lamellen durch Papier ersetzt [*ori-noshi*]. Die „Dehnbarkeit" der getrockneten *awabi*-Streifen lieferte die Konnotation zu einem langen Leben, das man solchermaßen dem Beschenkten wünschte. *Noshi* werden traditionellerweise mit einer besonderen Schnur, bestehend aus fünf Streifen – zur Hälfte weiß, zur Hälfte rot [schwarz und blau für Trauerfälle] – an das Geschenk gebunden [die weiße Hälfte auf die rechte Seite des Ge-schenks].
>
> *Kusu-dama*, das „Medizin-Juwel", bezeichnet ein aus verschiedenen stark riechenden Pflanzen [Moschus, Aloe-Holz, Gewürznelken, etc.] und Papier-blumen zusammengesetztes Gebinde, das am Knabenfest, an Pfeiler oder den Bambusvorhang des Hauses geheftet, Unheil und Krankheit von der ganzen Familie fernhalten soll. *Toso* ist ein gewürzter [Medizin-]Sake, dem, zu Beginn eines neues Jahres getrunken, apotropäische Wirkung zugeschrieben wird.

Akupunktur

[5] Auf unauffällige Weise mittels Nadeln Bauchschmerzen heilen.

Man male auf Papier die Gestalt eines Menschen und füge unterhalb der „Herzgrube" [*kyūbi*] vier und an den Seiten zwei „Punk-Sterne" hinzu.

Den Kranken lege man dann auf den Rücken: bei einem Mann von oben nach links drehen und dann in der Mitte [die Nadeln] aufstellen, bei einer Frau von der Mitte an anfangen, dann nach rechts drehen und [die Nadeln] anbringen. Es genügt, sich zu informieren, wie der Kranke liegt; wenn man dann die Zeichnung entsprechend legt und die Nadeln setzt, tritt Heilung ein, selbst wenn man vom Nachbarhaus aus agiert. Wie stark auch immer die Bauchschmerzen sein mögen, mit dieser Nadeltechnik wird absolut sicher Heilung eintreten [F]. Vgl. Abb. (3)

[6] Gedicht zu gleichem Zweck.

Zu Winterbeginn – tobt sehr mächtig der Herbstwind – Bäume und Sträucher – und die bösen Insekten – kraftlos nun und verkümmert [SH]

Zur Verwirklichung der Gedicht-Intention hier eine Beschreibung des Herbstwindes, in der deutlichen Analogie: so wie die Blätter im Herbstwind abfallen und die Insekten zur Ruhe kommen, so beruhigen sich auch die für die Bauchschmerzen verantwortlichen Krankheits-Erreger. Herbstwind und Winter bringen – kraft Wortmagie – eine zeitliche Transformation der schlimmen Realität mit sich und machen so die Formel immer und zu jeder Zeit verwendbar.

[7] Tabu-Tage für die Akupunktur.

Mittels eines Merkverses lerne man leicht die Tage, an denen die Akupunktur tabu ist: Tag des Schafes → im ersten Monat, Tage des Hundes → im zweiten Monat, des Drachens → im dritten, des Tigers → im vierten, etc. [E].

Allergie

[8] Gegen Lack-Allergien finden wir allerlei Mittel, u. a. Pfeffer, der, pulverisiert, auf die Nase gestrichen, Allergien verhindert [S/3a]. Vgl. Abb. (2)

[9] Bei einer Allergie, die durch eine Salbe verursacht wurde, brühe man Zedern-Nadeln auf und wasche die betroffenen Stellen damit. Anstelle von Zedern-Nadeln kann man auch Goldblatt [*aoki*] [*aukuba japonica Thunb.*] gebrauchen [A].

[10] Durch Pflaster verursachte Allergien heilen [Q/2].

Atmung

[11] Zur Regulierung des Atems vermenge man das Fleisch von eingelegten Pflaumen [*ume-boshi*] und von Brustbeeren [*natsume*] [*zizyphus jujuba Mill.*], bewahre diese Mischung in einem Behälter auf und nehme davon bei Bedarf ein [A/77].

Bäder

[12] Man stecke Blätter von Beifuß [*yomogi*] [*artemisia vulgaris L.*] und Schneeball [*kanboku*] [*viburnum opulus L.*] in einen Sack und brühe sie gut auf. Danach wasche man sich damit in einer Wanne. Bei Männern wirkt dies bei Lendenschmerz, bei Frauen bei Leukorrhö, Knie- oder Lendenschmerzen, sowie bei Beulen u. ä. [Q/3] [K]. Vgl. Abb. (4)

[01]
Krankheit und Therapie

[02]
Ein Kranker
Behandlung von Lack-Allergie/Moxa-Punkte

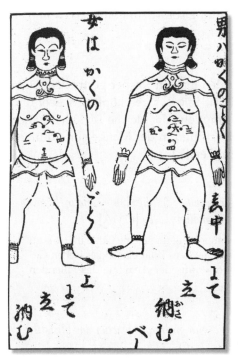

[03]
Moxa-Punkte

Beriberi ───────

[13] Medizin gegen Beriberi.

Man brühe die rohe Wurzel von Kermesbeere [*phytolacca esculenta*] [*yama-gobō*] und koche darin Mungo-Bohnen. Ganz allgemein gilt, sich des Salzes zu enthalten, die Menge an Reis zu verringern und keinen fetthaltigen Fisch zu essen. Nach einer anderen Methode schneide man eine kleine Öffnung in eine Winter-Melone, entnehme das Fruchtfleisch, fülle die Melone mit Mungo-Bohnen auf, verkohle beides schwarz und nehme davon während der kalten Jahreszeit ein wenig, in klarem heißem Wasser, ein: im folgenden Jahr wird Beriberi nicht mehr auftreten. Ein anderes Medikament: Alaun in Wasser, drei bis fünf Male aufkochen lassen und dann die Füße hineinstellen. Man kann auch viele Melonen essen, was eine diuretische Wirkung hat und die Brust entspannt; auch ein Aufguss von Melonen-Kernen ist wirksam [Q/4].

Blutungen [auch Nasen-Bluten] ───────

[14] Blut stillen, wenn kein Medikament zur Hand ist, ist sehr beschwerlich. Man nehme in einem solchen Fall alte *tatami*-Matten oder Strohpinsel und presse sie auf die Wunde [S/2] [C].

[15] Ein wunderbares Blut-Still-Mittel.

Man pflücke am Morgen des fünften Tags des fünften Monats Walnüsse, verbrenne sie mitsamt der Schale zu Asche und wende sie so an [A].

[16] Man schreibe auf die Stirn des Betroffenen die drei Zeichen „Ich-groß-Schatz" und auf wunderbare Weise wird die Blutung sofort zum Stillstand kommen [G].

[17] Mit Papier Blutungen stillen [S/18].

[18] Bei Nasebluten hilft *nikawa*-Leim über den ganzen Körper gestrichen. Oder aber man faltet acht Blatt Papier, taucht sie in frisch geschöpftes Wasser und legt sie auf den Kopf. Zum Einnehmen empfiehlt der gleiche Text im Schatten getrocknete Goldnessel-Blüten, zerkleinert, und in der Menge eines dünnen Tee-Aufgusses mit reinem Wasser getrunken [K].

[19] Nasenbluten.

Hoch vom Tsukuba – stürzen die Wasser herab – ständig, immer mehr – sammeln sich und schwellen an – vergleichbar meiner Liebe [OMA]

Dieselbe Formel dient in anderem Zusammenhang dazu, eine Gräte im Hals zu entfernen. Bezieht sie ihre magische Kraft aus dem Zitat eines klassischen Gedichts [*Gosen-waka-shū, Hyakunin isshu*] oder aus der Analogie des fallenden Wassers und der blutenden Nase?

[20] Idem.

Himmels-Gefilde – hier in dieser Ebene – Ono-ga-hara – wächst das blutstillende Gras – das mir rasche Heilung bringt [GO]

Tenjiku, die „Himmels-Gefilde", ist in den ältesten Quellen eine Bezeichnung für Indien, erfuhr dann eine Bedeutungserweiterung zu → „Himmel" und, nach Ankunft der Europäer, zu → „weit entfernt liegend, fremd". In dieser Bedeutung wurde es dann Präfix bei bestimmten Begriffen, wie z. B. in dem Wort *tenjiku-botan:* Dahlie, *oder tenjiku-nezumi:* Murmeltier. Das „Blut stillende Gras" ist *chidome-gusa* [Kleinblättriger Wassernabel] [*hydrocotyle sibthorpioides*].

[21] Idem.

Das Wort „Traurigkeit" – schreibt man mit den zwei Zeichen – oben „Herbst", unten „Herz" – und das Wort für „Sturm" schreibt man – „Wind am Fuße des Berges" [DE]

Der Zusammenhang mit dem Nasenbluten ist nicht klar. *Urei,* „Traurigkeit" verweist in der Heian-Zeit auf die Enttäuschung einseitiger Liebe, erhält aber im Mittelalter die buddhistische Nuance der Abwendung von der vergänglichen, von Mühsal bestimmten Welt [*uki-yo*]. Rezepte gegen Nasenbluten beinhalten häufig Elemente empirischer Therapie [warmer Sake, in Essig getränktes Papier] oft verbunden mit magischen Gesten, wie z. B. Papier in die Nase einführen, auf welchem man ein Gedicht geschrieben hat; oder Knoblauch-Saft, am fünften Tag des fünften Monats gepresst.
Wieder andere Verfahren empfehlen, sich, entfernt von der betroffenen Person, den Mund zu spülen, still für sich den Namen dieser Person auszusprechen und dann zu rufen: „Nasenbluten halt, Nasenbluten halt"! Dabei ist es wichtig, sein Skrotum sehr fest zu drücken, und dann langsam wieder loszulassen [M]. Auch das bekannte Gedicht von der „Bucht von Naniwa [= Ōsaka]" findet bei Nasenbluten Verwendung.

Brandwunden

[22] Man streiche über die Wunde einen Aufguss von Asche aus Mungo-Bohnen [S/3a].

[23] Wundermittel gegen Brandwunden.
Man zerreibe frischen Kaki-Saft in Tusche und trage diese auf. Sofort wird der stechende Schmerz aufhören, es wird keine Narbe zurückbleiben und die Wunde wird auf der Stelle verheilen. Eine andere Methode: die Blätter des Bitterknöterichs verkohlen und, in Tusche oder Kaki-Saft aufgelöst, auftragen [L]. Vgl. Abb. (5)

[24] Idem.
Hat man sich mit heißem Wasser oder mit Öl verbrüht, oder durch Feuer eine Brandwunde zugezogen, und sind dann die Schmerzen äußerst stark, so pulverisiere man Gips, vermenge ihn mit Essig und trage ihn so auf. Falls aber Eiter austritt, sollte man den Gips unvermischt auftragen [P].

[25] Idem.

Dieser weiße Stein – tausend Faden tief liegt er – auf dem Meeresgrund – doch gelang es früher schon – ihn zu bergen, ohne Nass [U]

[04]
Ein medizinisches Bad

[05]
Hautkrankheiten
Pocken

[26] Idem.

Wir sind die Kinder – der Gottheiten alter Zeit – und beginnen jetzt – mit dem Ritus des schwarzen – mit dem des weißen Fuchses [SH]

Um welches Ritual es sich hier handelt, konnte nicht ermittelt werden. Der weiße Fuchs aber, der in seinem Maul das Juwel der Wunscherfüllung [*nyoi-hōju*] führt, symbolisiert die Kraft, alle Bitten, die an ihn herangetragen werden, zu erfüllen; er ist weiter der Bote der Reis-Gottheit Inari. Oder liegt der Wirksamkeit dieses Rituals eine Kette von Assoziationen zugrunde, die vom Fuchs zu Inari → Süden → Feuer → Brandwunde laufen könnte?

[27] Idem.

Die große Schlange – in dem Teich Sarusawa – hat sich schwer verbrannt – Wasser vom Sarusawa – heilt leicht meine Brandwunde [U]

Der Sarusawa-Teich, im Tempel Kōfuku-ji, Nara, ist die Stätte, an der Lebewesen, i. e. Fische, Geflügel, in einer buddhistischen Zeremonie freigesetzt wurden.

[28] Idem.

Am Ufer des Teichs – Sarusawa stand er groß – der Riese Ajika – zurück mit Dir, ins Wasser – stoßen wir Dich, Ajika [ZMA]

Das Gedicht kennt zahlreiche Varianten. *Ajika* oder *ashika* [← *ashi-shika*: Seehund, Robbe?] gilt als Tier, das gerne schläft – ein Schlafmittel lautet *ashika no kuroyaki*: „schwarz verkohlter *ashika*". Anstelle des „Riesen *Ajika*" [*ashika nyūdō*] führen manche Varianten auch das „große Oktopus-Gespenst" [*tako no nyūdō*]. Für die Robbe, wie für den Oktopus, ist es ja unmöglich, sich eine Brandwunde zuzuziehen. Liegt also Beseitigung des Unfalls durch Hinweis auf diese Unmöglichkeit vor? Wortmagie arbeitet oft mit Alliteration und Homophonie: in *Sarusawa* steckt *saru* = weggehen, und *sawa* könnte auf *sawari*: Krankheit, Unwohlsein anspielen.

[29] Idem.

Die Sonnen-Gottheit – von allen kami ist sie – die Ahnenherrin – in das shimenawa-Seil – knote ich sie fest hinein [U]

Obwohl der Text „Sonnen-Gottheit" mit dem homophonen Zeichen für „Feuer"[-Gottheit] schreibt, haben wir es hier wohl mit Amaterasu, der Ahnengottheit des Shintō-Pantheons zu tun. Das heilige Strohseil *shimenawa* hat zwei Funktionen: zum einen, Verschmutzungen und Unheil fernzuhalten oder zu fesseln, und, zum andern, einen heiligen Bezirk abzustecken. Falls die mögliche Finalität der Formel das Fesseln des Feuergottes [→ Brandwunde] nahelegt, bleibt die Rolle der Sonnen-Gottheit Amaterasu hier unklar.

Buckel

[30] Von einem Buckel heilen.

Wenn keine der verschiedenen Heilmethoden mehr hilft, setze man Moxa an bestimmten Stellen des Rückens an [K].

Dermatologie————

[31] [Ein Eintrag in einem unserer Texte führt die holländischen Namen für meh-rere Hautkrankheiten auf, wie z. B. *abusesu* [Abzess: *nebuto*], *karankesho* [Kar-funkel: *chō*], *tesuesu* [idem: *so*] u. a. mehr – interessantes Zeugnis westlicher Einflüsse im Japan der Vor-Moderne [K].

[32] Medizin, um von Akne zu heilen [E] [Q/4] [K].

• • •

[33] Gegen Flechten [*tamushi*] schreibe man mit Tusche mitten auf die Flechte das Zeichen *hai* [hier mit dem Zeichen für „Lunge" geschrieben] und darum herum im Kreis dreifache Sterne in unbestimmter Anzahl. Danach rezitiere man, auf die Flechte zugewandt, sieben Mal die erlösende Formel der Anru-fung des Buddha Amida: *Namu Amida Butsu*. Nach einer anderen Methode schreibe man drei Mal das Zeichen „Süden" [*minami*] über die Flechte [A].

Liegt eine *ateji*-Schreibung von *hai*: Lunge für → *hai*: Niederlage vor?

[*Flechten aus dem Gesicht und andern Theilen des Leibs zu vertreiben*] [MANA]

[34] Idem.

Inmitten des Felds – sind all diese Insekten – wieder aufgetaucht – hier aber, bei mir, sollten – sich keine Flechten bilden [Ki]

Das Gedicht arbeitet mit der Homophonie zwischen Feld-Insekten, *tamushi*, und den gleichlautenden Flechten.

[35] Idem.

Mond der dritten Nacht – dieser Fluch: „Verendet schnell" – trifft die Insekten – tötet sie, ich bitte Euch – Mond in der fünfzehnten Nacht [MA]

Vollmond-Nächte sind a priori immer ein besonderer Zeitpunkt, aber die Voll-mond-Nacht des achten Monats [„Mid-Herbst"] fand seit alters besondere Be-achtung, galt sie doch als die schönste im ganzen Jahr. In der Tradition der chi-nesischen „Mond-Kuchen" [*tsuki-mochi*] kennt Japan „Reis-Klöße zur Mond-Betrachtung", welche als Opfer dargebracht wurden.

[36] Medizin zur Heilung von weißer [schwarzer] Leukodermie [*namazu*].
Hier hilft eine Mischung aus Schwefel, [Schmink-]Puder, Aprikosenkernen mit Ingwer-Saft vermischt; oder [gegen die schwarze Leukodermie] grüne Nüsse seitlich aufbrechen und mit der Schnittfläche sieben Tage lang einrei-ben [B] [Q/3].

[37] Gegen allerlei Ausschlag und Syphilis [*kusa, kasa*] helfen geröstete Wurzeln vom Eisenhut, die, zu Pulver gemacht und mit Essig angerührt, aufgetragen werden [B] [L: führt eine lange Liste von Verfahren gegen Hautausschläge auf].

[38] Medikament gegen Krätz-Milbe [*Hizen-kasa*].
Ein in Sesam-Öl angerührter Aufguss von Räucherpulver, *raigan*-Pilz [*ompha-lia lapidescens*] [„Lacktricherling"?] und Schwefel [B] [Q/3]. Vgl. Abb. (6)

Gegen Hautausschläge ganz allgemein helfen auch folgende Gedichte:

[39] *Die Morgensonne – scheint auch dort im tiefen Tal – wo wilder Wein wächst*
      – schneid' ich seine Wurzeln ab – welken auch seine Blätter [U]

[40] Idem.

Fohlen im Frühling – noch bevor sie aufspringen – Wasserschilf und Gras –
schneidet man die Wurzeln ab – welken schnell auch die Blätter [SHK]

[41] Abszess.

Der ewige Berg – Fuji erstrahlt am Himmel – klar und unbewegt – in majes-
tätischem Weiß – überlebt er alle Zeit [SHi]

Magische Formeln gegen Hautkrankheiten weisen, wie ersichtlich, folgende
Elemente auf: a) aus der Natur gegriffen, das Bild der abgeschnittenen Wurzeln.
Diese Vorstellung leitet über in b) verdorren und → verschwinden. Die Strah-
lenkraft der Morgensonne wird aufgerufen hic et nunc. Und schließlich c) stützen sich auch vorstehende Formeln, wie schon anderswo zu beobachten, auf
eine „therapeutische Homophonie" gewisser Verben. So, z. B. „Frühjahr", *haru*,
verweist ohne Zweifel auf → *hareru/hare-mono*: Geschwür; „aufspringen", dahin
galoppieren", *wataru*, auf → „sich ausbreiten" [der Krankheit] oder auch „die
Feldinsekten" [homophon zu „Flechte"]. Das Bild des heiligen Berges Fuji wird
in verschiedenen Bereichen der magischen Vorkehrungen und Formeln herangezogen.

• • •

Therapeutische wie auch prophylaktische Akte gegen Hautkrankheiten galten nicht nur den erwachsenen Personen, sondern wurden auch bei Schwan-
gerschaften angewandt.

[42] Medikament gegen Hautkrankheiten des Foetus.
Man nehme hierzu ein „springendes Insekt" [*tobi-mushi*], zerdrücke es und
appliziere es so. *Tobi-mushi* leben in der Umgegend von Wasserkrügen oder in
den Feuchtgebieten von Abwässer-Gräben [C].

• • •

[43] Skrofulose [*rui-reki*] heilt mit einem Aufguss aus wildem Wein und Süß-Holz,
mehrmals eingenommen [L/192].

[44] Geschwüre auf eine andere Stelle übertragen [Q/3].
[*Geschwäre zuvertreiben*] [MANA]

[45] Das ganze Jahr über gegen bösartige Geschwüre [sowie gegen rissige Haut im
Winter] gefeit sein.
Man nehme am fünften Tag des fünften Monats Knoblauch, zerstampfe ihn und
bestreiche damit Hände, Füße, den ganzen Körper und auch das Gesicht [O].

[46] Medizin, um ein Geschwulst zu heilen [Q/3]. Vgl. Abb. (7)

[47] Den Eiter aus Geschwüren ausziehen, ohne dabei eine Nadel zu benutzen.
Hierzu entzünde man Baumwolle, stecke sie in einen Flaschenkürbis und
bringe diesen auf das Geschwür – ganz natürlich kann man so den Eiter abziehen [B].

[06]
Krätz-Milbe

[07]
Eine Geschwulst heilen

[48] Mittel zur Heilung von Tumoren [*yōchō*] und allerlei Geschwüren [Q/3].

[49] Methode, um fleckige Haut zu heilen [Q/3].

[50] Medikament gegen Furunkel [*nebuto*] [Q/3].

[51] Mittel gegen Hitzepickel [Q/3].

[52] Gegen Schmerzen bei Geschwüren.
Man zerkleinere weiße Schwertbohnen, rühre sie in heißem Wasser auf und nehme davon etwas ein: schmerzhafte Geschwüre werden geheilt werden. Kurzatmigkeit wird gestillt, Schleimauswurf unterbunden werden [K].

[53] Bei Geschwüren helfen die Kopfteile von Ginseng, zerkleinert: welche Geschwüre auch immer, sie werden sich auf diese Weise nicht verschlimmern. Dies ist eine geheime Überlieferung aus Korea. Bei hartnäckigen Geschwüren streiche man geriebenen Ingwer auf: die „Bluthitze" wird sich senken; mehrmals aufgetragen, wird sie gänzlich verschwinden und eine wunderbare Heilung einleiten [K].

• • •

[54] Medikament gegen Frostbeulen [Q/4].

• • •

[55] Ein von Fingernägeln zerkratztes Gesicht [L].

• • •

[56] Wundersame Methode, um Hühneraugen zu heilen [G].

• • •

[57] Entfernung von Muttermalen im Gesicht.
Am siebten Tag des siebten Monats, zur Stunde des Pferdes, pflücke man sieben Blätter der Süß-Melone, gehe an die Nordseite eines nach Süden ausgerichteten Hauses, stelle sich nach Süden gerichtet auf und streiche sieben Mal mit diesen Blättern über die Muttermale – sie werden völlig verschwinden [O] [E] [Q/3].

• • •

[58] Entfernung von Warzen.
Man vermenge Kalk und chinesische Lauge [*tō-aku*], bestreiche damit einen Faden, reibe den Rand der Warze mit einem Bambus-Splitter ab und schnüre die Warze mit diesem Faden zu. Wenn man so am Abend verfährt, kann man sie schon am nächsten Morgen gänzlich entfernen [A].

[59] Wunderbare Methode gegen Warzen.
Wenn zwei, drei Warzen entstanden sind, schneide man die Ranken von Süß-Kartoffel ab und bestreiche mit deren weißem Saft mehrmals die betroffenen Stellen.
Zeigen sich auf dem ganzen Körper Warzen, so lege man sieben Tage lang je ein Moxa in der Größe einer Mungo-Bohne zwischen die fünf Finger der Hand – die Wirkung wird ganz sicher eintreten [B].

[60] Gegen Warzen am Körper oder im Gesicht.

Am siebten Tag des siebten Monats nehme man eine Sojabohne und streiche damit drei Male über die Warzen. Diese Bohne sollte man dann im zweiten Graben des nach Süden gerichteten Hauses der betreffenden Person anpflanzen. Wenn sie Blätter treibt, begieße man sie mit heißem Wasser und töte sie damit ab – auf diese Weise werden auch die Warzen verschwinden [O].

Diagnose erstellen────────

[61] Erkennen, ob einer Kranker genesen oder sterben wird.

Wer unter dem Zeichen des Metalls geboren wurde und an einem Tag „Holz + jüngerer Bruder, Ochs" [= 2] erkrankt; oder unter dem Zeichen Holz geboren und an einem Tag „Wasser + jüngerer Bruder, Schaf" [= 20] erkrankt; oder unter dem Element Wasser geboren, am Tag „Wasser + älterer Bruder, Drache" [= 29] erkrankt etc. – alle diese Personen werden sicher sterben. Sollte das nicht der Fall sein, so wird sich zumindest ihre Krankheit lange hinziehen [C].

> Mit einem Blick auf den Kalender versuchte man früher häufig, auf den Ausgang einer Krankheit zu schließen. Die Tage im traditionellen japanischen Kalender sind in der Regel durch einen Sexagesimal-Zyklus bestimmt. Dieser kombiniert zehn „Stämme" [= durch die fünf Elemente + älterer/jüngerer Bruder gezeichnet] mit den zwölf „Zweigen", i. e. zwölf Tierkreiszeichen. Die jeweiligen Tage eines Monats in diesem 60-er Zyklus sind vorstehend in Klammern genannt.

[62] Eine Abzähl-Methode, um seine Todes-Stunde zu kennen.

[In einem Diagramm finden wir die dreißig Tage eines Monat in jeweils 3 x 10 Tage [die „oberen", „mittleren", „unteren" zehn Tage] auf drei Querfeldern verteilt. Die ersten drei der sechs Längs-Unterteilungen führen die jeweiligen, nach den traditionellen Tierkreiszeichen benannten Geburtstage und -stunden auf, die folgenden drei Längsfelder bestimmen dazu die zu erwartende Todesstunde] [E]. Vgl. Abb. (8)

[63] Die Schwere einer Verwundung erkennen.

Hierzu präpariere man zu gleichen Teilen eine Mischung aus dem Kot eines Schimmels und aus Lotus-Mark, verbrenne sie rötlich-gelb und gebe sie mit lauwarmem Wasser zusammen ein. Jemand, der wieder genesen wird, wird dieses Präparat gut vertragen, im anderen Fall wird er es ausspucken [E].

[64] Mit Hilfe von Läusen erkennen, ob ein Kranker genesen oder sterben wird.

Wird ein Mensch an seiner Krankheit sterben, so fliehen die Läuse seinen Körper. Um dies zu testen, lege der Kranke Läuse in sein Bettzeug: die Insekten werden, falls der Kranke auf dem Weg der Besserung ist, auf ihn zu laufen, im anderen Fall, werden sie sich entfernen – ein sicheres Zeichen dafür, dass der Kranke erliegen wird [Aus dem *Yūyō zasso* tradiert] [S/17].

Unter den großen Epidemien, die Japan seit der Nara-Zeit [8. Jh.] heimsuchten, sind in erster Linie Pocken und Masern zu nennen. Der Jesuiten-Missionar L. Frois schrieb schon 1585 in seinem *Tratado*, dass man, im Gegensatz zu Europa, in Japan sehr häufig Menschen mit Pockennarben begegnete, und dass viele als Folge dieser Krankheit erblindet seien.

Beide Epidemien, Pocken und Masern, traten in unregelmäßigen Intervallen auf, die sich jedoch in der Edo-Zeit [17.–19. Jh.] mehr und mehr verkürzten. Die hohe Anzahl an Opfern ist wohl auch im Zusammenhang mit der demographischen Entwicklung zu sehen, die zu einer Konzentration der Bevölkerung in den großen Städten von Ōsaka, Edo [Tōkyō] und Kyōto führte. Der Ursprung dieser Krankheiten dürfte zweifellos in den Kontakten mit dem Festland zu suchen sein. In China erschienen, spätestens in der Sung-Zeit, medizinische Abhandlungen, die allerlei Theorien zu den Epidemien, insbesondere den Pocken, aufstellten, die aber, auch in Japan verbreitet, letztlich sehr wenig wirksame Therapie-Maßnahmen vorbringen konnten. Es überrascht also nicht, dass bei den Pocken – wie auch bei Krankheiten im allgemeinen – paratherapeutische Mittel und magische, prophylaktische Verfahren einen besonderen Platz einnahmen.

Als Ursache der Pocken galt ein *kami* [Gottheit/Dämon], *hōsō-gami*, der im Mittelpunkt zahlreicher Praktiken und kultischer Handlungen steht. Charakteristisch für die sog. „Gottheiten à la mode" [*hayari-gami*] der Edo-Zeit, zeigt uns die Pocken-Gottheit doch zahlreiche Wesenszüge, die ganz allgemein den japanischen *kami* eigen sind. Vgl. Rotermund 1991. Vgl. Abb. (9)

[65] Medizin zum Einatmen gegen Epidemien.

Man zerkleinere Rauschgelb, Blüten des weißen Hahnenkamms, Salpeter, stecke alles in ein kleines Papier-Röllchen, zünde es an und atme den Dampf ein. Auf wunderbare Weise wird man so die Miasmen der Epidemien vertreiben, vor allem, wenn dieses Verfahren zu Beginn der Hundstage im sechsten Monat angewandt wird [A].

[66] Grassieren Epidemien, so verbrenne man *okera* [*atractylis ovata Thunb.*], fülle das Hausinnere mit dem Qualm und verjage so die Krankheitserreger. Wenn man das Haus eines an Ruhr Erkrankten betritt, so sollte man zuvor diesen Dampf einatmen – weil sonst nämlich Krankheits-Erreger durch die Nase eindringen können [P].

[67] Besuch im Haus eines an einer Epidemie Erkrankten.

Dafür schreibe man mit dem Mittelfinger der rechten Hand das Zeichen „Fall-Grube" [*kan/ana*] und presse diese Hand fest im Weitergehen: es wird so keine Ansteckungs-Gefahr bestehen. Weiter, falls jemand zum ersten Male an einer Epidemie erkrankt ist, so tauche man dessen Kleidung in Wasser und dämpfe sie dann in einem Reis-Dämpfer: solcherart wird eine Verbreitung innerhalb der Familie ausgeschlossen [G]. Vgl. Abb. (10)

[68] Technik, um sich das ganze Jahr hindurch gegen Epidemien zu schützen.

Hierzu nehme man Weihrauch und tauche ihn am 24. Tag des zwölften Monats, um die fünfte Stunde [Stunde des Hahns: 3–5 Uhr] in frisch geschöpftes

[08]
Tabelle zur Bestimmung der Todeszeit

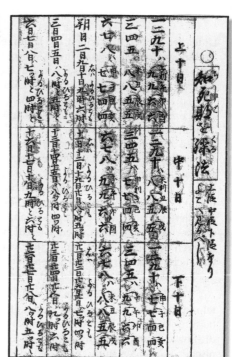

[09]
Epidemie-Dämonen

[10]
Amulett für einen Krankenbesuch
Amulett bei Wasser-Wechsel / Sake-Gelage

Wasser. Am ersten Tag des neuen Jahres, um die fünfte Stunde, zerkaue man einen kleinen Brocken davon und trinke ihn mit drei Schluck Wasser: ein ganzes Jahr lang wird man nicht an einer Epidemie erkranken [O].

[69] Epidemien vertreiben.

Alle Unreinheit – bitte ich die Gottheiten – zu beseitigen – denn in mir, so wie ich bin – lebt doch der Geist der kami [SHi]

Handelt es sich um eine Art *kami-oroshi*, „Herab-Bitten der Gottheit", um auf diese Weise die Epidemien zu verjagen, oder um eine personale Transformation des Sprechers?

[70] Idem.

Solange uns schützt – Susanoo der stürmische – fliehen sie entsetzt – diese bösen Dämonen – Träger der Epidemie [Ibid.]

Susanoo, der Bruder der Sonnen-Gottheit Amaterasu, wird im Yasaka-Schrein in Kyōto als Schutz-Gottheit gegen Epidemien verehrt.

[71] Idem.

Sollte jemals ich – jemanden im Stich lassen – der mit Bitten kam – so sei unterm Himmelszelt – mein Name nicht mehr genannt [SH]

Noch bevor sich die Legende der Person und des tragischen Lebens von Sugawara no Michizane bemächtigte und derselbe als Tenman tenjin göttliche Verehrung erfuhr, war es Brauch, in Kitano [Kyōto] – wo heute sein Schrein steht – wie auch an anderen Orten des Landes, Regenbitten an „himmlische Gottheiten" [*tenjin*] zu richten, die wesensmäßig den Gewitter-Gottheiten [*raijin*] nahe standen. Ochsen-Opfer – von denen wir schon in den Annalen lesen – begleiteten solche Bitten wie auch die Praktiken zum Schutz vor Fluch und Unheil [*tatari*], welche letztere als das Werk unbefriedeter Totengeister gesehen wurden, d. h. der Geister derer, die in Rache und Groll eines kläglichen Todes gestorben waren.

Im Laufe der Heian-Zeit werden allmählich die alten Ochsen-Opfer ersetzt durch „Riten zu Ehren der erhabenen Geister" [*goryō-e*]. Mittels dieser Riten der Befriedung von umherirrenden Geistern, hinter denen man die Urheber aller Katastrophen sah [im Fall des Sugawara no Michizane, von Feuersbrünsten], suchte man auch allerlei Krankheiten und Epidemien abzuwehren. Michizane trägt in gewisser Weise, wie oft unterstrichen wird, Züge der Gewitter-Gottheit, aber Grundlage seiner Verehrung war sicher das Bestreben, Epidemien abzuwenden.

Michizanes Kult im Tenman-gū-Schrein von Kitano [wie auch der des Gozu tennō vom Gion/Yasaka-Schrein, Kyōto] belegt klar die in japanischem Denken fest verankerte Vorstellung, dass gewisse *kami*-Gottheiten, wegen ihrer Epidemien gefürchtet, sich aufgrund der ihnen entgegen gebrachten Verehrung in Schutz-Gottheiten gegen eben diese Epidemien wandeln können.

[72] Idem.

Auf dem Pfad im Berg – Tau auf den nassen Blättern – Chrysanthemen–Tau – flüchtig ist dieses Leben – doch tausend Jahre lang Glück [GS]

Das Bild eines Wegs im Berg könnte [wie auch in infra Nr. 75] auf das Verschwinden, die Trennung von der Krankheit hinweisen. Der Tau auf den Chrysanthemen ist, wie in anderem Zusammenhang gezeigt wird, auch Teil einer magischen Formel zur Langlebigkeit. Der Aufruf von „tausend Jahren Glück" stärkt den Sprecher als schwaches Wesen in seinem flüchtigen Leben.

[73] Idem.

Ausnahmslos alle – diese wilden Gottheiten – die Krankheit bringen – schnell, lasst sie uns vertreiben – in das Orchideen-Dorf [U]

Im Volks-Brauchtum dient die Orchidee [ihre Blätter wurden an die Haustür geheftet] zum Schutz vor Epidemien und als wirksames Mittel, eine Ansteckung zu vermeiden. Die Orchidee gilt darüber hinaus als Anti-Pyretikum. Das japanische Wort für Orchidee „ran" könnte natürlich auch auf RAN, die Sanskrit [-„Keim"]-Silbe des [Medizin-]Buddha Yakushi nyorai hinweisen, von dem Schutz und Hilfe erwartet werden. Das „Dorf" schafft im Rahmen des Gedichts einen Gegensatz zur Welt der Berge, von welchen her die Epidemien drohen.

[74] Idem.

Schnell, beeilt Euch, schnell – an Bord des Gesetzes-Schiff, – bevor es ablegt – wer sonst kann Euch erretten – falls, zu spät, Ihr es verpasst [U]

Das Gedicht erlaubt eine doppelte Lesung. „Gesetzes-Schiff", wörtlich „Schiff des hehren Gesetzes" [*mi-nori no fune*] deutet auf das buddhistische Gesetz [in der bekannten Metapher vom Fahrzeug]; das implizite „Meer" wäre dann das Meer des Leidens und der endlosen Wiedergeburten. Wer aber ist der Nutznießer dieser Formel? Ist es der Mensch, der sich in Sicherheit bringt, oder sind es gar die als Träger von Epidemien gefürchteten *kami*-Gottheiten, die solcherart durch eine Transformation ihres Wesens in einer Art Promotion ans andere Ufer versetzt und „befördert" werden? Eine solche Idee finden wir auch in anderem Zusammenhang wieder.

[75] Idem.

Über acht Gipfel – und durch neun dunkle Täler – weit über den Berg – dorthin führt nur dieser Weg – den man nicht verfehlen kann [SHi]

Die ersten Zeilen dieser Formel sind polyvalent und finden sich in den unterschiedlichsten Verbindungen wieder. Der Zahlen-Symbolismus bleibt jedoch im vorliegenden Kontext ein Rätsel. Handelt es sich eventuell – eine etwas weit hergeholte Erklärungsmöglichkeit – um eine Art Wortspiel über die [japanische] Aussprache der Zahlen „acht": *ya* [*tsu*] + *kokonotsu* [*ku*] → *ya + ku* → *yaku* = Epidemie? Wie dem auch sei, die Wirksamkeit des Gedichts beruht auf dem Zurückschicken der [Krankheits-] Gottheit in die Berge, auf einem einzigen Weg, den sie nicht verfehlen kann. Berge als Welt der Dämonen und [bösen] *kami*-Gottheiten unterscheiden sich wesentlich von der des Sprechers. Im Volksbrauchtum wird den personifizierten Krankheits-Trägern am Eingang eines Dorfes der Weg versperrt, mittels des bereits zitierten Strohseils *shimenawa*. Verabschiedung und Zurückschicken der Gottheiten wird in den verschiedensten Formen beobachtet, unter anderem auch mittels von Schamanen gefertigten Schiffen. Eine weitere Möglichkeit, ihren Besuch zu vereiteln oder ihren Aufbruch zu beschleunigen, besteht in einem simulierten Wechsel der Jahreszeit, z. B. durch den gespielten Beginn eines neuen Jahres.

[76] Ein Amulett gegen Epidemien [S/18].

· · ·

[77] Zur Bekämpfung der jährlichen Malaria verzehre man am Silvester-Tag den Kopf einer drei Jahre alten Sardine – von diesem Jahr an wird man vor Malaria beschützt sein [A].

[78] Wirksame Methode gegen Malaria: man verwende hierzu geröstete Nüsse, beim dritten Anfall drei, beim fünften fünf [C].

[79] Geheime Moxa gegen Malaria.

Man setze zwischen den zweiten und dritten Fuß-Zeh [vom großen Zeh aus gezählt], bei Männern des linken, bei Frauen des rechten Fußes, eine Moxa. Bei dreimaligem Fieber-Ausbruch drei Moxa, bei fünfmaligem fünf Moxa und, falls man die Anzahl nicht genau weiß, sieben oder neun Moxa [A].

[80] Gegen Malaria.

Meine Gesundheit – stark wie Himmel und Erde – unveränderlich – dem Tau gleich, der morgens fällt – Wortkraft, fälle die Krankheit! [SHi]

In exemplarischer Weise unterstreicht dieses Gedicht die Macht des „Wortgeistes" [*kotodama*], welcher, durch die Rezitation aufgerufen, die Malaria verjagt. Das Bild des Taus, der fällt, und *mutatis mutandis*, der Malaria, die „gefällt" wird, ist eines der konventionellsten im Bereich der Wortmagie. Nach chinesischer Vorstellung ist die Malaria [jap: *okori*] das Werk von Hungergeistern [*gaki*], zu deren Erlösung der Buddhismus z. B. besondere Riten ausführt.

[81] Idem.

Tautropfen fallen – perlend, leicht von den Kiefern – der Morgen bricht an – Wolken zieh'n am Himmel auf – doch verjagt sie der Herbstwind [MA]

[82] Idem.

Ah, von Westen her – sieh', da ist er gekommen – der mit seinem Bein – schnell zurück, beeile Dich – in Amida's Paradies [MAF]

In der Vorstellung von Monstern, die, einäugig, einbeinig oder blind sind, sieht die Volkskunde *kami*-Gottheiten in degenerierter Form. „Westen", das ließe an das „Meer im Westen" denken [in welchem alles Übel seine Stätte findet], welches in alter Zeit halbreligiöse Kolporteure zu Frühlings-Beginn, eingebettet in einen Unglück vertreibenden Exorzismus, besangen. Die japanische religiöse Mentalität kennt nicht das absolut „Schlechte". Vor diesem Hintergrund, den Konzepten des shintō-buddhistischen Synkretismus und der im Volksglauben fest verankerten Überzeugung, dass schlechte *kami*-Gottheiten durch eine angemessene Verehrung sich in → gute Gottheiten wandeln können – die Religion des *Shugendō* kennt rituelle „Predigten/Missions-Ansprachen oder Bekehrungen" [*kyō-ke*] für Dämonen und bösartige *kami* – ließe sich eventuell auch obige Rückkehr als eine Rückkehr [eigentlich eine Promotion] in Amidas Reines Land im Westen verstehen.

[83] Idem.

Zur Bekämpfung der Malaria schreibe man mit Zinnober am Morgen des Tags eines Fieberausbruchs, nach Osten gewandt, an dem Vital-Punkt „Hundert Treffen" [*hyaku-e-ketsu*] [= Mitte des Schädeldecke, dort, wo die Haare auseinander fallen] die sieben Zeichen: „zwischen Himmel oben und Stadt unten – die Clan-Gottheit": auf wunderbare Weise wird die Krankheit verschwinden [Q/4]. Vgl. Abb. (11)

[84] Keine Auberginen bei Malaria?

Es ist ein großer Irrtum, anzunehmen, dass man bei Malaria keine Auberginen essen dürfe, und dass diese Krankheit, einmal geheilt, wieder ausbreche, sobald man Auberginen zu sich nimmt. Wenn man vom Verheilen der Malaria spricht, so gebraucht man das Verbum „abfallen" [*otsu*] – da aber Früchte in der Art von Auberginen selbst nach der Reife nicht „abfallen", betonen vor allem Frauen und Kinder vorgenanntes Verbot des Auberginen-Verzehrs. Im *Yōjō shu-ron* [chin: *Yang-sheng chu lun*], „Abhandlung über die Kunst, das Lebensprinzip zu stützen" des Wang Yin-chün steht geschrieben, dass getrocknete Auberginen ein Heilmittel gegen Malaria seien und mit anderem Namen „Gräser-Schildpatt" [*sō-bekkō*] genannt würden. Warum? Schildpatt wirke günstig auf den Wechsel von warm und kalt, und fände so als Medizin gegen Malaria Verwendung. Auch Auberginen wirken stofflich gut beim Wechsel von warm und kalt und sind deshalb das „Schildpatt" unter den Gräsern.

Als ich seinerzeit Malaria-Kranke behandelte und ihnen, ohne zwischen alt oder jung, Mann oder Frau zu unterscheiden, allen Auberginen zu essen gab, wurden alle, ausnahmslos, geheilt. Und auch bei späterem Verzehr von Auberginen gab es keinen einzigen Rückfall.

Die Tabu-Vorstellungen im Zusammenhang mit Ranken [*tsuru*] beruhen auf analogen Überlegungen. Weil es von Gurken heißt, dass sie den Wechsel von warm und kalt stimulieren und man deshalb häufig an Malaria erkranke, solle man diese meiden. Das vorgenannte Schildpatt [*bekkō*] bezeichnet das der *suppon*-Schildkröte, das Schildpatt für Haarspangen und Kämme ist hiervon verschieden [S/18]

[85] Die Sitte, einen Krebs-Panzer über der Tür anzubringen.

Was die Sitte angeht, über die Eingangstür die Schalen eines Krebses anzubringen, so heißt es im [*Meng ch'i*] *Pi t'an* von Shen K'uo [S/18]:

> Shen K'uo [1031–1096], Gelehrter der Sung-Zeit. Sein medizinisches Werk *Liang-fang*, die „Guten Rezepte", wurde später mit den Rezepten des Dichter-Gelehrten Su Shih [Tung P'o 1036–1101] unter dem Titel „Gute Rezepte von Su und Shen" [*Su Shen liang fang*] veröffentlicht.

• • •

[86] Mit einem Maß-Stock schneide man aus einem Biwa-Blatt ein Rechteck von einem Zoll Größe, wickle darin ein oder zwei Bohnen, je nach Alter des Kindes, brühe sie wie üblich auf und gebe sie so zum Einnehmen – die Erkrankung wird leicht verlaufen [Q/4].

[87] Ein Kind zeugen, das von Pocken verschont bleiben wird.

Wenn bei Pocken, Masern u. ä. während einer Schwangerschaft Mann und Frau sexuellen Verkehr haben, so entwickelt sich durch die Glut der Lust ein starkes [Pocken bildendes] Körpergift [für den Embryo], weswegen man sich bei einer Schwangerschaft strikte Zurückhaltung auferlegen sollte [C] [S/2].

> Die Anleitung weist auf die früher verbreitete Vorstellung eines „Körpergiftes" [*taidoku*] hin, so wie sie sich im China der Sung- und Yüan-Zeit entwickelte und in Japan seit dem Mittelalter bekannt war. Nach ihr trägt der Fötus im Mutterleib die unheilvollen Folgen des „Liebesfeuers" der Mutter, von der er überdies, nach der Geburt, die „schlechte Milch" einnehme. Andere Theorien bezichtigen die Mutter, nicht die nötigen Vorsichts-Maßnahmen in der Ernährung getroffen zu haben. Als primäre Ursache einer späteren Infektion entwickele sich dieses „Gift" unter Mitwirkung der „Fünf Elemente" und „Sechs Atem" zu einer Dermatose.

[88] Um eine leichte Pocken-Erkrankung zu erzielen, zitiere man folgendes Gedicht:

> *Hier der Berg Fuji – in dem Lande Suruga – wer sind die Kami – die, bösartig, es wagten – uns ihr Unheil zu bringen* [S/3]. Vgl. Abb. (12)

[89] Pocken vermeiden.

Bei Knaben schreibe man mit Tusche, bei Mädchen mit Rot ins Handinnere, in der nachstehenden Form, folgendes Gedicht:

> *Diese Schlingpflanzen – von Dämonen angebracht – tief in den Bergen – abgeschnitten welken sie – Blätter, Wurzeln, nichts bleibt mehr*

Danach rezitiere man still für sich drei Mal *Abira unken sowaka*. So verfahren, bleibt man von Pocken frei, oder, falls man doch erkrankt, wird die Krankheit leicht verlaufen [A]. Vgl. Abb. (13)

[90] Idem.

> *Von den Kleinkindern – keines hier sei vergessen – umwickle alle – Moos-Gewand, langes Leben – im schützenden Fels-Gürtel* [MA]

> *Midori-go*, ein Terminus unsicherer Etymologie, bezeichnet Kinder bis zum dritten oder auch fünften Lebensjahr, i. e. solche, die besonders von Epidemien bedroht sind. Das „Moos-Gewand" [*koke-goromo*] trägt derjenige, der sich von der Welt – in buddhistischer Manier – zurückzieht [in die Berge]. Liegt hier eine Geste des Schutzsuchens vor, parallel zu einem Appell an die Kraft des buddhistischen Gesetzes? Aber Moos könnte auch, gleich dem „Fels-Gürtel" [*iwa-o*], einen Hinweis auf langes Leben beinhalten.
> Falls eine gewisse Assonanz zwischen *iwao no obi* und *iwata obi* [Schwangerschafts-Gürtel] – die Formel würde in diesem Fall den vorweggenommenen magischen Schutz des Kinds, das geboren wird, darstellen – auszuschließen ist, könnte die Bezeichnung *iwao no obi* auch, als Synonym, den Gürtels [*kai no o*] der Berg-Asketen [*yamabushi*] bedeuten. Ursprünglich notwendiges Zubehör für den Marsch in der Bergwelt, bedeuten die zwei Schnüre des Gürtels im Symbolismus des *shugendō* den doppelten Aspekt im Wesen des Buddha Mahā Vairocana und sind Ausdruck der Verbindung der zwei Geschlechter zur Zeugung neuen Lebens oder auch – in einem naheliegenden Sinn – die Nabelschnur. Vgl. Abb. (14)

[91] Idem.

Im starken Regen – ohne Hut und Strohmantel – unser kleines Kind – im
Schutz der kami-Götter – bleibt es trocken, bleibt es heil [U]

Hut und Mantel aus Stroh, die traditionellen Mittel, sich vor Regen zu schützen,
sind schon in der Mythologie um Susanoo belegt und werden auch in der ältes-
ten Gedichtsammlung des *Manyōshū* besungen. Susanoo, Bruder der Sonnen-
Gottheit Amaterasu, wird durch die rituelle Reinigung der Ur- und Schöpfer-
Gottheit Izanagi nach deren Rückkehr aus der Unterwelt geboren. Im Pantheon
der Götter dargestellt als Sturmgott, ist Susanoo bekannt für sein ungestümes
Benehmen, das ihm die Vertreibung aus den himmlischen Gefilden einbringt.
In einer der Varianten der Annalen [*Nihongi*] sehen wir Susanoo, nach seiner
Verbannung, auf Erden mit Hut und Mantel aus Stroh umherirren und Quar-
tier suchen: er trägt hier klar die Züge einer Besucher-Gottheit [*marebito-gami*],
wie sie der japanische Volksglauben kennt. In einer der frühen Topographien
[*Bingo Fudoki*; Bingo ist der alte Name für einen Teil der Präfektur Hiroshima]
wird Susanoo mit der Gottheit Gozu tennō des Gion/Yasaka-Schreins assimiliert und als [schutzbringende] Gottheit der Epidemien verehrt. Das Gedicht
stellt sicher auch auf den Symbolismus des Schutzes [Mantel und Hut] vor den
Epidemien [Regen] ab. Vgl. Abb. (15)

[92] Idem.

Weil der Gottheiten – Versprechen von alters her – jetzt noch wirksam ist –
bleib ich innerhalb des Schreins – frei von Pocken und Fieber [MA]

Die Formel appelliert an ein Versprechen der Gottheiten und realisiert dadurch
die Umwandlung eines jeden Orts in den heiligen Bezirk eines Schreins, in welchem der Sprecher vor Epidemien sicher ist. Zahlreiche Varianten belegen die
Popularität dieses magischen Gedichts. Der Ausdruck „von alters her" dient als
Verstärkungselement dieses Versprechens. Im Bild des Schrein-Bezirks trennt
sich der Sprecher von der möglichen Krankheit, auch die Betonung eines Kau-
sal-Zusammenhangs [„weil"] – auch andere magische Gedichte belegen es –
muss als eine Verstärkung der erhofften Wirksamkeit angesehen werden.

[93] Idem.

Wohnt hier der Dämon – der die Pocken-Krankheit bringt – nein, nein, keine
Spur – hier in diesem unsern Haus – verweilte die Krankheit nicht [U]

„Keine Spur" deckt hier, als *kake-kotoba*, zwei Vorstellungen: die eines Besuchs
der Pocken-Gottheit, und die der Narben-Spuren, die nach überstandener
Krankheit im Gesicht zurückbleiben.

[94] Idem.

Gottheit der Pocken – weg von hier, von diesem Haus – wo mein Name steht –
geh' dorthin, wo kein Name – Schutz gewährt vor der Krankheit [U]

Wir haben hier erneut eine Transformation des Raums, sowie die verbreitete
Idee eines Zusammentreffens mit der Pocken-Gottheit. Die [Essay-]Literatur
der Edo-Zeit belegt reichlich die Vorstellung solcher Treffen mit den Gottheiten
der Epidemien. Im *Hannichi kanwa* z. B. lesen wir von einem Fischer, der einem
Unbekannten in chinesischem Aufzug begegnet und sich als Epidemien-Dä-
mon Kiyotsugi vorstellt. Die Präzision „chinesischer Aufzug" unterstreicht

ohne Zweifel die alte Idee, dass Krankheiten und Epidemien vom Festland, China oder Korea, eingeführt wurden.

Der Anschlag des schutzbringenden Namens kann den der betreffenden Person beinhalten, den eines machtvollen Helden historischer oder legendärer Natur [Minamoto no Tametomo, Shōki, etc.] oder auch eine Filiation unterstreichen als „Kind oder Enkel" einer bestimmten mächtigen Person. Die bereits genannten Topographien Alt-Japans belegen diese Sitte des magisch wirksamen Namens-Schilds. Vgl. Abb. (16)

[95] Gegen Pocken und Masern.

Der Getreide-Herr – von Geburt an schon ist er – an Masern erkrankt – sind die Pocken erst vorbei – bin ich es wieder, und frei [SHi]

Die fiktive Gestalt der „Getreide-Herrn", *mugi-dono*, wird durch die Worte dieses Gedichts Opfer einer magischen Übertragung der Krankheit, da er „von Geburt an schon" von Masern befallen ist. Da der zweite Teil der Formel klar von Pocken spricht, kann von der Annahme ausgegangen werden, dass die Zeilen sich auf beide, gleichermaßen gefürchteten Epidemien beziehen. Der Gebrauch von Getreide zu apotropäischen Zwecken ist auch in der Erzähl-Literatur des Mittelalters belegt [vgl. *Kokon chomon-jū*, Mitte 13. Jh.]. Das Volksbrauchtum in einigen Landstrichen zeigt uns, dass man früher bei Epidemien einige Getreide-Körner dem mit roten Bohnen gekochten Reis [*seki-han*] zufügte, ihn so den *kami* opferte und dann irgendwo in der freien Natur niederlegte – und solchermaßen die Krankheit abzuwehren suchte. Unter diesen Getreide-Körnern konnten sich einige finden, die schwarz gezeichnet waren, und auf diese Weise an den von den Pocken verursachten Makel erinnerten.

Diese Möglichkeit einmal dahingestellt, gestattet uns eine mehr philologische Analyse dieses „Getreide-Herrn" einen verständlichen Zusammenhang mit Epidemien herzustellen. Der Schlüssel zum Verständnis liegt in der japanischen Bezeichnung für Masern *hashika*, homophon zu „Bart" oder „Spitze der Getreide-Ähren". Der „Getreide-Herr" → das Getreide hat von Anfang an spitze Ähren [*hashika*]. Von hier aus ist es gestattet, gewisse Symptome der Krankheit mit der Entzündung in Verbindung zu bringen, die durch Ähren im Hals hervorgerufen wird: und die japanische Sprache bezeichnet eine solche Irritation als „*hashikashi/hashika-i*" [→ *hashika*: Malaria]. Die letzte Zeile des Gedichts drückt den Wunsch des Sprechers aus, sich vor der Epidemie zu schützen: nach dem Abklingen der Epidemie, wenn keine Gefahr mehr besteht, bin ich wieder ich, vorher, i. e. als die Krankheit grassierte, war der Sprecher ein anderer.

[96] Kleinkindern Mäuse gegen Pocken zu essen geben [S/18].

[97] Zu Zeiten einer Pocken-Epidemie.

Man nehme vorweg, sieben Tage lang, einen Aufguss von Erbsen, roten Mungo-Bohnen, schwarzen Bohnen, Süß-Holz-Knorren in Wasser ein. Die Medizin heißt das Drei-Bohnen-Wasser des Pien Ch'üeh [P].

Pien Ch'üeh, Arzt aus der Zeit der Kriegführenden Reiche [*Chan-kuo* 481–256], dem der „Klassiker der Schwierigkeiten" [*Nan-ching*] vom 1. Jh. AC zugeschrieben wird. Dieses Medizin-Buch gibt in Frage- und Antwort-Form eine Übersicht über schwer Verständliches in den verschiedenen chinesischen Texten.

[11]
Malaria-Therapie

[12]
Der Berg Fuji als Schutz gegen Pocken

[13]
Amulett gegen Pocken

[14]
Ein Pocken-krankes Kind

[15]
Strohhut und Mantel

[16]
Ein Namensschild gegen Pocken

[98] Pocken-Kranke.

Falls Kranke mit Miasmen in Berührung kommen, wird sich ihre Farbe verändern. Dem vorzubeugen, sollte man Koriander in Papier gewickelt unter ihre Bettdecke legen. Oder auch mit Koriander versetzten Sake auf die Wände in den vier Richtungen verspritzen – die Miasmen werden verschwinden. Zu meiden sind weiterhin die Ausdünstungen rohen Fleischs, Frauen im Augenblick der Monatsregel, Achselschweiß, stinkende Menschen und jegliche schlechte Düfte [P].

> Die pathologischen Veränderungen im Krankheitsverlauf wurden meist als durch den Kontakt mit Miasmen verursacht angesehen: die Furcht vor Verschmutzung – sei diese reel oder als Ergebnis der Übertretung eines Tabus empfunden – spiegelt sich in vielen Dokumenten zur Pocken-Krankheit in den „Listen der Dinge, die zu meiden sind" wider. Im *Hōsō majinai hiden-shū*, der „Geheimen Tradition magischer Praktiken gegen die Pocken" lesen wir: „man enthalte sich jeglicher sexueller Kontakte, meide Personen, die an Achselschweiß leiden, halte von sich auch übermäßige Sake-Trinker fern, verbiete das Kommen und Gehen von Mönchen [→ Assoziation mit Tod und Beerdigung!], schütze sich gegen den Gestank der Toiletten, lasse keine Frau im Augenblick ihrer Monatsblutung sich einem Kranken nähern, trage Sorge, keine Haare zu verbrennen, etc." Die strikte Beobachtung dieser Tabus brächte es mit sich, dass eine Pocken-Infektion sehr leicht verlaufe. Für beide Epidemien, Pocken und Masern, kennen wir derlei, sich manchmal widersprechende Listen von Ernährungs-Tabus.

[99] Falls man, an Pocken erkrankt, schwach geworden ist und nicht über die Krankheit hinwegkommt; oder die Pockenbläschen nicht eitern, der Kopf eingefallen erscheint, die Farbe der Haut schwarz wird und der Kranke teilnahmslos wirkt oder Juckreiz empfindet – in all diesen Situationen sollte man Weide-Insekten sammeln und, aufgebrüht, auftragen. Im Winter sollte man diese Insekten getrocknet aufbewahren und so benutzen: mehrmals ausprobiert, war dieses Verfahren sehr wirksam [P].

[Für die Pocken im Angesicht] Nimmet man drey Untzen Rosen-Wasser, und lässet darinnen zergehen drey Gran Sublimati, womit das Angesicht täglich muß gewaschen werden. Also auch so das Angesicht täglich mit Säue-Milch abgewaschen wird, soll selbiges eine zarte Haut behalten, und von allen Unreinigkeiten frey bleiben [NZB].

[Blattern am heimlichen End von unreinen Weibs-Bild herrührend / wie solche curiret] [MANA]

[100] Wenn die Pocken die Augen angegriffen haben, sollte man sie mit dem Saft der Wurzel von Disteln waschen – eine wunderbare Methode [P].

[101] Verhindern, dass die Pocken die Augen befallen.

Man nehme hierzu sieben Erbsen und gebe sie dem kranken Kind in die Hand, damit dieses sie in einen Brunnen werfe. Danach lasse man es sieben Male zu dem Brunnen beten – wie auch immer die Pocken geartet sein mögen, auf diese Weise werden sie nicht die Augen befallen [O].

[102] Von Epilepsie heilen.

Zu einem Zeitpunkt, da man von Epidemie frei ist, mache man mit Feuerkolben, Oliven und Weißdorn, fein zerkleinert und in reinem Wasser aufgelöst, eine oder zwei Kuren oder aber man nehme davon dreißig Tage lang etwas ein. Nach einem Jahr tritt die Wirkung ein: die Krankheit wird ein Leben lang unterbunden sein. Geheim zu halten! [K]. Vgl. Abb. (17)

Gelbsucht

[103] Zwei Rezepte gegen Gelbsucht.

Hühnereier mit Schale schwarz verkohlt und mit Essig vermengt, warm einnehmen – aus der Nase werden sich dabei Insekten lösen.

Oder auch: wenn der gesamte Körper von gold-gelber Farbe ist, pflücke man im sechsten Monat neunundvierzig Kelche von Süß-Melonen, vermische sie mit ebenso vielen Gewürznelken und verbrenne sie in einem gereinigten Kessel so lange, bis kein Rauch mehr aufsteigt. Dann mache man sie zu Puder und puste sie, bei Erwachsenen einen, bei Kindern einen halben Löffel voll von Zeit zu Zeit in die Nase: Heilung tritt unverzüglich ein [L] [Q/4]. Vgl. Abb. (18)

[104] Ein Aufguss aus *shijimi*-Muscheln [*corbicula japonica*] als Medizin gegen Gelbsucht? [S/18]

Geschlechtskrankheiten

[105] Zur Heilung von *tinea cruris* [*inkin tamushi*] brühe man die Blätter von Chrysanthemen und die Schale von Seifenbeeren zusammen auf und wasche sich damit sieben Tage lang [S/3] [Q/3] Vgl. Abb. (19)

[106] Bei schmerzhaftem Ausfluss der Syphilis appliziere man zu gleichen Teilen zerkleinertes Färberwaid und ein Merkur-Präparat [P], nach [S/3a] auch eine Mischung aus Süß-Holz, Gerste und Wasser.

[107] Wenn die Geschlechtsteile von Kindern, die auf Regenwürmer uriniert haben, schmerzen, so lasse man eine Frau [ein Mädchen] mit einem Bambus-Blasrohr darauf blasen [A]. Vgl. Abb. (20)

[108] Bei Hoden-Entzündung hilft eine Lösung aus Säuglingspuder und Süß-Holz, aufgebrüht und eingenommen [K] [Q/4].

[109] Medizin gegen *sunbaku*.

Wenn das Skrotum von Rotlauf befallen ist, helfen keine [herkömmlichen] Medikamente mehr: man bestreiche dann den Hodensack mit einer Pfeffer-Essig-Verbindung. Zwei Stunden lang wird die Flüssigkeit einziehen, was man aushalten muss – worauf man sein Leben lang von diesem Übel befreit sein wird [Q/4].

[17]
Ein Epileptiker

[18]
Gelbsucht-Therapie

[19]
Heilung von *tinea cruris*

[20]
Auf Regenwürmer urinieren

[110] Die geschwollene Vulva.

Wenn aus irgendeinem Grund die Vulva geschwollen ist, sollte man eine Mischung zu gleichen Teilen aus Pfirsich-Kernen und Eisenkraut [*verbena officinalis L.*] anwenden: auf wunderbare Weise wird Heilung eintreten [Q/3].

[111] Medizin, wenn die Vulva juckt.

In einem solchen Fall sind Insekten die Ursache, weshalb man eine Waschung vornehmen sollte aus *bofū* [*siler divaricatum*], *taigeki* [*daphniphyllum macropodum*], Beifuß-Blättern [*yomogi-ha*] und den Fruchtkelchen des [weißen] Lotus [*renbō*].

Bei Verletzungen in der Vulva umwickle man mit etwas Watte Aprikosen-Kerne, Schwefel und Moschus und führe alles in die Vulva ein. Auch die mehrmalige Waschung mit Knoblauch ist sehr wirksam, genauso wie die mit zerkautem Sesam [Q/3].

[112] Medizin gegen Blutungen, die auftreten, sobald die Frau mit einem Mann schläft.

Bei manchen Frauen kommt es vor, dass sie beim Geschlechtsverkehr Blutungen haben. In einem solchen Fall ist es gut, Pulver von Gall-Äpfeln [*fushi no ko*] [*melaphis chinensis J. Bell*] anzuwenden. Auch wenn sich die Vulva nicht richtig schließt und deshalb Unterkühlung eintritt, brühe man Schwefel auf und wasche sich damit [Q/3].

[113] Verletzungen der Brüste.

Heilung wird erreicht, indem man verquirlte Auberginen brät und wiederholte Male aufstreicht. Oder aber man pulverisiere Gewürznelken und nehme diese mit Wasser ein [B] [Q/3].

[114] Blutungen nach einer Entbindung [Q/3].

[115] Gegen Geschwüre an den Brüsten [Q/4] [K].

[116] Wunderbare Methode, um „Frauenmilch" zu vermehren.

Man verbrenne hierzu ein Schuppentier, mache es zu Pulver, vermenge dieses mit Sake und appliziere das Präparat mittels eines Kamms auf die Brüste – die Muttermilch wird wie aus einer Quelle sprudeln [E].

[117] Geheime Überlieferung für Brüste, die reichlich Milch geben [B].

[118] Eine analoge Wirkung wird erzielt durch die Einnahme eines Medikaments aus Klebreis, T'ang-Reis, Klettensamen-Korn, alles zu Pulver geröstet und mit heißem Wasser eingenommen [M].

[119] Abhilfe bei Sterilität.

Hierzu, am Tag Feuer – jüngerer Bruder/Wildschwein des zweiten Monats [= 24. Tag] mache man im Schatten getrocknete Pfirsich- und Aprikosen-Blüten zu Pulver. Am Tag Erde – älterer Bruder/Ratte [= 25. Tag] nehme man davon einen Löffel mit frisch geschöpftem Wasser ein, und zwar drei Mal am Tag: ganz gewiss wird man so eine Schwangerschaft herbeiführen [O].

[120] Als Mittel der Kontrazeption brühe man ein Mal im Monat Blätter der Blasen-kirsche [*hōzuki*] [*physalis alkekengi*] auf und trinke davon [S/6].

Hals-Nasen-Ohren

[121] Ein Mittel gegen Halsentzündung.
Etwas Salz und Sake im Mund behalten und nach und nach trinken. Oder: schwarz verkohlte rote Libellen mit einem Rohr in den Hals blasen. Man kann aber auch die Früchte von Balsam-Kraut schlucken [Q/3].

[122] Mittel, um auf der Stelle eine heiser gewordene Stimme wieder zu beleben.
Wenn beim Singen eines Nō-Stücks [*utai*] oder einer *Jōruri*-Ballade die Stimme vor Heiserkeit versagt, trinke man den Saft frisch geriebener Rettiche, unter Zusatz von etwas Ingwer: die Stimme wird auf der Stelle ihre ursprüngliche Kraft wieder finden [A]. Vgl. Abb. (21)
[*Stimme wieder zu bringen*] [MANA]

[123] Schmerzen im Mund stillen.
Liegt eine Entzündung im Mund vor, so verbrenne man die Schalen einer rohen Aubergine, vermenge sie mit Zuckerhonig und lasse dies im Mund zer-gehen: nach einer Weile verschwinden die Schmerzen und die Entzündung geht auf wunderbare Weise zurück. Dies wirkt auch bei entzündetem Zahn-fleisch. Falls keine rohen Auberginen zur Hand sind, tun es auch [die getrock-neten] Stengel derselben [A].

[124] Einen Stachel im Mund entfernen.
Man verbrenne hierzu zu gleichen Teilen die Köpfe von Fliegen und roten Libellen, vermische sie mit Kleister und trage diese Mischung auf die Wunde auf. Die Wirkung ist wunderbar. Auch eine in das Wasser einer Tee-Schale geschriebene Formel schafft, getrunken, Abhilfe [H] [F].

[125] Ein Geldstück aus dem Hals entfernen [M].

[126] Gegen Halsentzündung [K].

· · ·

[127] Wenn Eiter aus den Ohren austritt [Q/4].

[128] Ohren-Ausfluss.
Wenn Eiter aus dem Ohr austritt, so verschmore man Alaun im Feuer, röste etwas Bleioxyd, zerkleinere alles, nehme ein Bambusrohr und blase damit et-was ins Ohr, drei oder fünf Mal pro Tag [P]. Oder man streiche die verkohlte Haut einer Grille, in Sesam-Öl aufgelöst, ein. Falls Blut austritt [S/3], blase man zu Pulver gemachte Drachen-Knochen ins Ohr [K]. Vgl. Abb. (22)

[129] Nach einem sehr geheimen Rezept brühe man für Schwerhörige bei Gehör-Verlust nach der üblichen Methode einen Bienenstock auf und zerkaue ihn

gleichzeitig mit Süss-Holz. Das Verfahren ist bei schweren Fällen sehr wirksam [H].

[130] Insekten oder auch Bohnen aus den Ohren entfernen.
Wenn es schwierig ist, aus Versehen ins Ohr geratene Insekten oder Bohnen u. ä. wieder herauszuholen, so nehme man Katzen-Urin und träufle ihn ins Ohr ein: auf der Stelle kommen die Insekten heraus, aber auch Bohnen werden auf diese Weise herausfallen [D]. Ein anderes Verfahren empfiehlt, die Insekten mittels eines Bambus-Rohrs heraus zu saugen, was auch bei Reiskörnern oder Bohnen wirkt [P]. Auch ein Gebräu aus Lauch und Essig tut seine Wirkung [E].

[131] Abhilfe, wenn irgendetwas ins Ohr eingedrungen ist.
Wenn irgendein Fremdkörper ins Ohr eingedrungen ist, so zerschneide man die Sehne eines chinesischen Bogens, bringe auf die Schnittstelle Leim und ziehe so den Fremdkörper aus dem Ohr. Falls aber keine Sehne zur Hand ist, tut es auch eine aus Papier gedrehte Schnur [*Kanze-yori*], abgeschnitten, und an der Schnittstelle mit Leim bestrichen [K].

[132] Gleich unangenehm wie im Ohr ist es, wenn etwas in die Nase eingedrungen ist: Abhilfe schafft hier Pfefferpulver, das in die Nase eingerieben wird [K/8].

Hämorrhoiden

[133] Heilung von Hämorrhoiden verspricht ein Medikament, bei welchem Buchweizen-Mehl, in Wasser gegeben, drei Mal am Tag ausgetauscht und mit Vogelleim zu Pillen gerundet wird. Oder auch: *mobubesshi* [Kürbisgewächs] [*momordica cochinsinensis*] und *gobaishi* [von Blattläusen produzierte, getrocknete Galle] [*melaphis chinensis*], zu gleichen Teilen pulverisiert, zusammengedreht und aufgelegt. Wenn die Schmerzen unerträglich werden, wasche man sich mit einem Aufguss aus Blättern und Zweigen des Katalpa-Baums, der Paulownia oder auch von *menamomi* [weichhaarige Siegesbeckie] [*kirensō*] [*Siegesbeckia pubescens*] und Lotus-Wurzeln. Zur Einnahme empfehlen sich auch getrocknete Staubfäden [*shibe*] der Lotus-Blüten, ungefähr drei Mal täglich eingenommen: auch langjähriges Hämorrhoiden-Leiden wird auf wunderbare Weise geheilt. In Wasser gelöster Hühnerkot ist ebenfalls ein geeignetes Mittel [B] [K].

[134] Hämorrhoiden und auch Gonorrhoe entstehen durch Kälte? [S/18]

Hände, Finger, Fingernägel

[135] Wenn die Hände schmerzen, verbrenne man alte Watte und halte die Hände in den Rauch – die Schmerzen werden nachlassen. Dieses Verfahren wirkt auch bei Verstauchungen [P] [Q/4].

[136] Blasenbildung an der Hand.
Im Frühjahr können sich in der Hand Blasen-Ekzeme bilden. Dagegen verbrenne man ältere Orangenschalen und halte die Hände in den Rauch. Man

kann dies auch mit getrockneten Wurzeln und Stielen von Tarant [*tōyaku*] [*swertia jap. Makino*] machen [H].

[137] Abgeschnittene Finger wieder ansetzen.
Man pulverisiere hierzu Kampeche-Holz [*suō*] [*coesalpinia sappa*] und streiche es auf die Schnittstelle, füge das abgeschnittene Glied exakt darauf und umwickle alles mit einem Seidenraupen-Kokon. Nach einigen Tagen wird keinerlei Narbe mehr zurückbleiben. Auf dieselbe Weise kann man auch bei Wunden durch Schwertschläge oder durch einen Pfeil vorgehen [H]. Vgl. Abb. (23)

[138] Abgeschnittene Finger oder Ohren wieder anbringen.
Man lege Haare in ein irdenes Gefäß und verschließe es gut mit einem Deckel; dann vermische man Erde mit Salz und verbrenne alles zusammen. Mit den Rückständen bestreiche man die Wunden, füge die Glieder zusammen und umwickle alles mit weicher Seide: ein wunderbares Mittel [C/132].

[139] Nagelgeschwüre werden mit Kot und Holzkohle vermischt behandelt [C].

Husten und Erkältung

[140] Bei hartnäckig andauerndem Husten trockne man im Schatten die Knospen der japanischen Pest-Wurz und inhaliere, wie beim Rauchen, den Dampf – worauf der Husten aufhört [P].

[141] Keuchhusten.

An der Grenzstation – wo ich abgestiegen bin – Zimmer der kami – am Morgen der Schrei des Hahns – Klang der Glocke von sechs Uhr [MK]

Das Gedicht beruht, wie viele andere, auf einer sehr einfachen Homophonie: die „Grenzstation, an der man abgestiegen ist" [*tomarishi seki*], ist in der Tat gleichlautend zu „Husten, der zum Stillstand kam"; darüber hinaus trennt die Grenze den Sprecher von der Krankheit. In gleicher Weise findet sich im japanischen Texte des Gedichts eine Homophonie zwischen „Zimmer der *kami*[-Gottheiten]" und dem Ausdruck „sich dem Willen der *kami*-Gottheiten anvertrauen" [*kami no ma ni*].
Der Hahnenschrei und der Glockenschlag von sechs Uhr morgens [*akemutsu no kane*] sind zwei Elemente, die das Ende der dunklen Nacht [→ Krankheit] anzeigen und den Beginn eines neues Tages nach der Krankheit. Der Sechs-Uhr-Glockenschlag ist darüber hinaus das Signal für die Trennung der Liebenden am Morgen und liefert damit ein weiteres, magisches Element der Trennung von der Krankheit.

[142] Erkältung.

Eine Erkältung? – Diese sollte irgendwo – in den Bergen sein – hier aber wohnen Menschen – auf dann, kehret schnell zurück [SHi]

Die Opposition Berg ↔ Dorf/menschliche Siedlung schützt den Gedicht-Sprecher, der die Erkältung in die Berge, Sphäre der Dämonen und Unreinheiten, zurückschickt.

[21]
Die heisere Stimme

[22]
Eiternde Ohren

[23]
Schnittwunden

[143] Jemandem, der an Hals- und Schulterkrampf gleichsam zu sterben droht, Hilfe bringen.

Viele Menschen leiden unter Krämpfen. Nicht erkennend, dass es sich [nur] um einen Krampf handelt, gibt man solche Menschen leicht verloren. Man sollte jedoch vielmehr mit einem Schwert den oberen Teil der Schulter verletzen und die Stelle zum Bluten bringen – die Person wird wieder ihrer Sinne mächtig und geheilt werden. Wenn wirklich Eile geboten ist, bringe man die Stelle durch einen Biss mit den Zähnen zum Bluten [H].

[144] Gegen Krämpfe.

Hierzu streiche man fein pulverisierte Kerne vom [Berg-]Pfeffer auf die schmerzhafte Stelle. Auf Reisen ist dies ein äußerst wertvolles Präparat, das man auch mit reinem heißen Wasser einnehmen kann [Q/4].

[*Colic zu stillen*] [MANA]

[145] Heilung von Lähmung.

Man nehme nach Süden gewachsene Wurzeln des Maulbeerbaums, wasche sie gut, trockne sie an der Sonne, zerkleinere sie und brühe sie auf; dann zerkleinere man die Exkremente von Seidenraupen [*sansha*] und mache daraus Pulver; wenn man dies zusammen mit dem Sud aus den Wurzeln des Maulbeerbaums von Zeit zu Zeit anwendet, so wird auf wunderbare Weise bei jeglicher Lähmung Heilung eintreten. Bei der Herstellung des Präparats sollte aber jeder Kontakt mit Unreinheiten vermieden werden [K] [Q/4].

[146] Wundermittel gegen Lepra.

Man gebe Kiefernharz in Wasser, knete es zwanzig Mal und forme dann mit Honig Pillen von der Größe von Pfeffer-Körnern und nehme dann je zwanzig Stück auf leeren Magen in heißem Wasser ein: nach einiger Zeit wird die Wirkung eintreten. Alles Salzige aber ist zu meiden.

Nach einer anderen Methode verrühre man Kalk in Wasser, lasse den Kalk sich absetzen, brühe dann dreißig Lotus-Blätter auf und bade sich darin jeweils einmal alle fünf, sechs Tage ca. einen halben Tag. Eine andere Methode: man brühe Pfefferminze und Katzenminze [*nepeta japonica*] auf und mische in diesen Aufguss Eisenkraut [*baben-sō*], etc. [Q/4].

[147] Hilfe bei Lumbago.

In der üblichen Weise bereite man einen Sud von Holunder und Süss-Holz auf – wie stark auch immer die Schmerzen seine mögen, sie werden schnellstens verschwinden. Oder aber man bade in einer Mischung aus Pfeffer und Salz in lauwarmem Wasser bis zur Taille. Mit einer *yukata* über dem Bottich sitzend, Skrotum und Hoden gut mit Baumwolle oder Seide umwickeln und im halben Sitzbad erwärmen: die *yukata* verhindert, dass man durch den Pfeffer Hustenreiz bekommt [Q/4–16].

Ein anderes Verfahren: am fünfzehnten Tag des siebten Monats morgens – noch vor allen anderen – Wasser aus einem Brunnen schöpfen, mit *udon*-Nudel-Mehl in der Größe von Seifenbeeren Pillen formen und diese einnehmen [Q/4].

[148] Berühmte Therapien bei Koliken [K].

Moxibustion ————————

[149] Was das menschliche Leben zusammenhält, sind die [Lebens-]Geister [*ki*] und das Blut. Für die gewöhnliche körperliche Gesundheitspflege ist es am wichtigsten, den Yang-Geist zu unterstützen und das Wechselspiel von Lebensgeistern und Blut zu regulieren. Wenn diese Geister blockiert sind, wird es an Yang-Elementen fehlen, und auch an Blut, und letztlich werden dadurch allerlei Krankheiten entstehen. Um den rechten Kreislauf aufrecht zu halten, gibt es nichts Besseres als die Moxa-Therapie – selbst gesunde Menschen wenden diese von Zeit zu Zeit an. Im Nachfolgenden, auch für Laien verständlich, die Vital-Punkte, an denen Moxa anzusetzen sind [Q/4]. Vgl. Abb. (24)

[150] Keine Moxa setzen an den Tagen des „Pferds"? [S/18]

[151] „Vier-Blumen" Moxa setzen.
An vier Stellen auf dem Rücken angesetzt, wirkt diese Moxibustion gegen Tuberkulose, Depression, Schwäche [Q/4] Vgl. Abb. (25)

[152] Das „Bambus-Stangen-Reiten".
Man setze den Kranken auf eine Bambus-Stange, die von zwei Leuten hochgehoben wird: sobald die Füße des Kranken von der *tatami*-Matte abheben, richte man seinen Rücken gerade, lege dann den getrockneten Stengel [einer Reispflanze] an die „Schildkröten-Schwanz" [= über dem Anus] genannte Stelle, strecke dann den Rücken nach oben und mache dort, wo das Ende des Stengels ist, einen vorläufigen Punkt; von dort dann nach rechts und nach links je einen Zoll entfernt – dort ist genau die Stelle für das Ansetzen der Moxa, je vierzehn oder einundzwanzig Stück. Dies wirkt bei Dermatosen, bei Lähmung, Gicht oder auch Karfunkel [ibid.]. Vgl. Abb. (26)

[153] „Dämonen-Heulen".
Dieses Verfahren ist wirksam bei Besessenheit durch Dämonen oder Füchse, bei Schreckhaftigkeit, Epilepsie oder Verwirrung. Man falte beide Hände und binde sie an den Daumen zusammen. Am Nagelansatz [beider Hände] setze man an vier Stellen eine Moxa – diesen Vorgang wiederhole man sieben bis vierzehn Mal [ibid.] Vgl. Abb. (27)

[24]
Moxa-Punkte bestimmen

[25]
„Vier Blumen"-Moxa

[26]
Bambus-Stangen-Reiten

[154] Vital-Punkte am Handgelenk und oberhalb des Handgelenks.

An diesen Stellen wird eine Moxa angebracht gegen Brechruhr, Fieber-Erkrankungen oder Schweiß-Ausbruch, unaufhörlichen Brechreiz, Brustschmerzen, Verkrampfungen des Ellbogens, rote Augen, trockenen Mund, Entzündungen an der Brust oder in der Achselhöhle [ibid.]

[155] Verschiedene Moxa-Punkte von der Wirbelsäule aus gerechnet, gegen Hals-Beschwerden, Erbrechen, Schleimauswurf, schlaffe Beine und Arme, Schluckauf, Reizbarkeit, Abmagern, etc. [ibid.] Vgl. Abb. (28)

[156] Lungen-Tuberkulose heilen.

Hierzu nehme man mit einem Strohhalm die Ausmaße des Betreffenden, von der Hand-Innenfläche/Handgelenk aus gut bemessen bis zum Ende [der Finger], wiederhole dann dieses Verfahren mit abgebogenen Fingern. Die so gewonnenen Werte bestimmen die Stelle auf dem Rücken, wo eine Moxa angebracht werden soll [K].

[157] Heilung per Moxa.

Man verkohle eingelegte drei Jahre alte Auberginen, zerkleinere sie, wärme die Moxa in heißem Wasser, streiche Sesam-Öl auf und setze darauf die Moxa [B].

[158] Tabu-Tage und -Monate für Moxa-Setzen.

Im Frühjahr ist es der Akupunktur-Punkt „Neun" [*kyū-yu*], der zu meiden ist, im Sommer die „Fünf", im Herbst die „Drei", im Winter die „Vierzehn" und während der Hundstage die „Elf".

In den darauf folgenden Notizen werden die Tierkreiszeichen des Geburtsjahres mit bestimmten Tagen des Jahres als Tabu-Tage in Verbindung gesetzt: z. B. falls jemand, im Jahr der Ratte geboren, am Tag des Pferdes im zweiten Monat eine Moxa anwendet, wird er innerhalb von drei Jahren sterben; andere wieder innerhalb von zehn Jahren oder auch sofort auf der Stelle, etc. Diese in Nagasaki überlieferte chinesische Tradition hat man an zum Tode Verurteilten ausprobiert und festgestellt, dass es sich absolut so verhält.

In einem weiteren Verfahren sind die Monate aufgeführt, an welchen bestimmte Tage – für jedes Jahr gültig – tabu sind, und dies ohne Unterschied für einen Mann oder eine Frau [K].

[159] Moxa gegen Warzen.

Hierzu verkohle man die Haare eines Hasen, löse sie in Sesam-Öl auf und streiche sie auf die Warze [L].

Neurologie ─────────

[160] Wenn jemand plötzlich ohnmächtig wird, dabei seinen Mund fest geschlossen, die Augen aber starr offen hält, so blase man ihm Pulver von Eidechsen-Schwanz [*saururum chinensis*] in die Nase: er wird zu niesen anfangen und wieder zu sich kommen [P].

[27]
„Dämonen-Heulen"

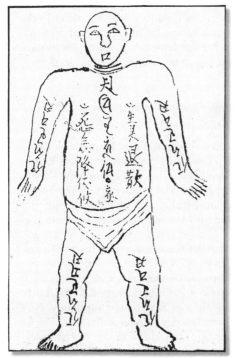

[28]
Moxa-Therapie-Anleitung

[29]
Einen Fluch abwenden

[161] In einem Anfall von Panik seine Sinne verlieren.

Man blase einer solchen Person einen Löffel voll Gleditschie-Pulver in den Mund oder in die Nase: selbst wenn sie schon tot erschien, wird sie so wieder zum Leben erwachen [O].

[162] Bei plötzlicher Geistesverwirrung lege man die Person auf den Rücken und spritze ihr kaltes Wasser ins Gesicht – auf wunderbare Weise wird sie wieder zu Sinnen kommen [I].

[163] Einem anderen Rezept nach setze man, bei Männern wie bei Frauen, an die Stelle, wo der Fuß-Nagel der großen Zehe herauswächst, drei Moxa pro Tag, man kann aber auch bis sechs oder sieben gehen, sollte sie aber nach Süden gewandt anbringen. Bei Frauen in der Monatsregel sollte man zuerst eine umfassende Reinigung vornehmen und dann die Moxa anbringen. Dieses Verfahren kann mit großem Erfolg angewendet werden bei Schwäche, Ermattung, Schwindel, Kopfweh, matten Augen oder Cholera [K].

[164] Wieder zu Sinnen kommen.

Gut, für heute noch – schicke ich Euch nicht zurück – so meine Absicht – jedoch jetzt, macht schnell, zurück – weg in Eure Wohnstätte [SH]

In einer Variante zu diesem Gedicht – handelt es sich ursprünglich um ein altes Liebes-Gedicht? – findet sich als Adressat dieser Formel ein „Unglückbringer" [*uki-hito*], der das Herz des Sprechers mit Enttäuschung und Traurigkeit verwirrt. Der Hintergrund dieser Zeilen verweist auf die Natur der japanischen *kami*-Gottheiten: verehrt und gefürchtet gleichermaßen. Im Imperativ: „zurück" erscheint klar die Vorstellung, dass das Übel [oder die Krankheit] von außen herangetragen wurde, und dass man es wieder an den Ausgangspunkt zurücksenden kann. Das Konzessivum [„zwar hatte ich … aber"] ist in magischen Gedichten ein Mittel, den darauf folgenden Imperativ zu verstärken.

[165] Idem.

Jetzt verjagen wir – an den sieben Untiefen – die Unglücksbringer – ab heute und für immer – kehret nimmer hier zurück [Ibid.]

Wie in vorstehendem Gedicht auch, ist der Adressat dieser Formel eine *kami*-Gottheit, die als Urheber der geistigen Verwirrung gesehen wird. Der Reinigungs-Exorzismus an den Sieben Untiefen [*nanase no harae*] entwickelte sich in der Heian-Zeit und wurde monatlich oder zwei Mal im Monat von Yin-Yang-Meistern am Fluss Kamo-gawa [Kyōto] ausgeführt. Die Militär-Regierung in Kamakura führte diese Tradition weiter und bestimmte sieben Orte um die Stadt zur Durchführung dieses Rituals. Hierbei wurde ein aus Papier ausgeschnittener „Ersatz-Körper" [*hito-gata*], den der Kaiser zuvor berührt und so auf ihn alle Unreinheiten übertragen hatte, in einen Wasserlauf geworfen.
Der Gedicht-Sprecher stützt sich auf diesen „antécédent magique" der „Sieben Untiefen-Reinigung". Bis zu welcher Zeit ein solcher Reinigungs-Ritus wirklich ausgeführt wurde, ist nicht klar, aber eine analoge Tradition ist aus dem Volksbrauchtum bis in neuere Zeit bekannt, nämlich das rituelle, kollektive „Reinigungs-Bad in sieben Wasser-Läufen" [*nanase-gori*], das von der Dorfgemeinschaft in Zeiten von Epidemien ausgeführt wurde.

[166] Überragende Methode, einen Geistesverwirrten innerhalb von fünfzehn Tagen zu heilen, oder auch jemanden von Fuchs-[Geist-]Besessenheit zu befreien oder ihm beim Auftreten von Blutklumpen Hilfe zu bringen.

Man nehme hierzu, je nach Krankheits-Symptom, in unterschiedlichen Mengen, eine Medizin ein, bestehend aus Rötel [*taisha-seki*], *hazu* [*croton tiglium Linné*] und Aprikosen-Kernen. Dies alles verknete man gut mit Reis-Leim und nehme davon in der Morgendämmerung, zur Stunde, da die Vögel noch schlafen. Dem Kranken ziehe man dickes Bettzeug an und lasse ihn schlafen. Am folgenden Tag, von der vierten Stunde an, wird Durchfall einsetzen, ca. zehn Mal pro Tag. Alle fünf Tage jedoch solle man jeweils eine Weile aufstehen und drei Mal dieses Medikament einnehmen – die Symptome werden innerhalb von fünfzehn Tagen abklingen [H].

[167] Einen Fluch zurücksenden.

Seit der Götter Zeit – gilt ein Pfeil, den man umkehrt – als furchterregend – jetzt schieß' ich ihn ab, zurück – zu dem, der auf mich zielte [KIT]

Die japanische Mythologie berichtet von verschiedenen Gottheiten, die aus den „hohen Himmelsgefilden" auf die Erde herab, nach Izumo, gesandt wurden, um von der dortigen Gottheit die Abtretung des Landes an den Enkel [Ninigi] der Sonnen-Gottheit zu erhalten. Doch keiner dieser Botschafter kehrt in die Himmels-Ebene zurück, so auch Ame-waka-hiko nicht, der überdies einen mit den Befehlen der Gottheiten beauftragten und auf die Erde geschickten Fasan per Pfeilschuss tötet. Dieser Pfeil fliegt hoch bis zu den Gottheiten, die ihn aber zurückschleudern und so Ame-waka-hiko töten.

Einen Fluch zurücksenden ist Teil von Riten, die auf die Unterdrückung böser Geister, Dämonen, Feinde oder auch von Personen anzielen, die verdächtigt sind, Verwünschungen und Unheil verursacht zu haben. Unter Zuhilfenahme verschiedenerlei Geräte [Schwert, Seil] verwirklicht der Exorzist eine mystische Vereinigung mit [buddhistischen] Gottheiten [Fudō myōō, Marishi Ten], rezitiert magische Formeln und bedroht – manchmal mit Pfeilen – [Papier-]Abbildungen der verdächtigten Person, die, symbolisch gefesselt und zerschnitten, Ziel der Verwünschung ist.

[168] Idem.

Ungestümer Geist – der Du mir jahraus, jahrein – Schaden hast gebracht – jetzt aber entferne Dich – geh zurück in Deinen Schrein [Ibid.]

Dies ist eines der bekanntesten Gedichte in diesem Zusammenhang, das mit Varianten in zahlreichen Dokumenten aufgeführt ist. *Ara-misaki*, der raue ungestüme Geist, bezeichnet am häufigsten den Geist, der einer Gottheit vorausgeht oder von ihr ausgeht. Im engeren Sinn ist *ara-misaki* ein bösartiger *kami*, der auch für Zwist zwischen den Ehepartnern verantwortlich gemacht wird. Vgl. Abb. (29)

[169] Jemanden von Fuchsbesessenheit befreien.

Man pflücke Hahnenkamm und unfruchtbare Reiskörner [*shiina-momi*] zur Stunde des Drachen am fünfzehnten Tage des siebten Monats, trockne sie im Schatten, pulverisiere sie, vermische alles zu gleichen Teilen und blase das Präparat in die Nase des [vom Fuchs] Besessenen [F].

[170] Um zu erfahren, ob Verzauberung durch einen Fuchs vorliegt, schaue man in einen alten Spiegel – die wahre Natur [des Betrachters] wird sich offenbaren [S/2].

[171] Eine Frau heilen, die, von Tier[-Geistern] besessen, mit sich alleine spricht, in plötzliches Gelächter ausbricht oder in Traurigkeit verfällt.

Man fülle hierzu Kiefernharz in einen Topf und brühe es auf, bringe es zum Schmelzen, gebe dann Rauschgelb hinein und vermische beides mittels der Krallen eines Tigers. Daraus forme man dann Pillen in der Größe von [Gewehr-]Kugeln und verbrenne sie abends in einem Korb. Darüber lasse man dann die Frau sich setzen und bedecke sie mittels einer Bettdecke so, dass nur der Kopf nach außen schaut. Noch bevor man drei Mal in dieser Weise vorgegangen ist, werden die bösen Geister unterdrückt worden sein.

Danach zerkleinere man Rauschgelb, Ginseng, *bōfū* [Art: Doldengewächs] [*siler divari-catum*], Beerentraube [*gomishi*] [*Schizandra chinensis*] und nehme sie mit Brunnenwasser ein – ein Löffel voll wird vollkommene Heilung bringen [O].

Zu den zahlreichen Tier-Schreien, die seit den Zeiten des *Manyōshū* als schlechtes Omen gedeutet wurde, zählt auch das Bellen eines Fuchses, dessen gefürchtete negative Folgen jedoch durch nachstehendes Gedicht entschärft werden können:

[172]   *Fuchs, Du rufst uns doch – siebenfaches Glück herbei – ist dies nicht der Fall – sollte Unheil Dein Ruf sein – sofort sei es unterdrückt* [SH]

Das Gedicht spielt offensichtlich auf die im *Ninnō-kyō*-Sūtra aufgeführten Sieben Glücks- und Sieben Unglücksfälle an.

[173] Besessenheit durch einen Fuchs.

    An der Umzäunung – Deines großen Heiligtums – am Berg Inari – schlage ich und klopfe laut – kami, erhör' mein Bitten [SH]

Nach alter Vorstellung kann eine der Ursachen geistiger Störung die Besessenheit durch einen Tiergeist, meist einen Fuchs sein. Der Berg Inari weist auf den großen Schrein des Inari in Fushimi [Kyōto] hin. Der grundlegende Agrar-Charakter der dort verehrten Gottheit erfuhr im Mittelalter beachtliche Ausweitung, die Gottheit war dann nicht nur für Fruchtbarkeit und Produktion, sondern auch für Handel und Reichtum zuständig. Die Etymologie des Wortes „Inari" – abstellend auf *ine*: Reis [oder *inu*: Hund?] und *nari/naru*: werden, wachsen – wie auch die des Ausdrucks *kitsune* für den Fuchs ist letztlich nicht klar; die Verbindung dieses Schreins mit dem Fuchs: *kitsune* als Bote der Gottheit beruht aber wohl auf einer phonetischen Assoziation mit dem Namen der dort verehrten Gottheit der Nahrung und Produktion, *Miketsu*.

[174] Idem.

    Fuchs, Du lebst und wohnst – auf dem Berge Asama – dort ist doch Dein Bau – tagsüber in Shinoda – nachts jedoch komm uns nicht nah [U]

Zum Toponym Shinoda gibt es zahlreiche Varianten. Der Berg Asama, im Osten von Ise [Präfektur Mie] ist in gewisser Weise das Allerheiligste des Inneren Schreins der Sonnen-Gottheit. Der Wald von Shinoda liegt in der Nähe des Ortes Kuzuha [Präfektur Ōsaka]. Einer Legende zufolge lebte dort eine Füchsin, die sich in eine schöne Frau verwandelte, mit welcher in der Hauptstadt Kyōto der Wahrsager Abe no Yasuna ein Kind zeugte, den später im ganzen Land berühmten Yin-Yang-Meister Abe no Seimei. Als jedoch ihre wahre Natur manifest wird, verlässt die Füchsin Kyōto mit einem Abschieds-Gedicht für ihr Kind, das dem Knaben nahelegt, falls er, von Sehnsucht geplagt, nach seiner Mutter suche, sich in den Wald von Shinoda zu begeben. Das Kind tut dies und erhält dort alle nötigen Anweisungen, die es ihm gestatten, der allseits berühmte Meister des „Wegs von Yin und Yang" [*on-myō-dō*] zu werden. Seine Mutter wird später als eine Manifestation der Gottheit von Shinoda erkannt.

Hintergrund dieses in verschiedenen Literatur-Genres vertretenen Themas der Fuchs-Frau ist wohl eine Erzählung, die im Mittelalter von wandernden Yin-Yang Spezialisten, die sich auf Abe no Seimei als Ahnen beriefen, tradiert wurde.

• • •

[175] Chrysanthemen gegen Kopfweh.

Man nehme Chrysanthemen-Blüten, trockne sie im Schatten und lege sie in das Kopfkissen – das Kopfweh wird so geheilt und die Augen werden klar, wie man sagt. Gleichermaßen gut sind auch Wurzeln und Blätter vom Kalmus [P].

[176] Ein für alle Mal Kopfweh beseitigen [ein Geheim-Verfahren des Tempels Eni-chi-ji in Tosa/=Präfektur Kōchi].

Es kommt vor, dass Menschen an chronischem Kopfweh leiden, das an den „Acht schlechten Tagen" [*hassen*, innerhalb des sechzig Tage-Zyklus] oder bei Jahreszeiten-Wechsel auftritt und nur sehr schwer zu heilen ist. Zwar ist dies hier eine streng geheime Methode, ich will sie aber doch aufzeichnen. Man zerkleinere Rhabarber [*dai-ō*], Gewürz-Nelke [*chōji*], Mutterwurz [*tōki*] [*ligus-ticum acutilobum*], Brenndolde [*senkyū*] [*cnidium officinale Makino*], Päonie [*shaku-yaku*] [*paeonia albiflor*a], jeweils in Sake eingetaucht. Eine Dosis nehme man dann nach dem Essen mit aufgebrühtem alten Tee ein. Beim Einnehmen schnüre man den Bauchgürtel sehr eng und schlafe eine Weile irgendwo angelehnt. Von der dritten Dosis an wird sich der Urin rot verfärben. Der Kranke aber wird auf wunderbare Weise sein ganzes Leben lang von Kopfweh frei sein [H/12].

> Im 60-Tage-Zyklus Kalender bleiben innerhalb der zwölf Tage zwischen Älterer Bruder des Wassers/Ratte [= 49. Tag] und jüngerer Bruder des Wassers/Wildschwein [= 60. Tag], nach Abzug der vier „Zwischen-Tage" [*ma-bi*] [vgl. supra] → acht ungünstige, schlechte Tage [*hassen*] übrig, ein Phänomen, das sich sechs Mal im Jahr wiederholt.
>
> Enichi-ji ist ein Shingon-Tempel [Präfektur Kōchi, Distrikt Kami, Kagami-chō], in welchem eine elfköpfige Kannon verehrt wird.

Oesophagitis ──────

[177] Wundermittel gegen Oesophagitis.
[Unter den hierzu nötigen Materialien finden sich: Schicksalsbaum, Wasser, Strichninbaum, Benzoebaum, Lack, Weihrauch von guter Qualität, erstklassiger Tee, Pfennigkraut, Mandeln, Kandiszucker, Süssholz und Ingwer] [L].

[178] Speise bleibt im Hals stecken.
In diesem Fall empfiehlt es sich, Salz auf die Ess-Stäbchen aufzutragen und abzuschlecken. Wenn Reis mit Tee vermengt [*cha-zuke*] stecken bleibt, so wird er sich nicht leicht mit warmem oder kaltem Wasser lösen – man sollte deshalb Essig trinken [Q/3].

[179] Rettung für jemanden, dessen Hals sich durch Schwellung verengt, der deswegen in Atemnot gerät und zu sterben droht.
Man karbonisiere die Wurzeln von Stachel-Lattich [*chisa*] [*lactuca scariola*], gebe sie in eine Teeschale, zerkleinere sie gut und blase sie dann mittels eines Bambus-Rohrs in den Hals der betreffenden Person – augenblicklich wird Erleichterung eintreten. Dies ist eines der allergeheimsten Rezepte, das man nicht leichtfertig abtun sollte.
Ein Hals-Verschluss ist eine gefährliche Situation, bei welcher gewöhnliche Medikamente nicht leicht wirken. Ich erinnere mich, dass durch vorstehendes Verfahren mehrere hundert Menschen gerettet wurden – dies ist wahrlich eine Medizin der *kami*-Gottheiten zur Hilfe in der Welt. Eine analoge Wirksamkeit ist auch bei einer durch ein Geschwür verstopften Nase zu beobachten [E].

[180] Um Schluckauf zum Stillstand zu bringen, schreibe ein Mann in die linke, eine Frau in die rechte Hand drei Mal das Zeichen „Hund". Eine andere Möglichkeit: über der Zunge schreibe man, ohne sie zu berühren, mit einem kleinen Messer die Zeichen *nyo-ze-kū* [„dies, wahrlich, ist die Leere"] [E].

> Anlehnung an die Eingangs-Formel von Sūtren: *nyo-ze-ga-mon* – „so hörte ich sagen"?

[181] Magie gegen Schluckauf oder Niesen [S/18].

Ophtalmologie ──────

[182] Einen Fremdkörper aus dem Auge entfernen.
Man verkohle hierzu die Kerne von [*yuzu*-]Zitronen und lege davon ein wenig auf die Zunge: auf wunderbare Weise wird der Fremdkörper aus dem Auge verschwinden [E].

[183] Idem.
Hierbei streiche man etwas von der Vogelmiere [*hakobe*] [*steelaria media*] an die Spitze eine Papierfadens und bringe diesen ins Auge. Völlig schmerzlos wird sich der Wirkstoff im Auge verteilen und in kürzester Zeit den Fremdkörper

ausscheiden. Dieses Medikament kann auch mit Erfolg bei Albuginitis [*haku-maku*], Ischemia, etc. verwendet werden [Q/4].

[184] Wenn Staub ins Auge gedrungen ist, so klappe man mit den Fingern das Augenlid hoch und spucke dann kräftig aus – der Staub wird ausfallen. Das gleiche Ergebnis wird erreicht, wenn man den Speichel herunterschluckt und danach dieses Verfahren einschlägt [H].

[185] Wenn die stacheligen Hülsen von Reis oder Getreide ins Auge gekommen sind, lege man ein frisches Tuch auf das Auge, fange dann die lebende Larve eines [Mist-]Käfers, und streiche damit über das Tuch: die Hülsen werden sich an das Tuch heften und so verschwinden [I].

[186] Zauber gegen Gerstenkorn im Auge.
Hierbei hilft: drei Male das Zeichen „Pferd" auf den Nagel der großen Fuß-Zehe auf der Seite schreiben, auf welcher sich im Auge das Gerstenkorn gebildet hat – Heilung tritt in wunderbarer Weise ein [K].

[187] Staub in den Augen.

Diesen Tümpel hier – trübt keinerlei Verschmutzung – so hab ich gehört – völlig ohne Nutzen ist – der Staub in meinem Auge [CHU]

Dieselbe Idee eines klaren Wasserspiegels findet sich auch in nachstehendem Beispiel [infra Nr. 193], das einen bekannten Krieger, Kagekiyo, zum Mittelpunkt hat.

[188] Augenleiden heilen.
Man vermenge und presse durch ein Seidentuch Malweiß, Alaun und Borneol, so viel, wie eine Muschel fasst, und wende dieses Präparat fünf, sechs Mal am Tag an – die Wirkung ist wunderbar [E] [Q/4].
[*Augen-Geschwulst und Schmertzen zu mindern*] [MANA]

[189] Hornhaut-Verletzungen.
Wenn man bei Verletzungen des Auges plötzlich Sterne sieht, verknete man den Kopf einer Fliege zusammen mit weich gekochten Reis-Körnern und Muttermilch und bestreiche damit die Augen [Q/4]. Nach einem Schlag aufs Auge sollte man rechts oder links von dem wehen Auge eine Moxa anbringen [K].

[190] Rot entzündete Augen heilen.
Man lege hierzu Salz auf eine Geldmünze, verbrenne beides, und lege die so verbrannte Münze in Essig; danach nehme man sie heraus, mache aus Seide einen Faden und streiche damit den Saft in die Augenlider: augenblicklich wird Heilung eintreten [I].

[191] Um klare Augen zu haben, trinke man ein Gemisch aus Süß-Holz, Gänsefuß oder getrocknetem, aufgebrühtem Taschenkraut [K].

[192] Augen-Krankheit.

Die Augen-Trübung – schnell hellt sie sich wieder auf – im Tempel Iō – dies hier ist der berühmte – Ichibata Yakushi [CHU]

Der Rinzai-Tempel Ichibata Yakushi in der Präfektur Shimane, in der Heian-Zeit Iō-ji genannt, ist einer der bekanntesten Orte, zu denen man pilgert, um Augenleiden zu heilen. Das vorstehende Gedicht, neueren Datums, wird wohl von den Mitgliedern einer Pilgergemeinschaft, mit der Verehrung des Yakushi von Ichibata im Mittelpunkt, rezitiert werden.

[193] Idem.

Der Teich Ikime – sein kristallklares Wasser – wie ein Spiegel, rein – niemals wird er sich trüben – bis ans Ende aller Zeit [U]

Der japanische Text dieses Gedichts birgt mehrere *kake-kotoba* und Assonanzen. Der „klare Wasser-Spiegel", *kage-kiyo-[ki]* verweist auf den berühmten Krieger der späten Heian-Zeit Taira no Kagekiyo, auch Aku Shichibyōe Kagekiyo hin, dessen Leben und Sterben sehr bald schon von Legenden umgeben wurde. Er kämpfte auf Seiten der Heike [Taira] und wird im *Heike-monogatari* für seine Stärke gerühmt, während andere mittelalterliche Kriegs-Epen – wie z. B. das *Genpei-seisui-ki* – ihn eher für seine Geschicklichkeit auf der Flucht rühmen. Kagekiyo hat einen festen Platz in der mittelalterlichen Literatur, vor allem im Nō. Im *Daibutsu-kuyō* verliert er den Kampf gegen [Minamoto no] Yoritomo, kann sich aber in Sicherheit bringen. Ein anderes Nō-Stück, *Kagekiyo*, lässt ihn, erblindet, in Kyūshū leben, wo seine Tochter ihn aufsucht. Kyūshū, wäre das ein Indiz für den Fluchtort der geschlagenen Heike-Krieger?

In der *kōwaka-mai* Ballade gleichen Namens [*Kagekiyo*] werden seine Fähigkeiten zu fliehen [*nige-jōzu*], aber auch die wunderbare Hilfe der Kannon, die ihn vor dem Tod bewahrt, betont. Von seiner Mätresse, einer Kurtisane vom Kiyomizu-Tempel [Kyōto] verraten, flüchtet Kagekiyo zu seiner Frau nach Atsuta [Präfektur Aichi], muss sich aber letztlich selber stellen. Im Augenblick seiner Hinrichtung nimmt der Bodhisattva Kannon seinen Platz ein, worauf Minamoto no Yoritomo, der Sieger über die Taira, von diesem Wunder beeindruckt, Milde walten lässt. Aus Dankbarkeit – oder um nicht mehr seinen ehemaligen Gegner von Angesicht zu sehen – habe sich Kagekiyo die Augen herausgerissen und damit gleichzeitig auf die Möglichkeit, Rache zu nehmen, verzichtet.

Sein Grab ist der Überlieferung nach in Miyazaki [Kyūshū], wo seine Augen im Ikime-jinja Schrein aufbewahrt werden. Ein anderer kleiner Schrein wurde in Atsuta errichtet, und an beiden Stellen quillt ein wunderbares Wasser, das, so heißt es, bei Augenkrankheiten hilft.

Einer Überlieferung nach gab es früher am Berg Haguro in Dewa [Präfektur Yamagata] blinde Mönche, die Kagekiyo als ihren Ahnen verehrten. Die im Land verstreuten zahlreichen Stätten, Kagekiyo-Brunnen oder Kagekiyo-Haus, werden als Indiz für diese wandernden blinden Mönche verstanden. Doch welche Verbindung besteht zwischen Kagekiyo und den Blinden? Sein Name bedeutet „klar sehen" – Hoffnung aller Blinden; aber auch der Name seines Zufluchtsortes in Kyūshū, Hyūga < Hi-muka: „der Sonne zugewandt", könnte eine solche Verbindung unterstreichen. Möglich, dass die Beziehung von Kagekiyo zu den Blinden auch die Legende um den Teich Ikime bestimmt. Kagekiyo, hasserfüllt gegen Yoritomo [oder die Minamoto]: man denkt unwillkürlich an die [blinden] Biwa-Mönche, deren Aufgabe es war, die Totengeister der unglücklich Unterlegenen [Taira] zu befrieden oder – allgemeiner – als Medium zu Totengeistern zu fungieren. Kagekiyos anderer Name, Aku Shichibyōe [„der Schlimme"], rückt ihn in die Nähe von Zorngeister, *akuryō*, d. h. von denen, die eines kläglichen Todes gestorben sind.

Was nun das junge Mädchen bei der Suche nach seinem Vater angeht, so ist sein Name, Hitomaru, in einigen Gegenden Kyūshū der einer einäugigen Gottheit, und das Verhältnis Vater–Tochter wäre somit unter dem Blickpunkt des Verhältnisses zwischen einer einäugiger Gottheit und ihrem Medium zu sehen.

Ein bekannter Volkskundler hat für die über das ganze Land verstreuten Gedächtnis-Stätten Kagekiyos eine originale Erklärung: es handle sich hierbei um die Spuren wandernder Kurtisanen: *Kagekiyo* ergibt in der Tat, in sino-japanischer Lesung → *keisei*: Kurtisane.

Unter den verschiedenen Praktiken, die das Volksbrauchtum bis in neuere Zeit tradiert hat, sei nur die erwähnt, die kraft Verbal-Magie, jegliche Verwandtschaft zwischen der Krankheit und dem Menschen negiert: „Kein wehes Auge bei mir, ich bin doch nicht Dein Vetter" (KY). Abhilfe kann auch die simulierte Verwechslung zwischen einem Gerstenkorn und einer Mungo-Bohne sein: „Ich dachte, es wäre eine Bohne, aber es war nur ein Gerstenkorn, das herausfiel", sagt man und lässt eine Bohne in den Brunnen fallen [Ibid.].

Wieder andere Verfahren nehmen die Form einer Erpressung der Brunnen-Gottheit an: „Wenn du mich heilst, zeige ich Dir das ganze *miso* [Bohnenmus-] Sieb!" [Ibid.].

• • •

[194] Heilung von Nachtblindheit.

Man führe die an Nachtblindheit leidende Person abends an einen Ort, wo Sperlinge nisten, deute auf die Vögel und scheuche sie mittels einer Bambus-Latte auf. Sobald diese dann, aufgeschreckt, hochgeflogen sind, rezitiere man eine Formel [„Purpur-Fürst, ich gebe Dir meine Blindheit, Du, gib mir die Sehkraft wieder"] und wiederhole dies jeden Abend. Getestet und für wirksam befunden [I]. Vgl. Abb. (30)

• • •

[195] Unterscheiden, ob eine Brille aus Kristall oder aus Glas gefertigt wurde.

Wenn sie aus Kristall ist und man sie an die Zungenspitze bringt, so wirkt sie kalt und durchsichtig und es sind keine Adern zu sehen. Bei Glas jedoch ist dies nicht der Fall: auf der Zunge ist sie nicht kalt und bei Betrachtung zeigen sich Adern wie treibendes Wasser [Q/2] [B]. Vgl. Abb. (31)

[196] Erkennen, ob eine Brille aus Muschel oder echtem Edelstein ist [E].

Pädiatrie ——————

[197] Einen leblosen Säugling wiederbeleben.

Wenn ein Kleinkind in Ohnmacht fällt, einen starren Blick bekommt und wie leblos erscheint, und wenn keines der üblichen Wiederbelebungsmittel mehr hilft, dann mache man aus schwarz verkohlter, pulverisierter Viper [*go-hassō*] mit Lack einige Pillen und wende sie an [E].

[198] Die fünf [inneren, Magen- und Verdauungs-]Krankheiten [*go-kan*] des Kleinkinds.
Man nehme Mimose und asiatischen Wegerich, in Sake eingetunkt, danach
karbonisiert und auf einen gebratenen Aal gegeben, ein – ein Verfahren, das
von großer Wirksamkeit ist [Q/3]. Vgl. Abb. (32)

[199] Um weiße Pickel auf der Zunge eines Säuglings zu heilen, klebe man Feuerkolben [*tennan-shō*] dünn und zu Pulver gemacht, auf die Fuß-Sohle: die Pickel werden zurückgehen. Nach einem anderen Rezept [K] mache man das
verkohlte Ende eines Dochts aus Binsenmark zu Asche und trage es auf die
Zunge auf [K].

[200] Würmer im Körper der Kleinkinder sind während der ersten fünfzehn Tage
eines Monats nach oben gewandt, von Mitte bis Ende des Monats nach unten.
Deswegen sollte man vom fünfzehnten Tag an Süßholz aufkochen und nach
Ermessen gebrauchen. Dass die Würmer im Bauch alle fünfzehn Tage ihre
Lage ändern, ist merkwürdig, und vorgenanntes Verfahren ist ein sehr großes
Geheimnis [K].

[201] Ein Kleinkind, das nicht laufen will.
Man nehme von dem Reis am Kopfkissen eines Verstorbenen und gebe – noch
bevor das Begräbnis stattgefunden hat – dem Kind davon drei Mal zu essen:
es wird auf wunderbare Weise anfangen zu laufen [I].

[202] Bauchschmerzen.
Bei starkem Bauchweh, entzündeten und rot unterlaufenen Augen sollte man
auf jeder Hand je drei Moxa anlegen: selbst bei einem Erwachsenen werden
sie wirken [K].

[203] Säuglingsnahrung.
Anstelle der üblichen Nahrung gebe man ein Präparat aus Weiß-Dorn, Ver-
dauungsmittel [Getreidemehl, Mungo-Bohnen, Aprikosenkerne u. ä.], Schel-
lenblume, Haferkeime, geschälte Wurzeln und Stengel von *atractylodes ovata*
[*byakujutsu*], getrocknete Orangenschale, Stech-Palme und Süßholz. Hinzu
kommt Ingwer, wie üblich aufgebrüht. Man kann diese Zutaten auch zerkleinern und mit dünnem Leim zu Pillen formen, die man von Zeit zu Zeit einnimmt [K].

[204] Gegen das Sabbern der Säuglinge tauche man Eidechsen-Schwanz [?] [*hangeshō*] [*saururus chinensis Baill.*] sieben Mal in heißes Wasser, dörre ihn dann am
Feuer und mache daraus Pulver, das man mit Ingwer-Wasser einnimmt [K].

[205] Wenn der Säugling immer wieder die Muttermilch ausspuckt, dann brühe
man in der üblichen Weise Teufelszwirn [*ji-kotsu-hi*] in Wasser und gebe ihm
davon zu trinken [K].

[206] Kleinkinder nehmen gerne – durch das Wirken von Würmern bedingt – irdenes Geschirr in den Mund. Um Abhilfe zu schaffen, schabe man etwas ge-

trocknete Erde ab, zerkleinere sie, brühe chinesischen Goldfaden [*coptis chinensis*] auf, vermenge beides und mache daraus *mochi*-Klöße, die eingenommen werden [K]. Vgl. Abb. (33)

• • •

[207] Um der Schlaflosigkeit von Kindern vorzubeugen, lege man die Kopfknochen eines Murmeltiers [oder eines Maulwurfs] neben das Kopfkissen [O].

[208] Gegen nächtliches Weinen.
Entweder eine Dosis Feuerkolben, dünn in die Handfläche des Kindes eingerieben, oder ein magisches Zeichen in roter Farbe auf den Nabel des Kindes geschrieben, oder auch die Zeichen „älterer Bruder des Feuers/Tiger" in rot auf Papier geschrieben und neben das Kopfkissen gelegt – das Weinen wird auf wunderbare Weise aufhören.
Weitere Möglichkeiten: zu Asche verbrannte Aralie beim Stillen auf die Mutterbrust gestrichen oder zu Pulver gemachte Mutterwurz unter die Milch geben und so einflößen. Wirksam ist auch: etwas Erde aus der Mitte eines Wegs und aus dem Küchenherd, zerkleinert und mit frisch geschöpftem Wasser vermengt, zu trinken geben [K].

[209] Idem.
Man nehme vom Gras, das in der Lagerstätte eines Wildschweins wächst und lege es heimlich unter die Schlafmatte. Oder: man stecke Haare von einem Hund in einen tiefroten Beutel und lege diesen auf den Rücken des Kleinkindes. Oder: man nehme einen Klumpen von Kuhmist, und lege ihn unter den Sitz. Diese Gesten sollten aber vor der Mutter oder der Amme absolut geheim gehalten werden [O/48].

[210] Idem.
Aukube, so wie sie ist, zu Pulver machen und mit heißem Wasser einnehmen [E]. Die gleiche Wirkung wird erzielt, wenn man eine Folge von sechs magischen Zeichen auf den Boden des Herdes schreibt: das nächtliche Weinen wird auf wunderbare Weise aufhören [G].

[211] *Insel Awaji – Regenpfeifer verkehren – mit klagendem Schrei – wie viel schlaflose Nächte – für die Wächter der Grenze* [Ni]

Die Grenz-Barriere von Suma [= Distrikt Suma der Stadt Kōbe], schon gegen Ende der Heian-Zeit abgebaut, hat als *makura-kotoba* [„Kopfkissen-Wort"], als Epitethon ornans in die Poesie Eingang gefunden. *Chi-dori*: Regenpfeifer, hat schon im Manyōshū die Konnotation „zahlreich".

[212] Idem.

Dieses Euer Kind – wächst und schon kann es laufen – auf allen vieren – nehmt Euch dieses Kindes an – wacht über Kiyomori [MA]

Der Kaiser Shirakawa überträgt Taira no Tadamori die Sorge für seine schwangere Favoritin, Gion nyōgo: falls das Kind ein Mädchen sein sollte, würde der Kaiser es zu sich nehmen, falls aber ein Junge, solle Tadamori für seine [militä-

[30] Therapie bei Nachtblindheit

[31] Ist die Brille echt?

[32] Verschiedene Krankheiten [go-kan]
des Kindes

[33] Einfaches Tongeschirr

rische] Ausbildung Sorge tragen. Gelegentlich einer [kaiserlichen] Pilgerreise nach Kumano habe Tadamori durch den Oberstollen des vorstehenden Gedichts auf den heranwachsenden Jungen angespielt. Der Kaiser habe – immer nach dem *Heike-monogatari* [„Geschichte des Hauses Taira"] –, die Anspielung verstehend, mit dem zweiten Teil des Gedichts geantwortet.

Neben der im Namen von Tadamori steckenden Homophonie zu „beschützen" [*mori/moru*] drückt das Gedicht sicherlich auch eine funktionelle Analogie aus: Schutz des Kaisers Kind [durch Tadamori] → Schutz des Kindes vor den unheilvollen Machenschaften eines Fuchses, der vermeintlichen Ursache des nächtlichen Kinderweinens. Im *Ukiyo-monogatari* [„Geschichten aus dieser unserer Welt"] wird für die Edo-Zeit der Brauch belegt, das besagte Gedicht als Amulett für nächtliches Kinderweinen zu benutzen.

[213] Idem.

Bei dem alten Teich – von Sarusawa hört man – die Regenpfeifer – selbst wenn deren Kind nachts schreit – unser Kind hier, das schreit nicht [U]

Die für das nächtliche Weinen als verantwortlich angesehenen Füchse sind hier durch Regenpfeifer ersetzt; darüber hinaus schafft die Benennung eines [weit entfernt liegenden] Ortsnamens – Sarusawa oder [Variante] Ashihara – eine Trennung vom Sprecher und ein Vertreiben des Übels. Der Ausdruck einer expliziten Gegenüberstellung, hier zwischen dem Kind/Jungen der Vögel ↔ und dem Kind des Sprechers, ist ein in der Wortmagie häufig vorzufindendes Mittel der Verstärkung.

[214] Idem.

In dem Dorfe dort – in den dichten Schilfgräsern – hört man ihn bellen – Fuchs, Du, kläffe tagsüber – unser Kind, nächtens, schreit nicht [OMA]

Verstärkung der erhofften Wirksamkeit durch den doppelten Gegensatz: tagsüber ↔ nächtens, kläffen ↔ nicht weinen. Neben dem Kausalzusammenhang zwischen dem Schreien des Fuchses und dem nächtlichen Weinen des Kleinkinds erscheint hier folgende Analogie: so wie der Fuchs durch das nächtliche Schreiverbot „still" wird, so auch das Kleinkind. Auf diese Weise wirkt der an den Fuchs gerichtete Prohibitiv wie eine „Ätiologische Therapie" [vgl. a. Hamp 1961], die empirische Beobachtungen mit magischen Konzepten vermischt.

• • •

[215] Gegen Bettnässerei verkohle man die Eingeweide eines Huhns und nehme sie mit heißem Wasser ein: die Wirkung ist wunderbar [E].

• • •

Nicht überraschen kann es, dass über das Schicksal eines Neugeborenen [jap. „Rötling"] an Hand der verschiedensten Beobachtungen Prognosen aufgestellt wurden.

[216] Kräftiges Brüllen eines Neugeborenen weist auf langes Leben hin. Falls die Stimme aber zwischendurch versagt und dann wieder anhebt, so ist dies ein Zeichen für ein kurzes Leben. „Zerfließt" die weinende Stimme, so wird es das Kind schwer haben, zu wachsen. Auch eine tiefe Heul-Stimme deutet auf Schwierigkeiten in der Entwicklung hin.

Wenn im Nabel kein Blut steht, ist dies ein gutes Zeichen. Ein kleiner Nabel steht für ein kurzes Leben. Eine weiche körperliche Verfassung, so als ob es an Knochen fehlte, ist ein Zeichen für ein kurzes Leben. Kräftig, gesund, von heller Farbe und groß, ist Zeichen für langes Leben. Falls das Kind jemanden von der Seite her anschaut und die Dinge nicht richtig sieht, so ist es ein äußerst schlechtes Zeichen.

Falls das Blut zu Schweiß wird, wird das Kind viele Schwierigkeiten haben, und nur ein kurzes Leben. Falls es schwitzt, der Schweiß aber nicht wegfließt, ist es ein Zeichen für schwer erziehbar. Falls sein Urin, ausgepresst, wie Öl erscheint, wird es sich nicht entwickeln. Falls sein Kopf wie vierfach aufgespalten erscheint, ist es schwierig zu erziehen. Falls es häufig Arme und Beine bewegt, wird es Schwierigkeiten haben, erwachsen zu werden.

Schnell sitzen, schnell laufen, schnell kauen und schnell sprechen – das alles ist ein Zeichen für einen schlechten Menschen. Auch wenn die Haupthaare schlecht geordnet sind, zeigt dies, dass das Kind sich nicht recht entwickeln wird; Kinder, die wenig Haare haben, sind nicht folgsam. Solche, die am Hintern, in der Handfläche, an der Ferse keine Knochen entwickeln, werden sterben. Solche mit einem Fisch-Maul werden sterben, genau wie die, die zwischen den Schenkeln kein Fleisch ansetzen. Auch solche, die den Unterkiefer zerteilt haben, oder deren Hodensack herabhängt, ohne dass der Penis sich aufrichtet, u. ä. – sie alle werden sterben. Im Allgemeinen haben die, die im Kleinkind-Alter überragend und intelligent sind, Schwierigkeiten zu wachsen [L].

[217] Kinder, die sich gegen das Rasieren des Kopfes [*saka-yaki*] sträuben, nehme man mit ins öffentliche Bad, um dort die Tonsur vorzunehmen. Dabei sollte man auf den Kopf des Kindes Säuglingspuder [*tenka-fun*], in Sake gelöst, auftragen [S/3a]. Vgl. Abb. (34) (35)

Prolapsus ani ──────

[218] Medikament zur Heilung von *Prolapsus ani* [Q/4].

[219] Äußerst geheime Überlieferung zur Heilung von *Prolapsus ani* durch heiße Bäder [H].

Reanimation ──────

[220] Einen Strangulierten retten.
Hierzu sollte man auf keinen Fall das Seil durchschneiden; falls man es unbedacht durchschneidet, ist die Person in jedem Fall verloren. Man greife daher dem Betreffenden vom Rücken her unter die zwei Armen, so als wolle man ihn ein wenig aufrichten. Ein zweiter Helfer bringe irgendetwas herbei, das als Trittbrett dienen kann und besteige mit demjenigen, der den Erhängten umfasst, dieses Podest. Danach erst schneide man das Seil durch, einer der beiden ergreift den Körper des Opfers in der Nabelgegend und beide rufen dann *„ho!"*, drücken den Bauch [des Verunglückten] zusammen und heben

[34]
Ausrasieren des Kopfhaares [*sakayaki*] 1

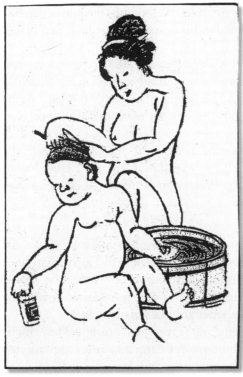

[35]
Ausrasieren des Kopfhaares [*sakayaki*] 2

die Person so hoch. Auf diese Weise nehme man ihn herab und mache, dass er die Beine ausstreckt.

Eine andere Methode: nachdem man das Seil gelöst hat, verstopfe man dem Opfer gründlich beide Ohren, führe ihm ein Bambusrohr in den Mund, durch welches dann mehrere Menschen abwechseln das Opfer beatmen. Man muss aber dabei beachten, dass der Mund das Rohr fest umschließt, so, dass kein bisschen Luft verloren geht. Wenn dann nach einem halben Tag das Opfer anfängt zu gähnen, höre man mit der Intubation auf.

Hat der Betreffende seine Sinne wieder gefunden, mache man einen starken Aufguss aus Zimt, lasse ihn davon trinken und gebe ihm dann, nach Ermessen, die Flüssigkeit aus einem *kayu*-Brei, womit man seine Kehle anfeuchten kann. Man kann ihm auch das Blut eines Hahnenkamms in den Mund tröpfeln, um den Hals herum auftragen, oder auch getrockneten Hühnerkot von der Größe einer Brustbeere, mit Sake vermischt, in Mund und Nase träufeln [Q/4] [S/17].

· · ·

[221] Einen Ertrunkenen wieder zum Leben bringen.

In einem solchen Fall löse man ihm schleunigst den Gürtel und setze auf den Nabel eine Moxa. Eine andere Methode: verkohlte Meise mit Wasser in den Mund einflößen. Innerhalb einer Stunde ausgeführt, wird die Person wieder zum Leben kommen [E].

Man ziehe den Ertrunkenen umgekehrt aus dem Wasser, lege ihn auf die Erde, umfasse ihn fest von hinten und entzünde vor ihm ein Feuer, so, dass der Rauch ihm ins Gesicht steigt: er wird alles Wasser ausspucken. Falls dies nicht eintritt, drücke ihm die Person, die ihn in den Armen hält, den Nabel [Bauch] nach oben.

Nachdem alles Wasser ausgespuckt wurde, reibe man alten Ingwer und streiche diesen auf die Eckzähne, zerkleinere Alaun und blase ihn in die Nasenlöcher. Falls kein Alaun zur Hand sein sollte, nehme man reichlich Essig. Sobald die Person wieder ins Leben zurückgekehrt ist, setze man auf ihren Nabel eine Moxa.

Nach einer anderen Methode lege man beide Beine hoch und streue Salz auf den Nabel – das Wasser wird von allein herauskommen, der Verunglückte wieder aufleben. Durch Schütteln das Wasser zu entfernen suchen, ist aber sehr schlecht [Q/4]. Vgl. Abb. (36)

[222] Idem.

Mit einem kleinen Messer öffne man den Mund des Ertrunkenen, stecke ein Ess-Stäbchen quer hinein und entleere so das Wasser. Dann ziehe man dem Verunglückten die nassen Kleider aus und setze auf seinen Nabel eine Moxa. Danach nehmen zwei Helfer je ein Bambus-Rohr und blasen damit dem Opfer in die Ohren – der Ertrunkene wird wieder zum Leben erwachen.

Oder aber: man biege die beiden Beine ab, setze den Verunglückten einem starken Mann umgedreht auf die Schultern, der dann zu laufen beginnt: das Opfer wird alles Wasser ausspucken und wieder aufleben.

Nach einer anderen Methode umwickle man etwas Gleditschia [*sōkaku*]-Pulver und verschließe damit den After. Nach einer Weile wird Wasser austreten und die Person wieder leben. Für dieses Verfahren vgl. das *Shou shih pao yüan* [*Jusei hōgan*] [S/17].

> *Shou shih pao yüan,* „Langes Leben durch Pflege des Ursprungs", ein Medizinwerk von Kung T'ing-hsien [1522–1619] der Ming-Zeit.

[223] Einen Ertrinkenden aus dem Wasser ziehen.

Hierzu umfasse man ihn von hinten und hebe ihn so hoch. Von vorne umschlungen, wird auch der Retter untergehen und ertrinken [L]. Vgl. Abb. (37)

• • •

[224] Im Rauch ersticken.

Diese Methode ist vor allem wichtig, wenn eine Feuersbrunst in der Nähe ausbricht. Man befeuchte dem Betreffenden das Gesicht kräftig mit Wasser – so wird er auch inmitten des Rauchs nicht ersticken [L].

[225] Um jemanden, der im Rauch erstickt ist, wieder zu beleben, flöße man ihm Rettich-Saft ein [E] [Q/4].

• • •

[226] Hilfe bei Ohnmacht.

Wenn die betreffende Person nicht mehr auf den Ruf ihres Namens reagiert, so klettere man auf das Dach des Hauses, decke einen Ziegel auf und rufe den Namen: auf wunderbare Weise wird der Betreffende wieder zu sich kommen [K].

[227] Wiederbelebung bei plötzlicher Ohnmacht.

Man presse hierzu den Saft von Pferde- oder Kuhmist aus und verwende ihn. Wenn kein frischer Mist zur Hand ist, löse man alten in Wasser auf [I].

Ruhr ———

[228] Medikamente gegen die Ruhr.

Man zerschneide fein die weißen Wurzeln von Lauch, vermische sie mit Reis und koche sie zu Brei, von dem man jeden Tag etwas esse. Gut ist auch, Wermut [*mogusa*] [*artemisia chinensis*] oder Ingwer in Essig aufzukochen und so anzuwenden.

Ein anderes Rezept bestimmt, japanischen Goldfaden [?] [*ōren*] [*coptis japonica*], Königswurz [*mokkō*] [*saussurea Lappa*] und Stinkesche [*goshuyu*] [*evodia rutaecarpa*], mit Sake oder dem Sud von Reis einzunehmen.

Was die Blutruhr [*ketsu-ri*] angeht, so pulverisiere man zu gleichen Teilen die Rinde vom Papier-Maulbeerbaum [*kōzo*] und Katzenminze [*keigai*] [*nepetae herba*] und nehme davon etwas mit Essig zusammen ein. Oder: man versenge gelben Jasmin [*kuchinashi*], pulverisiere ihn und nehme ihn mit frisch geschöpftem Wasser ein. Wenn frisches Blut abgeht, empfiehlt sich diese Methode.

Man kann aber auch die Kelche [*hozo*] von Lotus-Blättern aufbrühen und anwenden. Um Ruhr zu vermeiden, pflücke man indische Scheinerdbeere [*hebi ichigo*] [*duchesnea indica*], lasse den Tau vom Morgen des fünften Tages des fünften Monats darauf und trinke davon einen Schluck. Wie schwer auch immer in dem Jahr die Ruhr sein mag, man wird auf diese Weise vor einer Infektion verschont bleiben [L].

Das gleiche gilt, wenn man Granat-Äpfel verkohlt und frühmorgens am fünften Tag des fünften Monats mit Wasser, von welchem noch niemand geschöpft hat, trinkt: man wird sein Leben lang von Ruhr frei bleiben [Q/4].

[229] Technik um herbstliche Dysenterie abzuwehren.
Zu Herbstbeginn im siebten Monat nehme man, nach Westen gewandt, frisch geschöpftes Brunnenwasser und trinke damit sieben Mungo-Bohnen [O].

[230] Wundermedizin gegen Dysenterie.
Man nehme im Verhältnis 1:3 Eigelb mit reinem heißen Wasser und Ingwer ein [L].

[231] Karausche [*funa*] oder Wels [*namazu*] sind gut gegen Ruhr? [S/18].

Schlaganfall ————

[232] Methode, einen Schlaganfall zu vermeiden.
Man sammle hierzu frühmorgens am fünften Tag des fünften Monats die Früchte des Nesselbaums und nehme sie mit dem Wasser eines im Osten stehenden Brunnens ein [A].

Schwangerschaft und Geburt ————

[233] Schwangerschafts-Test.
Hierzu nehme man Beifuß [*yomogi*] ein, der in Essig getaucht, an eine Flamme gehalten und getrocknet wurde: schmerzt der Bauch, ist dies ein Zeichen für eine Schwangerschaft, im anderen Fall liegt keine vor [B] [Q/3]. Vgl. Abb. (38)

[234] Eine Schwangerschaft herbeiführen [Q/2].
[*Weibs-Person fruchtbar zu machen*] [*Weibs-Person daß sie um die Frucht kommen*] [*Schwangere Frauen zu machen*] [*Ein bewehrt Mittel, daß eine Frau schweres Leibes werde*] [MANA].

[235] Wenn der Leib der Schwangeren Schmerzen bereitet [Q/3].

[236] Medikament bei Wehen [Q/3].

[237] Blut-Ausfluss der Schwangeren [Q/3].

[238] Erkennen, ob ein Fötus lebt oder tot ist.
Hierzu betrachte man die Zunge der Schwangeren: falls sie blau-schwarz erscheint, ist das Kind im Leib tot. Desgleichen gilt, falls der Bauch unterkühlt ist [B].

[36]
Vor dem Ertrinken retten 1

[37]
Vor dem Ertrinken retten 2

[38]
Schwangerschafts-Test

[239] Medikament für den Fall, dass der Fötus im Mutterleib tot ist.

Man pulverisiere hierzu die verbrannte Erde unter der Asche im Küchenherd [kama-do] und nehme davon mit Sake zusammen ein. Diese Methode ist auch bei Querlagen und Fuß-Geburten zu empfehlen. Auch in Essig aufgebrühte Soja-Bohnen sind gut zum Einnehmen [Q/3].

[240] Erkennen, ob der Fötus dem Vater oder der Mutter ähneln wird.

Wenn ein Kind gegen Mittag geboren wird, so ähnelt es dem Vater, am Abend, der Mutter. Dies beruht auf dem Prinzip von Yin und Yang [B].

[Kinder das solche den Eltern gleich oder ungleich sind] [MANA].

[241] Zu wissen, ob es ein Mädchen oder ein Junge wird.

Wenn eine Schwangere unterwegs sich nach Süden hin fortbewegt, und, aufgerufen, sich dann nach links wendet und umdreht, so wird es ein Junge, wenn aber nach rechts, so ist es ein Mädchen. Ebenso verhält es sich, wenn die Schwangere auf die Toilette geht und wenn dann nach ihr gerufen wird – jedesmal geben rechts oder links Auskunft über die Geburt eines Jungen oder eines Mädchens. Weisen die Brüste Verhärtungen auf, so deuten die der linken Brust auf einen Jungen, die der rechten auf ein Mädchen. Dies ist ein Geheim-Test [B] [Q/2].

[242] Die Frage nach dem Geschlecht des Fötus wird durch Farbe beantwortet. Die Unterscheidung zwischen einer links oder rechts gelagerten Schwangerschaft betrifft nur die Höhergestellten, für das gemeine Volk ist dies unverständlich. Um unterscheiden zu können, beobachte man die Schwangere beim Laufen: wenn sie den linken Fuß vorsetzt und läuft, wird es ein Junge, wenn den rechten, ein Mädchen. Hellrot unter dem linken Auge, deutet auf einen Jungen hin, dasselbe Symptom beim rechten Augen, auf ein Mädchen.

Wenn im vierten oder fünften Monat der Schwangerschaft der Nabel hervortritt, wird es ein Junge sein. Dunkle Stirn, blaue Lippen, verschleierte Augen: es wird ein Mädchen [EZ/181].

[Wie es anzugehen / daß man nach eignem Belieben bald etwas männliches / bald aber etwas weibliches bekomme] Die rechte Seite / sowohl an Menschen und Viehe / ist die wärmeste / dahern eine Frau / alsdann ein Knäblein empfähet / wann sie die in sie gelassene Befruchtung auf der rechten Seite behält / geschiehet aber dergleichen auf der lincken / so wird es ein Mägdlein. Solches aber kan man augenscheinlich abnehmen an Thieren / die viele Jungen auf einmahl bringen [NZB].

[Wie man machen könne, dass entweder etwas Männliches / oder etwas Weibliches geboren werde] [...] Paramenides (hingegen) hat die Meinung gehabt, dass gegen Mitternacht Knäblein werden (...) gegen Mittag aber Mägdlein] [MANA]

[Knaben zu zeugen] [Weiber daß solche entweder etwas männliches oder weibliches hervorbringen] [Weiber daß solche schöne Kinder zeugen] [MANA]

[243] Zu gleichem Zweck finden auch verschiedene Orakel-Methoden mittels der chinesischen Trigramme Anwendung [E].

> Der auf die legendäre Tradition – Vermittlung durch einen dem Huang-Ho Fluss entstiegenen Drachen – zurückgehende Symbolismus der acht Trigramme, so wie sie das *„Buch der Wandlungen"* [*I-ching*] darstellt, beruht auf einem komplexen Wechselspiel von zwei Linien: die durchgehende entspricht dem Yang, die unterbrochene dem Yin; deren beider Anordnung in den Trigrammen definiert das kosmische Ordnungsprinzip aller Dinge.

Bei dem auf allen Gebieten des persönlichen und sozialen Lebens vorzufindenden Blick auf den Kalender, dessen Aussage alle Aktivitäten des täglichen Lebens bestimmte, nimmt es nicht Wunder, dass auch der Geburtsmonat einer Interpretation unterworfen und – Erbe des Buddhismus – mit dem Leben in einer früheren Existenz in Verbindung gesetzt wurde.

[244] Im **ersten** Monat Geborene haben in ihrem früheren Leben dem Buddha Weihrauch und Blumen geopfert oder auch einem Erdrosselten Beistand geleistet, weshalb sie im augenblicklichen Leben vom Himmel reich belohnt in Wohlstand leben und berühmt werden. Eheliche Beziehungen sind anfänglich wechselhaft, danach aber dann fest entschieden. Lediglich das älteste Kind wird nur schwer zu einer Stütze [der Familie] werden.

Im **zweiten** Monat Geborene haben früher tausend Sūtren-Abschriften dem Tempel geopfert: aufgrund dieser Verdienste werden sie von allen hoch geschätzt, haben Kontakt mit Adligen, haben Essen und Kleidung im Überfluss. Andererseits: da sie im Vorleben einen Ochsen getötet haben, werden sie sehr früh ihre Eltern verlieren. Auf den Kindern wird ein Fluch liegen und sie werden schwer erziehbar sein. Im gegenwärtigen Leben sollten sie Lebewesen beschützen und sich Wurzeln des Guten erwerben.

Im **dritten** Monat Geborene hatten in einem früheren Leben fünfzig Tee-Schalen von einem Tempel geliehen, diese aber nicht zurückgegeben, oder auch Kleidung von älteren Menschen ausgeliehen, ohne sie zurückzugeben. Als Vergeltung dieser Akte werden sie früh Eltern oder Geschwister verlieren. Solche Leute sollten dem Tempel Hausrat spenden oder alten Menschen Kleidung geben und so das schlechte Karma vertreiben.

Im **vierten** Monat Geborene haben in ihrem früheren Leben bei einem Tempel-Brand geholfen und sieben Exemplare des buddhistischen Kanons [*daizō-kyō*] vor den Flammen gerettet. Oder sie haben einen Alten, der von der Brücke zu fallen drohte, gerettet. Als Vergeltung besitzen sie in diesem Leben Reichtümer und Lehensgüter. Die in einem Jahr des Ratte oder des Ochsen Geborenen werden in immer größerem Glück leben und viele Kinder haben.

Im **fünften** Monat Geborene haben früher das Piedestal einer Buddha-Statue gestiftet und besitzen deshalb in ihrem jetzigen Leben [reichlich] Kleidung und Essen. Sie sind äußerst geschickt und sammeln von allen Seiten Geld und Schätze an, in einem langen Leben. Es gibt aber auch welche, die in ihrem früheren Leben einen streng die Gebote haltenden Mönch mit Sake und Esswaren dazu brachten, die Mönchsregeln zu übertreten, weshalb es jetzt vorkommen kann, dass sie von Frau und Kind getrennt sind.

Die im **sechsten** Monat Geborenen hatten in einer früheren Existenz das Gelübde getan, in einem Schrein zehn Zedern anzupflanzen, dies dann aber nicht eingelöst. Oder aber es gab welche, die von einem Tempel neun *shō* Öl ausliehen, ohne es zurückzugeben. Zur Vergeltung laufen sie in ihrem Leben vielerlei Gefahr und leiden an Augenkrankheiten. Sie sollten also die zehn Zedern anpflanzen und auch neun Maß Öl spenden. Vgl. Abb. (39)

Die im **siebten** Monat Geborenen erhielten in ihrem früheren Leben vom Lehnsherrn zehn Wagen Geld für Almosen, haben aber selbstsüchtig einen Rest behalten, was ihnen in diesem Leben unerwartete Verluste einbringen wird. Ihr Leben wird nicht nach Wunsch verlaufen, sie werden durch andere Provinzen reisen und viel Mühsal erleben. Auch Kindersegen wird ihnen fehlen. Solche Menschen sollten sich durch Mitleid Wurzeln des Guten schaffen.

Die im **achten** Monat Geborenen haben früher einmal Lebensmüde vom Tod errettet und erhielten deshalb in ihrem gegenwärtigen Leben genügend Kleidung und Nahrung. Andere aber, die von Mönchen Geld liehen, ohne es zurück zu geben, werden keine Kinder haben, ihren Lebensunterhalt zerstören – sie sollten also den Mönchen Geld spenden und so ihr Karma ausgleichen.

Die im **neunten** Monat Geborenen hatten früher seltene Kuchen und Blumen dem Buddha dargebracht oder auch Lebensmüde, die sich erhängen wollten, gerettet. Im augenblicklichen Leben haben sie im Überfluss Kleidung und Nahrung; aber zur Vergeltung dessen, dass sie von einem Tempel drei *shō* Öl ausliehen, ohne es zurück zu geben, werden sie früh von den Eltern [durch den Tod] getrennt oder auch an Augenkrankheiten leiden.

Die im **zehnten** Monat Geborenen waren in ihrem früheren Leben Jäger oder Fischer und werden deswegen in diesem Leben sehr früh von Eltern und Kindern getrennt werden. Da sie aber, alt geworden und verschiedenen Gefahren ausgesetzt, in dieser früheren Existenz auch 18 Liter Öl und tausend Geldmünzen den Mönchen gespendet hatten, werden sie reichlich ihr Auskommen haben und mit Geschicklichkeit von überall her Gold und Silber sammeln.

Die im **elften** Monat Geborenen [inhaltlich weitgehend mit dem Eintrag des fünften Monats identisch].

Die im **zwölften** Monat Geborenen waren in ihrem früheren Leben auf den Weg Buddhas gegangen, hatten aber beim Nachbarn Hühner gestohlen und auch gerne Fleisch gegessen. Aus diesem Grund haben sie kaum Nachkommenschaft, und wenn doch, so schwer erziehbare. Da sie das Licht vor der Buddha-Statue ausgelöscht haben, werden sie zur Strafe Augenkrankheiten haben. Solche Menschen sollten einem streng nach den Regeln lebenden Mönch Opfer darbringen, auf die Erhaltung von Leben achten und sich so Wurzeln des Guten schaffen [EZ/128]. Vgl. Abb. (40)

Eine analoge Folge von Text und Bild betrifft Tag und Stunde der Geburt [EZ]

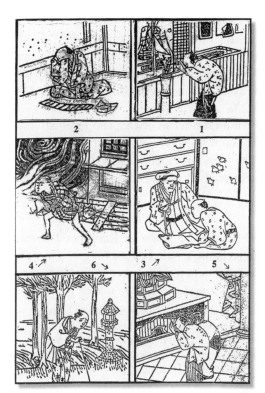

[39]
Das Schicksal der Neugeborenen
[Monate 1–6]

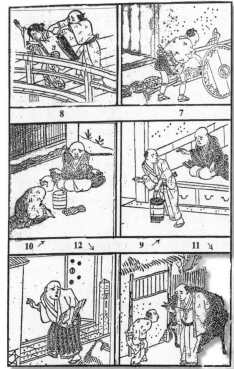

[40]
Das Schicksal der Neugeborenen
[Monate 7–12]

[245] Einen weiblichen Fötus im Mutterleib in den eines Jungen verwandeln.
Um dies zu bewerkstelligen, ziehe die Frau bis zum dritten Monat der Schwangerschaft die Kleidung, das Kopftuch oder die Kopfbedeckung des Ehemanns an und gehe am frühen Morgen drei Mal um den Brunnen. Danach spiegele sie sich in dem Brunnen-Wasser und betrachte ihren Schatten. Auf keinen Fall aber solle sie ein zweites Mal zurückschauen.
Die Formel, die man still für sich rezitiert, lautet in etwa: „Die Frau ist vom Element Yin, der Mann von Yang. Frauen bringen viel Unheil, Männer viel Glück". Danach schließe man den Brunnen mit einem Deckel, öffne ihn drei Tage lang nicht und schöpfe auch kein Wasser: mit absoluter Sicherheit wird das Neugeborene ein Junge sein [B].

[246] Idem.
Sobald die Frau erkennt, dass sie schwanger ist, sollte sie Rauschgelb in ein rotes Säckchen stecken und bei sich tragen: sie wird einen Jungen gebären. Und selbst wenn sie bereits mit einem Mädchen schwanger sein sollte, wird dessen Geschlecht umgewandelt und ein Junge zur Welt kommen [O].

> Das Ziel vorgenannter Praktiken war wohl die Sorge um den Erhalt der Familie durch einen männlichen Erben; wenn sicherlich auch generell wirtschaftliche Gründe mitgespielt haben dürften, so waren doch in der Edo-Zeit in vielen Fällen Mädchen die Opfer der überlieferten *mabiki*-„Auslese"-Praktiken, realiter der Kindstötung von Neugeborenen. Vgl. Abb. (41) (42)

[247] Einer unfruchtbaren Frau zur Geburt eines Jungen verhelfen.
Hierzu nehme man die Schnauze eines Tigers und befestige sie über der Tür des Wohnzimmers: ein Junge wird geboren werden [O].

• • •

[248] Was es bei einer bevorstehenden Geburt zu bedenken gibt [Q/3].

[249] Eine Frau, die vor der Entbindung steht, sollte bei Schmerzen im Leib, bei schwieriger Geburt, Querlage, Fuß-Geburt, aber auch falls die Plazenta nicht ausfällt, einen Aufguss aus Mutterwurz [*cnidium officinale*] einnehmen. Bei Problemen mit der Plazenta sollte man überdies Malven-Kerne, bei Nachwehen-Schmerzen Lerchensporn hinzugeben. Bei Blutandrang im Kopf, oder wenn das schlechte Blut nicht abgeht, wenn die Zähne sich ineinander verbeißen, oder wenn man sich kraftlos fühlt, sollte man Herzgespann beigeben [P].

[250] Medikament, um eine rasche Entbindung einzuleiten [Q/3].

[251] Geheime Methode bei schwerer, lang ausbleibender Entbindung.
Hier sollte man Pulver von Glimmer-Erde in warmem Sake auflösen und einnehmen: die Entbindung wird sofort eingeleitet werden [B] [Q/3].

[252] Wie kann man erkennen, ob eine leichte oder eine schwere Geburt bevorsteht?
Falls bei 13-, 19-, 25-, 31-, 37- und 43-jährigen Frauen die Geburt auf Neujahr fällt, so steht es schlecht um das Kind; falls aber auf den siebten Monat, um die

Mutter. Falls bei 14-, 20-, 26-, 32-, 38-, 44-Jährigen die Geburt auf den zweiten Monat fällt, ist es schlecht für das Kind, falls auf den achten Monat, für die Mutter.

In derselben Art und Weise ist für 15-, 21-, 27-, 33-, 39- und 45-Jährige der dritte Monat für das Kind, der neunte für die Mutter schlecht. Für 16-, 22-, 28-, 34- und 46-Jährige ist der vierte Monat für das Kind, der zehnte für die Mutter schlecht. Idem: für 17-, 23-, 29-, 35-, 41- und 47-Jährige ist der fünfte Monat für das Kind, der elfte für die Mutter schlecht. Und bei 18-, 24-, 30-, 36-, 42- und 48-Jährigen der sechste Monat für das Kind, der zwölfte für die Mutter schlecht.

Die vorstehenden Monate nennt man die „Todes-Monate": ein 18-jähriges Mädchen, das im sechsten Monat des Jahres entbindet, wird sein Kind verlieren, falls es im zwölften Monat entbindet, wird sie, die Mutter, selbst sterben. Eine Entbindung in vorgenannten Monaten verlangt deshalb größte Aufmerksamkeit, muss jedoch nicht immer mit dem Tod enden, sondern kann auch nur zu einer schwierigen Geburt führen [E].

[253] Bei schwieriger Geburt nehme man ein oder zwei Hühner-Eier in Bohnenmus aufgekocht zu sich oder aber gebe der Schwangeren vierzehn, fünfzehn Mal vom Speichel des Ehemannes zu trinken – auf der Stelle wird die Geburt einsetzen [I]. Nach anderen Texten verbrenne man einen Stampfer zur Herstellung von Medikamenten, vermische die Asche mit Sake und nehme dieses Gebräu ein [I].

Mit magischen Schriftzeichen arbeiten zwei weitere Verfahren:
[254] Eine schwere Geburt in eine leichte verwandeln.
Man schreibe auf ein Lotus-Blatt das Zeichen „Mensch" und gebe das zu trinken – es wird zu einer leichten Geburt kommen [O]. Oder: in ein Sake-Schälchen die zwei Zeichen *I-se* schreiben und mit reinem Wasser trinken [S/3a]. Vgl. Abb. (43)

In sehr eindrucksvoller Weise nutzt das folgende Gedicht das Wort *Ise* zur Sicherstellung einer leichten Geburt:
[255]   *Dies Kind aus Ise – in Ise geboren ist – und Ise verlässt – Ise! Ise! immerzu – Ise! Ise! immerzu* [GO]

> Möglich, dass hier eine Assonanz zwischen *Ise*, dem Heiligtum der Sonnen-Gottheit und dem Verb *izu/ide* [herausgehen → geboren werden] magisch genutzt wird. Aber der Aufruf des Großen Schreins der Sonnen-Gottheit in Ise kann natürlich auch auf den Mythos von Amaterasu und ihrem Austritt aus der Felsenhöhle [→ Mutterschoß und Geburt?] hinweisen und dadurch dem kommenden Kind den Weg ebnen.

[256] Eine geheimnisvolle Methode aus Japan für eine leichte Entbindung.
Auf eine zweigeteilte Sojabohne schreibe man auf die eine Seite das Zeichen <I> [von *Ise*] und auf die andere das Zeichen <se>, füge beides wieder zusammen und gebe dies mit Wasser zu trinken. Der Junge, der geboren

[41]
Nach der Entbindung

[42]
Mabiki-Kindstötung

[43]
Magie für eine leichte Geburt

wird, wird in der linken Hand, das Mädchen in der rechten diese Sojabohne halten. Vorstehende Techniken sind ein überaus wertvoller Schatz: man ziehe ihre Wirksamkeit nicht in Zweifel, sie wirken auf geheimnisvolle Weise [O].

[257] Einer Frau, die mehrere Tage lang nicht entbinden kann, auf der Stelle eine leichte Geburt ermöglichen.

Hierzu zerteile man einen Pfirsich-Kern in zwei Teile, schreibe auf einen davon das Zeichen <möglich>, auf das andere das Zeichen <herauskommen>, füge beides wieder zusammen und gebe es [der Schwangeren] zu trinken: die Geburt wird augenblicklich einsetzen [O].

[*Geburt befödern*] [MANA].

[258] Zu Gleichem eine andere mysteriöse Methode.

Man nehme eine mit Kuhmist vermischte Sojabohne, schneide sie auseinander und schreibe auf die eine Hälfte das Zeichen „Vater" und auf die andere das Zeichen „Kind", füge dann beides wieder zusammen, umwickle es mit Papier und gebe es mit Wasser der Mutter zu trinken: sie wird auf der Stelle eine leichte Geburt haben [O].

[259] Eine leichte Geburt.

> *Ganz ohne Problem – dieses noch so junge Kind – eine Kirschblüte – gebt es mir in meine Hand – leicht setz' ich es in die Welt* [SHi]

> *Hana* im japanischen Text bezeichnet in der Regel – wenn auch in alter Zeit nicht ausschließlich – die Kirschblüten, in Verbindung mit *chiru*: fallen, sich zerstreuen, symbolisieren sie das Vergängliche. Um im Rahmen dieses Gedichts sinnvoll einsetzbar zu sein, könnte man allenfalls eine Analogie suchen zwischen der Leichtigkeit, mit welcher Kirschblüten erblühen und wieder abfallen, und der erhofften, leichten Geburt. *Midori-go* bezeichnet ein noch junges und gebrechliches Kind, das der Tradition nach auch als „Kind der Gottheit" in einem Shintō-Schrein dargebracht wurde.

[260] Idem.

> *Mahâ prajna – transzendentale Weisheit – für die Schwangere – in dem Ritus eins und zwei – und bei drei den Gürtel frei* [SH]

> Das Gedicht, wie auch die Mehrzahl seiner Varianten, stellt auf die Abzählung „eins, zwei, drei" ab, wobei japanisch „drei" [*san*] eine bequeme Homophonie zu „*san*": Geburt, liefert, wie auch zu *san no himo*, dem Schwangerschaftsgürtel, der zur Entbindung gelöst wird. Die japanische Transkription des Titels des Großen Weisheits-Sūtras, *Hannya haramita-kyō*, die wie ein Appell an die Macht Dainichi's [Mahā Vairocana] wirkt, enthält ihrerseits in *haramita* [sanskr. *paramita*] ein Deckwort [*kake-kotoba*] zu „schwanger" [*haramu/harami*]: überdies galt die kursorische Lektüre dieses Sūtras als wirksames Mittel zur Sicherstellung einer leichten Geburt.

[261] Der Verzehr von *sōmen*-Nudeln ermöglicht eine leichte Geburt? [S/18]

[262] Berühmte Moxa, um trotz einer Querlage oder einer Fuß-Geburt leicht zu entbinden.

Hierzu solle man beim Nagelansatz der großen Zehe des rechten Fußes drei kleine Moxa anbringen – und auf wunderbare Weise wird sofort die Geburt einsetzen. Bei Versuchen haben damit bis jetzt zahlreiche Frauen leicht entbunden. Dies ist eine Geheim-Methode, die hier zum Heile der Welt notiert wurde [I] [Q/3].

[263] Geheim-Praktik für eine leichte Geburt.

Was eine leichte Geburt betrifft, so ist nichts besser, als es den Tieren abzuschauen: Geflügel und [Haus-]Tiere bringen jedes Jahr ohne Schwierigkeiten zahlreiche Junge zur Welt. Sobald das Weibchen trächtig wird, hat es keinen Sex mehr mit einem männlichen Partner. Ein trächtiges Pferd stößt mit seinen Beinen den Partnern weg – dies geschieht zum Schutz des Jungtiers im Leib [...] [S/15].

• • •

[264] Eine Totgeburt ausschließen.

Wenn man wiederholt Totgeburten hatte, kann dies leicht zu einer chronischen Veranlagung führen. In einem solchen Fall sollte man im fünften Monat, wie üblich, den Schwangerschafts-Gürtel anlegen: dabei führe man die Sehne eines Klein-Bogens durch den linken Ärmel des Gewands ein, fange an, daraus einen Gürtel zu machen, löse ihn wieder auf, ziehe ihn dann aus dem linken Ärmel heraus und bewahre ihn bis zur Geburt im Wohnzimmer auf. Auf wunderbare Weise wird man so eine problemlose Geburt sicherstellen. Geheim halten! [E].

[265] Medikament, um zu verhindern, dass ein Säugling nach der Geburt plötzlich stirbt.

Es kommt vor, dass Säuglinge sofort nach der Geburt sterben. In einem solchen Fall betrachte man auf der Stelle den Mund des Neugeborenen: falls er vor dem Gaumenzäpfchen oder am Oberkiefer Schwellungen in der Größe von Granatapfel-Kernen aufweist, so greife man sie mit den Fingern und presse sie aus, so, dass alles schlechte Blut austritt, wische es mit einem Tuch ab und streue danach schwarz verkohlte Haare darüber. Sollte aber das schlechte Blut dem Neugeborenen durch die Kehle laufen, so wird er auf der Stelle sterben [Q/3].

• • •

[266] Wenn die Plazenta nicht ausfallen will, schäle man ein Stück vom Wunderbaum, zerteile es ganz klein und streiche es der Wöchnerin auf die Fuß-Sohlen. Nachdem die Plazenta ausgefallen ist, reinige man [die Füße] [P].

[267] Geheime Methode zur Abhilfe, wenn die Plazenta nicht ausfällt.

Bei Totgeburten oder bei anderen Krankheiten kann es vorkommen, dass die Plazenta nicht ausfällt. Wenn es dann zu Schmerzen und gefährlichen Situationen führt, erhitze man Wildschwein-Öl, lasse es mehrmals zum Sprudeln kommen und gebe davon zu trinken [B].

Analoge Dienste leistet ein Aufguss aus den am letzten Monat des Jahres an die Pforte gesteckten Zweigen der Steineiche, zusammen mit dem Kopf einer Sardine: die Plazenta wird umgehend ausfallen [L].

[268] *Wenn ich den Mantel – und auch den Hut vergesse – in meiner Heimat – dann, ihr kami, schickt sie mir – diesen Schatz unsres Landes* [Ni]

„Heimat", wörtlich „altes Dorf", verweist ohne Zweifel auf die Gebärmutter. Strohmantel und Strohhut [*mino-gasa*] figurieren auch hier symbolisch, wie schon in den Formeln zu den Pocken, als Schutz gewährende Kleidungsstücke; sie „vergessen" zu haben [= die Plazenta fällt nicht aus], erscheint wie eine Nachlässigkeit, die mithilfe der Gottheiten wieder leicht gut zu machen ist. Adressat der Bitten könnte die Clan-Gottheit [*uji-gami*] oder auch die speziell mit Geburten befasste „Geburts-Gottheit" [*ubu-gami*] sein, welche beide jedoch in zahlreichen Wesenszügen deckungsgleich sind.

[269] Idem.

Nur in unserm Herz – nirgend anderswo ist sonst – des Gesetzes Schiff – dies zu wissen, unser Heil – Unkenntnis, unser Verderb [Sho]

Gesetz und Buddha sind nur Funktion von Operationen unseres Geistes – der wahre Weg der Befreiung ist in uns. Diese fundamentale Wahrheit erkennen ist das Mittel, die Befreiung zu erlangen [*ukabu*: nicht versinken im Meer der Leiden]. Haben wir es mit der Übernahme eines buddhistischen Dogmas als Hilfe für den Menschen im täglichen Leben zu tun?

[270] Verfahren, um nach einer Geburt bei Gewittern nicht zu erschrecken.
Wenn eine Frau kurz nach der Geburt stark schreckhaft geworden ist, können daraus allerlei Krankheiten entstehen. Bei Donner oder anderen lauten Geräuschen stecke sie sich Baumwolle in die Ohren und presse sie mit beiden Händen fest zu [B].

[271] Abhilfe, falls der Wöchnerin nach der Geburt das Blut „hochsteigt" und sie Schwindelgefühl bekommt.
Man setze irgendwelche, mit schwarzem Lack angestrichene Dinge dem Feuer aus und bringe diesen Rauch in die Nase der Wöchnerin. Ein gutes Mittel ist aber auch, Erde aus dem Ofen, in Sake gelöst, zu trinken [Q/3].

[272] Verfahren, die nach der Entbindung erweiterte Vulva wieder zu verengen.
Hierzu nehme man Kalk und gelbe Farbe, brühe beides wie üblich auf und behandle sie so mit dem warmen Dampf [Q/3].
[*Natur-Thür so durch das Kindertragen erweitert/zusammen zu ziehen*] [MANA]

[273] Wenn eine Mutter nicht genügend stillen kann, brühe sie Mungo-Bohnen [*azuki*] in Wasser auf und trinke oder esse davon. Oder: sie vermische Sesam mit etwas geröstetem Salz und esse davon fünf, sieben Tage lang – die Muttermilch wird wie aus einer Quelle fließen [Q/3].

[Milch bey den Weibs-Bildern zum Saugen zu bringen] Wann die Weiber im Säugen von der Milch kommen sind / hab ich sie brauchen und in Wein oder Wasser zu Mittag oder Nachtimbiß wie auch zwischen den malen / so offt sie gelustet eintrincken lassen die decoction von den obersten grünen Gipffeln des Fenchelkrauts / denn solche Artzney sie fast Milchreich macht [MANA].

[Milch den Ammen zu vermehren] [MANA].

[274] Idem.

Berge sind es drei – an Steinen sind es gar neun – hier genau ist sie – der Dämonen Wohnstätte – diese Grotte in dem Fels [MA] [OMA]

Die Bedeutung dieser Arithmetik mit den Zahlen „drei" und der Potenz von „drei", „neun", ist nicht klar. Natürlich spielte die Zahl „drei", wie andere ungerade Zahlen auch, vor allem in China und seiner komplexen Zahlensymbolik [z. B. Himmel-Erde-Mensch] in hunderten von Komposita eine große Rolle. Aber die genaue Funktion in vorliegender Formel, sowie die Verbindung von Berg und Stein, bleiben unklar.

Während die Strichzahl des Zeichens für Berg in der Tat drei Striche hat, lässt sich weder „Stein" noch „Felsenhöhle" mit nur neun Strichen in Verbindung bringen. Die polyvalente, in zahlreichen Gebieten der Wortmagie bekannte Formel scheint Dämonen die Verantwortung für die Probleme beim Stillen zuzurechnen und sie weit weg in den Bergen, in einer Grotte anzusiedeln – womit das Problem gelöst werden könnte.

[275] Fünfundsiebzig Tage nach der Geburt keine Moxa setzen? [S/18]

Sprechfähigkeit ———————

[276] Vor Schreck die Sprache verlieren.

Bei Kriegs-Unruhen, Bränden, wenn man mit Dieben konfrontiert ist oder auf wilde Tiere trifft, kann es vorkommen, dass man vor Schreck die Sprache verliert. Dann zerkleinere man Bleioxyd und nehme in Tee von guter Qualität ungefähr 5 x 0,375 g davon ein: in kurzer Zeit wird man die Sprache wiederfinden [L] [Q/4].

[Sprach so verlohren wie sie wieder gebracht worden] [MANA]

[277] Um Abhilfe beim Stottern zu schaffen, solle man, unbemerkt von anderen, Bohnen aus dem Futtertrog eines Pferdes nehmen und dreimal davon essen [S/3–63]. Vgl. Abb. (44)

Stärkungsmittel ———————

[278] Stärke-Medikament *[oginai-gusuri]*.

Man pflücke am siebten Tag des siebten Monats Lotus-Blüten, am achten des achten Monats Lotus-Wurzeln und nehme am neunten des neunten Monats das Fleisch vom Lotus. Alles sollte im Schatten getrocknet und dann zerkleinert werden und mit jeweils ein wenig warmem Wasser eingenommen werden. Die Energie wird zunehmen und die Leere aufgefüllt werden mit diesem Elixir der Unsterblichkeit [L].

[279] Bei geschwollener Zunge nehme man eine Infusion von Päonie und Süß-Holz, in der üblichen Weise aufgebrüht, ein. Auch Zucker mit Essig vermischt ist ein gutes Mittel [Q/4].

Wundliegen ————

[280] Um zu verhindern, dass man sich wund liegt, lege man unter die Matratzen Blätter vom Süß-Klee [L].

Zahn-Heilkunde ————

[281] Gedicht gegen Karies.

> *Falls die Insekten – Blätter der Bäume fressen – auf dem Berg Kagu – dann*
> *erstecht und tötet sie – Ihr, aller Zeiten kami* [SHi]

Der Berg Kagu, auch Ama no Kagu-yama [„himmlischer Berg Kagu"], ist einer der drei seit alters berühmten Berge in der Provinz Yamato [Präfektur Nara]. Die Zweige der dortigen *sakaki*-Bäume fanden in Shintō-Ritualen Verwendung, und vom Gipfel dieses Bergs aus wurde in alter Zeit durch den Kaiser die Zeremonie der „Betrachtung des Landes" [*kuni-mi*] ausgeführt.

[282] Karies heilen.
Auf ein Papier schreibe man in der Größe eines Fingers eine magische Formel, falte das Papier sieben Mal und fixiere mit einem Eisennagel den „Kopf" des Zeichens „Insekten" [*mushi*] hoch an einem Pfeiler. Danach rezitiere man sieben Mal die folgende Formel: „Die [für Karies verantwortlichen] Insekten kommen aus der Gegend im Süden des Blauen Flusses [in China] und fressen meinen Zahn: doch niemals mehr werden sie in dieses Haus zurückkommen" – worauf Heilung eintreten wird [G]. Vgl. Abb. (45)
[*Zahnweh zu benehmen / Zahnweh zu stillen*] [MANA].

[283] Wunderbares Mittel gegen Karies.
Wenn die Karies-Zahnschmerzen unerträglich werden, verbrenne man Auberginen vom Vorjahr zu Asche und streiche diese auf den wehen Zahn: die Wirkung tritt sehr schnell ein [B] [K].

[284] Geheime Tradition eines Wundermittels, das gestattet, im Handumdrehen Zähne zu ziehen.
Man pulverisiere Akonit, Pfeffer [*hihatsu*], Bergpfeffer, Haselwurz und streiche sie auf die hintere und die vordere Seite des wackligen Zahns. Nach einer Weile ziehe man den Zahn: wunderbar, wie schmerzlos er sich ziehen lässt [A]. Vgl. Abb. (46)

[285] Abhilfe bei Zähneknirschen.
Man nehme dazu die Erde unter der Schlafstätte des Betreffenden, zerkleinere sie und stecke sie ihm in den Mund. Man kann auch das Kinn damit einstreichen [B].

[44]
Abhilfe bei Stottern

[45]
Karies heilen

[46]
Zahn-Extraktion

[286] Verfahren, um alle Zähne wieder nachwachsen zu lassen, die bei Alten ausgefallen waren.

Im Kot der Ochsen finden sich manchmal Soja-Bohnen. Man sammle davon
vierzehn Stück, öffne sie ein wenig an der Spitze und bringe sie an die Wurzel
der Zähne. Dies wiederhole man mehrmals, worauf die Zähne allesamt wieder nachwachsen werden [O].

Augenbrauen: 1–2 • Gesichtspflege, Gesichtsausdruck: 3–22 • Haarkultur: 23–57 • Hände reinigen: 58–59 • Harndrang und Stuhlgang: 60–62 • Haut: 63–65 • Intim-Hygiene: 66–78 • Kinnlade: 79 • Lippen: 80–81 • Mundgeruch: 82–87 • Niesen: 88 • Parfümerie: 89–93 • Schluckauf: 94–95 • Transpiration: 96–102 • Zahnpflege: 103–110

Augenbrauen

[1] Das Wachstum von Augenbrauen fördern.
Hierfür verkohle man das Moos auf Stein-Buddhas, vermenge es mit Haar-Pomade und trage es so auf [K]. Vgl. Abb. (1/1)

[2] Wunderbare Methode, die Augenbrauen wachsen zu lassen [I].
[*Augenbrauen zu färben*] [MANA]

Gesichtspflege, Gesichtsausdruck

In allen Dokumenten haben zahlreiche Verfahren die Pflege des Teints zum Vorwand.

[3] Ein Gesichts-Reinigungs-Mittel, das zugleich als Medikament gegen Akne wirkt, besteht aus im Mörser zerstampften Bohnen und Kernen von Wintermelonen. Es verfeinert die Haut und verhindert, dass Akne, Trichophytie [*hatake*], Sommersprossen [*sobakasu*], Flechten [*tamushi*] auftreten.
Bei Kleinkindern, die sich gegen warmes Wasser wehren, bestreiche man das Gesicht mit obigem Mittel, wringe ein Handtuch in heißem Wasser aus und wische so über ihr Gesicht: die fettige Haut wird sauber [L] [D].

[*Die Flecken und Pocken aus dem Angesicht zu vertreiben*] *Man nimmt Myrrhen, so viel man will, das Weisse von etlichen Eyern und ein wenig Brandwein, aus diesen Stücken wird hernach ein Wasser distillirt, und so viel Lac Virginis unter das gebrandte Wasser gethan, als es ist an sich selbst. Das Lac Virginis aber, wovon die Rede, wird auf diese Weise gemachet; man nimmet nemlich Gold-Glett, siedet selbige in Essig, und seiget es hernach durch ein sauber Tuch, und lässet etliche Tropffen Weinstein-Oel dazu fallen, so wird der Essig so weiß als Milch werden. Wann man nun dieses gebrauchen will, so wäschet man vorher das Gesicht mit Semmel-Wasser wohl ab, trocknet es hernach ab, und bestreichet damit des Abends und des Morgens euer Angesicht, lasset darauf trocknen, so werdet ihr ein sauber Angesicht bekommen* [NZB].

[4] Eine Methode für Männer und Frauen, ihrem Gesicht Glanz zu verleihen und den Teint aufzuhellen: man vermische hierzu Buchweizen-Mehl [*soba no ko*] mit Kleie, lege sie in einen Beutel, umwickle diesen mit einem Stück weichen Stoffs und wasche sich damit. Die Haut wird Glanz bekommen, und der Teint sich aufhellen [H].

[*Ein gläntzend Angesicht zu bekommen*] *Nimm rothes Sandel-Holtz und einen scharffen distillirten Wein-Eßig / eines so viel als des andern / lasset es bey einen kleinen Feuer sieden / und thut ein wenig Allaun dazu unter wehrenden kochen / dieses machet das Angesicht schön und gläntzend* [NZB].

[01-1] Augenbrauen-Pflege • [01-2] Ein heller Teint für Frauen
[01-3] Die morgendliche Wäsche • [01-4] Bart-Pflege

[Ein rein Angesicht zu bekommen] Das Weisse von einen Ey genommen / und mit etwas gestossenen Allaun vermischet / dann so lang geklopffet biß es wie ein dünnes Sälblein wird / mit welchen man das Angesicht 3. oder 4. Tage nacheinander täglich zweymal überstreichen muss / so werden alle Unreinigkeit und Runtzeln vergehen [NZB].

[Angesicht weiß zu machen] *[Angesicht zu reinigen daß es den Anstrich annehme]* *[Angesicht weich/lind/zart/mild und dabey gläntzend zu machen]* *[Röthe des Gesichts zu vertreiben]* [MANA]

[5] Um einer Frau einen hellen, schönen Teint zu vermitteln, verwende man am dritten Tag des dritten Monats gepflückte, getrocknete und zu Pulver gemachte Pfirsich-Blüten, das Blut eines dunkel-grauen Huhns sowie Eier. Das Präparat wird auf das Gesicht aufgetragen – der Teint wird so weiß wie ein Juwel und die Person zu einer strahlenden Schönheit werden [I]. Vgl. Abb. (1/2)

[Ein Wasser zu machen / das ein gläntzend Angesicht machet] Man nimmt Silberglett 1. Untze, und nachdem man es subtil gestossen, und in ein dazu taglich Häfelein gethan, giesset man Wein-Eßig darüber, lässets dann drey Finger tief einkochen, thuts dann vom Feuer, und seigets durch ein Tuch, so kan man es zum Gebrauch aufbewahren. Eben dergleichen Würckung soll haben, so man untereinander vermischet gute Milch, Pomerantzen-Safft, und Weinstein-Oel [NZB]

[6] Methode, um bis ins hohe Alter Glanz im Gesicht zu bewahren: hierzu nehme man an einem [nach dem traditionellen Kalender] als „älterer Bruder/Metall" [*ka-no-e*] gekennzeichnetem Tag zur selben Stunde das Blut eines Spechts und trinke davon, nach Westen gewandt: der Teint wird wie ein Juwel erstrahlen [A].

[7] Um Glanz und Farbe ins Gesicht zu bekommen, solle man jeden Morgen beim Waschen des Gesichts das zum Mundspülen benutzte Wasser in die Handfläche spucken und damit sein Gesicht waschen. Dies kann man auch mit reinem Wasser machen – das Gesicht wird ganz natürlich Glanz bekommen [B].

• • •

Sehr gefragt waren auch Methoden, grobporige Gesichtshaut in eine feinporige zu verwandeln.

[8] Man wasche jeden Morgen sein Gesicht, trage Eiweiß auf und wasche danach wieder gut nach. Mehrmals wiederholt, erzielt man so eine feine, glanzvolle Haut [B]. Vgl. Abb. (1/3)

[9] Die Sorge um einen schönen Teint wird besonders stark nach einer Krankheit im Gesicht. Hier gilt es dann, wieder den alten Glanz herzustellen. Falls sich im Gesicht verschiedenerlei Ausschlag zeigt, so streiche man weißen Gallapfel [*haku-bushi*], in Sake eingelegt, darauf: die Krankheit wird verschwinden und das Gesicht wird erneut glänzen, wie Versuche belegt haben [B].

[10] Auch ein schwarz geflecktes Gesicht, da „hässlich anzusehen", ruft nach Abhilfe. Hierzu nehme man Pulver der Blätter von Spitzklette [*o-namomi*] [*xanthium Strumarium L.*] ein. Ganz von selbst wird Besserung eintreten [B].

[11] Eine analoge Methode: man halte Holz vom Maulbeerbaum und von der Zypresse [*sawara*] ans Feuer und trockne sie so, mache alles zu Pulver und nehme es mit heißem Wasser ein. Nach einem Monat werden die Flecken verschwunden sein [B].

[12] Um bei Flecken, die Geschwüre hinterlassen, dem Gesicht neuen Glanz zu verleihen, vermenge man Kreide mit weißem Honig und trage dieses Präparat auf; man kann aber genauso gut zu Pulver gemachte tote Seidenraupen [*byaku kyō-san*] verwenden [B].

• • •

Falten sind ein Zeichen des Alterns. Diese wieder zu glätten und die Gesichtsfarbe weiß zu machen, verspricht die folgende Methode:

[13] Man vermenge das Fleisch und die Schalen einer Gurke [*kara-uri*] mit Aprikosen-Kernen [*kyōnin*] und Wildschwein-Öl und trage dies jeden Abend auf das Gesicht auf. Auch im Winter wird man so keine Falten im Gesicht haben, und der Teint wird sich aufhellen [B].

[14] Jemandes Gesichtsausdruck so gestalten, dass er im Zorn aussieht wie ein Dämon [*kijin rasetsu*], dem sich niemand mehr nähert. Wenn die Person sich aber über etwas freut, wird sie wie eine Schönheit wirken, oder auch ganz normal aussehen: hierzu fange man am dritten Tag des dritten Monats einen Specht, vermenge Fleisch, Zinnober und Indigo-Pflanzen [*taisei*] [*isatis indigotica*] und verwende alles zusammen ein Jahr lang als Futter. Danach nehme man das Gehirn dieses Vogels, vermenge es mit Auripigment [*o-ō*], ein paar kleinen Geldstücken [*hansen*] und mache daraus Pillen, von welchen man zehn Stück, nach Osten gewandt, einnimmt. Nach schon einer Pille wird sich das Aussehen dauerhaft ändern [O].

[15] Zu einer Art Verjüngungskur zerkleinere man die Rinde einer Eiche und das Mark einer Schlangengurke [*karasu uri*], vermenge beides mit dem Frucht-Fleisch von Brustbeeren [*natsume*], füge heißes Wasser hinzu und wasche damit sein Gesicht: der Ausdruck wird sich verjüngen und das Gesicht Farbe bekommen [B].

[16] Ganz allgemein zur Verbesserung der Haut pulverisiere man Talk, Sandelholz und Mungo-Bohnen, und bestreiche damit die Haut. Wenn man sich danach dann wäscht, wird die Haut glänzend und feinporig werden, Hitzepickel, Akne und raue Stellen werden verblassen [B].

[17] Um sich von rauer, fleckiger Haut zu befreien, solle man Sake in erwärmtes klares Wasser füllen und sich damit einundzwanzig Tage lang waschen [E].

• • •

Einige der Verfahren zur Verjüngung gehören in den Bereich des Spielerischen.

[18] Einem Hundertjährigen den Glanz der Augen eines Kleinkindes verleihen.
Man löse hierzu Glaubersalz [*bōshō*] in Wasser und wasche damit an festgelegten Tagen die Augen – nach einem Jahr werden sie wie die eines Knaben. Die hierzu festgelegten Tage sind: der erste Tag des ersten und des achten Monats, der achte des zweiten, der vierte des dritten, vierten und sechsten, der fünfte des fünften und zwölften, der dritte des siebten, der dreizehnte des neunten und zehnten, und der sechzehnte des elften Monats [O].

• • •

[19] Eine Frau zu einer Schönheit machen.
Ein aus einer Verbindung von Nelken, Moschus, *kanshō* [*nardostachys chinensis Batal.*], Sandelholz [*byakudan*], *raigan* [*polyporus mylittae Cook. et Mass.*], Bleiweiß [*Tō-no-tsuchi*] und Borneol [*ryūnō*] gefertigter Duftstoff wird zerkleinert, in leichtem Feuer geknetet, durch ein Seidentuch gefiltert und dann im Wind erhärtet: erst danach sollte man Borneol hinzugeben, denn wenn es von Anfang an dabei ist, verfestigt sich die Materie, und der Geruch wird weniger gut ausfallen. Eine Frau solle dann diese Salbe auf ihre Haut auftragen: Ihr Körper wird duften, die Haut feucht bleiben, feinporig und von heller Farbe [E].
[*Quecksilbers Zubereitung zum Anstrich der Weiber*] [MANA]

[20] Die Wurzeln der Schlangenhaargurke [*dokuwa*] [*trichosantes cucumeroides*] fein zerkleinern und mit Wasser, in dem rote Erde aufgelöst wurde [*shōsui*], auf das Gesicht auftragen, danach wieder mit selbigem Wasser abwaschen. Jeden Abend trage man davon auf, und am nächsten Morgen wasche man es ab. Nach sieben Tagen wird man zu einer echten Schönheit geworden sein. *Shōsui* bezeichnet die Flüssigkeit, die sich über roter Erde, die in Wasser gelöst wurde, bildet [E].

[21] Gesicht und Gestalt einer Frau nach Belieben zu einer Schönheit zu machen.
Hierzu zerkleinere man Kerne von Wintermelonen [*haku kuwa-nin*], Rinde von Silberpappel [*haku yōhi*] und Pfirsich-Blüten [*tōka*] und nehme davon nach dem Essen drei Mal täglich einen Löffel voll ein. Wenn man eine sehr helle Gesichtsfarbe sucht, solle man etwas mehr Melonen-Kerne beigeben, falls man aber Röte im Gesicht vorzieht, nehme man etwas mehr Pfirsich-Blüten. Nach zehn Tagen wird der Teint hell, nach fünfzig werden es auch Hände und Füße [O].

Mit sehr ähnlichen Ingredienzien arbeitet ein Verfahren, das jemanden von dunkler Hautfarbe hellhäutig macht.

[22] Hierzu entferne man mit einem Bambus-Spachtel die Schale von einer Winter-Melone und koche sie mit Sake und Wasser auf; danach siebe man die Rückstände aus und koche nochmals alles hart – so wird eine Salbe entstehen, die man jeden Abend aufträgt: die Haut wird weiß wie ein Juwel [O].

[23] Was beim Haarwuchs [infra] die Sorge um nachwachsendes Haar ist, schlägt beim Bart ins Gegenteil um. Hier heißt es, Vorsorge zu tragen, dass die Barthaare nicht [zu stark] nachwachsen. Aus diesem Grunde solle man weißen Honig in die Löcher der ausgefallenen Barthaare streichen [I]. Vgl. Abb. (1/4)

• • •

Den Haarwuchs zu fördern, war vor allem nach bestimmten Hautkrankheiten notwendig, so z. B. nach Schorfbildung [*hasune*] bei Kindern.

[24] Man karbonisiere hierzu ein frisch geborenes Mäuschen, vermenge dies mit Sesam-Öl und bestreiche damit die bloße Stelle. Das Haar wird auf wunderbare Weise nachwachsen [B].

[*Haare wachsend zu machen auf Schäden*] [*Haare wieder wachsend zu machen*] [MANA].

[25] Gegen Haarausfall nehme man die weiße Schale der Wurzeln vom Maulbeerbaum, in Wasser aufgekocht, und wasche damit das Haar: ganz von selbst wird dieses nicht mehr ausfallen, die kahlen Stellen aber werden nachwachsen. Dies ist ein Zitat aus dem *Kokin-itō* [B].

> Handelt es sich um das *Ku chin i-t'ung ta ch'üan*, die „Große Sammlung medizinischer Texte aus alter und neuer Zeit", 1556, von Hsü Ch'un-fu? In analogen Verfahren finden die Blätter des Maulbeerbaums (I) Rinde und Blätter der Eiche (L) oder auch der Saft von Melonen-Blättern (B) Verwendung.

[26] Mittel zur Förderung des Haarwuchses [Q/4].

[27] Rotes Haar behandeln und ihm Glanz verleihen [Q/4].
[*Haare roth zu färben / Haare schwartz zu färben*] [MANA]

[28] Den Haarwuchs auf kahler Stirn fördern: man suche Seide einer Schlange [*kuchinawa*] und klebe sie auf die entblößte Stelle. Hierzu schneide man die Seide auf die gewünschte Größe, löse Weizenmehl in Wasser auf und trage dies dann wie eine Salbe auf – das Haar wird auf wunderbare Weise nachwachsen. Es gibt auf diesem Gebiet zwar viele Methoden, aber diese eine hier ist allen anderen überlegen [B].

[29] Haarwuchsmittel der südlichen Barbaren [E].

[30] Man stopfe in eine braune Venus-Muschel [*hamaguri*] Kieferngrün, verkohle beides, und löse es in flüssigem Öl auf. Selbst auf den Narben von Hautausschlag wird Haar nachwachsen [L].

[31] Den Haarwuchs an lichten Stellen auf dem Kopf der jungen Tochter fördern [I].

Weitere Methoden, durch Haar-Öl den Wuchs zu fördern.

[32] Bergpfeffer, Bärenklau [*byakushi*] [*heracleum lanatum*], die Früchte von *man-keishi* [Art Mönchspfeffer?] [*vitex rotundifolia*], Krotonöl [*ryōryō-kō*] [*Lysimachia*],

Gallapfel [*fushi*], fein geschnitten, in Seide gewickelt und einundzwanzig Tage lang in aus weißem Sesam gepresstes Öl eingetaucht. Dreimal täglich auf die kahlen Stellen auftragen und es wird wieder Haar nachwachsen. Vorsicht aber, dass man nicht mit anderen Hautstellen in Berührung kommt [L].

[33] Bei lichtem Haar und kahlen Stellen hilft folgende Methode: die Haare eines Neugeborenen [*ubukami*] zu Pulver machen, zusammen mit Kalomel, Schminke [*keifun*], Kiefernharz, Mäuse-Kot, der Nabelschnur und mit Sesam-Öl aufstreichen [L].

[34] Um über Schnittwunden am Kopf wieder Haare wachsen zu lassen, sollte man die Asche von chinesischem Sonnenschirmbaum [*gotōshi*] [*sterculia plata-nifolia*] auftragen [L].

[35] Das Haar einer Dame verlängern und ihm Glanz verleihen.
Man koche die ausgefallenen Haare, nehme dann vom Boden des Gefäßes den Satz und bestreiche damit das Haar: dieses wird lang werden und schön glänzen [E]. Vgl. Abb. (2)

[36] Langes, verfilztes Haar von Männern oder Frauen „verbessern" [E].

[37] Einen Kamm so benutzen, dass sich darin kein Schmutz festsetzt: bei Gebrauch eines neuen Kamms setzt sich sehr leicht Schmutz zwischen die Zähne. Wenn man aber vor Gebrauch etwas Öl zwischen die Zähne streicht und den Kamm dann nach zwei, drei Tagen benutzt, so wird sich künftig kein Schmutz mehr ansetzen [B]. Vgl. Abb. (6)

• • •

[38] Um rotes Haar schwarz zu färben, stelle man Harz des Boswalia-Weihrauch-Baums [*nyūkō*] sieben Tage lang in Sesam-Öl, bevor man es anwendet: auf wunderbare Weise wird das Haar schwarz werden [I].

[La manière de teindre les cheveux de couleur blonde, ou jaune, noire, dorée, ou telle autre couleur qu'il vous plaira] Si vous les désirez blonds ou jaunes, vous arriverez à ce résultat en les oignant souvent d'huile de miel et de jaunes d'oeufs mélangés ensemble. Et semblablement après avoir lessivé vos cheveux d'une lessive faite des cendres de sarment de vigne, de paille d'orge, d'écorce, de râclures et de feuilles de buis, de safran et de cumin, ceux-ci deviendront jaunes et imiteront la couleur de l'or. Vous ferez noircir vos cheveux si vous le lavez d'une lessive faite de cendres d'écorce de figuier, de galu, de sapin, de ronce, de cyprès et autres semblables. Toutefois si quelques cheveux ou la barbe vous deviennent chenus, vous les colorerez aisément ainsi: prenez de l'écume d'argent et d'airain brûlé, et mêlez-le tout dans quatre fois autant de lessive forte, puis, lorsque posée sur la braise menue, elle commencera à bouillir, vous vous en laverez. Ensuite vous sécherez bien la barbe et les cheveux; puis vous les relaverez encore une fois avec de l'eau chaude et l'opération sera faite. Vous pourrez aussi noircir vos sourcils de la façon suivante: faites faire des noix de gale en huile, puis broyez les avec un peu de sel ammoniaque, et mettez-les dans du vinaigre dans lequel vous aurez fait bouillir des

écorces de ronce et de mûrier. Frottez-en vos sourcils, et gardez ce lavement toute la nuit, puis le matin ôtez-le avec de l'eau claire. Cela est utile à faire pour les sourcils, parce qu'il arrive souvent que par suite d'une grande multitude de cils, les sourcils perdent leur grâce, s'ils ne sont noirs [POMA].

[39] Mittel gegen trockenes, sprödes Haar [Q/4].

[40] Mittel, um graues Haar schwarz zu färben [Q/4].

[41] Abhilfe für Frauen und Männer mit lichtem Haar [E].

* * *

Zum Ausziehen von grauen Haaren und zur Schwarz-Färbung des Haars gab es offensichtlich mehr oder weniger günstige Tage.

[42] Männer und Frauen, die schon in jungen Jahren graue Haare haben, sollten diese jeden Monat an bestimmten Tagen ausrupfen: vierter und siebzehnter Tag des ersten Monats; achter und zwanzigster Tag des zweiten Monats, etc. […] An diesen Tagen, früh am Morgen und nach Osten gewandt, ziehe man sich die grauen Haare aus – auf wunderbare Weise werden schwarze Haare nachwachsen [G].

[*Remède par lequel les endroits chargés de poils se pèleront incontinent, et les parties ainsi traitées demeureront longtemps sans poils*] *Il faut frotter les endroits velus de cette décoction vulgaire, à savoir de la chaux vive mêlée d'un tiers de forte lessive, et pendant que votre décoction bouillira, faites-en l'épreuve à l'aide d'une plume. Toutefois Columelle enseigne que l'on cuise une grenouille de couleur pâle dans de l'eau, et après qu'elle sera consumée au tiers, frottez-en votre corps, si vous voulez rendre quelque lieu pelé. Il y a une infinité de choses qui servent au même but, comme la larme de lierre, le suc distillé par la vigne qui est comme de la gomme; toutes auront la même efficacité. Mais les indications données plus haut sont plus commodes à suivre et suffiront. Si vous voulez que le poil ne revienne plus, vous pourrez déraciner à jamais sa racine, en frottant les parties pelées du mélange suivant: vous prendrez des oeufs de fourmis, du jus de jusquiame, de la semence de ciguë et de l'herbe aux puces et du sang d'une chauve-souris et d'une tortue. Vous mêlerez le tout ensemble et en oindrez les parties velues. Il en est d'autres qui font passer une feuille d'or toute rouge sur les yeux des jouvenceaux qui n'ont encore aucun poil, de sorte qu'il n'y en aura jamais trace et qu'ils ne seront jamais velus* [POMA].
[*Haare daß sie nicht so bald wieder wachsen*] [MANA].

[43] Ein anderes Verfahren gestattet, nun nicht mehr graues, sondern rotes Haar zu „verbessern" mittels eines Aufgusses aus Paulownia-Holz, welches eine Schwarzfärbung ergibt und Glanz verleiht [L].

[44] Um schwarzes, glanzvolles Haar zu erzielen, geben die Texte eine große Anzahl verschiedenartiger Verfahren an, wie z. B. den Gebrauch eines Suds von Sauerklee [*suimokusa*] und Bohnen [*daizu*] [G].

[45] Geheime Methode, um graues Haar zu färben: hierzu sollte man einen Aufguss von Kupferstaub [*akagane*], Gallapfel, Salz, Kupfersulfat mit dickem Tee [*senji-cha*] zu einer Art festen Leim [*katanori*] vermengen und in einer Tee-Schale über dem Feuer ein wenig zum Dünsten bringen. Wenn sich dann auf der Oberseite Glanz wie von einem Spiegel zeigt, dann streiche man diese Lotion sorgfältig auf Bart und Haare: nach zwei Tagen wird die Wirkung eintreten [I].

[46] Um graues Haupthaar oder auch den Bart schwarz zu färben, findet eine Mischung aus ähnlichen Ingredienzien Verwendung, die mit Tee von guter Qualität zu Klumpen geformt, gedämpft und mit etwas Reis-Alkohol [*shōchū*] versetzt wird.
Danach wasche man mit einem Aufguss aus Gleditschie [*Gleditschia japonica Miq.*] das Haar, trage die Mixtur auf und umwickle eine Nacht lang das Haar mit einem Seidentuch. Am nächsten Morgen wasche man dann wie vorher das Haar mit vorstehender Lotion und trage das Präparat auf. So verfahre man drei Nächte lang, worauf sich die grauen Haare schwarz einfärben [L].

Möglicherweise ist es aber viel leichter zu verhindern, dass Haare grau werden. Dies geschieht mittels einer
[47] komplexen Mixtur aus Ginseng, *atractylodes ovata* [*byaku jutsu*], Tragant [*ōki*] [*astragalus membranaceus*], getrocknete Ingwer-Wurzel [*kankyō*], Zimt, Hahnenkamm [*seisōshi*] [*celosia argentea*], Teufelszwirn [*kukoshi*], schwarzem Sesam und Samen von Flachseide [*toshishi*]: das Ganze wird dann mittels Honig zu einer Pomade angerührt. Die ausgefallenen Haare brühe man mit Bergpfeffer [*sanshō*] auf und trinke sie mit Sake versetzt: alle Haare werden schwarz wachsen [L].

[48] Eine überraschende Doppel-Funktion – Schwarz-Färben der Haare und Festigen der Zähne –, zeichnet eine Tinktur bestehend aus neunerlei verschiedenen Elementen aus: verkohlt, sehr fein zerkleinert und durchgesiebt löse man diese Mischung dann in Sesam-Öl auf und appliziere sie. Zum Festigen der Zähne streiche man sie sich auf die Finger und bringe sie von der Seite her auf die Zähne [L].

[49] Neun Mal dünste man schwarzen Sesam, trockne ihn neun Mal, mache ihn dann zu Pulver und streiche ihn mit dem Fruchtfleisch der Brustbeere [*natsume*] auf. Eine Variante: die ausgefallenen Haare verbrennen und, zu gleichen Teilen, mit dem Talg der Kopfhaut rund geformt, einnehmen [B].

• • •

Einen breiten Raum nehmen Verfahren zur Herstellung von Pomaden ein.

[50] Eine geheime Überlieferung, Haar-Pomade herzustellen, bestimmt, dass man Öl und Wachs in einen Topf gebe, dann auf einem Holzkohlenfeuer erwärme, durchsiebe, in eine große Schale fülle und erkalten lasse [C].

Interessant ist hierbei der Zusatz, dass die Mengen an Wachs und Öl je nach Jahreszeit verschieden ausfallen. Zwei Perioden werden unterschieden: die vom zehnten Monat bis Neujahr, und eine weitere vom vierten bis zum achten Monat, wobei in letzterer die Menge des Öls zu reduzieren, die an Wachs aber etwas zu erhöhen sei.

[51] Pomade, die das Haar besser und duftender macht [F].

[52] Zur Pflege von struppigem Haar [*nira-kami*] streiche man Rüben-Öl auf den Kopf – das Haar wird wieder glatt werden [B].

[53] Gegen klebriges Haar trage man, in einen Seidenbeutel gelegt, eine Tinktur mit Sesam-Öl vermengt auf: der Erfolg zeigt sich sehr schnell und das Haar nimmt Glanz an [B].

• • •

Eine etwas ungewöhnliche Situation: Mäuse entfernen, die sich ins Haar verbissen haben.

[54] Hierzu lege man Riementang [*konbu*] in Wasser. Sobald dieser etwas klebrig geworden ist, tauche man einen Kamm hinein, streiche damit durch das Haar und lege sich so schlafen. Drei Nächte lang so verfahren, werden die Mäuse keine zweites Mal angreifen [H].

• • •

[55] Gegen Schuppen empfiehlt es sich, einen Kaktus ins Wasser zu stellen und mit der so gewonnenen Flüssigkeit jeden Tag, auf die Finger gestrichen, die Haarwurzeln einzureiben. Nach zwei, drei Tagen werden sich alle Schuppen lösen. Dieses Verfahren ist besser als andere mit Zitronen-Essig [L].

[56] Zur Eliminierung von Schuppen nehme man: Thuya-Blätter, Walnüsse, schöne Birnen und Myrobalane [*kashi*] [*terminalia chebula*]; dies alles wird zerstampft, in Brunnen-Blumenwasser eingetaucht und nach einer Weile auf den Kopf aufgetragen; man kann auch den Kamm eintauchen und die Haare durchkämmen: die Schuppen werden auf immer verschwinden [G].

• • •

[57] Läuse im Haar [Q/2].
[*Läuse-Sucht wie sie zu vertreiben*] [MANA].

Hände reinigen

[58] Wenn Tee-Färb-Stoff an den Händen klebt und sich nicht entfernen lässt, empfiehlt es sich, diese mit Essig oder Pflaumen-Essig zu waschen. Bei hartnäckigem Indigo aber halte man die Hände in den Rauch von brennendem Schwefel [C].

[59] Neben verschiedenen Färb-Stoffen verursacht auch Tabak-Harz schmutzige Hände. Abhilfe schaffen zerriebene Blätter vom Paulownia [*kiri*]. Dieses Verfahren richtet sich vor allem an Landwirte, die auf ihren Feldern Tabakblätter pflücken, wobei sich das Harz an die Hände heftet und auch beim Waschen nur schwer löst [F].

[60] Harndrang lange zurückhalten [notwendig bei Besichtigungen, oder auch während eines Besuchs bei Höhergestellten]: um starken Harndrang zurückzuhalten, knete man sorgfältig die Nadeln grüner Pinien [*ao-matsu*] und lege sie sich auf den Nabel [G].

[61] Plötzlichen Drang zum Stuhlgang zurückhalten: selbst wenn der Drang sehr stark wird, kann es vorkommen, dass man nicht einfach aus dem Geschäft mit Leuten vornehmer Abstammung aufbrechen kann. In solchen Fällen empfiehlt es sich, etwas Adlerholz zu kauen. Selbst in großer Bedrängnis kommt der Stuhl-Druck zum Stillstand [H].

[62] Wenn man unterwegs auf Reisen allzu lange schon seine Bedürfnisse zurückgehalten hat, sollte man weder ein Pferd besteigen noch sich in einen Tragkorb setzen: im Falle eines Sturzes, riskiert man, das Herz zu „durchstechen" und auf der Stelle zu sterben [RY].

Haut ────────

[63] Heilung aufgesprungener Haut an Händen, Füßen und im Gesicht [H].

[64] Wunderbare Methode nach Hsi Shih zum Reinigen von Gesicht und Körper [D].

Hsi Shih: berühmte chinesische Schönheit des Staates Yüeh, aus der Zeit „Frühling und Herbst", 770–403.

[65] Duftstoff für Haut und Körper [D].

Intim-Hygiene ────────

[66] Läuse bekämpfen, die bei Männern und Frauen im Genital-Bereich aufgetreten sind. Wenn sich in den Schamhaaren Läuse gebildet haben, so gibt es zwar dagegen zahlreiche Mittel, aber falls man nicht gründlich verfährt, werden sie sich immer wieder neu bilden. Man gehe aber nicht mit einem Rasier-Messer dagegen an! Wenn man sie radikal ausmerzen will, bestreiche man sie mit in Wasser gelöstem Speichel. Schon bei einmaligem Einstreichen verschwinden sie auf wunderbare Weise [H] [Q/4]. Oder man wasche den Genital-Bereich mit heißem Wasser, in welches Tabak-Harz gelöst ist, und beseitige so die Läuse. Ein einmaliges Auftragen genügt [M].

* * *

In allen Texten nimmt das Gebiet der Monats-Regel einen großen Platz ein. Eine der häufig genannten Praktiken ist die, den Eintritt der Menses hinauszuzögern, was z. B. mittels magischer Gedichte realisiert werden kann.

[67] *Der Weg meines Bluts – ist doch der Weg des Blutes – von Vater, Mutter – lasse schnell ihn versiegen – Kami, Du, des Wegs des Bluts* [SH]

Der japanische Terminus für Weg, *michi*, bietet hier eine bequeme Homophonie zu dem Verbum *michi-ru*, anfüllen, ansteigen, im vorliegenden Fall → Ansteigen des Blutes, dessen Auftreten in der Monatsregel hinausgeschoben werden soll.

[68]   *Mond auf Mond, immer – blühen diese Blumen auf – doch diesmal ‚halt ein' –
nicht zur Blüte kommen sie – durch die Kraft des Pfirsich-Zweigs* [MAF]

Der Eintritt des „Menstruum, auch Flos genannt, eine Blume, welche der Frucht
vorgehet..." [WB/21] verbietet der Tradition nach einen Schrein-Besuch, ein
Tabu, das jedoch mittels folgender Gedichte umgangen werden kann:

[69]   *Seit uralter Zeit – haben selbst die Gottheiten – Vater und Mutter – wieso
sollte dann für mich – unrein sein des Mondes Fluss* [SHi]

[70]   *Ich bin ein Kami – der im Staub der Erde lebt – seit dem Anbeginn – Unreinheit und Verschmutzung – für mich keine Pein, kein Schmerz* [SH]

Seit seiner Einführung in Japan koexistierte der Buddhismus mit dem Shintō in
einer engen Bindung, und beide Religionen wurden vom Staat unterstützt.
Buddhistische Riten wurden in Shintō-Heiligtümern durchgeführt, wo die
Sūtren-Rezitation als Opfergabe an die [Shintō-]*kami*-Gottheiten galt. Letztere
zählten nach buddhistischer Auffassung zu den Wesen, die durch das Gesetz
Buddhas zur Erlösung/Erleuchtung kommen: folglich erfreuten sie sich an der
Ausführung buddhistischer Riten in ihren Schreinen. Für das Volk war es
gleichbedeutend, Gebete und Bitten vor Kamis oder Buddhas darzubringen.
Die Kami-Gottheiten sind jedoch – nach der Theorie von Urstand und Spur
[*honji suijaku*] – „Spuren", welche die Buddhas in den unterschiedlichsten Er-
scheinungs-Formen in diese Welt herabgelassen haben, indem sie das „Licht
ihrer Weisheit" dämpften und sich in ihren Manifestationen der jeweiligen
Auffassungsgabe der Wesen anpassten. Urstand aller Erscheinungsformen ist
der Buddha Mahā Vairocana [Dainichi nyorai] in seinem „Gesetzes-Körper"
[*hosshin*], von welchem sich alle Körper [= alle Wesen] der zehn Welten herlei-
ten. Seine Spur auf diese Erde hinunterlassen, seine wahre Natur verbergen
und sich dem Staub der Welt anpassen ist letztlich ein „Mittel" [*hōben*] Buddhas, um den Wesen zu helfen, auf den Weg der Befreiung zu finden.
Der Hinweis im Gedicht [67] auf die Filiation zu Vater und Mutter stellt eine
qualitative Charakterisierung der Monatsregel dar, die auf diese Weise die
Konnotation eines „Hindernisses" verliert. [69] zeigt überdies, dass auch die
kami-Gottheiten dieses „handicap" teilen und in ihrer Existenz von der Zeu-
gung durch Eltern abstammen, d. h. den Menschen gleich sind. Vom Gesichts-
punkt magischen Denkens aus, liegt hier ein Transfer des Problems auf die
kami vor.
Die Nachsicht der Shintō-Gottheiten gegen Verunreinigung durch Blut [vor
allem bei einem Schrein-Besuch] findet im Gedicht [70] eine weitere Verdeutli-
chung. Das Gedicht gilt als die Antwort der Gottheit von Kumano angesichts
der Bedenken, welche die Dichterin Izumi Shikibu [im Augenblick ihrer Regel]
vor einem Besuch des Schreins zögern ließ. Hintergrund des Gedichts ist die
vorgenannte Haltung der buddhistischen Gottheiten, für die Mitgefühl für die
Wesen dieser Welt wichtiger ist als die Beachtung traditioneller [= vor-bud-
dhistischer] Tabu-Vorstellungen.

[71] Ein anderes, aus dem Volksglauben überliefertes, Gedicht spielt ebenfalls auf
die nicht gefährdete Reinheit an:

*Jede Nacht erneut – sucht der Mond den Blut-Teich auf – nimmt so seinen Lauf
– stets jedoch bleibt rein der Mond – klar das Wasser dieses Teichs* [Hinweis:
Togawa Anshō].

[72] Falls man wünscht, den Eintritt der Regel fünf, sieben, zehn oder fünfzehn Tage lang hinauszuschieben, so schreibe man den Oberstollen des folgenden, berühmten Gedichts [aus dem Vorwort des *Kokinshū*] auf ein Blatt Papier:

Bucht von Naniwa – diese Blumen, die dort blühn – überwintern jetzt...

rolle es zusammen und fixiere es mit einer Nadel. Solange man diese nicht herauszieht, wird die Regel nicht einsetzen. Gegen Schnittwunden, Nasenbluten schreibe man dieselben Zeilen mit seinen Fingern oder rezitiere sie still für sich. Die Blutung wird auf wunderbare Weise zum Stillstand kommen [A]. Vgl. Abb. (4)

[73] Medikament, wenn die Monatsregel gestört ist [Q/3].
[*Blumen der Weibs-Bilder* vid. menstrua. *verhaltene zu befördern*] [MANA].

[74] Wenn die Regel lange ausbleibt und der Bauch spannt [Q/3].

[75] Die Regel hinausziehen [Q/3].

[76] Wenn das Regelblut unaufhörlich tropft [Q/3].

[77] Medikament gegen den weißen Fluss [Q/3].
[*Menstruum so alle Metallen und das Gold selbst auflöset*] [MANA]

Wichtig war natürlich auch die Frage, wann die Regel zum ersten Male auftreten wird.

[78] Ein junges Mädchen merke sich gut Jahr und Tag seiner Geburt: von diesem Tag an gerechnet wird die Regel 5048 Tage später zum ersten Male auftreten. Dies ist eine äußerst geheimnisvolle Rechnung. Umgerechnet ergibt dies das 14. Lebensjahr. Auch im *Huang Ti nei-ching* [*Dai-kyō*] [4. Jh. – 3. Jh.], dem kanonischen Text des Gelben Kaisers, wird das 14. Jahr angegeben als Datum der künftigen Gebärfähigkeit [O].

Kinnlade————————

[79] Eine herunterhängende Kinnlade wieder einrenken.
Hierzu setze man den Betreffenden nach rückwärts gewandt, führe beide Hände in seinen Mund und lege dort die zwei Daumen bei den hinteren Zähnen an [S/3a]. Vgl. Abb. (2)

Lippen————————

[80] Methode, um zu verhindern, dass Lippenrot sich ablöst.
Man reibe frischen Essig in die Tusche ein, trage diese auf die Lippen auf und streiche darüber dann rote Schminke [*beni*]. Falls man aber den Glanz der Lippenschminke nicht mag, dann befeuchte man mit etwas Essig die Finger und streiche so über die Lippen [L].

[81] Um aufgesprungene Lippen zu heilen, streiche man von Zeit zu Zeit Pulver vom gelben Lotus [*ōren*] [*coptis japonica*] mit dem Saft von rohem *jiō* [Art Gesnerien-Gewächs] [*rehmannia glutinosa*] darüber [B].

[02]
Dem Haar Glanz verleihen
Kinnlade einrenken

[03]
Ein neuer Kamm

[04]
Nach Belieben die Menses regulieren

Eine andere Sorge galt dem Mundgeruch, der vor allem nach dem Genuss bestimmter Nahrungsmittel, wie z. B. Knoblauch oder Lauch, zum Problem wird.

[82] Man verbrenne Holz vom Maulbeerbaum und trinke es mit heißem Wasser gelöst [L].
[*Athem so übel riecht zu vertreiben*] [MANA].

[83] Nach dem Verzehr von Lauch empfiehlt sich, ein Präparat von Pfeilwurzel [*kuzu no ne*], weißem Zucker, getrocknetem Ingwer [*kankyō*] oder auch von schwarzem Zucker, Gewürznelke [*chōji*], getrockneten Orangenschalen [*chinpi*] einzunehmen [L].

[84] Denselben Zweck erfüllt auch ein Zuckerbonbon [*ame*]: der Geruch von Lauch, etc. wird verschwinden [A] genau wie nach einer Mundspülung mit erwärmtem Essig besserer Qualität [B]. Mangels Essig tut es auch ein Stück Papier, das man kaut, oder ein Stück Zucker, das man lutscht [C].

[85] Man streiche pulverisierte Königswurz [*mokkō*] [*sausssurea lappa*] auf die Zähne und spüle nach einer Weile aus [H].

[86] Galgant [*Yaku chinin*] [*Alpinia oxyphylla*], Süß-Holz [*kanzō*], zu Pulver gemacht, auf die Zunge auftragen, ohne auszuspucken. Man kann beides aber auch problemlos verschlucken [H].

[87] Nach dem Verzehr eines der fünf stark riechenden Gemüse [*go-shin*] forme man eine Moxa von der Größe einer Gewehrkugel, zünde sie an, lösche sie und nehme sie so ein. Nach dem Verzehr von roher Petersilie [*seri*] trinke man etwas heißes Wasser [E].

[88] Sein Leben lang wird von Niesen frei bleiben, wer zwei Löffel vom Geifer einer Kuh einnimmt [O].

Einen kleinen Eindruck der Parfümerie, die wir hier nicht im Detail anführen, gibt das Rezept „Blumen-Tau":

[89] Zu Duft-Öl gelbes Wachs und Borneol [*ryūnō*] geben und durchkneten: dies ist je nach Art des Wachses identisch mit der Herstellung von Haar-Pomade [B].

[90] Nelken, Sandelholz u. a. duftende Materien solle man klein schneiden und sofort gebrauchen; bewahrt man sie auf, so verdünnt sich der Duft und verschwindet. Um Räucherwerk u. ä. länger aufzubewahren, lege man es in eine Duftschale und umwickle diese mit Wachspapier [B].

[91] Duft-Wasser [Geheimrezept].

Nelken, Sandelholz, Süß-Holz, Fenchel [*uikyō*], *kakkō* [*Elsholtzia rugulosa*] – dies alles zerkleinern und durchschütteln; dann weißes Wachs und Öl von weißem Sesam vermischen. Moschus, Borneol und Öl aus dem *raigan*-Pilz [?] [*omphalia lapidescens*] erwärmen, gut durchkneten und in Seide ausgedrückt gebrauchen [F].

[92] Duftöl „Kurtisanen-Ärmel".

Gewürznelke, geschnittene Kiefernnadeln, Süß-Holz, Sandelholz, Fenchel stecke man in Kamelien-Öl und rühre am Tage ungefähr drei Male um. Dann sieben, im Winter vierzehn Tage stehen lassen, die Rückstände entfernen, Moschus [*jakō*] und Borneol [*ryūnō*] reiben und hinzugeben, gut umrühren, dann durch ein Stück Stoff filtern und auspressen. Mit diesem Öl dann Baumwolle anfeuchten, in ein irdenes Gefäß geben und aufbewahren [F].

[93] Duftpräparat [der] Yang Kuei Fei [F].

Yang Kuei Fei: Favoritin des chinesischen Kaisers Hsüan Tsung, 712–756.

Schluckauf

[94] Wunderbare Methode, um den Schluckauf zu stoppen.

Wenn Schluckauf eintritt, drei oder fünf Tage anhält und kein Medikament mehr hilft, brühe man etwas Ingwer von besserer Qualität auf und nehme ihn ein. Oder aber man presse die Vertiefung am Hinterkopf stark mit dem Daumen und drücke mit den Fingern der anderen Hand die Stelle zwischen den Augenbrauen. Nach einer Weile verschwindet der Schluckauf [D].

[95] Wenn nach zwei, drei Tage der Schluckauf immer noch nicht zum Stillstand gekommen ist, nehme man Lotus-Pulver in heißem Wasser gelöst ein. Bei chronischem Auftreten greife man immer mal wieder zu diesem Mittel [H].

Transpiration

Die Beseitigung des Schweiß-Geruchs aus den Achselhöhlen war eines der großen Anliegen auf dem Gebiet der Körperpflege, das mit den verschiedensten Mitteln bekämpft wurde.

[96] Ein Rezept aus Kupfervitriol [*tanpan*] und Kalomel [*haraya*], das, aufgetragen, alle drei Tage erneuert wird, bringt nach dreißig Tagen die Unannehmlichkeit zum Verschwinden [A].

[*Den Gestanck unter den Achseln zu vertreiben*] *Nimm frische Scordius oder lachen Knoblauch, stosse sie gantz klein, so zu sagen in einen Brey, und schmiere sie unter die blosse Achseln; gleiche Würckung hat diese Wurtzel, so man sie in Wein siedet, und denselbigen trincket; dann diese Wurtzel treibet gewaltig den Harn, und mit denselben viel Unreinigkeiten aus dem Leib, daher ist es auch ein gut Mittel wider den Tripper* [NZB].

[*Achseln übeln Geruch zu vertreiben*] [MANA].

[97] In einem analogen Verfahren lesen wir von einer Mischung aus Kupfervitriol, halb roh, halb gebrannt, in welche man ein wenig Kalomel mit Ingwer-Saft einrührt. Die Achselhöhlen reibe man mit einem Handtuch so stark, dass es schmerzt, danach trage man die Tinktur auf. Drei bis fünf Mal wiederholt, und man ist von dem Geruch befreit. In leichten Fällen genügt es schon, sich jeden Tag mit dem Anschnitt von Ingwer einzureiben [P].

[98] Ein Duftbeutel, der üblen Schweißgeruch beseitigt [Q/2] [I].

[99] Zunächst einmal die Achselhöhlen enthaaren, gut reinigen und dann ein Präparat aus von Malachit gewonnener Fels-Grünspan-Farbe [*iwa rokushō*] und weißer Schminke [*o-shiroi*], in klarem Essig aufgelöst, einstreichen. Nach dreimaligem Auftragen sind die Wurzeln des Achselschweißes entfernt und dieser tritt kein weiteres Mal auf – ein außergewöhnliches Geheim-Mittel [B].

[100] Nach einem anderen Verfahren galt es, beide Achselhöhlen jeden Tag mit dem eigenen Urin – bevor dieser erkaltet war – zu reinigen und diese Waschung mehrmals zu wiederholen [C].

[101] Vor allem im Sommer wird die Bekämpfung strenger Schweißgerüche wichtig, wobei die verschiedensten Ingredienzien Verwendung finden: Moschus [*jakō*], Borneol [*ryūnō*], Grünspan [*rokushō*], Alaun [*myōban*], Schminke [*keifun/haraya*], Schwefel [*iō*], Kampfer [*shōnō*], Kupfervitriol [*tanpan*], Aalmolch [*imori*], Bleioxyd [*mitsudasō*], Mäuse-Kot, Salz, etc. [D] [L].

[102] Man vermische Kreide mit klarem Leim und Ochsenfett, entferne die Haare unter den Achseln und trage dann das Präparat auf. Nach einer Weile wird von den Achseln aus ein gelber Saft austreten, den man abwischt. Der Stuhlgang wird schwarz werden, so wie Lack. Die Mitglieder der Familie sollten eine andere Toilette benutzen, da Übertragungsgefahr besteht. Wenn man dann nach Tagen Holzkohle in die Achseln streicht, zeigen sich klar die Haar-Öffnungen: auf diese lege man dann sieben Tage lang eine Moxa, was die Krankheit an der Wurzel beseitigen wird [L]. Vgl. Abb. (5)

Zahnpflege

[103]   *Seit uralter Zeit – tausend, zehntausend Jahren – ist dies unser Brauch – als verheiratete Frau – sich die Zähne zu schwärzen* [OM]

Der Brauch, sich die Zähne zu schwärzen, der noch in den ersten Jahren der Meiji-Zeit zu beobachten war [es soll sogar falsche schwarze Zähne gegeben haben…], geht auf die Heian-Zeit [Ende 8. – Ende 12. Jh.] zurück. Die Herkunft dieser Sitte ist nicht klar, kam sie über Korea oder eher aus dem Süden? Die alte chinesische Chronik *Wei-chih* bezeichnet Japan als das „Land der schwarzen Zähne".

Die kosmetische Geste des Zahnschwärzens war bis ins Mittelalter hinein nicht allein auf Frauen geschränkt, erst in der Edo-Zeit [17.–19. Jh.] wurde sie zum Charakteristikum einer verheirateten Frau. Im Mittelalter war die Sitte unter der Aristokratie und in Krieger-Kreisen beliebt und drückte die Zugehörigkeit zu einer höheren Gesellschaftsschicht aus. In einem Dokument aus dem Beginn des 18. Jahrhunderts erfahren wir, dass zuweilen auch den auf dem Schlachtfeld gefallenen Feinden nachträglich [vom Sieger] die Zähne geschwärzt wurden, um so das Verdienst, einen hochgestellten Krieger getötet zu haben, klar zu unterstreichen.

Die Edo-Zeit sah in der schwarzen Farbe ein Symbol von Stabilität, die gut einem Ehepaar ziemte. Im Unterschied zum Mittelalter, während dessen man oft sehr früh [im Alter von neun Jahren] diese Tradition beobachtete, legte die Edo-Zeit diesen Brauch zunächst auf das 13. Lebensjahr fest [*jūsan kane-tsuki*], in der Folgezeit dann auf das Alter von siebzehn oder achtzehn Jahren, bevor man schließlich darin eine Art *rite de passage* für die verheiratete Frau sah. Vgl. Abb. (6)

Aus unseren Materialien lassen sich hauptsächlich zwei Intentionen ersehen: die Zahnschwärze gut fixieren und die geschwärzten Zähne wieder weißen.

[104] Schwarz verkohlte Blätter vom Zwerg-Bambus, die aber noch nicht zu Asche geworden sind, mit dem Daumen auftragen. Auf der Stelle wird sich die Schwarz-Färbung [*o-haguro*] lösen und die Zähne werden wieder weiß erstrahlen [B].

[105] Von gleicher Wirksamkeit: ein Aufguss von Reis-Essig oder auch Tee, womit man den Mund spült [E].

Den entgegengesetzten Zweck verfolgt eine Praktik, die darauf abzielt, zu verhindern, dass die aufgetragene Schwarz-Färbung sich allzu schnell wieder ablöst.

[106] Man pulverisiere hierzu zu gleichen Teilen die Schale eines Granatapfels und die Früchte einer Erle [*hari no ki*], trage die Zahn-Schwärze auf und streiche dann dieses Mittel darüber: die Zähne werden glänzend werden und die Färbung wird lange Zeit nicht abfallen. Auch für Zähne, die man nicht leicht schwarz färben kann, streiche man zuerst dieses Mittel ein, danach dann die [schwarze] Farbflüssigkeit und darüber nochmals vorstehendes Pulver: die Zähne werden schön gefestigt werden, und das Verfahren wirkt auch gegen Karies [F].

[107] Die Zahnschwärze auf der Stelle wieder ablösen [Q/1].

[108] Frauen, die „zwanzig, dreißig Tage lang auf Reisen sind und dabei sicher gehen wollen, dass ihre schwarzer Zahnfärbung nicht abfällt", sollten zunächst das Schwarz recht gut auftragen und dann mit Lack überziehen. Der Glanz wird ganz außerordentlich sein, und die Schwarz-Färbung wird sich auf keinen Fall lösen.

Natürlich kann man letztere auch mit Gallapfel [*fushi*] vermengt auftragen, ohne dass es eine Allergie gegen Lack geben wird. Zähne, auf welche man kein Schwarz auftragen kann, nennt man „Schnee-Zähne", i. e. Zähne, die, obwohl schwarz gefärbt, schnell ihre Färbung verlieren – für solche Zähne ist dieses Verfahren besonders geeignet [H].

[05]
Achselschweiß bekämpfen

[06]
Die Sitte des Zahn-Schwärzens

Für eine kürzere Reise, nicht von zwanzig oder dreißig Tagen, sondern von nur zwei, drei Tagen, während derer die Zahn-Schwärze nicht abfällt, wähle man eine Mischung aus

[109] Granatäpfel-Schalen und Lack und mache beides zu Pulver. Wenn man dann die Farbflüssigkeit aufträgt, solle man sie mit Galläpfeln vermengen: zwei, drei Tage wird sie sicher gut halten [L].

[110] Im fünften Monat karbonisiere man gerollte Zwerg-Bambus-Blätter, verbrenne dann dunkel getrocknete Vogelmiere-Blätter [*hakobe*], füge Salz dazu und streiche diese drei Stoffe auf die Innenseite der Finger: damit poliert die Frau dann ihre [weißen] Zähne. Wenn man zum ersten Male die Farbflüssigkeit aufträgt, erstrahlen die Zähne hell. Dabei wird man niemals im Mund eine Allergie gegen diese Farbflüssigkeit entwickeln [L].

1. TIERWELT

> Allgemeines: 1–5 • Enten, Hahn und Huhn: 6–14 • Fische: 15–19 • Frösche: 20–25 •
> Füchse: 26–32 • Hunde: 33–45 • Jagd-Magie: 46–47 • Katzen: 48–57 • Mäuse: 58–74 •
> Pferde: 75–79 • Schildkröten: 80–83 • Schlangen: 84–97 • Wildschweine und Wölfe:
> 98–100

Allgemeines ─────────

[1] Tiere, die fliegen, sind von Yang[-Natur], da sie Früchte und Getreide fressen und so die Yang-Kräfte des Himmels gewinnen. Tiere, die laufen, von Yin: sie fressen alle Gras und Stroh und bekommen so den Yin-Gehalt der Erde. Aus diesem Grund bewohnen Vögel Nester in der Höhe, Tiere, die laufen, aber Erdlöcher [P].

[2] Die Federn der Vögel, die im Wald leben, ähneln Blättern. Die Behaarung der Tiere, die im Gras leben, ähnelt Gräsern: so folgen alle der Natur ihrer Spezies [P].

[3] Die Hufe der Pferde sind rund, weswegen man sie zu Yang rechnet; die der Ochsen, gespalten, und deswegen Yin. Ein Pferd erhebt sich aus dem Liegen, indem es zuerst auf die Vorderbeine sich stellt, die Ochsen zuerst auf die Hinterbeine – alle folgen so Yin und Yang [P].

[4] Bei Vogeleiern weisen längliche auf männliche, runde auf weibliche Nachkommen hin – man mache einmal einen Test mit Hühnereiern [P].

[5] Wie lange tragen Tiere ihre Jungen aus?
Fohlen zwölf Monate, Hunde drei, Schweine vier, Affen fünf, Hirsche sechs, Tiger sieben und Hasen acht [C].

Enten, Hahn und Huhn ─────────

[6] Enten so aufziehen, dass sie viele Eier legen.
Hierzu sollte man als Futter roten Reis [*Taitō-mai*] verwenden: sie werden bestimmt sehr viele Eier legen [D]. Vgl. Abb. (1)

• • •

[7] Hühner dazu bringen, Tag für Tag viele Eier zu legen.
Man vermische Sesam und Schweinefett und verfüttere dies an die Hühner, bevor sie Eier legen. Dann nehme man das erste Ei, das sie legen, und verstecke es, und verfüttere erneut obiges Futter. Man sollte ihnen dabei kein Wasser zu trinken geben: auf diese Weise werden sie Tag für Tag sehr viele Eier legen [I].

[8] Einen Hahn zur falschen Zeit krähen lassen.
Man baue hierzu aus Bambus einen Baum, auf dem sich die Hähne niederlassen können, und fülle diesen Bambus innen mit warmem Wasser: die Hähne werden zur Unzeit anfangen zu krähen [E]. Vgl. Abb. (2)

[01]
Enten-Zucht

[02]
Hahnenschrei zur falschen Zeit

[9] Wenn Hähne zur falschen Zeit krähen, erkennen, ob es sich um ein gutes oder ein schlechtes Vorzeichen handelt.

Krähen sie bei Einbruch der Dunkelheit, so ist dies ein sehr gutes Zeichen; falls sie aber zu Beginn der Nacht krähen, so deutet dies auf Unheil hin. Kein Problem, falls sie in der vierten Nacht-Stunde krähen. Wenn ein Huhn die Stunde verkündet [„die Zeit macht"], so wird die betreffende Familie zugrundegehen, die Ehefrau wird die Familie ganz bestimmt ins Verderben stürzen [E].

[10] Anhand der Eier erkennen, ob die Küken, die ausschlüpfen, weiblichen oder männlichen Geschlechts sein werden.

Die Eier, die von morgens bis mittags gelegt werden, bringen Hähne, die zwischen Mittag und Einbruch der Dunkelheit, Hühner hervor [E].

[Zu erkennen, ob aus einem Ey ein Hähnlein oder ein Hünlein kriechen werde] Wann das Ey rund ist, wird ein Hahn daraus; ists aber länglicht, so giebt es eine Henne. Die Ursach dessen ist, daß in dem runden, die Wärme besser zusammen gefasset ist [NZB].

[11] Hühner-Krankheiten heilen.

Wenn Hühner erkranken, begieße man sie mit Sesam-Öl: auf wunderbare Weise werden sie geheilt werden [H].

[12] Hühner mit fünf-farbigem Gefieder ausstatten.

Man entferne von einem großen [in Salz eingelegten] Fisch die Eingeweide und fülle den Magen mit Schwefel, lege dann alles in ein Ziegel-Gefäß, im Winter sieben Tage, im Herbst fünf Tage lang. Danach nehme man es heraus, zerhacke es klein, und gebe zunächst einmal den Hühnern zwei, drei Tage lang nichts zu fressen, danach dann dieses Futter: die ursprünglichen Federn werden alle ausfallen und die nachwachsenden werden in fünf Farben erscheinen [I].

[13] Ein Küken immerzu klein halten.

Man wähle hierzu ein Küken aus, das von einem Huhn mit besonders schönen Federn stammt und ziehe es mit Mohnsamen auf. Gleich einem Huhn mit großen Federn wird es doch für immer ein kleines Küken bleiben. Zum üblichen Futter vermische man Mohnsamen und Rauschgold [o-ō]. Nur sollte man ihm kein Wasser zu trinken geben. Außerdem sollte man das Küken nur auf *tatami*-Matten halten und nicht auf dem Erdboden laufen lassen [I].

[14] Um Hühner stark zu machen, schabe man die Krallen von Vögeln ab, tauche sie in Wasser, vermenge sie mit gekochtem Reis und grünen Blättern und gebe ihnen dies als Futter: sie werden sehr kräftig werden [L].

• • •

Bereits in der japanischen Mythologie um die Sonnen-Gottheit, die sich in eine Felsenhöhle zurückzieht und dadurch die Welt in Finsternis stürzt, spielt der Hahn eine wichtige Rolle. Im Mittelalter wurden aus China Kampfhähne eingeführt. Der Hahn gilt – wie auch von verschiedenen anderen Tieren bekannt – als Bote von *kami*-Gottheiten, in einigen Gegenden des Landes kennt man religiöse Hahnen-Feste. Seit der Meiji-Zeit sind „chicken" wichtiger Bestandteil der japanischen Speisekarte.

Fische

[15] Man kann leicht viele Fische fangen, wenn man einer Schwalbe die Federn auszieht und sie, heiß gekocht, ins Wasser taucht: dort wird sich ihr Geruch verbreiten und Fische in großen Mengen anziehen [I].

[16] Die Anzahl der Fische im Wasser erkennen.

Wenn die Farbe des Wassers rot ist, deutet dies auf viele Fische hin. Auf dem Grund gibt es Fische, und da sie von der Farbe des Wassers entfernt sind, erscheint das Wasser seicht und von blau-grüner Farbe.

Wenn das Wasser so tief ist, dass die Fische springen können, lebt eine große Anzahl von ihnen auf dem Grund. Sardinen sind dumm und kennen das Fangnetz nicht, Makrelen sind schlau und halten sich davor auf: wenn Sardinen sich vor ihnen zeigen, gehen die Makrelen nicht ins Netz. Aus diesem Grund gehen die Fischer ins Wasser, imitieren dort den Ruf der Haifische, erschrecken so die Makrelen, die dann in Verwirrung geraten, sich zerstreuen – so können die Fischer zahlreiche Sardinen fangen [M].

[17] Nach einer anderen Methode vermenge man das Fleisch einer Schwalbe mit zu Mehl gemachten Faden-Nudeln, knete dann das Ganze mit Reis weich und hänge es als Köder an den Haken: wie ungeschickt man auch immer sein mag, jedes Mal, wenn man die Angelrute auswirft, wird ein Fisch anbeißen [L]. Vgl. Abb. (3)

[Alle Fische an einen Ort zusammen zu bringen] Koche Gersten in Wasser biß sie aufkeimet / und siede sie mit süssem Holtz ab / wie auch mit ein wenig Luder oder Aaß zusammt dem Honig vermischt; laß es hart werden wie ein Teig / diesen thue in eine Büchsen und vermache sie wohl.
So du nun an einem Ort zu fischen gesonnen / nehme darvon einer Welschen-Nuss groß / und lasse es in einem neuen irdenen Topff kochen / mit 2. Hand voll neuer Gersten / und ein wenig süß Holtz / und lasse es so lange stehen / biß daß kein Wasser überbleibe / dann werffe es an den Ort / dahin du willt / daß die Fische kommen sollen / verstehe in einen Fluß oder Teich / so werden sie sich alle auf einen Hauffen versammlen [NZB].

[18] Wer nicht mit der Angelrute, sondern mit einem großen Netz Fische fangen will, befestige die Haare eines Affen in den vier Enden des Netzes – Fische werden sich in großer Anzahl unter diesem Netz zusammenfinden [L]. Vgl. Abb. (4)

[19] Ein besonderes Verfahren, Fisch zu fangen, arbeitet mittels „Giftfließens" [*doku-nagashi*].

Man zerreibe hierzu eine Kaki-Frucht, die Blätter von Bergpfeffer und von Vogelknöterich [*inu-tade*], presse den Saft aus und lasse ihn im Fluss wegtreiben. Alle Fische werden, „trunken", leblos an der Oberfläche treiben [L].

• • •

> Das heute gebräuchliche Wort für „Fisch" bedeutet etymologisch „das, was zum Sake verzehrt wird" [*saka-na*] und hat das ältere /uo/ oder /io/ und seine Ableitungen [*uo-ya*: Fischhändler] seit Ende der Meiji-Zeit verdrängt. Die enorme Vielzahl von Fisch-Namen brachte es mit sich, das diese heute mehrheitlich in *kata-kana* Silbenschrift geschrieben werden, um Verwechslungen beim Gebrauch der oft sehr ähnlichen *kanji*-Zeichen zu vermeiden.

Frösche ————

[20] Man kann zwar in beliebiger Zahl Chrysanthemen züchten, es gibt aber doch immer wieder welche, die nicht aufblühen. Deren Blätter nehme man, verkohle sie schwarz und streue sie in einen Wasser-Graben oder einen Teich. Dort werden Frösche entstehen, die aber seltsamerweise keine Stimme haben und nicht mehr quaken [E]. Vgl. Abb. (5)

[21] Geheime Methode, Frosch-Quaken zu unterbinden.

Man streiche die Leber einer Kuh auf Papier und tauche es ins Wasser. Es ist äußerst verwunderlich, wie auf der Stelle das Gequake aufhört – dies ist wahr und bewiesen [I].

[*Pour faire que les raines ou grenouilles ne crient pas la nuit*] *D'après ce qu'enseigne Albert, il faut prendre de la graisse du dauphin et de la cire blanchie au soleil et en garnir une lampe, que vous poserez toute allumée sur les bords des lacs, et les raines ou grenouilles se tairont. Mais Africain en parle aussi dans ses livres d'agriculture et dit que toute lampe peut amener le même résultat, car si vous posez une lampe allumée sur le bord d'un marécage, d'un étang ou d'un fossé, les raines soudain se tairont. Certains farceurs ont coutume de percer une paroi et mettent dans le trou une grenouille; après, ils bouchent l'ouverture avec du papier, sur lequel ils dessinent un corbeau. Devant le papier, ils allument une torche et lorsque la grenouille commencera à s'échauffer sous l'action du feu, elle se mettra à crier: Crax, crax, c'est-à-dire à imiter la voix du corbeau. Par ce moyen, ils montrent un corbeau peint qui crie et qui croasse* [POMA].

[22] Um das Quaken der Frösche zu unterbinden, entlasse man blaue Reiher oder irgendwelche Wasservögel je nach Größe des Teichs, in einem kleinen tun es zwei oder drei. Um Frosch-Quaken absolut zu verhindern, löse man die Leber eines Affen im Wasser – kein Ton wird mehr zu hören sein [W/9].

[*Zu machen daß die Frösche nicht quacken*] *Man soll ein brennendes Licht über dem Ort, wo sie sich aufhalten / stellen / oder eine in einem Topff verschlossene Wasser-Schlange / in das Wasser / wo die Frösche sind / werffen / so werden dieselbe zu quacken aufhören* [NZB].

[03]
Beim Angeln

[04]
Mit dem Netz fischen

[05]
Frösche zum Schweigen bringen

[23] Das Quaken eines Frosches zum Stillstand bringen.

Am fünfzehnten Tag des Monats pflücke man die Blüten von Feld-Chrysan-
themen, zerkleinere sie und streue sie von der Windseite her aus: die Frösche
werden nicht mehr quaken [L].

[24] Eine Kröte umbringen und dann wieder zum Leben erwecken.

Wenn man aus Versehen eine Kröte totgetreten hat, bedecke man sie mit Blättern von *kuso-kazura* [*paederia candens*] und uriniere darüber: die Kröte wird
wieder munter werden [L].

[25] Was aber tun, um eine weibliche Kröte von einer männlichen zu unterscheiden? Man setze die Kröten auf die Erde: laufen sie nach Osten, so sind es
Männchen [L].

Füchse——————

[26] Jemanden von Fuchsbesessenheit befreien.

Man pflücke Hahnenkamm und unfruchtbare Reisekörner [*shiina-momi*] zur
Stunde des Drachens am fünfzehnten Tage des siebten Monats, trockne sie im
Schatten, pulverisiere sie, vermische sie zu gleichen Teilen und blase sie in die
Nase des [vom Fuchs] Besessenen [F].

[27] Um zu erfahren, ob bei jemandem eine Verzauberung durch einen Fuchs vorliegt, schaue man in einen alten Spiegel – die wahre Natur wird sich offenbaren [S/2]. Vgl. Abb. (6)

[28] Ein Amulett, das Füchse fürchten.

Füchse, die auf das Dach eines Hauses gestiegen sind, werden wegge-
scheucht, falls dieses Amulett auf dem Dachbalken angebracht ist. Bei Fuchsbesessenheit halte man es ganz fest in der Hand oder mit den Fingern – die
Besessenheit wird verschwinden. Ganz allgemein gilt, beim Schreiben dieses
Amuletts Abstinenz und Reinigung zu beachten und mit Aufrichtigkeit vor-
zugehen – andernfalls bleibt die Wirkung aus [H]. Vgl. Abb. (7)

[29] Ein Fuchsfeuer löschen.

Will man ein Fuchsfeuer auf den Feldern auslöschen, so mache man mit der
Nase ein schnupperndes Geräusch – auf der Stelle wird das Feuer verschwinden [K].

> Fuchsfeuer sind Irrlichter, als deren Ursache das unheilvolle Wirken von Füch-
> sen angesehen wird: entstehen würden sie durch den Atem der Füchse, die
> Ausstrahlung ihres Geifers, u. ä. In einigen Gegenden Japans glaubt man auch,
> dass im Herbst Füchse auf den Feldern Feuer entzünden. Es ist nicht klar, ob es
> sich um das natürliche Phänomen einer Phosphoreszenz handelt oder um ein
> individuelles oder kollektives Trugbild, das im Zusammenhang mit dem Glau-
> ben an den Fuchs als Boten einer *kami*-Gottheit zu sehen ist.

[30] Ein Fuchsfeuer hervorbringen [W/9].

[31] Böse Geister, Katzen, Füchse oder Dachse, deren Identität man nicht kennt und die von einem Menschen Besitz ergriffen haben, zum Sprechen bringen.
Man nehme Pulver aus Hirschhorn und gebe davon der betreffenden Person einen Löffel voll zu trinken: die Wesen, die für die Besessenheit verantwortlich sind, werden sich zu erkennen geben [O].

[32] Verhindern, dass ein Fuchs in seinen Bau zurückläuft.
Hierzu streue man geriebenes Rhinozerus-Horn dort hinein – der Fuchs wird kein zweites Mal zurückkehren und auch sonst keinerlei Schaden mehr anrichten [O]. Vgl. Abb. (8)

. . .

Einerseits als Räuber angesehen, der nachts in Dörfern Geflügel stiehlt, andererseits als Bote der [Reis-]Gottheit Inari, zählt der Fuchs in der Volkstradition zu den Tieren, die vom Menschen Besitz ergreifen können. In den ältesten Geschichten-Sammlungen finden sich bereits Belege für die Heirat zwischen Mensch und [einer] Fuchs-Frau. Im Mittelalter tritt die Unterscheidung hervor zwischen göttlichen Füchsen und solchen, die als Ursache menschlicher Besessenheit angesehen werden. Im 15. Jahrhundert finden sich Hinweise, dass Magier und Mönche, die verdächtig worden waren, Besessenheit verursacht zu haben, hingerichtet wurden.

Hunde ─────────

[33] Von einem räudigen Hund gebissen werden.
Ein Hundebiss kann schwerwiegende Folgen haben. Man presse deshalb sofort das Blut aus der Wunde aus oder ziehe es mit einer Nadel um die Wunde herum heraus und lasse dann jemanden kräftig auf die Wunde urinieren, am besten wechseln sich hierbei mehrere Personen ab. Danach spalte man eine Nuss-Schale in zwei Teile, fülle sie mit menschlichem Kot, presse sie auf die Wunde und setze darauf dann ca. hundert Moxa. Sind keine Nüsse zur Hand, so verfahre man in analoger Weise mit irgendeiner anderen Kernfrucht.
Danach reibe man Aprikosen-Kerne so, dass sie wie eine schmutzige Masse werden, trage sie dick auf, verschließe die Wunde, umwickle sie mit Baumwolle, am besten so fest, dass dabei Blut verströmt. Am folgenden Tag entferne man die Aprikosen-Kerne und setze, wie schon vorher, wieder Moxa an, mache Kupfersulfat zu Pulver und streue es über die Wunde und umwickle diese. Danach wasche man jeden Tag das Kupfersulfat mit Sake gut aus und setze wieder Moxa und wiederhole den Vorgang, solange noch Blut austritt. Ist die Blutung zum Stillstand gekommen, so streiche man erneut, wie vorher, Aprikosen-Kerne darauf. Wer empfindlich gegen Kupfer ist, kann auch nur mit Aprikosen-Kernen arbeiten oder mit der weißen Wurzel von Lauch [Q/2].

[34] Vorsichtsmaßnahmen im Fall eines Hundebisses.
Jemand, der von einem räudigen Hund gebissen wurde, muss bei seiner Heilung sehr sorgfältig vorgehen. Als allererstes sollte er jeden Tag, beim Setzen von Moxa, Zugwind vermeiden. Ist nämlich die Wunde Zugluft ausgesetzt,

[06]
Offenbarung der wahren Natur

[07]
Das Amulett, das Füchse fürchten

[08]
Fuchs im Reisfeld
Ein bissiger Hund

tritt eine plötzliche Verschlechterung ein, die im Delirium mit Hunde-Bellen zum Tode führen kann.

Was die Nahrung angeht, so verzichte man sein Leben lang auf Hundefleisch, drei Jahre lang auf *azuki*-Bohnen und *soba*-Nudeln. Von Sake sollte man sich ein Jahr lang enthalten. Hundert Tage lang kein Sesam, keine Hanfsamen, weder *sōmen*-Nudeln noch Kartoffeln oder Fritiertes, sowie alles, was mit Essig zusammenhängt, Fisch, Pflaumen. Falls man von vorstehenden Nahrungsmitteln isst, tritt augenblicklich der Tod ein – man sollte dies gut bedenken! Falls die Wunde wieder aufbricht, kann auch der beste Arzt nicht mehr helfen [Q/2].

[35] Im Vergleich hierzu eine viel einfachere Methode, um einen bissigen Hund fern zu halten. Man zitiere folgendes Gedicht:

Ich bin der Tiger! – magst du noch so sehr bellen – Hund bist und bleibst Du – wieso denn fürchtest Du nicht – mich und mein Zähneknirschen [MA]

Mit der rechten Hand zähle man [aus der Reihe der zwölf Tierkreis-Zeichen]: Hund, Wildschwein/Ratte/Ochs/Tiger ab und halte dabei den Daumen sehr fest [E]. Vgl. Abb. (8)

Das japanische Wort für Hund, *inu*, liefert die bequeme Homophonie zu „fortgehen" und drückt so die Finalität der magischen Formel aus. Ein weiteres magisches Mittel ist der Aufruf des Tigers, der den Hund in die Flucht schlagen soll.

[36] Im folgenden Gedicht liefert der Hinweis auf Japan – Land der *kami*-Gottheiten – den nötigen Schutz:

Im Land der Götter – Land der aufgehenden Sonne – in dem kami-Land – ist kein Platz für Euch, nirgends – wenn Ihr nicht uns Menschen scheut [Hayakawa 1974] Vgl. Abb. (9/1)

Wahrscheinlich kam die Vorstellung von der Besonderheit Japans als „Götterland" im Verlauf der Schaffung eines zentralisierten Staates auf, um sich derart von anderen Nationen, i. e. China, zu unterscheiden – Ausgangspunkt späterer, nationalistischer Interpretation. Der zum ersten Male in den Annalen zitierte Begriff dürfte Ausdruck einer Reaktion gegenüber dem machtvollen kulturellen Einfluss der Festlandes sein. Im Laufe des 8. Jahrhunderts mutierten die [shintoistischen] *kami* von Schutzgottheiten des buddhistischen Gesetzes zu Schutzgottheiten des Landes – Ansatzpunkt für den sich in den folgenden Epochen stark entwickelnden shintō-buddhistischen Synkretismus.

Während der Heian-Zeit [9.–12. Jh.], die wenig Konflikte mit dem Ausland kannte, ist kaum eine Entwicklung des Konzepts „Götterland" zu beobachten. Später trug die missglückte Invasion der Mongolen sicherlich zu einer Akzentuierung des Begriffs „Götterland" bei, der auch in weiten Bereichen der mittelalterlichen Literatur zitiert wird. Parallel geht eine bewusst geführte Umkehr des Verhältnisses zwischen buddhistischen Gottheiten [„Urstand"] und den *kami* [„Spur oder Avatar der Buddhas"]; letzteren kommt die besondere Rolle des Schutzes des Landes zu, und dies in einem engeren Kontakt zu seinen Menschen als der mit den Buddhas. Im ausgehenden Mittelalter unterstreichen einige Geschichtswerke den einzigartigen Charakter Japans, eines Landes, das nicht seinesgleichen hat.

[09-1] Einen Hund verjagen • [09-2] Hunde besänftigen
[09-3] Der starke Hund • [09-4] Die entlaufene Katze

Ein neuerlicher Anstoß zur Ideologie des „Götterlandes" kam dann im Kontakt mit Europa und dem Christentum [16. Jh.], und in den Studien der „nationalen Gelehrten" [*koku-gaku*] der Edo-Zeit spielt die Idee eine wichtige Rolle. Ihre klare, chauvinistische Färbung [„Vertreibung der Barbaren"] erhielt die Idee dann am Ende der Feudal-Epoche angesichts des politisch-militärischen Drucks der Westmächte: die Idee eines „Götter-Landes" wurde dann zur ideologischen Stütze des Staats-Shintō.

[37] Einen bösen Hund abwehren [S/18].

[38] Um einen bellenden Hund zum Schweigen zu bringen, gebe man ihm irgendetwas zu fressen: auf der Stelle wird er mit dem Schwanz wedeln und aufhören zu jaulen. Ganz besonders wirksam sind Klöße aus gekochtem Reis [*musubi-meshi*] oder auch *mochi*-Klöße aus gestampftem Reis [...] [S/15–17] Vgl. Abb. (9/2)
[*Hunde daß sie erstummen*] [MANA].

[39] Bei Hundebissen tut man gut daran, Mangan und Eisenoxyd [*mumyō-i*] auf die Wunde zu streichen. Oder auch: im Bad einen Aufsud von *ōren* [*coptis japonica Makino*], Helmkraut [*ōgon*] [*scutellaria baicalensis*], Rhabarber [*dai-ō*], Korkbaum [*ōbaku*] [*phellodendron maurense*] und *sanshishi* [*gardenia jasminoides*] in der üblichen Weise auftragen [K].
[*Hundsbiß zu heilen*] [MANA]

[40] Wenn man von einem räudigen Hund gebissen wurde, nehme man Saft aus der Wurzel von *omoto* [*rhodea japonica*] ein, was äußerst wirksam ist [vgl. Wang K'en-t'ang, *Senshaku taimin ritsu no chū* [M].

> Wang K'en-t'ang, 1549–1639, Verfasser mehrerer Schriften zur traditionellen Medizin, darunter: *Chien shih ta ming lü chu*.

[41] Wenn ein Hund durch *machin*-Gift erkrankt, solle man ihm *tōfu* zu fressen geben [M].

> Die Kerne von *machin* [*strychnos nux-vomica*] stellen ein starkes Gift dar, das u. a. gegen Mäuse eingesetzt wurde.

[42] Geheimes Rezept für den Fall, dass ein junger Hund unaufhörlich bellt. Hierbei führe man in seine Nase Sesam-Öl ein, ungefähr so viel, wie in eine *corbicura atrata* [*shijimi*] Muschel-Schale geht. Einen halben Tag später wird er auf wunderbare Weise aufhören zu bellen [I]. Auch eine *shijimi*-Muschel voll Duft-Öl, in die Nase gegossen, tut denselben Dienst [L].

[*Comment on pourra faire que les chiens n'aboyeront plus*] *Arrachez l'oeil d'un chien noir encore vivant, et si vous le portez avec vous, et soit que vous soyez près d'autres chiens et que vous cheminiez tout auprès d'eux, ils n'aboieront point et ne jetteront aucun cri, ce qui s'explique par l'odeur de l'oeil. Vous obtiendrez le même effet et vivrez plus sûrement, si vous êtes accompagné des yeux ou du cœur d'un loup. Autant on en dit de la langue de l'hyène, si on la tient en main, car non seulement elle rend les chiens sans langue, mais encore garantit celui qui la porte de leurs morsures* [POMA].

[43] Um einen Hund von Zecken zu befreien.

Wenn sich im Ohr eines Hundes Zecken festgesetzt haben, sollte man Sake darüber streichen – die Zecken werden tot herausfallen [L].

[44] Einen Hund von Fliegen befreien.

Hierzu bestreiche man seinen Körper dünn mit Lampenöl – keine Fliege wird sich mehr darauf setzen. Am besten tut man dies zur Zeit des Frühjahrs-Äquinoktiums [*higan*] [L].

[45] Wer seinen Hund stark machen will, gebe ihm, in Reis vermischt, *pachyma Hoelen* [*bukuryō*] zu fressen [S/3a]. Vgl. Abb. (9/3)

[*Dass junge Hunde starck und schnell lauffend werden*] *Wann man die Hunde zum Jagen auferziehen will / muss man sie nicht an gemeinen Hunden saugen lassen / dann sie davon nur träg und schwach werden / sondern an einer Hündin oder lauffbaren Stück Wild / Rehe oder Wölffen / so werden sie viel schneller / und stärcker werden / als sonsten die gemeine Art* [NZB].
[*Hunde so schnell und starck zu wege zubringen*] [MANA].

• • •

Die Archäologie belegt durch Knochenfunde und Tonfiguren die Existenz des Hundes als Haustier von Urzeiten an; auch auf den Bronze-Glocken finden sich Zeichnungen vom Hund. Die Annalen belegen die Einfuhr von Jagd-Hunden vom Festland. In der Heian-Zeit, in welcher als Haustier die Katze sich großer Beliebtheit erfreute, sollen streunende Hunde sogar im Palast gesichtet worden sein.

Sei Shōnagon schreibt in ihrem Kopfkissen-Buch [*Makura-no-sōshi*] unter verschiedenen Einträgen zum Thema „Hund" auch Folgendes [„Verhasste Dinge"]: „Hunde, die in das Bellen anderer einstimmen und nicht mehr aufhören in langen, hohen Tönen, sind Unheil verheißend und widerlich". Der Schwertadel des Mittelalters aber schätzte starke Hunde und veranstaltete Hundekämpfe. Im Kontakt mit den „südlichen Barbaren" des 16. Jahrhunderts kommen europäische Hunde nach Japan, oft als Geschenk für den Shōgun oder für Feudalherren. Bekannt wurde der fünfte Tokugawa Shōgun, Tsunayoshi, durch seine große Liebe zu Hunden. Die in der Meiji-Zeit nach Japan gekommenen Hunde wurden in einer verballhornten Lesung des englischen Ausrufs „*come here*" auch → *kame* genannt.

Die japanische Sprache kennt das Wort „Hund" auch als pejoratives Präfix der Verachtung oder – bei Pflanzennamen und Buchtiteln – zur Bezeichnung von nachgemachten oder „ähnlichen" Inhalten.

Jagd-Magie————

[46] Magie, um Vögel und Tiere vor nutzlosem Abschuss zu bewahren.

Man rezitiere hierfür drei Mal *Namu Amida Butsu* – auf wunderbare Weise wird die Kugel ihr Ziel verfehlen [S/8].

[47] Das Suwa-Ritual der Jäger.

1. *Gibt es ein Wesen – das geboren in die Welt – nicht auch scheiden muss – heute und für alle Zeit – diese Opfer, unser Heil* [SS]

• • •

2. *Fehlte den Tieren – die Heil bringende Bindung – zu mir, der Gottheit –
lange Zeit noch müssten sie – leben in der Finsternis* [Ibid.].

• • •

3. *Für den, der tötet – wie ja auch für sein Opfer – für sie beide ist – dies nur
Spiel und Zeitvertreib – das Leben ist nur ein Traum* [Shok].

Hintergrund dieser drei Gedichte zur Rechtfertigung des Jagens [= Übertretung des buddhistischen Verbots, Leben zu töten], ist der shintō-buddhistische Synkretismus, kristalliert am Verhältnis von Buddhas und *kami*. Für die Jäger in Zentral-Japan [= Gegend von Suwa, Präfektur Nagano] muss die Ausübung ihres Berufs und die Darbringung von erlegtem Wild [oder gefangenen Fischen] an den Schreinen der *kami* – in ihrem „Urstand" ja nichts anderes als Buddhas – ein Problem darstellen, das auf nachstehende Weise gelöst wurde. Wenden wir uns zunächst einer berühmten Erzählung in der Sammlung mittelalterlicher Exempla, dem *Shaseki-shū* [13. Jh.], zu. Hierin bringt ein Mönch sein Unverständnis zum Ausdruck, angesichts der Tatsache, dass die *kami*-Gottheiten [deren „Urstand" ja ein Buddha ist] die Opfergabe getöteter Lebewesen akzeptierten. Die Gottheit des Schreins, zu welchem der Mönch gepilgert war, erklärt ihm die Sachlage: für diejenigen, die in der Absicht, den Gottheiten zu opfern, Lebewesen töten und darbringen, übernehmen die Gottheiten selbst die Schuld. Was aber die getöteten Lebewesen angeht, so war ihre Karma bedingte Lebensspanne bereits zu Ende gekommen, ihr Weiterleben wäre völlig unnütz gewesen. In ihrer Qualität als Opfergabe vor den shintō-buddhistischen Gottheiten jedoch erhalten sie die Möglichkeit, eine Verbindung mit dem Weg Buddhas einzugehen – und so zur Erlösung zu gelangen.

Das gesamte japanische Mittelalter ist geprägt von der Ideologie der Beziehungen zwischen Buddhas [„Urstand"] und [Shintō-] *kami* [als „herabgelassene Spur, als temporäre Manifestation dieser Buddhas]. Im *Shintō-shū*, einer Sammlung von Erzählungen über den Urstand von Gottheiten und die Gründung von Tempeln, findet sich unter dem Titel „Ursprungs-Erzählung des Schreins von Suwa" eine Geschichte, welche die Problematik der vorgenannten Erzählung aufgreift. Ein Mönch, von analogen Zweifeln geplagt, sieht in einem Traum, die im Suwa-Heiligtum geopferten Tiere – Hirsche, Vögel, Fische – in der Form von goldenen Buddhas zum Himmel aufsteigen. Die Gottheit selbst rezitiert das japanische Gedicht [supra Nr. 47–2], gefolgt von einer chinesisch abgefassten *gatha*, die klar zum Ausdruck bringt, dass besagte Tiere durch ihr Aufgeopfertwerden die Früchte der Buddhaschaft erhielten.

Obige Gedichte stellen offensichtlich magische Formeln dar, mit welchen die Jäger ihre Übertretung buddhistischer Grundregeln rechtfertigten. In einigen Dokumenten des Suwa-Schreins aus dem 13. Jahrhundert wird die Jagd als „Töten aus Mitleid" apostrophiert. Gegen Ende des Mittelalters finden sich obige Formeln auf vom Suwa-Schrein vertriebenen Amuletten, den „Lizenzen zum Verzehr von Hirschfleisch".

In Dokumenten über die Jagd finden wir obige *gatha* meist in Verbindung mit einem oder mehreren der vorstehenden Gedichte. Die Finalität des „Suwa-Rituals" beschränkt sich jedoch keineswegs auf die Neutralisierung des Vergehens, Lebewesen getötet zu haben, dies ist vielleicht nicht einmal das wichtigste Element innerhalb dieses komplexen Ritus.

Die Rezitation obiger Formeln scheint im Grunde sich an die Totengeister der erlegten Tiere zu wenden und sie in einer „Weg-Geleitung" [*indō*] zur Erlösung zu führen. Tatsache ist weiterhin, dass die *hijiri* [„heilige Männer"] genannten, außerhalb der Orthodoxie stehenden „freien" Mönche in der Heian-Zeit – wir wissen es aus einer Sammlung populärer religiöser Gesänge – sich in Tierhäute kleideten und auf Wanderstecken mit Hirsch-Horn stützten; zahlreiche Geschichten in den großen Exempla-Sammlungen belegen eine offenbare Freizügigkeit in Bezug auf das [buddhistische] Verbot, Lebewesen zu töten oder Fleisch zu genießen. Die Entwicklung der religiösen Mentalität im Mittelalter brachte es mit sich, dass der oft unvermeidliche Akt des Tötens von Lebewesen durch die oben genannte Zuhilfenahme eines „Kunstgriffs", eines Heil bringenden „Mittels" [*hōben*] gerechtfertigt werden musste. Ziel und Erfolg der Jagd, aber auch in Kriegszeiten des Tötens von Feinden – für beide Fälle stellen obige Formeln eine Art Fürsorge für die Opfer dar, und im Falle der getöteten Menschen eine Befriedigung ihrer Totenseelen. Vgl. H. O. Rotermund 1994.

• • •

In der altjapanischen Agrar-Gesellschaft wurde Jagd vor allem ausgeübt, um Schäden von der Landwirtschaft abzuhalten, während in den Kreisen der Adelsgesellschaft die Jagd – mit Falken – zu einem beliebten Zeitvertreib wurde. Das Mittelalter kennt professionelle Jäger, aber zur gleichen Zeit vertritt der Buddhismus sein grundlegendes Verbot, Lebewesen zu töten. Menschen und Berufsgruppen, die mit Tierhäuten, Leder, etc. zu tun hatten, wurden nach und nach Opfer von Missachtung und sozialer Diskriminierung.

Die Jäger selbst entwickelten verschiedene Techniken, wie z. B. bei der Hirschjagd, wo man nachts Fackeln anzündete, um sein Opfer im Lichtschatten des Feuers zu lokalisieren. In verschiedenen Gegenden des Landes wurden nach einer gewissen Anzahl von erlegtem Wild Opfer-Riten für die Seelen ausgeführt. Oder aber es wurde in Dokumenten festgehalten, dass man zur Jagd die Erlaubnis einer Gottheit hatte – Indiz für die Nähe der Jäger zu in den Bergen buddhistischen Übungen und Askese nachgehenden [halb-]religiösen Praktikanten?

Katzen —————

[48] Eine kranke Katze zu heilen.

Hierzu pulverisiere man eine Dosis von Fieberstrauch [*u-yaku*] [*Windera strychnifolium*] und vermische sie mit Wasser, das man der Katze eingebe – ein äußerst wirksames Verfahren [G]. Oder auch: getrocknete Orangenschalen zu Pulver gemacht und mit dem Sud von Reis zu fressen geben: das Tier wird Schleim ausspucken und dadurch geheilt werden [I].

[49] Erkennen, ob eine Katze schlau oder schwerfällig ist.

Man packe die Katze am Kopf und halte sie in der Luft. Katzen, die dabei den Schwanz hochhalten, sind dümmlich. Die anderen aber, die den Schwanz unter den Bauch legen, sind klug [G].

[50] Methode um zu verhindern, dass junge Katzen durch lautes Schreien lästig werden.

Hierzu mache man getrocknete Orangenschalen [*chinpi*] zu Pulver und bestreiche damit die Katze. Wie wird auf wunderbare Weise aufhören zu heulen [I].

[51] Einen Katzenbiss heilen.

Man pulverisiere Moschus und streiche ihn mit Speichel auf die Wunde – die Heilung wird augenblicklich eintreten [K].

[52] An den Augen einer Katze die Uhrzeit ablesen.

In den Stunden der Ratte [23h–1h] oder des Pferds [11h–13h] werden die Augen der Katze so dünn wie ein Faden erscheinen; bei Hase [5h–7h] oder Vogel [17h–19h] rund; bei Tiger [3h–5h] oder Affe [15h–17h], Schlange [9h–11h] oder Wildschwein [21h–23h] werden sie die Form eines Ginkgo-Blattes annehmen; bei Drache [7h–9h] oder Hund [19h–21h], Ochs [1h–3h] oder Schaf [13h–15h] wie ein Stück Geld zur Seite geneigt erscheinen [L].

[53] Einer Katze, der man *tori-gai*-Muscheln zu fressen gegeben hat, werden ihre Ohren abfallen.

In keiner Botanik-Schrift findet sich ein Eintrag *tori-gai*-Muschel. Jemand vertritt die Ansicht, dass es sich dabei um Regenpfeifer [*chidori*] handelt, die sich im Meer verwandelten [zu Muscheln würden] und dann *chidori-gai* genannt würden, abgekürzt ergäbe es → *torigai*. In ähnlicher Weise werden Spatzen zu Venus-Muscheln (*hamaguri*), Fasane zu Kamm-Muscheln [*hotate-gai*].

Falls eine Katze von den *tori-gai*-Muschel frisst, fallen ihr die Ohren ab – dies ist kein leeres Gerede. Einer Katze, die von den Eingeweiden dieser Muschel frisst, werden die Ohren von der Spitze an wie durch Feuer verglühen, allmählich abbrechen, nur der Ohr-Ansatz wird übrigbleiben, wie die Ohren auf Gemälden von Tigern. Dies ist ein in der Natur liegender Vorgang. Ähnlich beim Esel, der von der Beutel-Melone frisst, und dessen Augen dann zu eitern anfangen [S/18].

[54] Schwarze Katzen – ein Medikament gegen Magenkrämpfe? [S/18]

[55] Eine entlaufene Katze per Gedicht zur Rückkehr bewegen.

Im Wasserspiegel – am Hügel von Ōsaka – dort auf der Höhe – der Schatten einer Katze – die zurückkehrt in ihr Haus

Dies schreibe man auf Papier und schlage es an einen Pfeiler an [M]. Vgl. Abb. (9/4)

Die verbal-magische Wirksamkeit des Gedichts beruht auf dem Ortsnamen Ōsaka, in der historischen Transkription *Au-saka*, i. e. der „Hügel, wo man sich trifft". Dieser Ort stellte die Grenz-Barriere zwischen den Provinzen Yamashiro [im Süden von Kyōto] und Ōmi [Präfektur Shiga] dar: Mitte des 7. Jahrhunderts installiert [später wieder abgerissen], wird sie schon in der ersten Gedicht-Sammlung, dem *Manyōshū*, besungen [vgl. Nr. 3762], dann von Sei Shōnagon als eine der großen Grenz-Übergänge erwähnt. Bedeutungsvoll wird sie im Mittelalter durch die Verkehrs-Achse des *Tōkai-dō*. Diese Grenzanlage passieren bedeutete Trennung von der Hauptstadt Kyōto und Eintritt in eine fremde Provinz. Die „Grenze von Ōsaka überschreiten" war in alter Zeit auch ein poetischer Ausdruck für unerlaubte Treffen von Mann und Frau. Die „klaren Wasser" verweisen auf einen Teich in der Nähe dieser Grenz-Barriere.

[56] Auf einem Kalender den Tag, an dem die Katze entlaufen ist, mit Tusche schwärzen – sie wird bestimmt zurückkommen [S/3a].

[57] Viele Katzen an einem Ort versammeln.
Man kaufe in der Apotheke frische Strahlengriffel [*matatabi*] [*actinidia*] und verbrenne sie – alle Katzen aus der Nachbarschaft werden angerannt kommen, auch solche, die sonst untereinander spinnefeind sind, werden sich vertragen und um den Pott mit *matatabi* herumrennen, ohne zu wissen, dass sie auf diese Weise sehr leicht gefangen werden können – ein wirklich wunderbares Mittel [W/9]. Vgl. Abb. (10)

• • •

Die Haltung von Hauskatzen kam wohl in der Nara-Zeit vom Festland nach Japan, nach einigen Thesen waren die Katzen dazu bestimmt, die nach Japan überlieferten Schriften des buddhistischen Kanons vor Mäusefrass zu bewahren. In China selbst ist die Verbreitung der Hauskatze zeitlich nicht genau zu definieren; Tatsache bleibt, dass dieses Tier nicht unter die zwölf Kalender-Tiere eingereiht wurde. Die Beliebtheit der Katzen in alter Zeit – wohl auf die höheren Gesellschaftsschichten beschränkt – lässt sich in der Literatur [*Roman vom Prinzen Genji, Kopfkissen-Buch*, etc.], aber auch anhand der Tagebücher der Adligen belegen. Allgemeine Verbreitung finden die Katzen erst in der Edo-Zeit, wo sie als nützliche Haustiere zum Schutz der Seidenraupen-Zucht geschätzt waren: auch das Aufstellen von sog. „Katzen-Bildern" [*neko-e*] sollte schädliche Nager fernhalten.
Seit dem Ende des Mittelalters kannte man Katzen philippinischer Herkunft, europäische Tiere gab es erst seit der Meiji-Zeit. Der auffallende Charakter von Katzen brachte sie in den Ruf zauberischer Kräfte, und Geschichten von Gespenster-Katzen waren vor allem in der Edo-Zeit beliebt. Die Figur der „winkenden Katze" und die ihr zugesprochenen Eigenschaften gehen wohl auf chinesische Quellen zurück, wie das bereits zitierte *Yūyō zasso*.

Mäuse————

[58] Mäuse bekämpfen.
Man nehme etwas von der Erde unter der Wohnung, knete sie zu weichem Lehm und verstopfe damit die Mauselöcher. Innerhalb von hundert Tagen werden die Mäuse allesamt verschwunden sein und auch nicht wiederkommen.
Eine weitere Methode präzisiert: Am ersten Tiger-Tag des neuen Jahres und dann jeden Monat am Tag „älterer Bruder Metall/Tiger" [*kano-e -tora*] und „älterer Bruder Wasser/Drache" [*mizu no e tatsu*] verstopfe man damit die Mauselöcher. Man kann aber auch am Tag „älterer Bruder Metall/Pferde" [*kano-e uma*] des dritten Monats eine Maus fangen, ihr den Schwanz abhacken und das Blut auf den Dach-Balken streichen – die Mäuse werden fortan ausbleiben [Q/2].

[59] Verhindern, dass Mäuse wild werden.
Man fange eine Maus, sperre sie in einen metallenen Käfig, gebe ihr zu fressen und ziehe sie so auf. Bei ihrem Anblick werden die anderen Mäuse sich fortan ruhig verhalten [Q/2]. Vgl. Abb. (11)

[10]
Alle Katzen versammeln sich

[11]
Das abschreckende Beispiel

[60] Verhindern, dass Mäuse an das Öl gehen.

Wenn man ins Lampen-Öl etwas Rhizinus [*himashi*]-Öl hinzugibt, werden keine Mäuse mehr auftauchen [Q/2].

[61] Therapie bei Mäusebissen.

Unter den Mäusen gibt es eine Art, deren Biss giftig ist. Falls man von solchen Mäusen gebissen wurde, so wird die Wunde zwar verheilen, aber das Gift wird sich im ganzen Körper verteilen, man wird am Ende hohes Fieber haben und im Fieberwahn irrereden; und immer wieder kommt es vor, dass Menschen schließlich ihr Leben verlieren – das ist fürchterlich! Um in einem solchen Fall Abhilfe zu schaffen, lege man ganz schnell Schieß-Pulver auf die Wunde und zünde es an: das Gift wird sich verflüchtigen. Danach streiche man Moschus auf und nehme einen Aufguss von weißen Azalie [*tsutsuji*]-Blüten oder auch von Weiderich [*miso-hagi*] ein.

Wenn aber so schnell kein Schieß-Pulver zur Hand ist, drücke man das Blut gut heraus oder tauche die Wunde in heißes Wasser und trage danach Blätter der Trichterwinde [*asagao*], schwarz verkohltes Paulownia-Holz [*kiri no ki*], Ruß vom Kessel, etc. auf. Gut sind auch getrocknete Philodendron-Rinde [*ōbaku*], Kalk [*ishi-bai*] und Muschel-Pulver [*kaki no ko*], mit dem Saft der Sternmiere [*hakobe*] vermischt [Q/3].

[62] Heilung bei Mäusebiss.

Hierzu verbrenne man die Haare einer Katze, füge ein wenig Moschus dazu und streiche es mit etwas Speichel auf – so steht es in den Lehrbüchern [S/17].

[63] Ob geschwollen oder schmerzhaft, man brühe *miso-hagi* mit Wurzeln und Blättern auf und wasche damit die Wunden aus [S/3a].

[64] Wurde man von Mäusen gebissen, die Giftiges gefressen hatten, sollte man morgens auf die Wunde Mehl, in Wasser und mit Speichel vermengt, auftragen. Mit einer einzigen Anwendung schon verschwindet der Schmerz [H].

[65] Mäuse, die Brustbeeren [*natsume*]-Kerne gefressen haben, gehen auch Menschen an [S/18].

[66] Von Mäuse-Gift heilen.

Man sollte auf keinen Fall etwas verzehren, das bereits von Mäusen angefressen worden war, da ihr Speichel noch daran haftet. Ein Präzedens-Fall ist aus China bekannt, wo in alter Zeit eine Frau mit solchem Mäuse-Gift in Berührung kam. Ein berühmter Arzt hatte ihr dann Speichel von einer Katze zu trinken gegeben – worauf sie geheilt wurde [vgl. auch die Bücher der Medizin]. Um solchen Speichel zu gewinnen, reibe man der Katze Ingwer unter die Nase – der Speichel wird nur so fließen [S/17] [D].

[67] Verhindern, dass Mäuse den Leim von zusammengeklebten Dingen anfressen.

Will man verhindern, dass Mäuse Körbe aus Leder u. ä. Dingen, die mit Leim zusammengeklebt sind, anfressen, mische man unter den Leim etwas Wurzel

von *amorphophalus konjac*. [*konnyaku-dama*] oder etwas Asche vom Küchenherd: die Mäuse werden nicht mehr darangehen [C].

[68] Magie, die Mäuse daran hindert, Schaden anzurichten.
Falls Mäuse sich an Geräte oder an Esswaren machen, stelle man ein mit Zinnober auf blütenweißem Papier geschriebenes Amulett auf: die Nager werden
davor zurückschrecken und sich nicht mehr zeigen [I].
Eine analoge Methode empfiehlt, einen Krebs trocknen lassen, dann zu Pulver
machen, mit dem Blut eines schwarzen Hundes vermengen, erhärten und verbrennen: sämtliche Mäuse im Haus werden verschwinden [F].

[69] Um Mäuse-Löcher im Speicher so zu verstopfen, dass die Mäuse kein zweites
Mal auftauchen, knete man Erde, verstopfe das Loch und bestreiche Vorder-
und Rückseite mit Vogel-Leim [F].

[70] Gegen Mäuse vorgehen, die bei der Seiden[-raupen] Zucht Schaden bringen.

Acht Wolkenschichten – hier, am großen Heiligtum – Schrein von Izumo –
unter seinem Schutz: kein Platz – für die schädlichen Mäuse [SHi]

Die erste Zeile verweist auf das bekannte Gedicht Susanoos, des Bruders der
Sonnen-Gottheit Amaterasu, welches dieser nach seinem siegreichen Kampf
mit der achtköpfigen und achtschwänzigen Schlange gemacht haben soll: hier
liegt ein *antécédent magique* aus der japanischen Mythologie vor, der, *mutatis
mutandis*, zur Unterdrückung der Mäuse eingesetzt wird. Die vorstehende Formel vollzieht ganz klar eine räumliche Transformation – jedweder Ort wird
zum Großen Schrein von Izumo. Der japanische Text nutzt wohl auch noch die
Homophonie des Verbs „stellen" (*tatsu*), das auch „ausrotten", „abschneiden"
bedeuten kann.

[71] Idem.

Den bösen Nagern – den „Lebewesen der Nacht" – die sich oft zeigen – diesen
schändlichen Mäusen – stopft das Maul, dies edle Schwert [Ibid.]

Das Schwert weist sicherlich auf das, welches Susanoo aus dem Schwanz der
besiegten Schlange gewinnt, und welches im Fortgang der Mythen der Held
Yamato Takeru auf seinem Feldzug in den Ostprovinzen in Händen hält. Am
Ende wurde es, der Tradition nach im Schrein von Atsuta [Nagoya] aufbewahrt, als eines der Drei Regalia des japanischen Kaiserhauses.

[72] Methode, auf ganz natürliche Weise Mäuse im Hof zusammenkommen zu
lassen.
Wenn man die Scheren eines Krebses unter starker Rauch-Entwicklung verbrennt, werden sich die Mäuse ganz von selbst im Hof versammeln [C].

[73] Geheimes Verfahren, um zu erreichen, dass Mäuse ganz von selbst sich vor
jemandem einfinden, so dass man sie sehr leicht fangen kann.
Man nehme die gelben Innereien eines Krebses und trockne sie im Schatten.
Dann vermenge man sie mit *ansoku-kō* [*machilus Thunbergii*], Schildkrötenpan-
zer [*hekkō*], Raute [*unkō*] [*ruta graveolens*] und verbrenne diese Mischung im
Haus in der Nähe der Wände. Die Mäuse werden angerannt kommen und

sich alle einfinden. Darauf ergreife man sie und lasse sie in weit entfernt gelegenen Bergen und Feldern wieder frei. Weil man dabei [in Befolgung des buddhistischen Grundgebotes] kein Leben vernichtet, handelt es sich um eine äußerst gute Methode [I]. Vgl. Abb. (12) (13)

[74] Die Ohren von Mäusen vergrößern.

In der Periode, in welcher Mäuse noch nicht ihre Augen öffnen können, rühre man Buchweizen-Mehl in Wasser an und verfüttere dies jeden Tag. Im Verlaufe ihres Wachstums werden die Ohren dann die Größe von Hasenohren erreichen [L].

• • •

Der Kampf gegen die Haus-Maus galt dem schädlichen Nager, der nicht nur die Nahrungsmittel anging, sondern auch anderweitig Schaden anstiften konnte: Mäusegift ist seit der Edo-Zeit bekannt. In der Mythologie noch gilt die Maus als Bote einer Gottheit. Zahlreiche Tabu-Wörter [„Braut", „ältere Schwester"] belegen den besonderen Charakter dieses Tieres. In der Volkstradition ist eine Technik überliefert, die gestattet, nach der Art, wie die Mäuse besonders angefertigte Neujahrs-Reiskuchen [*mochi*] auffraßen, Prognosen für das kommende Jahr anzustellen. Die außerordentliche Reproduktionskraft der Maus bestimmt wohl ihren Ruf, Reichtum und Wohlstand mit sich zu bringen. Die Volksmedizin schließlich bedient sich der Maus [Fleisch, Blut] in den verschiedensten magico-therapeutischen Verfahren.

Pferde ——————

[75] Pferdehaare färben.

Man wasche Pferdehaare gut mit der Lauge von jungem Stroh, setze sie dann ca. drei Tage in Reis-Waschwasser, wasche sie danach aus, trockne sie an der Sonne und färbe sie dann ein. Die Zusammensetzung des Färbstoffes: [suō] [*coesalpinia sappan*], harzreicher Kiefer, Bambus [*sasa albo maginata*]-Blätter, Salz und Essig [C].

[76] Ein mageres Pferd stärken.

Einem Pferd, das schwächlich und abgemagert ist, gebe man jeden Tag *jochōkei* [*cynanchum paniculatum (Bge.) Kitag.*] zu fressen: es wird wieder zunehmen und ganz schnell zu Kräften kommen [M].

[77] Verfahren, um ein Pferd das leicht erschrickt, zu heilen.

Man hänge ihm auf den Bauch den Schwanz eines Wolfs – und es wird vor nichts mehr erschrecken und auch seinen schlechten Charakter verlieren [O]. Vgl. Abb. (14)

[*Pferde zahm zu machen*] [MANA]

[78] Einen Pferdebiss heilen [S/18].

[79] Magie gegen Bauchschmerzen von Pferden.

Auf der Anhöhe – dort genau, wo „man sich trifft" – hier wurde dem Mönch – eine Makrele gereicht – sogleich ward das Pferd geheilt [M]

[12]
Mäuse einfangen 1

[13]
Mäuse einfangen 2

[14]
Das schreckhafte Pferd

Die Gebrauchsanweisung präzisiert, dass man beim Rezitieren des Gedichts den Bauch des Pferdes streicheln sollte. Die Übersetzung ist nicht in der Lage, die doppelte, und gegensätzliche Semantik des Gedichts zum Ausdruck zu bringen, je nach dem, ob man im japanischen Text die Endung des Verbums „opfern, geben" mit oder ohne *nigori*-Zeichen-Erweichung [*te* ↔ *de*] liest: „opfern" ↔ „nicht opfern". In ähnlicher Weise beinhaltet das Verbum „geheilt werden" [*yamu*] eine Homophonie mit „leiden, krank sein".

Vorstehendes Gedicht spielt auf ein *antécédent magique* mit der Person des Mönchs Gyōgi [oder auch von Kōbō daishi] an. Gyōgi hätte auf seinen Pilgerwanderungen in der Provinz Awa [= Präfektur Tokushima auf Shikoku] am Ort der „Acht Abhänge und acht Strände" einen Fisch-Händler getroffen, der sein Pferd mit Makrelen beladen hatte. Seine Bitte, ihm einen Fisch zu überlassen, schlägt der Händler unter Beschimpfungen ab. Zur Strafe belegt der Mönch das Pferd mit einem Fluch [mittels obigen Gedichtes], worauf das Tier, von Bauchkrämpfen geplagt, keinen Schritt mehr weitergeht. Der Fisch-Händler versteht, dass er keinem Normal-Sterblichen begegnet ist, erkennt seinen Fehler und bereut ihn. Hierauf löst Gyōgi mit einer erneuten Rezitation des Gedichtes unter anderer Lesung [s. supra] den Fluch, wonach das Pferd, geheilt, seinen Weg fortsetzen kann. Vgl. Abb. (15)

Derlei Legenden sind unter dem Namen der „Mönch mit der Makrele" in Japan weit verbreitet. Sie beinhalten einerseits den Glauben an die magischen Kräfte wandernder Mönche, zum anderen belegen sie das Fortleben einer uralten Tradition, nach welcher man an Wegkreuzungen und auf Bergpässen den Gottheiten Opfergaben darbringen musste. Obige Formel kann aber auch bei menschlichen Bauchbeschwerden Verwendung finden oder auch – in einem völlig anderen Zusammenhang – mit dem Ziel, bei einem Rennen das Pferd des Konkurrenten lahm zu legen.

[*Pferden wie solchen das Bauch-Weh zuvertreiben*] [MANA].

• • •

Der chinesischen Chronik des *Wei-chih* zufolge fehlte es zwar im benachbarten Japan an Pferden [als Haustieren], jedoch wurden Zähne und Knochen von Pferden aus den Muschel-Tumuli geborgen, aus einer Epoche kurz nach der Entstehungszeit des *Wei-chih*. Gegen Ende der *kofun* [Gräber]-Zeit belegen Statuen von Pferden und auch Pferdegeschirr die Anwesenheit dieser Tiere in dem Inselreich. Man nimmt an, dass Reiten im Laufe der Nara-Zeit – über Korea eingeführt – gepflegt wurde; mit der Zeit wurden dann die Pferde auch für die Verkehrsverbindungen von großer Bedeutung. Die besten Exemplare der Pferde-Zucht [z. B. die aus den Präfekturen Nagano oder Yamanashi] wurden jährlich dem Kaiserhof dargebracht und vom Kaiser in einer Zeremonie in Augenschein genommen.

Bei Shintō-Festen hat das Pferd seit alters einen wichtigen Platz, die sog. „Pferde-Vergleiche" – eine Art Vorläufer der späteren Pferderennen – dienten ursprünglich dem Ziel, Aussagen über die zu erwartende Ernte des nächsten Jahres zu treffen. Für die Landwirtschaft war das Pferd natürlich von großer Wichtigkeit; Pferde wurden nach dem Ableben sogar als [Manifestation] einer buddhistischen Gottheit, der „Pferde-köpfigen Kannon" [Batō-Kannon], verehrt.

[80] Eine Schildkröte in zwei Teile zerschneiden und dann wieder zusammenflicken.

Beim Apotheker findet man Fluss-Schildkröten-Panzer in großer Auswahl. Man entferne den Bauchpanzer, behalte nur den Rückenpanzer, und poliere die Schnittstelle gut. Dann vermische man weiches Kiefernharz und rotes Bleioxyd [*tan*] und streiche dies auf den Panzer einer lebenden Schildkröte. Darüber stülpe man dann unauffällig den vorgenannten Panzer. Dann nehme man sein Kurzschwert und tue so, als ob man damit den Panzer der Schildkröte entferne. Da aber Kiefernharz und Bleioxyd an dem Panzer haften, sieht es so aus, als ob es sich um das Fleisch [*shishi*] des Tieres handelt. Wenn man dann wieder die Teile wie anfänglich zusammenfügt, erscheint alles so wie vorher [W/9]. Vgl. Abb. (16)

[81] Eine Schildkröte mit grünen Haaren züchten.

Man nehme eine gewöhnliche Schildkröte und bestreiche ihren Rücken mit Ingwer-Saft: grüne Haare werden wachsen, worauf man sie noch ein weiteres Mal mit Ingwer-Saft bestreicht. Wenn man dann darüber Schmutz [Erde] gibt, so werden die grünen Haare umso leichter wachsen [I].

[82] Um eine Schildkröte ins Wasser zu setzen, ohne dass sie untergeht, bestreiche man ihre Augen mit Sesam-Öl [O].

[83] Den Urin einer Schildkröte gewinnen.

Man setze eine große Schildkröte in einen Bottich und lasse sie sich dort vergnügen: ihr Körper wird austrocknen. Dann drücke man ihre Beine oder ihren Kopf mit Gewalt in den Panzer. In ihrer Bedrängnis wird sie Wasser lassen, welches man dann auffangen kann. Danach bringe man die Schildkröte wieder an ihren ursprünglichen Ort zurück [S/10].

• • •

Schildkröten waren seit alters ein beliebtes Zucht-Objekt, und Schildkröten-Panzer fanden in der Volksmedizin weite Verbreitung. Andererseits wurde der Urin einer Schildkröte unter die Tusche vermischt und sollte so nach traditioneller Sicht besonders gut „einziehen" oder aber beim Stempeln ermöglichen, mehrere Blatt Papier mit einem Mal „durchzustempeln". Manche Schildkröten-Arten wurden wegen ihres Fleischs geschätzt, und auch die auf dem Strand abgelegten Eier [der Meeres-Schildkröte] fanden in den Speisezettel Eingang. Der Panzer einer Karett-Schildkröte ließ sich durch Kochen erweichen und gestattete die Herstellung kunstvoller kleiner Gegenstände, Schmuckstücke, Kämme, etc.

Wahrsage-Techniken bedienten sich in ältester Zeit des Schildkröten-Panzers und die Interpretation der Sprünge und Risse ist eine aus China nach Japan überlieferte Orakel-Technik. Die Schildkröte im Verein mit dem Kranich ist schließlich als Symbol langen Lebens beliebt.

[84] Um Schlangen zu vertreiben, sollte man recht viel *habu-sō* [*cassia accidentalis*] anbauen [...]. Dieses Kraut, getrocknet und als Gegengift gegen Schlangen benutzt, ist äußerst wirksam [Q/5].
[*Natter daß sie einen nicht beissen kan*] [MANA].

[85] Um giftige Insekten oder Schlangen von sich fern zu halten, trage man in den Falten seines Gewandes ein Duftsäckchen mit pulverisiertem getrockneten Ingwer [*kankyo*] oder Rauschgold [*okō*]. Stark riechende Produkte, wie Kampfer oder Moschus, helfen gleichfalls [RY].

[86] Schlangen aus dem Weg gehen.
Wenn man sich zwischen Frühling und Sommer in der freien Natur ergeht, oder auf Reisen ist und dabei vermeiden will, auf Schlangen zu treffen, so zerkleinere man getrockneten Ingwer [*kankyō*] und Rauschgold [*ōō*] und stecke dies in ein Säckchen, das ein Mann am linken, eine Frau am rechten Arm tragen wird.
Nach einer anderen Methode schreibe man am Morgen des fünften Tages des fünften Monats auf ein Papier die Zeichen <*Gi-hō*> und hefte sie, umgedreht, am Hintereingang des Hauses an: so wird keine Schlange mehr in das Haus eindringen [K] [G].

[87] Verhindern, dass Schlangen ins Haus eindringen.
Man schreibe zu Mittag des fünften Tages des fünften Monats mit Zinnober das Zeichen <*Cha*> [Tee] und hefte es umgedreht an die Tür. Die zwei Zeichen <*Gi-hō*> können auch auf einen Dachziegel geschrieben und in den vier Richtungen aufgestellt werden [K].

[88] Gegen Schlangen, die ins Haus eindringen.
Man fertige ein kleines Holz-Täfelchen an und schreibe darauf die zwei Zeichen <*Haku-ba*>. Dies stelle man dann, die Zeichen umgedreht, innerhalb des Hauses in den vier Richtungen auf. Zahlreiche Beispiele belegen, dass Schlangen nicht an diesen Täfelchen vorbei ins Haus eindringen [F]. Oder aber man schreibe „Ich rühme Buddha und sage" [*byakubutsu iwaku*] und hefte dies umgedreht an einen Pfeiler [H]. Vgl. Abb. (17)

[89] Präservativum gegen Schlangenbiss.
Wenn man stets Biwa-Kerne in den Falten seines Gewandes bei sich führt, riskiert man nicht, gebissen zu werden. Auf Reisen in eine andere Provinz, sollte man sie unbedingt in den Gürtel [*obi*], den Kragen oder in ein Papier-Etui legen. Von analoger Wirkung ist ein Medikament auf der Basis von schwarz verkohlten Rhododendron [*shakunage*]-Blättern [K].
[*Natter-Biß was darwieder diene*] [MANA]

[90] Wunderbare Methode zur Schlangen-Abwehr.
Man fertige sich Schuhe aus Leder – in den Bergen wird man so keine Angst mehr vor Schlangen haben [S/15].

[15]
Der Mönch mit der Makrele

[16]
Eine Schildkröte zerschneiden

[17]
Das Haus vor Schlangen schützen

[91] Ein Curativum gegen Schlangenbiss.

Wenn man unterwegs gebissen worden ist, streue man Salz auf die Wunde und setze darüber dann drei Moxa, oder aber lege die Blätter von Soja-Bohnen darauf [K/28].

[*Schlangen-Biß zu heilen*] [MANA].

[92] Um Schlangen abzuwehren, verbrenne man in der Windrichtung Hühner-Kot [I].

[93] Nach einer „Geheimen Methode", die gestattet, Schlangen zu fangen, verbrenne man zu gleichen Teilen chinesische Lichi-Pflaumen [*reishi*] und *katsura* [*cercidiphylum japonicum*]-Zweige. Der Geruch wird die Schlangen „trunken" machen, erschlaffen lassen, so dass man sie leicht ergreifen kann [I].

[94] Sich aus der Umklammerung einer Schlange befreien.

Man reiße das Schwanzende der Schlange zwei Zoll lang nach oben hin mit einem Kurz-Schwert oder einem Bruchstück von Steingut auf und streue darin Pfeffer: der Griff der Schlange wird sich auf der Stelle lockern [L].

[95] Eine Schlange zwingen, sich zusammenzukauern.

Hierzu mache man im Schatten getrocknete Blätter eines Flaschen-Kürbis zu Pulver und lege sich davon einen Vorrat an. Trifft man auf eine Schlange, so werfe man ihr dieses Pulver mit den Fingern entgegen: die Schlange wird sich nach und nach zusammenkauern. Wenn man so rings um sie herum [dieses Pulver] ausstreut, wird sie [wie ein Baum] unbeweglich werden und schließlich verenden [L].

[96] Magie, um eine Schlange zusammengekauert am Boden zu halten.

Hierzu rezitiere man folgendes Gedicht:

> *Hässliches Reptil – falls ich Dich auf meinem Weg – antreffen sollte – werde ich es gleich melden – der Prinzessin Yamada* [M]

Ein analoges Gedicht spricht von braun-weiß gefleckten Reptilien, deren Existenz der Prinzesssin Yamatatsu mitgeteilt würde [MA]. „Prinzessin Yamada" oder „Yamatatsu" und ähnliche Varianten wird manchmal als Bezeichnung für das Wildschwein als natürlichem Feind der Schlangen angesehen.

Ein zweiter Typ von Gedichten stellt auf Farnkraut und das *antécédent magique* eines von den Schlangen – nach erwiesener Wohltat – gegebenen Versprechens ab:

> *Haken-Farnkraut – auf dem Berge Togakushi – im Land Shinano – denkt an das, was früher war – vergesst es nicht, Ihr Schlangen!* [SHM]

Die Volkstradition kennt eine sehr große Anzahl von magischen Formeln zum Schutz vor Schlangen. Ein Auszug aus Materialien zur Volksmedizin belegt ein Verhältnis von 3:1 unter Formeln prophylaktischer und solchen therapeutischer Natur. Hieraus ist nicht nur die Furcht vor einem Zusammentreffen mit Schlangen, Vipern, etc. abzulesen, sondern auch der relative Mangel an wirksamen Mitteln im Falle eines Bisses. Die verschiedenen Formeln und Gedichte lassen sich grob in zwei Typen aufgliedern:

a) Drohung einer Denunziation bei dem unter den verschiedensten Bezeichnungen auftretenden Wildschwein [nach anderen dem Hirsch] als potentiellem Feind der Schlangen. Der Volkskundler Minakata Kumakusu sieht in dem Ausdruck „Prinzessin Yamatatsu" [oder Yamadachi] eine Bezeichnung für das Farnkraut oder auch das scharfe Schilfrohr, das von manchen Tieren gemieden würde. Bereits die älteste erhaltene japanische Mythologie, das *Kojiki* [„Aufzeichnung alter Begebenheiten"] kennt eine *kami*-Gottheit, Prinzessin Schilfgras. Das Wildschwein als Schutz vor Schlangen tritt uns auch in Formeln gegenüber, die ein Neugeborenes als „im Jahr des Wildschweins, am Tag des Wildschweins" geboren apostrophiert – sicher eine Übertragung der Stärken des Wildschweins auf das Kind, welches so für die Schlangen unangreifbar wird.

b) ein zweiter Typ fordert die Erinnerung an eine vom Farnkraut den Schlangen erwiesene Wohltat – Befreiung aus scharfen Schilfgräsern. In diesem Zusammenhang sei nur angemerkt, dass man früher nach einem alten Volksbrauch Hände und Füße mit dem Saft vom Farnkraut bestrich als Prophylaxe gegen allerlei Gefahren; der in obigen Praktiken erwähnte Gebrauch von bestimmten Pflanzen geht wohl in dieselbe Richtung.

Die kurativen Praktiken zielen alle auf eine rasche Desinfektion der Wunde ab. Eine originelle Methode empfahl, einen angezündeten Pfeifenkopf auf die Biss-Stelle zu setzen: diese wird anschwellen und den Pfeifenkopf ausfüllen: in diesem Augenblick trenne man die angeschwollenen Teile ab und drücke das schlechte Blut aus der Biss-Stelle heraus [Q/3]. Was auch immer die Therapie sein mag, stets gilt es auch reichlich Sake – bis zur Trunkenheit – zu trinken – wie ein magisches Gedicht [bei Verstauchungen und Brüchen] belegt.

Unter den vielen Schlangenarten, die in Japan heimisch sind, sind nur die der südlichen Inseln [Okinawa] sowie die Vipern [*mamushi*] giftig. Das schwarz verkohlte Fleisch der Schlange galt als Allheilmittel gegen die „zehntausend Krankheiten". Schlangen wurden – die Literatur belegt es – als Wasser-Gottheit und Herr der Seen verehrt, ihre Häute als Reichtum bringender Talisman geschätzt.

[97] Der Stein im Kopf der Schlange der südlichen Barbaren.

Diesen Stein nennt man *suwansutein* [Schlangenstein], im Japanischen auch *mushi-ishi*; es ist ein Stein im Kopf von Schlangen der südlichen Barbaren. Seine Form ist die eines Kaki-Kerns, von mausgrauer Farbe und dünn. Verwendung findet er bei allen Bissen durch giftige Insekten oder durch Getier. Zunächst lasse man mit einer Nadel das Blut an der Biss-Stelle ab und lege dann den Stein, so wie er ist, darüber. Nach Gebrauch sollte man den Stein in Milch tauchen, andernfalls er kein zweites Mal zu benutzen ist [H].

[*Schlangen-Stein dessen Nutz*] [*Schlangen-Stein woraus solche hervorkommen*] [MANA].

Wildschweine und Wölfe

[98] Um einer Begegnung mit einem Wildschwein oder einem Wolf aus dem Weg zu gehen, bewähren sich wieder die zwei Schriftzeichen <*Gi-Tō*>, in der Tasche getragen: wonach man sich nicht mehr vor diesen Tieren fürchten müsse [I].

[99] Um zu verhindern, dass Wildschweine die Felder verwüsten, stelle man Nacht für Nacht Webwerkzeug der Frauen dort auf, wo Wildschweine durchlaufen: sie werden künftig fernbleiben [O].

[100] Einem Wolf Angst machen.

Wenn man in Berge oder über Felder geht und dabei Begegnungen mit einem Wolf vermeiden will, so trockne man *yama-giri* [*kalopanax ricinifolium*] und trage es in einer Tasche seiner Kleidung. Der Wolf fürchtet dieses Kraut und wird nicht näher kommen [M/90].

• • •

Das Wildschwein war vor allem in der Landwirtschaft gefürchtet für die Schäden, die es in der Nacht auf den Feldern anrichten konnte. Es war aber auch – wie schon von anderen Tieren bekannt – Boten- oder Reit-Tier einer Gottheit, wie im Falle der [buddhistischen] Kriegs-Gottheit Marishi-ten.

2. VOGELWELT

Allgemeines: 1–5 • Flughörnchen: 6 • Krähen: 7–9 • Schwalben: 10 • Spatzen: 11–12

Allgemeines

[1] Vom Wissen, dass sich Vögel [und Tiere] in verschiedenster Weise verändern. Im zweiten Monat werden Falken zu Tauben, im dritten Feldmäuse zu Wachteln. Im achten Monat werden Tauben wieder zu Falken. Im neunten Monat gehen Spatzen ins Wasser und werden zu Venus-Muscheln; im zehnten Monat geht der Fasan ins Wasser und wird zu einer großen Venus-Muschel [*oshi-hamaguri*].

Die [*suppon-*]Schildkröte wird zu einer Wachtel, diese dann zu einem Falken [*taka*], dieser zu einer Eule [*fuku-tori*] und diese dann wieder zu einem Sperber [*hai-taka*] [L].

[2] Vögel [oder auch Tiere] an sich zu gewöhnen, dass sie stets bey einem bleiben. Hierzu zerkleinere man den Schwanz eines Fischotters, die Wurzeln aus *nandina domestica* [*nanten*], den Schwanz des Kupferfasans [*yamadori*], Ginseng, rühre alles mit Honig an und vermenge es unter das Futter. Wie scheu auch immer die Vögel sein mögen, wie ungestüm auch immer die Tiere – auf wunderbare Weise werden sie zahm und anhänglich werden [E].

[Einen Vogel an sich zu gewöhnen / daß er stets bey einem bleibe] Nimm einen Starn / Hetze oder Dohle / wann sie noch nackend im Neste liegt / schneide ihm den Schnabel ab / und gieb ihm fleissig zu fressen / so werden sie Lebenslang mit dir fliegen / und nicht von dir bleiben wollen [NZB].

[3] Vögel von Vogelleim reinigen, ohne dass es ihnen Schmerzen bereitet, noch ihr Federkleid beschädigt.

Wenn man Zuchtvögel freilässt, dann aber wieder mit einer Bambusstange einfängt, so bleibt etwas von dem klebrigen Leim an ihren Federn hängen und kann nur schwer wieder entfernt werden. Um dies zu verhindern, reibe man sich etwas Walnuss-Öl an und trage es auf die verschmutzte Stelle auf; darüber dann Asche aus einem Räuchergefäß: nach ca. einer Stunde kann man alles mit den Fingern abkratzen und entfernen [H].

[4] An Käfig-Vögeln Nadeln setzen.

Wenn man kleine Vögel aufzieht, kommt es vor, dass ihr Gefieder plötzlich anschwillt. Tut man nichts dagegen, werden sie eingehen. Man sollte daher ruhig überlegen und dann mit einem raschen Griff eine der üblichen dünnen Nadeln in das Genick des Vogels stecken. Wenn dabei ein wenig Blut fließt, wird das Gefieder wieder wie vorher werden und es besteht keine Gefahr mehr, dass der Vogel verendet [G].

[5] Kranke Singvögeln heilt man, indem man Maulwurfs-Grillen oder auch Pfeffer [*toga-rashi*], in Wasser getaucht, unter das Futter mischt [C]. Vgl. Abb. (18)

Der folgende Eintrag – im strengen Sinne nur bedingt in die Kategorie „Vögel" einzureihen – nimmt die Form einer Erlebnis-Erzählung des Autors an:

[6] [Früher einmal, im Wald, sah er auf einem Zweig einen Vogel, auf den er mit seinem Gewehr schoss. Durch den Knall aufgeschreckt, kam aus dem hohlen Baum etwas in der Größe eines Balls herausgeflogen und verschwand weit weg im Tal. Dabei wurde der Körper dieses Wesens immer breiter, und wuchs auf eine Größe von drei Fuß nach allen Seiten an.

Als er davon anderen erzählte, erfuhr er: es handelte sich wohl um ein Flughörnchen [*musasabi*], das auch in der Poesie vorkommt. Im Volksmund heißt es *nobusuma* [Synonym von *musasabi*] und ist eine Art Fledermaus. Man sagt, dass dieser Vogel nachts herauskomme und zum Spaß sich auf das Gesicht eines Menschen setze – richtiger ist wohl sich zu sagen, dass er irgendwie aus Versehen auf den Menschen gestoßen ist, der dann, erschrocken, seine Urteilskraft verliert] [P]. Vgl. Abb. (19)

[7] Beim Unglück verheißenden Schrei einer Krähe rezitiere man:

Ich vertraue auf – die zehntausend Gottheiten – und ihr Versprechen – nicht erschaffen ist das „A" – nicht zu fassen ist das „Ka" [MAF]

Die Sanskrit-Silbe „A" – nach dem esoterischen Buddhismus die Grundlage aller sprachlichen Zeichen – symbolisiert das Ursprungslose, Nicht-Entstandene, das menschliche Leben wie auch das Universum. Nach dem Prinzip des ursprünglichen Nicht-Entstanden-Seins sind alle *dharma* [„Daseins-Träger"] an sich grundlegender Art, sie sind weder entstanden noch vergehen sie. In der Betrachtung dieser [„Keim"-]Silbe „A" [*Aji-kan*] findet der Übende einen Weg zu letzter Wahrheit und Befreiung.

Die Silbe „Ka" [Sanskrit: *ha*] drückt das Unvermögen aus, das innerste Wesen allen Daseins zu erfassen, dessen primäre Qualität die Leere [*kū*] ist. Aus der Tatsache, dass alle *dharma* letztlich ein und dasselbe sind, ergibt sich auch die Unterschiedslosigkeit zwischen Leben und Tod – und hiermit verliert das Krächzen des Raben, traditionellerweise Unglück und Tod verkündend, seine ihm vom Volksglauben zugeschriebene, negative Konnotation. Vgl. Abb. (20/1)

[8] Idem.

Hören wir den Schrei – des Raben in tiefer Nacht – ohne dass er ruft – so sind dies unsre Eltern – so noch vor ihrer Geburt [SHi]

Dieses Gedicht, in Form eines *Zen-kōan*, scheint die fundamentale Einheit allen Seins in einer ununterbrochenen Kette von Leben und Tod zum Ausdruck zu bringen. In der synkretistischen Philosophie des *shingaku*, der „Lehre vom Herzen", symbolisiert die „dunkle Nacht" die Illusionen, die das Denken und Fühlen aller Wesen belasten. Der [schwarze] Rabe, der ruft, ohne seine Stimme zu erheben, stellt nach dieser Philosophie die kanonischen Schriften von Shintō, Buddhismus oder Konfuzianismus dar. Diese Texte sind zwar stumm, sprechen aber trotzdem eine Sprache, in welcher sie die Lehren der Alten in ihrer

[18]
Vogel-Haltung

[19]
Flughörnchen

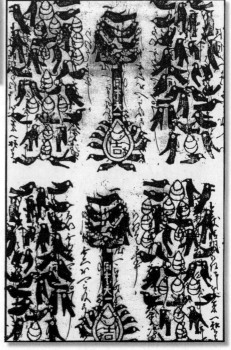

[20-1] Krähen und Spatzen
[20-2] Leicht Krähen fangen
[20-3] Ein Amulett aus Kumano/Nachi

tiefen Bedeutung [*kokoro*: Herz] dem Menschen vermitteln. Sie zu vernehmen, nicht mit unseren Ohren, sondern mit unserem Herz und Geist, ist hiernach vergleichbar mit dem Bild des Raben, dessen Ruf wir vernehmen, ohne dass er einen Schrei ausstößt.

• • •

Die ältesten Quellen der Mythologie sowie die erste Anthologie von Poesie belegen die Nähe von Mensch und Rabe. Nach alter chinesischer Vorstellung lebt in der Sonne ein dreifüßiger Rabe, auch Yang-Vogel genannt. Die japanische Sprache hat verschiedene Ausdrücke für das Krächzen am Morgen oder das am Abend, Krächzen unter Tag gilt als Unheil bringendes Omen. Obgleich der Rabe in der Landwirtschaft wenig beliebt ist, gilt er doch andererseits wieder als Bote von *kami*-Gottheiten und figuriert z. B. auf einem Amulett des bekannten Schreins von Kumano/Nachi, auf der Halbinsel Kii. Vgl. Abb. (20/2)

[9] In der kalten Jahreszeit sehr leicht Krähen fangen.
Krähen der kalten Jahreszeit wurden im Volk oft zu Medikamenten verwendet. Um sie einzufangen, bestreiche man seinen Körper mit Lehm, lasse ihn trocknen und lege sich dann auf den Rücken, eine Strohmatte auf dem Bauch und die Augen geschlossen: die Raben werden so jemanden für einen Bettler halten und sich in großer Anzahl einfinden [S/15–8]. Vgl. Abb. (20/3)

Schwalben ———

[10] Um Schwalben fern zu halten, schreibe man um ihr Nest herum „Älterer Bruder Erde" [*tsuchi no e*] und klebe dieses Papier an – sie werden fortan ausbleiben [G].

Spatzen ———

[11] Geheime Methode, um Spatzen, Schwalben und anderen Vögeln eine neue Feder-Farbe zu geben.
Hierzu röste man etwas Gerste [*hadaka-mugi*], pulverisiere sie und mische sie unter das Futter. Wenn die Vögel nun ihr Federkleid wechseln, werden sie so schwarz wie Raben werden. Man sollte dies aber bei noch jungen Vögeln machen [H].

[12] Weiße Spatzen züchten.
Man nehme die Maden einer verwesten toten Maus und mache daraus Futter für neu geborene Spatzen, die noch kein Federkleid besitzen: ihre Federn werden weiß wachsen, ein weiß-farbener Spatz wird entstehen [I]. Idem: Bevor sie Federn ansetzen, mische man Honig in das Fressen [C].

[Daß man Vögel mit fremden Farben ziehen möge] Verulamius saget / daß man / so jemand dergleichen gern haben mögte / zum Exempel die Schwalben Eyer / wann sie schon 14. Tag lang ausgebrütet worden / mit Oel beschmieren müsse / so sollen weise Schwalben gezogen werden / einige wollen gar behaupten / dass durchgehends weise Vögel ausgebrütet würden / so man die Eyer mit dem Safft von Winter-Grün beschmieret [NZB].

• • •

Gleich dem Raben, spielt auch der Sperling in den Mythen eine gewisse Rolle, aber auch in der Literatur hat er – Sommer wie Winter in der Nähe des Menschen lebend – seinen Platz. Die Landwirtschaft wiederum sieht in ihm einen Schädling, dem man mit Vogelscheuchen und Klappern begegnet.

3. INSEKTEN UND UNGEZIEFER

Allgemeines ──────

[1] Man mag sich noch so sehr anstrengen, Pflanzen und Bäume mit der richtigen
Erde groß zu ziehen, solange man nicht auch die schädlichen Insekten vertreibt, wird man nur Mühe und keinen Erfolg haben, weswegen man ständig
an die Schädlingsbekämpfung denken sollte. Knoblauch-Zwiebeln, in der Nähe vergraben, schützten gegen allerlei Ungeziefer, ebenso wie der zu Pulver
gemachte Stiel der Tabakpflanze [Q/5].

[2] Gegen Insektenfraß an Kleidern und Schriftstücken.
Man pflücke am fünften Tag des fünften Monats Blätter von Schwertlilien und
lege sie in den Kasten für die Schriftstücke sowie in die Schublade für Kleider.
Dem gleichen Zweck dient ein Räuchermittel, bestehend aus Taschenkraut,
das verbrannt wird und dessen Rauch alle Insekten vertreibt [I].

[3] Verhindern, dass im Sommer Insekten an den Geräten um den Brunnen
herum auftauchen.
Zur siebten Stunde am Abend der zwei Tage vor dem Saisonwechsel des dritten Monats verbrenne man Hirse; mit dem heißen Wasser aus diesem Kessel
wasche man dann den Wasserkrug, das Gefäß für den Reis und alle anderen
Geräte – Käfer [osa-mushi], Tausendfüßler, jedwedes Ungeziefer wird künftig
fernbleiben [I].

[4] Getreidesamen so aufbewahren, dass kein Insektenbefall zu befürchten ist
[C].

[5] Magie gegen Insekten auf Gemüsefeldern [M].

[6] Gegen Insekten, die Obstbäume befallen und zum Absterben bringen [E].

• • •

Der Oberbegriff „mushi" deckt in der japanischen Sprache eine Vielfalt von Lebewesen in einer Spanne, die von Insekten bis zu Schlangen geht. In der Poesie
verweist „mushi" in der Regel auf Insekten, die im Herbst ihre vertraute Stimme
erheben und deshalb sehr beliebt sind. Vgl. Abb. (21)
Die in den Hausbüchern aufgeführten Insekten sind aber durchwegs als Schäd-
linge [der Landwirtschaft] und Ungeziefer [im Hause] zu betrachten, erstere
werden im Spät-Sommer mit Fackeln und Trommeln in einem rituellen Umzug
„ausgetrieben" [mushi-okuri]. Für die bei der Feldarbeit getöteten mushi wird in
einigen Gegenden Japans im zehnten Monat ein Opfer-Ritual zum Heil ihrer
Seelen ausgerichtet.

[7] Gegen Flieg-Ameisen [auf Pfeilern] vermenge man Kampfer und Rauschgelb [o-ō] zu gleichen Teilen, tauche sie in Wasser und trage sie mit einem Strohbesen auf die Pfeiler auf: sämtliche Flieg-Ameisen werden verenden und sich nicht mehr zeigen [I]. Vgl. Abb. (22)

[8] Idem.

Ihr Flug-Ameisen – ihr lebt auf dürren Bäumen – tief in den Bergen – Unrecht ist es, falls ihr doch – bis in's Dorf kommen solltet [MA]

Das Gedicht unterstreicht den Unterschied, die Unvereinbarkeit zwischen dem Dorf, i. e. der menschlichen Siedlung, zwischen Wohlstand, Ruhe und Frieden auf der einen Seite, und, auf der anderen, der Berg-Gegend, feindlich und gefährlich, mit verdorrten Bäumen, Verfall und Tod.

[9] Idem.

Ihr, die Ameisen – Euer Name schreibt sich doch – „Rechtlichkeit und Ehr" – niemand hat Euch gebeten – in unser Heim zu kommen [KIH]

In der graphischen Analyse des chinesischen Zeichens für „Ameise" liegt ein spielerisches Element, dessen sich das Gedicht bedient, um auf „Rechtlichkeit" und „Pflichtgefühl" zu verweisen, welche auch Insekten zu eigen sein sollten.

[10] Gegen Ameisen auf Blumen oder an Bäumen streiche man Vogelleim an der Wurzel an [S/2].

[11] Ameisen, die Blumen und Sträucher befallen, bekämpfen [C].

[12] Gegen Ameisen, die an Honig- oder Zucker-Krüge gehen [M].
[*Ameissen worvon sie fliehen*] [MANA]

• • •

Selbst einer Ameise konnte Sei Shōnagon [in ihrem „Kopfkissen-Buch"] etwas Liebenswürdiges abgewinnen. Sie schreibt: „Es ist wahr, Ameisen sind widerlich, aber wie sie so leicht über das Wasser laufen können, ist auch wieder sehr erbaulich anzusehen".

[13] Um Bremsen abzuschrecken, schreibe man auf Papier die Zeichen <*fū-en*> und klebe sie an die Wand unter die Fenster [G].

[14] Wenn man auf Bergen, in Wäldern und auf Wiesen von *buto*-[auch *buyu*]-Fliegen gestochen wird, so hinterlässt dies einen sehr stark juckenden, unangenehmen Schmerz. In einem solchen Fall zerreibe man die Blätter von Beifuß [*yomogi*] und streiche den Saft auf: auf der Stelle wird der Juck-Reiz verschwinden [S/17].

[15] Fliegen-Bekämpfung.
Drei Mal schreibe man [so wie hier im Bild] das Zeichen „weiß", fertige am fünften Tag des fünften Monats Leim aus [den in Bambusblättern eingelegten] Reisklößen [*chimaki*] und klebe damit diese Zeichen, umgedreht [an die Pfeiler

[21]
Dem Gesang der Insekten lauschen

[22]
Kampf gegen Ameisen und Fliegen

in den vier Richtungen]: so werden keine Fliegen mehr in die Wohnung kommen [F].

[16] Um Fliegen zu vertreiben, schreibe man zur Mittagsstunde des fünften Tages des fünften Monats das Zeichen <*haku*> und klebe es umgedreht an die Pfeiler des Hauses in den vier Richtungen. Man sollte es aber in der vollen Mittagszeit, zur neunten Stunde machen [K].

[17] Idem.

Man rezitiere drei Mal folgendes Gedicht:

> *Die Herren Fliegen – aus dem Berg Shiraoka – treten sie hervor – ihnen machen wir ihr Fest – schnell lasst sie uns umdrehen*

Weiterhin schreibe man das Zeichen *oka* [Hügel] und klebe es entweder an den Dachbalken oder an die Decke. In jedem Fall aber schreibe man auf einem rechteckigen Papier von einem Zoll Größe. Anheften sollte man es am fünften Tag des fünften Monats, zur Stunde des Pferds [M].

[18] Um zu verhindern, dass Fliegen sich auf Esswaren oder auf Fische setzen, brühe man *kōhon/kasamochi* [*nothosmyrnium japonicum*] [Art Doldenblütler] auf, tauche ein Tuch in dieses warme Wasser, drücke es aus und lege es über das Gefäß mit Esswaren und Sake. Auf wunderbare Weise werden keine Fliegen mehr kommen [I].

[19] Idem.

Schnee-Wasser des zwölften Monats aufheben und dann im Sommer beim Verzehr von Kuchen u. ä. diesen damit übergießen – die Fliegen werden von selbst verschwinden [G].

[20] Auch fein geschnittener, alter Tee-Satz, verbrannt, hält Fliegen aus dem Zimmer fern [S/2] [Q/2].

[*Die Fliegen oder Mucken zu vertreiben*] *Nimm Niesewurtz / weiche es in eine süsse Milch / menge Auripigment darunter / und bespritze damit alle Zimmer / so werden die Mücken alle wegfliegen / und keine in deinem Hause verbleiben* [NZB].

• • •

Der negative Charakter einer Fliege als lästiger Schmarotzer erhellt schon aus gewissen Termini in den ältesten Quellen [*Kojiki, Nihongi, Manyōshū*], in welchen Ausdrücke für ungestümes Lärmen und Toben [gewisser *kami*-Gottheiten] semantisch das Morphem „Fliege" beinhalten. Die Ikonographie des Buddhismus kennt berühmte Mönche, die mit einem symbolischen Ritual-Objekt dargestellt werden, das ursprünglich ein Fliegen-Wedel [*hossu*] war.

Vielfältig sind die Praktiken zum Vertreiben der Fliegen, in der Regel durch Magie, aber auch mittels Verbrennen bestimmter Essenzen. Lästiges Insekt und potentieller Krankheits-Träger, sicher, aber nichtsdestoweniger erscheint eine kleine Fliege, die sich eifrig die Beine reibt, manchem *haiku*-Dichter als liebliches Insekt. Der feinfühlige Kobayashi Issa z. B. schreibt: „Schlag sie nicht tot, diese kleine Fliege, die sich gerade ihre Beine reibt".

Glühwürmchen————

[21] Ein Glühwürmchen in ein Bambusrohr setzen und seinen Schein von außen wahrnehmen [S/8–22]

• • •

„Sterne – oder Feuer – herabhängend" ist wohl die Etymologie des Namens dieser Insekten [*ho-taru*], welche bereits in den ältesten Quellen *kami*-Gottheiten den Weg erhellten, und auch in der Gedichtsammlung *Manyōshū* zitiert werden. Der helle Schein ihres fluoreszierenden Körpers wurde schnell zum Symbol eines sich verzehrenden Sehnens und Verlangens des Menschen. Auch heute noch veranstaltet man hier und da „Glühwürmchen-Jagden", eine Art romantische Beschau der nächtens auffliegenden Insekten, früher ein Zeitvertreib, zunächst der Adligen, und später auch breiterer Schichten der Gesellschaft. Einige Stätten sind für die Ansammlung von Glühwürmchen bekannt, so z. B. der Sumida-gawa Fluss oder auch Uji oder Ishiyama. Vgl. Abb. (23)
Das durch Kriege gezeichnete Mittelalter sah in den wild durcheinander fliegenden Glühwürmchen das Abbild einer Schlacht, die Termini „Minamoto-Glühwürmchen" und „Taira-Glühwürmchen" erinnern an die Kämpfe dieser beiden großen Familien.

Kakerlaken————

[22] Da Kakerlaken oder auch Raupen viel Schaden anrichten, sollte man zur Winterszeit deren Eier entfernen. Zur Bekämpfung kann man auch Schießpulver, dort wo sie zahlreich auftauchen, auflegen und anzünden: zusammen mit der Explosionshitze werden sie verschwinden und nie mehr auftauchen. Auch der Rauch verkohlter Aale oder ein Aufguss von Tabak-Stielen wird sie vertreiben [Q/5].
Wieder andere Verfahren arbeiten mit zerkleinertem Krotonölbaum [*hazu*] [*croton tiglium*], vermischt mit Räucherpulver. Auch der Panzer eines Krebses, den man verbrennt, wird die Kakerlaken ein für alle Male vertreiben [I]. Eine andere Methode besagt, am fünften Tag des fünften Monats Speichelkraut [*okera*] [*atractylis ovata*] sowie getrocknete Blätter von Kalmus unter den Fußboden zu legen [L]. Auch Blätter und Stiele des Beifuß [*artemisia capillaris*], zwischen den Ofen gestellt, vertreiben dieses Ungeziefer [S/2].

[23] Kakerlaken leben mit Vorliebe in der Nähe des Herdes. Um sie zu vertreiben, lege man einen chinesischen Schirm über den Herd, worauf die Kakerlaken alle in diesen Schirm laufen werden, den man dann wegwerfen kann. Wenn man vier, fünf Mal so verfährt, werden alle Kakerlaken verschwunden sein [I].

Läuse und Flöhe————

[24] Magie gegen Läuse und Flöhe.
Auf ein Papier sieben Zeichen schreiben und unter die Lagerstatt kleben – das Ungeziefer wird auf der Stelle verschwinden [G]. Vgl. Abb. (24)

[23]
Glühwürmchen

[24]
Kampf gegen Läuse und Flöhe

[25] Gegen Flöhe [oder Läuse] lege man unter das Bettzeug [oder auch unter die Matte] Knöterich [G]. Wenn man die Früchte der Trichterwinde in die beiden Ärmel der Unterwäsche einlegt, wird man von Läusen frei bleiben, aber auch Flöhe werden verschwinden. Eine weitere Methode arbeitet mit einer Art Ausräuchern oder Auswaschen mittels eines Präparats aus den Wurzeln von *byaku-bu* [*stemona japonica*] und chinesischem Enzian [*shingyō*] [*gentiana macrophylla* [G]. Auch geschälte Quitten oder die Wurzeln von Schwertlilien, unters Bett gelegt, vertreiben die Läuse [S/2].

[26] Um Läuse und Flöhe zu vertreiben, lege man am dritten Tag des dritten Monats Blätter vom Paternoster-Baum unter die Strohmatten, worauf die Läuse, ganz selbstverständlich, aber auch die Flöhe nicht mehr auftreten werden [K].

[27] Eine andere Methode verwandelt Läuse in Insekten/Raupen. Hierzu setze man die Läuse auf die Blätter von grünem Gras. Wenn sie dann eine Nacht lang dem Tau ausgesetzt waren, verwandeln sie sich und werden zu grünen Insekten, die auf und davon fliegen [L].

[28] Beim Kampf gegen Flöhe in einer Herberge sollte man auf das Lager Stücke vom Schnurbaum legen, ein Kraut, das man im Überfluss in der freien Natur findet. Auch wenn man Nacht für Nacht einen Zweig des Mandarin-Baums bei sich hat, riskiert man nicht, dass Flöhe anrücken; getrockneter [Bitter-]Knöterich besitzt dieselbe Wirksamkeit. Wenn man die Unterkleidung in einen Sud von Bitter-Orange [*karatachi/kijitsu*] [*poncirus trifoliata*] eintaucht und danach gut trocknet, werden keine Flöhe mehr auftreten [RY].

• • •

„Floh-Ehepaar" ist der auf den Menschen übertragene humorvolle Ausdruck für ein Paar, bei welchem die Frau an Größe und Korpulenz den Ehemann dominiert – ganz wie bei den Flöhen. Seit alter Zeit mit den unterschiedlichsten Mitteln, seit der Meij-Zeit mit Pulver auf der Basis von „Insekten-vertreibenden Chrysanthemen" [*pyrethri flos*] bekämpft, hat auch der Floh schon die Hofdame Sei Shōnagon zu kritischen Bemerkungen inspiriert: „Flöhe sind äußerst widerlich, wenn sie unter der Kleidung herumtanzen, so als ob sie diese hochheben wollten".

Moskitos

[29] Moskitos sind besonders in Sommer-Monaten lästig. Hiergegen eine als absolut wirksam angepriesene Methode [„in den verschiedenen Texten gibt es zahlreiche Verfahren, Moskitos abzuwehren, aber keines davon hat viel Erfolg. Diese hier vorgestellte Methode ist wundervoll und vertreibt alle Moskitos"]:
Man nehme am fünften Tag des fünften Monats Teichlinsen, trockne sie im Schatten, pulverisiere sie, füge dann einen Teil Kampfer dazu, rolle alles zu der Größe einer Kugel und verbrenne davon eine jede Nacht, die Moskitos werden verschwinden und verenden [I].

[30] Gegen häufiges Auftreten von Moskitos.
Am fünften Tag des fünften Monats schreibe man mit Zinnober auf ein Täfel-chen die zwei Zeichen <Gi-hō>. Dann nehme man den Reis aus den chimaki-Klößen als Leim und klebe die zwei Zeichen, auf den Kopf gestellt [an Wände und Pfeiler]: in ein solches Zimmer werden keine Moskitos mehr kommen [F].

[31] Gegen Moskitos empfiehlt sich die Rezitation einer magischen Formel, sieben Mal, gegen einen dunklen Ort hin gewandt. Danach blase man auf die Flamme der Öl-Lampe und entzünde mit diesem Docht ein Feuer: die Moski-tos werden allesamt verschwinden [G] [K].

[32] Nach einer berühmten Methode zum Moskito-Vertreiben [„Raureif-Nacht", der Name für einen Weihrauch] verbrenne man, grob geschnitten, in einem Räuchergefäß torreya [Nuss-Eiben]-Holz, Sandelholz, Narden-Ähre [kanshō] [nardostachys Jatamansi], Gewürznelken, versteinertes Kiefernharz [kunroku], Kampfer und Aloe-Holz [F]. Vgl. Abb. (25)

• • •

> Seit alters kennt man allerlei Verfahren, die vor allem im Hochsommer auftau-chenden Insekten durch Verbrennen und Rauchbildung zu vertreiben. Auch hiergegen fanden seit der Meiji-Zeit die vorgenannten „Insekten-vertreibenden Chrysanthemen" Anwendung.

Raupen

[33] Grüne Raupen [imo-mushi] entstehen aus den Eiern von Schmetterlingen, die man schnellstens entfernen sollte. Hierzu verwende man in Öl ge-tränktes Papier. Unter den Raupen gibt es die verschiedensten Arten, alle aber sind äußerst schädlich. Das, was wie Watte an den Wurzeln von Bäumen, Bretterzäunen, Wänden, Bambus-Hecken hängt, sind Eier von Raupen. Die „Chrysanthemen-Sauger" [kiku-sui] genannten Insekten, einem Glühwürmchen ähnlich, legen ihre Eier auf Chrysanthemen oder auf Beifuß [yomogi]; im Herbst schlupfen die Insekten aus, und die Pflanzen werden verwelken [Q/5].

[34] Gegen Raupen vergrabe man am Fuß der Bäume den Kot von Seidenraupen: er wird alle Insekten vertreiben [H].

[35] Wenn sich an der Unterseite des Daches in großer Zahl Raupen bilden, so brü-he man Braunalgen [wakame] [undaria pinatifida] auf, streiche diesen Saft auf einen Strohbesen und kehre damit die Unterseite des Dachs: alles Ungeziefer wird verenden und abfallen, neues wird sich nicht mehr bilden. Man kann aber auch Aale verbrennen, durch deren Qualm die Raupen vernichtet wer-den [E].

[36] Wenn man von einer Raupe [ao-mushi] gebissen wurde, mische man Pfeffer unter die Reispaste und bestreiche damit – oder auch mit geriebener Zehrwur-zel – die betreffende Stelle [D].

[37] In dunkler Nacht einen „Schmetterling" fliegen lassen.

Man schneide aus Papier die Form eines Schmetterlings, hefte diesen mit Leim auf die Haarspitzen von Palmen und wirble ihn dann herum: wie ein echter Schmetterling wird er fliegen [M].

[38] Einen Schmetterling hoch in die Luft fliegen lassen, ohne dass er sich einer Blume nähert.

Hierzu bestreiche man seine Flügel mit Speichel und lasse ihn frei – er wird in die Höhe davonfliegen und sich nie mehr auf eine Blume setzen [S/2] [O].

Spinnen ────────

[39] Einen Spinnen-Biss behandeln.

Man male auf den Erdboden die Gestalt einer Spinne, zerschneide sie mit dem Kurz-Schwert in zwei, drei Teile und streiche dann diese Erde auf die Biss-Wunde – der Schmerz wird auf der Stelle nachlassen [I].

[40] Medikament gegen Schmerzen nach einem Spinnen-Biss [S/17].

Tausendfüßler ────────

[41] Tausendfüßler, die sich auf eine Wunde gesetzt haben, entfernt man, indem man in dem Raum, in dem der Verletzte liegt, den Schwanz eines Kupferfasans aufstellt [F].

[42] Medikament nach einem Biss durch einen Tausendfüßler [S/17].

[43] Tausendfüßler bekämpfen.

Um die Mittagszeit des fünften Tages des fünften Monats schreibe man auf ein Blatt Papier mit Zinnober das Zeichen <Tee> und klebe es dann, umgedreht, an einen Pfeiler. Oder auch: man reibe Tusche mit nach Norden fließendem Wasser an, schreibe das Zeichen „Drache" und klebe es auf die Pfeiler in den vier Himmelsrichtungen. Garantiert wirksam! [G]. Nach anderen Texten schreibe man, immer am fünften Tag des fünften Monats, das Zeichen <katsu> und klebe es an die vier Pfeiler des Hauses – kein Tausendfüßler wird sich mehr zeigen [K].

[44] Was tun, wenn man von einem Tausendfüßler gebissen wurde? Man schreibe mit den Fingern auf eine Stelle trockner Erde das Zeichen <König> [ō], nehme die Erde vom Innern dieses Zeichens und lege sie auf die Stichstelle – augenblicklich wird Heilung eintreten [G].

Toiletten-Ungeziefer ────────

[45] Gegen Ungeziefer auf den Toiletten hilft Schleimkraut [*junsai*] [*brasenia Schreberi*] [G].

[46] Idem.

Seit Urzeiten ist – der achte Tag im April – ein Glückbringender – denn an ihm
verjagen wir – kami-sake-Insekten [MA]

Das im Gedicht genannte Insekt findet sich mit den unterschiedlichsten Bezeichnungen in zahlreichen Dokumenten, ohne dass diese zu einer verständlichen Etymologie führten. So finden wir z. B. *kami-sake-mushi*: „Insekt, das die
kami-Gottheiten meiden", oder *kami-sake-jorō*: „von den *kami* gemiedene Dirne",
oder – *kami* nicht als Gottheit, sondern [homophon] als „herabhängendes Haar"
verstanden und <*sake*> als → *sage* gelesen: „Insekt [oder Larve] mit herabhän-
gendem Schwanz oder Behaarung". Wie ersichtlich, erlaubt der Versuch einer
Etymologisierung, ausgehend von der Bezeichnung dieses Insekts, die irrsten
Hirngespinste, ist also zur Identifizierung nicht brauchbar. Ein Erfolg verspre-
chender Weg ist der Blick auf das Datum dieser Tradition.

Der achte Tag des vierten Monats ist nach dem traditionellen Kalender der Beginn der „Öffnung der Berge" und wird mit Ausflügen und Vergnügungen
dort selbst gefeiert sowie einem Besuch des Bergtempels mit Opfergabe für die
Toten – in alter Zeit war der Tag verbunden mit der Feier der Mündigkeit (15
Jahre für Jungen, 13 für Mädchen). Das an diesem Datum beobachtete Volksbrauchtum umfasst eine einzigartige Mischung heterogener, vorbuddhistischer
und buddhistischer Elemente, die unter dem Namen „Blumen-Fest" [*hana-
matsuri*] bekannt sind: zu der seit Urzeiten beobachteten Volkstradition im Zusammenhang mit Bergen und dem Kult der Ahnen tritt die buddhistische Feier
der Geburt Shakyamunis.

Seit dem 9. Jahrhundert wurde letztere Feier am Hofe beobachtet, mit einem
tragbaren kleinen „Blumen-Tempel", in dessen Mitte sich eine Statue Buddhas
sowie die Replik einer Landschaft mit Berg und Teich befanden. Das zeremoni-
elle Bespritzen dieser Statue mit parfümiertem Wasser muss nicht unbedingt
auf die Mythologie verweisen, nach welcher Drachen zur Geburt erschienen
seien und Buddha mit Wasser bespritzt hätten, sondern kann durchaus auch
eine uralte Geste im Zusammenhang mit Ernte-Bitten [→ Wasser für die Reis-
Kultur] stehen. Die Edo-Zeit kennt Bettel-Mönche, die mit einem tragbaren
kleinen Tempel durch die Straßen zogen und so Gelegenheit gaben, die traditionelle Verehrung auszuführen.

Das Blumen-Fest des achten Tags im vierten Monat zeigt beispielhaft die Art
und Weise, wie die fremde Religion des Buddhismus älteres Glaubensgut überlagert hat. Vom Besuch des Bergtempels brachte man Blumen [Azaleen, Rhododendron, Glyzinien, etc.] mit zurück, welche an das Vordach des Hauses oder
am Ende einer Bambus-Stange angebracht wurden, und vor welchen dann eine
Zeit lang täglich Opfer dargebracht wurden. Im Volk werden diese Blumen
tentō-bana genannt [nach den chinesischen Zeichen „Himmelblumen"], ein
Wort, dessen Etymologie erneut Probleme aufwirft. Die Tatsache, dass diese
Blumen von jungen Mädchen in den Bergen gepflückt werden, verweist auf
einen inneren Zusammenhang zwischen der Frau und der Tradition um den
achten Tag des vierten Monats. Vom Berg heruntersteigend, steckten sich die
jungen Mädchen diese Blumen ins Haar und brachten so ihre Heiratsfähigkeit
zum Ausdruck. Von hier ausgehend, die einleuchtende Etymologie des Terminus *tentō-bana* als „Blumen, die um den Kopf herum gebunden waren".

Den Schlüssel zum Verständnis dieses Brauchtums finden wir im vorbuddhis-
tischen Berg-Glauben, und insbesondere dem einzigartigen Charakter der
Berg-Gottheit [*yama no kami*]. Im Mittelpunkt des vielschichtigen Berg-Kults

stehen Praktiken der Berg-Asketen [*yamabushi*], die unter anderem zwischen dem vierten und dem siebten Monat Blumen vor ihren Heiligtümern darbrachten [Haguro, Kumano, Yoshino] – worin man durchaus die buddhistische Form einer viel älteren Verehrung der Berg-Gottheit sehen kann.

Eine der Konstanten im japanischen religiösen Denken ist die herausragende Stellung des Ahnenkults, insbesondere beim Jahreszeiten-Wechsel zwischen Frühling und Sommer [dem Zeitpunkt des „Blumenfestes"], sowie erneut zwischen Sommer und Herbst, mit dem bekannten *Bon*-Totenfest. Im Rhythmus der Jahreszeiten steigt die Berg-Gottheit, i. e. die Ahnengeister, in die Ebene, wacht dort als Feld-Gottheit über Wohlstand und Wohlergehen der Nachkommen, bevor sie im Herbst wieder als Berg-Gottheit in die Berge zurückkehrt.

Um vom Berg in die Ebene herunter zu steigen, wählt die Berg-Gottheit, wählen die Toten-Geister als materielle Stütze Blumen, echte oder auch solche in Form von *gohei*-Papier-Streifen. Blumen als „Ersatz-Körper" der Gottheit – das erklärt auch die Opfergaben, die man vor den vom Berg herab gebrachten *tentō-bana*-Blumen niederlegte.

Wenn solcherart also das zentrale Element im komplexen Ritual des „Blumen-Festes" das Bewillkommnen der Berg-Gottheit, d. h. der Ahnengeister ist, auf dass diese ihrer Nachkommenschaft Glück und reiche Ernte bescherten, so ergibt sich klar, dass der eingangs genannte Terminus *kami-sake/sage-mushi* keineswegs ein bestimmtes Insekt benennt. Es genügt zum Verständnis, dieses „Insekt" in zwei Teile zu zergliedern, *kami-sage* [= die Niederkunft der Berg-Gottheit] und *mushi* [= Insekten, Ungeziefer]. Anders ausgedrückt, es ist gerade die Gegenwart der Gottheit, die es gestattet, die Ausrottung der Insekten vorzunehmen.

Fügen wir noch hinzu, dass *„mushi"* im weitesten Sinn auch die Schlangen umfasst, gewisse Dokumente belegen im Zusammenhang mit den Opfergaben vor den am Haus oder im Garten angebrachten Blumen die Rezitation magischer Formeln, wie z. B.: „Möge ich von Schlangen verschont bleiben". Vgl. Rotermund 1996.

Wespen

[47] Abhilfe bei Wespen-Stichen.

Man schreibe dazu mit Bambus auf die Erde die drei Zeichen „Älterer Bruder/Feuer, jüngerer Bruder/Feuer" und spreche sie sieben Mal still für sich hin, nehme dann von dieser Erde und reibe damit die Stichstelle ein [G]. Man kann aber auch Salz kauen und über die Stichstelle streichen [I], oder aber den Saft von geriebenem Rettich auftragen [K]: Abhilfe wird innerhalb eines halben Tages eintreten.

Genauso wirksam ist es, Alaun unter einen Sud von rohem Feuerkolben [*arisaema japonicum Bl.*] zu mischen und damit die Stichstelle einzureiben. Man kann aber auch den weißen Teil von Lauch verwenden und danach eine Moxa setzen [P]. Vgl. Abb. (26)

Würmer

[48] Um Regenwürmer zu beseitigen, begieße man die Pflanzen und Bäume mit dem Waschwasser von Kleidern oder auch mit Urin; am besten ist ein Aufguss aus der Schale der Seifenbeere [Q/5].

[25]
Moskitos vertreiben

[26]
Vor den Wespen fliehen

[49] Heilung, wenn sich eine Zecke festgebissen hat.

Wenn man durch Wiesen oder durch Unterholz läuft, oder mit Vieh in Berührung kommt, setzen sich sehr oft Zecken am Hodensack fest. Macht man dann den Fehler, sie herausziehen zu wollen, so bleibt häufig der Kopf im Körper stecken, das Insekt selbst stirbt nicht ab, die Schmerzen aber werden immer stärker. Man sollte deswegen eher Sake darüber streichen, wonach sich der Kopf leicht herausziehen lässt und die Schmerzen auf der Stelle verschwinden werden.

Nach einer anderen Methode schnüre man den Kopf der Zecke mit einem Faden ab und streiche darüber Tabak-Harz. Man kann auch eine Moxa auf das Insekt setzen, worauf es verenden und abfallen wird [E].

Allgemeines: 1–8 • Ermüdung: 9–12 • Flüsse durchwaten: 13–26 • Füße [schmerzende –]: 27–36 • Schuhwerk: 37–38 • Gefahren auf Reisen: 39–57 • In der Herberge: 58–68 • Unterwegs in der Nacht: 69–86 • Krankheitsfall: 87–91 • Orientierung im Gelände: 92 • Reise zu Pferd: 93–119 Reise-Ausrüstung: 120–136 • Schiffsreisen: 137–152 • Im Tragkorb: 153

Allgemeines ————

[1] Man sollte die Zahl seiner Weggefährten auf höchstens fünf oder sechs begrenzen, in großer Gesellschaft zu reisen ist immer schlecht. Jeder hat da seine eigene Meinung, was zwangsläufig zu Streitigkeiten führt [RY]. Vgl. Abb. (1)

[2] Personen, mit denen man besser nicht zusammen reist: starke Trinker, die gerne dem Sake zusprechen und sich dann seltsam benehmen; Epileptiker und Asthmatiker oder auch Personen, die eine schwere, vererbliche Krankheit haben: man kann nämlich nicht wissen, ob eine solche Krankheit nicht irgendwann ausbricht. Dies gilt es unbedingt zu bedenken [RY].

[3] Wenn man, weit entfernt von den großen Straßen oder in einer zweitrangigen Relais-Station auf eine schlechte Herberge stößt, ist dies immer unangenehm. Trotzdem sollte man aber derlei Missstände nicht offen bemängeln, sondern sich eher freundlich ausdrücken, aufpassen, dass die Zimmertür richtig geschlossen ist, über sein Gepäck wachen – all dies ist das Geheimnis einer gelungenen Reise [RY].

[4] Wenn man in den Bergen oder auf den Landwegen junge Mädchen und Kinder trifft, die Gras mähen, oder wenn man mit einer Pilgergruppe, in der auch Frauen sind, zusammentrifft, dann sollte man keineswegs, abgesehen von den üblichen Gruß-Formeln, irgendeine unnütze Unterhaltung anfangen, noch auch sich über deren rustikale Mundart lustig machen. Denn aus einer Kleinigkeit heraus kann es leicht zu Streitigkeiten kommen [RY].

[5] Jeder, der in eine andere Provinz reist, wird schnell feststellen, dass die Art sich auszudrücken, die Sitten und Gewohnheiten von denen seiner Heimatprovinz sich unterscheiden, und solange sich Auge und Ohr nicht an die neue Umgebung gewöhnt haben, wird alles sehr fremd erscheinen. Aber auch die anderen denken ja von uns Reisenden, dass wir sehr bizarr sind. Deswegen ist es ein großer Fehler, sich über Sprache oder Sitten in einer anderen Provinz lustig zu machen. Wenn man jemanden wegen seiner Sprache verachtet, wird es immer zu Streitereien kommen [RY]. Vgl. Abb. (2/1)

[6] Wenn jemand seines Wegs geht und dabei Balladen [*jōruri*], volkstümliche Lieder oder Nō-Gesänge vor sich hin summt, so wäre es von unsrer Seite unangebracht, dieselben Lieder anzustimmten – auch dies kann zu Streit Anlass geben [RY].

[01]
Am Strand von Futami-ga-ura
Aufbruch zur Reise

[7] Wenn man unterwegs eine Sonnenfinsternis erlebt, sollte man sich ein wenig ausruhen und das Schauspiel genießen, bevor man seinen Weg fortsetzt. Selbiges gilt auch für eine Mondfinsternis [RY].

[8] Unterwegs sollte man nirgends Plakate ankleben oder irgendwelche Inschriften auf Felsen, Bäumen oder Brücken und natürlich auch nicht in Tempeln oder Shintō-Schreinen anbringen [RY].

Ermüdung

[9] Bei größeren Entfernungen ist es immer wichtig, nicht zu ermüden. Vorbeugend bestreiche man deshalb die Wölbung der Fußsohle [tsuchi-fumazu] mit ein wenig Akelei [kyara-]Öl, bevor man seine Sandalen anzieht [M].

[10] Feuerkolben [tenman-shō] zu Pulver machen und auf die Fußsohlen streichen: so kann man an einem Tag zwanzig Meilen laufen, ohne zu ermüden [S/3].

[11] Auf den Feldern leben zahllose giftige Insekten. Aber selbst unschädliche Insekten können, nachdem sie mit giftigen Insekten in Kontakt waren, jemanden stechen und so giftige Körpersäfte übertragen. Noch wichtiger ist es, nicht einfach in dichte Wälder einzudringen, dort, wo alte Tempel und Shintō-Heiligtümer stehen, aber auch nicht in Höhlen tief in den Bergen. Ganz allgemein sollte man sich nicht zu lange an feuchten Orten, am Ufer von Flüssen, etc. ausruhen [RY].

[12] Beim Ausruhen in einer Tee-Bude sollte man sich nicht mit geschnürten Sandalen, die Beine nach unten, hinsetzen, sondern, und sei es nur ein kleine Weile, die Sandalen ausziehen und sich auf die tatami-Matten setzen: so wird die Müdigkeit auf wunderbare Weise verschwinden [RY].

Flüsse durchwaten

Auf einer Reise gilt es oft, einen Fluss zu durchqueren, was vor allem bei Kälte mit Vorsicht zu bewerkstelligen ist.

[13] Bei Kälte durch einen Fluss gehen, ohne vor Kälte zu erstarren.
Hierzu sollte man Hände und Füße mit altem Sake einreiben, Pfeffer zu sich nehmen, und so vorbereitet dann den Fluss durchwaten [C]. Vgl. Abb. (2/2)

[14] Ohne Zuhilfenahme eines Messwerkzeugs auf der Stelle die Breite eines Flusses erkennen.
Wenn man z. B. am Ufer einer Flusses steht, gibt es ein Mittel, die Breite dieses Flusses zu ermessen. Man forme mit Hilfe eines Stocks oder eines Fächers, horizontal oder vertikal, ein [rechtwinkliges] Dreieck, visiere dann auf einer Linie den Endkopf der kleineren Seite, das Ende der längeren Seite und den entsprechenden Punkt am gegenüberliegenden Ufer an; dann, ohne sich vom Platz zu bewegen, drehe man das so geformte Dreieck nach rechts oder nach links auf ebener Erde, visiere wieder, wie zuvor gesagt, drei Punkte an: die so gefundene Entfernung entspricht dann der Breite des Flusses. Bei unebenem

[02-1] Reisebeginn • [02-2] Den Fluss durchwaten
[02-3] Wund geriebene Beine • [02-4] Sicherheit durch ein Gedicht

Gelände ergeben sich kleinere Ungenauigkeiten. Wichtig ist weiterhin, den aufgestellten Stock in senkrechter Linie [nach rechts oder links] zu drehen [G].

[Die Breite eines Flusses mit dem Hut zu messen] Hierbey muss ich gleich Anfangs erinnern, daß die Distanz, so gemessen werden solle, nicht allzubreit seyn müsse, weilen es sonsten schwer fallen würde, solche accurat zu treffen; dann man darff nur ein wenig im Visiren fehlen, oder sich nicht allerdings grad und steiff halten, so träget es bey einer langen Linie gar viel aus, sonderlich wann das Erdreich etwas ungleich oder uneben ist. Wann demnach die gegebene Weite A B wäre, so müßte man sich bey A anstellen, sein Kien auf ein kleines Stöcklein steiffen, und solches etwa auf einen Knopf aufstellen, damit das Haupt desto unverruckter bleibe.

Alsdann drucket man den Hut so lang abwärts, oder beuget das Haupt, biß daß der Rand des Huts und der Stand oder Anweisung B sich miteinander gleichen. Letzlich kehret man sich in unverruckter Stellung auf eine Seite (es sey nun gleich zur Rechten oder Lincken) und wo der Rand oder Absicht des Huts mit dem Erdreich am Ufer sich endet, daselbst stecket man einen Stock ein, wie hier in C; so gibt A C die verlangte Distanz oder Weite, so zu messen gegeben worden [NZB]

[15] Um sicher einen Fluss zu durchschreiten, sollte man mit einem Pinsel oder mit der bloßen Hand das Zeichen „Erde" schreiben, oder dieses Zeichen, rot geschrieben, am Körper tragen – in welchem Falle man keinerlei Gefahr läuft [G].

[16] Idem.

> *Seit der Götter Zeit – niemals noch hat man gehört – dass des Wassers Lauf – im Tatsuta-gawa Fluss – dunkel-rot gefärbt erscheint [U]*

> Tatsuta bezeichnet ein Heiligtum in der Präfektur Nara [Distrikt Ikoma], dessen Gottheiten – die Ritual-Gebete *Norito* belegen es – als Wind-Gottheiten verehrt werden. Das hier vorgestellte [klassische] Gedicht [aus der Anthologie des *Kokinshū*] vergleicht den Wasserlauf mit einem Webstoff und die bunt gefärbten Blätter mit Schnürbatik. In der Poesie werden jedoch häufiger als der Fluss die Herbstfärbung der Blätter des Berges Tatsuta wegen ihrer szenischen Schönheit besungen [vgl. *Manyōshū*], so wie z. B. auch die Kirschblüten von Yoshino.

[17] Idem.

> *Seit der Götter Zeit – sieht man klar bis auf den Grund – dieses Wasserlaufs – sicher und leichten Herzens – geh' ich durch den Fluss, das Meer [SS]*

[18] In der Kälte einen Fluss durchschreiten, ohne sich die Füße nass zu machen, noch zu erfrieren: hierzu bestelle man sich beim Regenmantel-Macher eng anliegende Beinkleider aus Ölpapier und ziehe diese dann beim Durchschreiten des Flusses an [S/15].

[19] Geheime Überlieferung, sein Leben lang Unfälle im Wasser zu vermeiden. Jemand, der darauf bedacht ist, sollte bei Hochwasser keinen Fluss überqueren, sondern auf seiner Reise, ohne die Kosten zu scheuen, mehrere Tage am Ort verweilen [S/15].

* * *

Die *kappa* genannten Wasserkobolde stellten eine besondere, wenngleich imaginäre Gefahr beim Durchqueren eines Flusses dar. Ein Gedicht kann auch hier Abhilfe schaffen:

[20]   *Eh Du, Hyōsue – was Du einst versprochen hast – vergiss es nur nicht – Du,*
       in Deinem Reich, dem Fluss – ich vom Clan Sugawara [M]

Der Prohibitiv, der die Finalität des Gedichts zum Ausdruck bringt, weist auf einen *antécédent magique* hin. Ein zweites bedeutsames Element dieser Formel ist die Identifikation des Sprechers mit dem Clan oder einer Person der Sugawara [→ Michizane?], unter deren Schutz sich der Reisende mittels einer personalen Transformation stellt.

Kappa sind sehr vielschichtige Phantasie-Wesen, Wasser-Kobolde, die in allen Gegenden Japans – von der Präfektur Aomori im Norden bis nach Okinawa im Süden – bekannt sind. Als Wohnstätte gelten Flüsse, Teiche [seltener das Meer], aber *kappas* sind auch in der Lage, auf fester Erde zu laufen. Das Aussehen dieses amphibisch-anthropomorph gedachten Wesens ist von sehr komplexer Natur: Körper einer Schildkröte, Frosch-Beine, Kopf eines Affen. Auf seinem Kopf besitzt der *kappa* eine schalenförmige Vertiefung, die, immer wenn mit Wasser gefüllt, dem Kobold seine ganze Kraft verleiht und ihn in die Lage versetzt, den Menschen in der Nähe eines Flusses oder bei dessen Durchqueren üble Streiche zu spielen, wie z. B. ihn mitsamt dem Pferd ins Wasser ziehen. Bei einem Zusammentreffen empfiehlt die Volkstradition, sich zum Gruß tief zu verbeugen – der *kappa* würde dann, den Gruß erwidernd, sich durch den eintretenden Wasserverlust, seiner Kräfte verlustig gehen und keine Gefahr mehr darstellen.

Von dem für seine „Streiche" gefürchteten *kappa* werden aber auch Fälle überliefert, die ihn als hilfsbereites Wesen zeigen, das z. B. bei den Feldarbeiten mitwirkt, und in einem gewissen Vertrauensverhältnis zu den Menschen steht. Neben den Flüssen und ihren Ufern wurden auch die Toiletten als Gefahrenzonen angesehen – bei letzteren solle man vor der frivolen Hand des *kappa* auf der Hut sein, der nicht nur gerne den Anus berühre, sondern – schlimmer noch – ein in diesem gelagertes Juwel suche. Eine absurde Idee? Sicher, selbst wenn – ausgehend von der imaginären Vorstellung des Wohnortes eines *kappa* im Wasser/ Meer – eine Art „rationelle" Erklärung des Glauben an eine solche Geste auf dem Umstand gründen könnte, dass Ertrunkenen oft ein offen stehender Anus nachgesagt wird – „Beweis" für die Übeltaten der *kappa*… Bei dem Versuch, sein Opfer ins Wasser zu ziehen, verliert ein *kappa* oft einen Arm: um diesen wieder zu finden, heißt es, setze er eine schriftliche Entschuldigung auf, zeige irgendwelche magischen Verfahren oder unterweise in Geheim-Rezepten und Medikamenten.

In ganz Japan bekannt, trägt der *kappa* [aus *kawa-wappa*: der „Kerl vom Fluss"] doch verschiedene Namen, wie der „Große vom Fluss" [*kawa Tarō*], der „Mönch vom Fluss" [*kawa-bōzu, kawa-kozō*], der „Herr vom Fluss" [*kawa-dono*], der „Affe" [*enko*] oder das „Brunnenkind" [*enko* ← *i no ko*?], „Wasser-Geist" [*medochi, < mizu-chi*], „Wasser-Gottheit" [*suijin*], *hyōsube* [?], etc. Wenngleich bereits in den Annalen ein Ausdruck *kawa no kami* [„Fluss-Gott"?] belegt ist, der manchmal mit dem Wort *kappa* in Verbindung gebracht wird, bleibt Tatsache, dass dieser Wasser-Kobold mehrheitlich in der Essay-Literatur der Edo-Zeit zu Hause ist, in einer Epoche also, die ganz allgemein eine große Vorliebe für das Spielerische, Theatrale, Gruselige hatte.

Die Forschung sieht in ihm die kindliche Gestalt der Wasser-Gottheit [von unvorhersehbarem und deshalb gefährlichem Benehmen], eine degenerierte Erscheinung eben dieser Gottheit oder auch das Kind der Gottheit Gozu tennō vom Yasaka-Schrein [Kyōto]. Letzterer ist ja für das alljährliche Gion-matsuri bekannt, ein Fest, das neben Elementen des Glaubens an eine Wasser-Gottheit auch mit der Befriedigung der [ruhelosen] „Zorn-Geister" [goryō] oder dem Vertreiben der Epidemie-Gottheiten in Beziehung gesetzt wird. In der volkskundlichen Literatur wird darüber hinaus auch aus dem Emblem dieses berühmten Schreins die Form von geschnittenen Gurken herausgelesen, welche wiederum als das Lieblingsgericht des *kappa* gilt. „*Kappa*" ist ja, wie bekannt, sogar zum Synonym von „Gurke" geworden, wie die beliebten *kappa-maki* in einem Sushi-Restaurant belegen. In einigen Gegenden Japans werden die ersten Gurken [oder auch Auberginen] in einer Opfergeste für den *kappa* in einen Wasserlauf geworfen, in der japanischen Ikonographie ist „*kappa* und Gurke" [*kappa ni kyūri*] zu einem konventionellen Bild stilisiert worden.

Zu den Untaten dieses Wasser-Kobolds gehöre auch, Passanten in einen *Sumō*-Ringkampf zu verwickeln – eine Erklärung hierfür könnte sich in der Tatsache finden, dass *Sumō* ursprünglich ein Wahrsage-Ritual darstellte mit dem Ziel, das Orakel der Wasser-Gottheit zu befragen. In einer Agrar-Gesellschaft kommt ja dem Kult der Wasser-Gottheit – Herr über eine reiche Ernte, üppigen Fischfang oder aber auch das Auftreten von Katastrophen – eine überragende Bedeutung zu. Mit zunehmender Beherrschung des Wassers durch den Menschen verliert der *kappa* seinen [halb-]göttlich/dämonischen Charakter und wandelt sich zu dem vertrauten, teils gefürchteten, teils verlachten Kobold der Volks-Tradition.

In einigen Landstrichen Japans schließlich wird ihm ein saisonbedingtes Gehen und Kommen zwischen dem Meer und den Bergen zugesprochen, ganz in Analogie zu der Berg-Gottheit – die ja einige Zeit lang zur Gottheit der Äcker und Reisfelder wird: eine Parallele, welche die Verbindung des *kappa* mit dem „Wasser-Geist" [supra] eindrucksvoll unterstreicht. Vgl. Abb. (3) (4)

. . .

Eine weitere Vorsichtsmaßnahme: zu keiner Jahreszeit beim Durchqueren eines Flusses von Feuchtigkeit befallen werden.

[21] Da Nässe leicht über den Nabel in den Körper eindringt, lege man sich zwei oder drei Pfefferkörner darauf, binde einen [Unter-]Gürtel darüber, und schreite so durch den Fluss: man wird von Feuchtigkeit frei bleiben [G].

Im *Ryokō-yōjin-shū* finden sich mehrere Einträge, die auf diese Situation zutreffen.

[22] Falls man im Inneren des Gepäcks Kleider oder persönliche Angelegenheiten, in Papier eingewickelt, verstaut, achte man darauf, sie mit einer doppelten Schicht von Öl-Papier einzuwickeln, so dass die Feuchtigkeit nicht eindringen kann; denn beim Durchqueren eines Flusses dringt leicht Wasser durch die Ritzen des Gepäcks [...] Die besten Körbe und Gepäckstücke in Edo sind die des Hauses Suruya gegenüber dem Tempel Dentsū-in [RY].

Dentsū-in: berühmter Tempel der Schule des Reinen Landes im Distrikt Koishi-kawa, Tōkyō, benannt nach der Mutter des ersten Shōguns, Tokugawa Ieyasu, die dort 1602 begraben wurde; der Tempel wurde wenige Jahre später an dem heutigen Standort in großem Rahmen ausgebaut. Zahlreiche Angehörige des Hauses Tokugawa fanden hier ihre letzte Ruhe.

[23] Im Verlauf einer Reise sollte man niemals einen Fluss durchwaten, den man nicht gut kennt. Es kommt vor, dass die Brücken durch Hochwasser fortgerissen wurden und man deshalb gezwungen ist, zu Fuß oder per Schiff überzusetzen. In einem solchen Fall ziehe man vorweg in der Herberge Erkundigungen ein und handle niemals auf eigene Faust. Wenn man in allen Situationen mit Umsicht vorgeht, wird es keine Probleme geben [RY].

Besondere Vorsichtsmaßnahmen empfehlen sich, wenn man mit Frau und Kindern einen Fluss überquert.

[24] Im Unterschied zu den Männern, sind Frauen viel sensibler, wenn sie an einem Fluss-Ufer stehen, und erschrecken vor der Gewalt der Fluten oder dem Umtrieb, der überall herrscht. Da kann es passieren, dass sie schwindelig werden und Kreislauf-Probleme bekommen. Man sollte sie deswegen am Vorabend schon darauf hinweisen, dass es zwar viel Aufregung geben wird, dass man sich davon aber nicht beeindrucken lassen sollte [RY].

[25] Beim Durchwaten eines Flusses oder beim Übersetzen per Boot sollte jeder gut auf sein Geld aufpassen; es kommt auch vor, dass Dinge, die im Innern eines Tragkorbs aufgehängt sind, ins Wasser fallen und man sie nur unter größten Schwierigkeiten wieder herausfischen kann [RY].

[26] Selbst bei einem kleinen Fluss, der Hochwasser führt, sollte man die Gefahr nicht unterschätzen und blindlings den Fluss überqueren wollen. Hochwasser ist von außergewöhnlicher Gewalt und führt in seiner Strömung allerlei Gegenstände mit, was zu Verletzungen führen kann. In Berggegenden sind die Flüsse meist ausgetrocknet und erscheinen völlig harmlos, aber bei der Schnee-Schmelze schwellen ihre Wasser ganz plötzlich an. Über solche Flüsse kann man also keine richtigen Brücken schlagen. Die Behelfsbrücken die zur Winterzeit aufgestellt werden, werden jedes Mal durch die Hochwasser-Flut weggespült. So geschehen bei den Flüssen Sakawa der Tōkaidō-Straße oder auch beim Shirasawa [RY].

Füße [schmerzende –]

[27] Einen weiten Weg gehen, ohne dass die Füße schmerzen.
Wenn man dabei auf die Fußsohle und in die Fußbeuge Sesamöl streicht, werden die Füße nicht anschwellen.
Oder auch: nachdem man sich die Füße gewaschen hat, solle man Salz im Mund durchkauen, auf die Fußsohlen streichen und diese dann an das Feuer halten. So verfahren, werden die Füße nicht schmerzen, sondern sich äußerst leicht anfühlen [B].

[28] Bei längeren Wegstrecken entstehen leicht Blasen [*mame*] am Fuß. Wenn man aber ein Streichholz in der Tasche hält, wird dies auf wunderbare Weise nicht auftreten [B].

[29] Wenn sich bei längerem Laufen Blasen an der Fußsohle gebildet haben, so sollte man Engelwurz [*byakushi*] pulverisieren, kneten, auflösen und mit frischem Quell-Wasser aufstreichen [M].

[30] Wenn sich aber die Füsse in den Sandalen wund laufen, trage man Pulver aus gelbem Süß-Klee [*ki-hagi*], mit Öl vermengt, auf [C].

[31] Sollten sich die Füße durch die Schnür-Riemen der Sandalen wund gelaufen haben, so verbrenne man *asa-kara* [*pterostyrax corymbosa*] und verräuchere die Wunde mit dem Qualm. Auch gehacktes Stroh, verkohlt und in Sesam-Öl gelöst, aufgetragen, ist gut, genau wie geraspelte Gräten vom Tintenfisch [L]. Vgl. Abb. (5)

[32] Medizin, um gut zu Fuß zu bleiben.
Geht man auf Reisen, so sollte man immer einen Vorrat an *hange* [*pinellia ternata*] mit sich führen. Wenn z. B. durch die Sandalen oder die Schnüre Hautschürfungen entstehen, oder wenn sich Blasen gebildet haben, dann zerreibe man die rohen Kerne der *pinellia ternata* und streiche die Stelle mit diesem Pulver ein: auf wunderbare Weise wird Erleichterung eintreten [Q/4].

[33] Hat man Seitenstechen oder Schwierigkeit, sich zu beugen und wieder aufzurichten, so empfiehlt sich ein Präparat aus getrockneten Orangenschalen, Süßholz, *mokkō* [*saussurea lappa*], getrocknete Ingwer-Wurzel u. a., das mit warmen Salzwasser einzunehmen ist [L].

[34] Während der ersten zwei, drei Tage sollte man sich von Zeit zu Zeit ausruhen und darauf achten, dass die Füße nicht schmerzen. Wenn Menschen voller Energie ihre Reise antreten, vergessen sie oft sich auszuruhen und laufen mit einem viel zu schnellen Schritt. Wenn aber die Füße einmal schmerzen, wird die ganze Reise penibel. Das Wichtigste zu Beginn einer Reise ist in jedem Fall, gut auf seine Füße zu achten [RY].

[35] Blasen am Fuß behandle man mit schwarz verkohltem Pfeffer, Pfeifen-Harz oder auch Weizenmehl – während einer Nacht nur werden die wunden Stellen verheilen [P].

[36] Wenn unterwegs sich die Schenkel wund reiben, lege man sich Trichter-Winden auf den Nabel und gehe so seines Wegs [S/3]. Vgl. Abb. (2/3)

Schuhwerk

Wichtig ist, das richtige Schuhwerk zu besitzen. Der Edo-zeitliche Reise-Führer *Ryokō-yōjin-shū* weist gleich im ersten der über sechzig Einträge darauf hin, zu Beginn einer Reise genau auf den richtigen Sitz der Sandalen zu achten. Andererseits war es sicher wichtig, strapazierfähiges Schuhwerk zu besitzen.

[03]
Kappa-Wasserkobolde

[04]
Kappa

[05]
Wunde Füße
Unterwegs

[37] Strohsandalen, die hundert Meilen lang halten.

Man stecke, im Winter fünfzig, im Sommer dreißig Tage lang, Walfischflossen in Lehm, nehme sie dann heraus und schlage sie kräftig mit einem Hammer, so dass sie so weich wie Leinen oder Flachs werden. Daraus dann mache man Sandalen: sie werden hundert Meilen lang halten. Man sollte sie aber mit gesteppter Baumwolle auslegen [C].

[38] Nicht ganz so lange, ungefähr zwanzig Meilen, scheinen „Krieger-Sandalen" [*musha-waraji*] zu halten, die aus den getrockneten Blättern und Stengeln von Ingwer gemacht werden [M].

Gefahren auf Reisen

[39] Ein sonderliches Verfahren empfiehlt, vor Antritt einer Reise oder vor dem Besteigen eines Schiffs unbedingt Wasser zu lassen: falls der Urin nicht schäumt, ist es ein Zeichen dafür, dass mit absoluter Sicherheit Unglück im Verzug ist – und man also besser vom Unternehmen Abstand nimmt [E].

[40] Auch Gedichte, bei Antritt der Reise, zitiert, sollten unterwegs vor allen Gefahren schützen und den Reisenden sicher zurückbringen:

Der Tag, als Ihr kamt – als ich Euch erwartete – mit der Koto Spiel – an unser beider Lager – Eure Frau, voller Sehnsucht [S/2] Vgl. Abb. (2/4)

• • •

So wie mir's beliebt – brech' ich nun zur Reise auf – mutig und mit Kraft – vor mir liegen künftig hin – langes Leben und viel Glück [OM]

[41] Als weiteres Schutzmittel führe man bei Reiseantritt getrockneten Ingwer und Pfeffer mit sich. Morgens bei Anbruch der Reise nehme man ein Stück vom Ingwer oder trinke in heißem Wasser gekochtes Pfeffer-Pulver. Auf diese Weise schützt man sich zur Sommerzeit vor Hitze, im Winter vor Kälte. Darüber hinaus löst dieses Mittel auch Vergiftungen durch Essen und Trinken [P].

[42] Nackt in der Kälte – und doch die Kälte nicht spüren, dies ist möglich, indem man einen sehr schweren Stein schleppt und dabei ins Schwitzen kommt [...] [S/15]

Für einen Mann war es sicher wichtig – und nicht nur auf Reisen – stets Gefahren durch Schwert und Degen ausweichen zu können.

[43] Hierzu trage man eine kleine Schildkröte von der Größe einer Münze, mit einem Bauch so rot wie Blut bei sich: kein Schwert oder Degen wird gefährlich werden können. Wenn eine Frau diese Münze trägt, wird sie einen schönen Teint bekommen [O].

Ganz allgemein galt es, im Voraus zu erkennen, ob man sich in Gefahr begibt.

[44] Wenn man in heißem Wasser, in Tee oder Sake nicht mehr seinen eigenen Schatten sieht, so wisse man, dass man sich irgendeiner Gefahr aussetzt [E].

Falls man im Gelände, in Berg oder Feld, verdächtigen Personen begegnete, war es wichtig, zu erkennen, ob es sich dabei um [Verwandlungen von] Füchsen oder Dachsen handelt.

[45] Falls man das Gefühl hat, dass es sich um verdächtige Gestalten handelt, solle man sie durch den linken Ärmel seines Gewandes anschauen. Falls es sich dann um Gespenster [*bake-mono*] handelt, wird man sie als solche in ihrer wirklichen Gestalt erkennen [E]. Vgl. Abb. (6/1)

[46] Verfahren, um nicht von Füchsen verhext zu werden: man lege sich einen kleinen Klumpen Zinnober auf den Kopf; Zinnober leuchtet nachts auf, so dass irgendwelche verdächtigen Elemente nicht näher kommen [G].

[47] Ein Verfahren, das gleichermaßen für Männer und Frauen gültig ist und verhindert, dass man sich im Berg oder in den Feldern vom Weg verirrt oder von Füchsen und Dachsen in Verwirrung gebracht wird, empfiehlt, die Knochen der Füße einer Berg-Schildkröte, ein Mann in die linke, eine Frau in die rechte Hand zu nehmen, und so jede Ver[w]irrung auszuschließen [O].

> Der Glaube an die unheilvollen Machenschaften von Füchsen oder Dachsen, der noch bis zu Beginn der Meiji-Zeit und dem Eintritt Japans ins industrielle Zeitalter vorlag, war zur Zeit der Entstehung des bereits zitierten Reise-Ratgebers [1810] recht lebendig. Die nachstehende Notiz [Nr. 48] verbindet in exemplarischer Weise traditionelles Denken und logisches Verhalten.

[48] Was nun die Machenschaften von Füchsen und Dachsen angeht, wie zum Beispiel einen Wanderer vom Weg abbringen, den Tag in eine Nacht verändern, einen Wasserlauf einrichten, da, wo vorher keiner war, oder eine Tür aufrichten, dort, wo keine war, sowie auch ganz allgemein angesichts seltsamer und geheimnisvoller Phänomene: zu allererst kommt es darauf an, sich zu beruhigen, eine Pfeife zu rauchen oder sich auszuruhen und gut zu überlegen, auf welchem Weg man gekommen war. Wenn man aber nicht klar sieht, kehre man auf seinem Weg um, nähere sich einem Wohnhaus und ziehe über diese Vorfälle Erkundigungen ein: so verfahren, können weder Füchse noch Dachse uns einen Streich spielen…" [RY] Vgl. Abb. (7)

[49] Unterwegs sollte man sehr wachsam auf Feuer achten. In einem Dorf ist dies ganz selbstverständlich, aber selbst auf Feldern sollte man nicht nachlässig Asche verstreuen. Während einer Ruhepause oder unter mehreren Personen, die an Bord eines Schiffes gehen, kann es passieren, dass Kleidung oder Gepäck, durch Tabak bedingt, Feuer fangen [RY].

[50] Im Frühling ist es üblich, hier und da auf den Feldern und Hügeln Gras zu verbrennen. Angetrieben durch einen heftigen Wind können sich diese Feuer sehr schnell weit ausbreiten. Wenn man durch eine solche Gegend kommt, sollte man den Verlauf des Wegs gut berechnen, da man selbst auf einer größeren Straße schnell von den Flammen umzingelt werden kann. Solche Heidefeuer sollte man keinesfalls leicht abtun [RY].

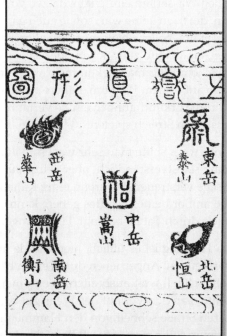

[06-1] Eine verdächtige Gestalt
[06-2] Amulett mit Bild des *hakutaku*
[06-3] Amulett der Fünf heiligen Berge

[51] In der Nähe des Aufenthaltsortes sollte man, für den Fall eines Brandes, auf einen überstürzen Aufbruch vorbereitet sein. Man packe schnell alle Wertsachen, kläre die Windrichtung und evakuiere gegebenenfalls alles Gepäck aus dem Raum. Wer mit Dienern unterwegs ist, wird Laternen anzünden lassen, bestimmen, was zu evakuieren ist und darüber wachen, dass nichts verloren geht. In solchen Situationen kann man nicht auf die Unterstützung seitens der Herberge rechnen [RY].

[52] Verhindern, von giftigen Insekten gestochen zu werden.
Leute, die auf Reise gehen, werden ihre Unterwäsche mit einem Duftstoff des Weihrauchbaums [*kun-roku*] versehen, oder auch in den Falten ihrer Kleidung Pfeffer bei sich tragen: dies schützt sie vor giftigen Insekten [G].

[53] In den Bergen Füchse, Dachse, Wildschweine, Wölfe u. ä. von sich fernhalten. Im Unterschied zu den Leuten, die zu mehreren tief im Berg oder über Felder wandern, die dabei von Zeit zu Zeit laut reden und dadurch erreichen, dass Bären oder Wölfe und andere Tiere sich verstecken, gibt der Einzelwanderer keinen Laut von sich: es kann deswegen vorkommen, dass er unverhofft auf Tiere trifft, die am Wegrand lagerten. Aufgeschreckt, können diese Tiere den Wanderer anfallen und beißen. Am hellen Tag besteht hierfür keine Gefahr, wohl aber während der Nacht. Vgl. Abb. (8)
Als Vorsichtsmaßnahme empfiehlt sich, mit einem Bambus-Stecken auf den Boden zu schlagen und dadurch Lärm zu erzeugen. Auch ein mit Eisen beschlagener Stock tut dieselben Dienste und wird die wilden Tiere verjagen. Wenn man durch die Nacht läuft, wird keine Gefahr von wilden Tieren bestehen, falls man eine Fackel oder einen Glüh-Faden in der Hand hält [RY].
[Bis hierhin erscheinen diese Bemerkungen als von durchaus rationalem Denken bestimmt, aber schon der nächste Satz zeigt uns, wie sehr diese Epoche noch von magischem Denken und Vorstellungen des Volksglaubens beherrscht war.]
Wenn man durch Berge läuft, nachdem man sich vorher die Sohlen der Sandalen mit Kuhmist eingestrichen hat, heißt es, dass wilde Tiere, Schlangen, Vipern, giftige Insekten usw. sich nicht nähern werden [RY].

[54] Magie gegen Begegnungen mit Wildschweinen und Wölfen in den Bergen. Hierzu schreibe man die zwei Zeichen *Gi-tō* [geschrieben: „Ritus/Norm + T'ang"] und trage sie in den Falten seines Gewandes: so braucht man weder Wolf noch Wildschwein fürchten [I].

[55] Ein anderes Mittel, das, ebenfalls chinesischer Herkunft, in der Tasche getragen, vor jeglicher Gefahr auf Reisen schützt und verhindert, dass wilde Tiere sich nähern, ist ein Amulett mit der Zeichnung der „Fünf heiligen Berge" [*go-gaku*] oder des legendären Tieres *hakutaku*. Vgl. Abb. (6/2) (6/3)

> Die Hinwendung zu Amuletten im allgemeinen gehört zu dem weiten Gebiet der Anwendung und des Glaubens an magische Praktiken, wie sie zu jener Zeit ganz allgemein verbreitet waren. Es scheint jedoch, dass derlei magische Mittel

[07]
Machenschaften des Fuchses

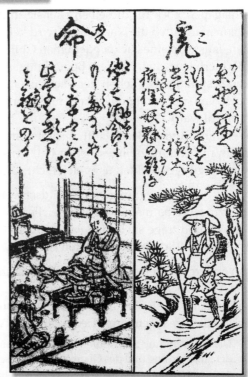

[08]
Amulette – zur Sicherheit auf Reisen [r] –
gegen Vergiftungen [l]

nicht einfach blindlings angewendet wurden, sondern – und das wird bei einem Blick in die Hausbücher der Edo-Zeit klar – der jeweiligen Situation angepasst, manchmal im Geist kritischen Unterscheidens.

[56] Jemand, der sich anschickt, in Wälder und tiefe Täler zu gehen, sollte zu fein zerhacktem Knoblauch etwas Auripiment dazugeben, das Ganze so wie Reisklöße [*mochi*] rund formen und so bei sich tragen. Er wird damit alle Miasmen, wilde Tiere und giftige Insekten von sich fernhalten. Sollte man aber verletzt sein, so schabe man die Wunde aus und bestreiche sie mit dem vorgenannten Präparat. Die Mixtur wirkt am besten bei Schlangen-Gift [P].

[57] Man rezitiere jeden Morgen, gen Osten gewandt, drei Mal die Worte *Kosotaku mayataku* und spucke dabei jedes Mal kräftig aus. Auf diese Weise entgeht man allen Giften, vermeidet das Zusammentreffen mit *kappa*, trifft nicht auf wilde Hunde und bleibt auf wunderbare Weise von einer Begegnung mit gefährlichen Tieren verschont [A].

In der Herberge

[58] Eine alte Erfahrung besagt, dass man sich bei Ankunft in der Herberge zunächst einmal die vier Windrichtungen einprägen sollte, sowie die Architektur des Gebäudes, die Lage der Toiletten, die Türen hinten und vorne, etc. Und dies für den Fall eines Brandes in der Nachbarschaft, eines Diebstahls oder auch bei Streit mit anderen Kunden [RY].

[59] Dort, wo man die Nacht verbringt, sollte man sein Schwert oder seinen Dolch unter das Bett legen. Lanzen oder Hellebarden sollten im Alkoven Platz finden [RY].

[60] Auf einer Reise ist man oft genötigt, mit anderen Menschen einen Raum zu teilen. Wenn man dabei gut aufpasst, ist nichts zu befürchten. Vor allem sollte man darauf achten, dass die Türen fest geschlossen sind. Sobald es Nacht wird, ist es angezeigt, die Haltung der Mitreisenden gut zu beobachten. Falls es Gäste sind, die sich unter Alkohol-Einfluss leicht erregen und wie von Sinnen in lauten Streit verfallen, sollte man auf diese Situation vorbereitet sein. Es kommt häufig zu Zwischenfällen in Herbergen, in welchen man das Zimmer mit anderen teilt [RY].

[61] Wenn unter diesen Umständen einige beginnen, Trinkgelage zu veranstalten, die sich bis spät in die Nacht hinziehen, sollte einer, abwechselnd, bis zum Ende nüchtern bleiben, denn solche Gelage, die sich lange hinziehen, arten oft in Zwischenfälle aus [RY].

[62] Falls unter den Reisebegleitern jemand Medikamente oder billige Wundermittel anpreisen sollte, so gehe man auf keinen Fall darauf ein, sondern lehne solche Angebote entschieden ab. Im Notfall sollte man sich die Medikamente bei dem örtlichen Apotheker besorgen [RY].

[63] Zu den Vorsichtsmaßnahmen in der Reise-Unterkunft gehört, darauf zu achten, dass kein Fremder in die eigene Schlafstätte eindringen kann [B].

[64] Hungrig sollte man möglichst vermeiden, ins Bad zu steigen.
Auch nach dem Essen wird man eine Weile abwarten, bis sich der Magen wieder beruhigt hat. Sollten jedoch die Gäste recht zahlreich sein und [das Zuwarten] für die Nachfolgenden Unannehmlichkeiten mit sich bringen, und man deshalb selbst mit leerem Magen ins Bad gehen muss, dann sollte man zu allererst die Füße in warmes Wasser tauchen, bevor man dann ins Bad steigt, ohne allerdings zu lange darin zu verweilen. Mit leerem Magen kann man leicht in den heißen Dämpfen allzu erregt werden – große Vorsicht ist geboten [RY].

[65] In einer Herberge, in welcher man sich das Zimmer zu mehreren teilt, geht man gemäß den Anweisungen des Personals ins Bad. Jedoch kann dies Anlass zu Streit geben, wenn die Herberge ausgebucht, das Personal überfordert und die Ordnung, nach welcher man ins Bad geht, durcheinander geraten ist. In einem solchen Fall prüfe man, ob sich unter den Gästen ein höher Gestellter befindet, den man dann als ersten vorlässt. Oft gibt es Streitigkeiten, aber auf einer Reise tut man immer gut daran, mit Umsicht zu handeln [RY].

[66] Bei extremer Erschöpfung bleibe man länger als gewöhnlich in einem sehr heißen Wasser: die Müdigkeit wird verschwinden. Doch sollte man sich nicht zu oft hintereinander das Gesicht waschen, sonst läuft man Gefahr, dass einem das Blut zu Kopf steigt [RY].

[67] Wundermittel, falls einem in den Dämpfen des Bads das Blut zu Kopf gestiegen ist.
In diesem Falle sollte man das Gesicht mit kaltem Wasser bespritzen. Falls das Nasenbluten nicht nachlässt und man unter starkem Schwindel leidet, sollte man den ganzen Körper mit kaltem Wasser bespritzen.
Oder auch: nachdem man das Gesicht mit kaltem Wasser bespritzt hat, löse man seine Haare und kämme sie mehrmals mit einem großzahnigen Kamm durch: man wird mit erstaunlicher Schnelligkeit wieder zu Sinnen kommen. Man kann überdies ein wenig Essig zu trinken geben [RY].

[68] Infolge der starken Schwefelausdünstungen in den Thermalstationen verwittern sämtliche Gegenstände sehr schnell, worauf man gut achten sollte. Natürlich hängt dies von der Art der heißen Quellen ab, und es gibt auch Orte, die diese Erscheinung nicht kennen [RY].

Unterwegs in der Nacht

[69] Normalerweise, wenn keine Eile besteht, sollte man nicht zur Nachtzeit reisen. Wenn man für eine Wegstrecke insgesamt neun Tage benötigt, aber bereit ist, sie in Ruhe und ohne Nachtwanderung in zehn Tagen zu machen, so kommt man dabei sicher besser weg [RY].

[70] Unterwegs oder auf Nacht-Reisen Gefahren ausweichen.

Wenn man das Gefühl hat, sich auf einen bedenklich gefährlichen Ort hin zu bewegen, bedecke man zunächst seine Augen, presse dann den Augenwinkel und schaue so um sich: alles erscheint im Auge als goldener Ring. Falls man sich jedoch irgendeiner unerwarteten Gefahr aussetzt, werden diese Goldringe nicht mehr erscheinen. Dies nennt man das Ritual der „Augen-Ader", und es ist ein äußerst geheimes Verfahren. Auch bevor man ein Boot besteigt, sollte man so vorgehen, und gegebenenfalls von der Fahrt Abstand nehmen [E].

[71] Wissen, ob sich jemand nähert oder entfernt, ist vor allem nachts oder auf Feldern wichtig.

Hierzu solle man sich auf dem Boden ausstrecken, das Ohr an den Boden halten: die Schritte von Personen in einem Umkreis von fünf mal hundertneun Metern in allen vier Richtungen werden dann hörbar sein. Mutige Menschen haben dabei einen festen Tritt, der stark hallt, furchtsame dagegen setzen ihre Füße nicht fest auf den Boden auf, der Ton ihrer Schritte ist unklar und von schwachem Widerhall [E].

[72] Um eventuellen Gefahren aus dem Weg zu gehen, ist es wichtig, schon von weitem zu erkennen, ob jemand mit einer Fackel oder Laterne sich auf einen zu bewegt oder sich entfernt, ob er nach rechts oder nach links abbiegt.

Hierzu breite man einen Fächer auf, bedecke damit 80 % des Sichtfeldes und spähe dergestalt in die betreffende Richtung. Ein Fackelfeuer, das sich entfernt, erscheint als über den Fächer-Rand hinaus nach oben gehend, während eines, das näher kommt, vom Rand des Fächers nach unten versinkt: durch den Fächer verborgen verschwindet das Feuer.

Bei einer sich seitwärts bewegenden Fackel sollte man den Fächer zur Seite hin ausbreiten und die Lage inspizieren. Wenn man ihn in der rechten Hand hält und dabei das Feuer verdeckt wird, so ist das ein Zeichen, dass die Person [die die Fackel trägt] nach rechts geht. Wenn sich der Schein der Fackel vom Fächer weg bewegt, so ist dies ein Zeichen, dass die betreffende Person nach links weggeht [E].

Soweit so gut, aber auch die Art, wie jemand läuft, erlaubt Rückschlüsse auf seine natürliche Veranlagung.

[73] Jemand vom Element Holz wird aus der Hüfte heraus laufen, einer vom Element Feuer wird geschäftig und unruhig sein. Die unter dem Element Erde Geborenen laufen bedachtsam und anmutig; jemand vom Element Metall läuft stückchenweise, und jemand vom Element Wasser flüchtig, wellenförmig [E].

Die magische Kraft der Schrift und die Wortgeist-Kraft [*kotodama*] des gesprochenen Wortes wirken in folgender Methode:

[74] Wenn man zur Nachtzeit reist, so schreibe man in die rechte oder linke Hand die drei Zeichen „Ich bin ein Dämon", presse diese Hand ganz fest zusammen

und verfolge so seinen Weg. Ganz natürlich wird es dann nichts zu befürchten geben [G].

[75] Wichtig ist, in dunkler Nacht trotzdem zu sehen. Hierzu mache man aus Kristall von höchster Qualität ein kleines Gefäß, fülle Quecksilber hinein und halte das Ganze an die Stirn. In wunderbarer Weise wird man selbst in dunkler Nacht sehen können [E].

Eine Behelfslampe kann auch nach folgendem Verfahren hergestellt werden:
[76] Man entferne die Kerne aus den Früchten der Blasenkirsche [hōzuki], fülle Quecksilber hinein, hänge sie an einen Faden, den man sich um die Stirn bindet: die dunkle Nacht wird so hell wie der Tag erscheinen [M].

[77] Zu gleichem Zweck kann man auch die Federn einer Eule schwarz brennen, zu Pulver zerstampfen, dann in einer Brühe von Teichlinsen [uki-kusa] auflösen und diese Mischung auf die Augen streichen – in dunkler Nacht wird man alles sehen können [F].

> Hier liegt wohl klar die Überlegung zugrunde, sich die scharfen Augen der Eule zunutze zu machen.

[78] Ohne eine Laterne in dunkler Nacht seinen Weg ausleuchten.
Hierzu schneide man den Stil der Feder eines *Nipponia nippon*-Vogels [toki] vier, fünf Zoll ein, bohre in den Boden eines Sake-Schälchens ein Loch und stecke da den Stil hinein. Das Innere des Schälchens lege man mit Goldplatt aus. Wenn man dann die Innenseite dieser Schale ans Auge hält, so spiegelt [die Umwelt] in dem Goldplatt und erscheint wie am hellen Tag. Um in der Schale ein Loch zu machen, bringe man starke Moxa an, und wenn die Schale dann heiß geworden ist, bohre man mit einem [Metall-]Stäbchen ein Loch [M].

[79] Wenn man auf Reisen etc. in der Nacht keine Laterne besitzt, aber schnell eine anfertigen will, nehme man zunächst zwei irdene Gefäße, eines für das Oberteil, ein anderes für den Boden. An diese zwei Gefäße fertige man mit Reis-Leim einen Papierrand und bohre in das obere Teil ein Loch, durch welches man einen Docht zieht. In das untere Gefäß fülle man Öl, lege drei Dochte hinein und zünde sie an [G].

[80] Falls unterwegs die Kerze in der Laterne verlischt, schleunigst eine neue herstellen. Wenn auf einer nächtlichen Reise weit und breit kein Haus zu sehen ist, die Kerze aber bis auf ein klein wenig abgebrannt und es unmöglich ist, eine neue zu erwerben, kommt man in große Verlegenheit. Wenn in einer solchen Situation die Kerze nur noch ein Fünftel oder einen Zoll lang ist, drehe man [aus Papier] einen *Kanze*-Docht recht dick und weich, stecke die Kerze auf die Spitze eines Klein-Schwerts und plaziere den gedrehten Papier-Docht auf den Untersatz der Laterne. Wenn man dann die Kerze umgedreht anzündet, schmilzt alles, und daraus wird eine Handlampe.

Diesen Docht wickle man um das Mittelteil und mit noch einem Faden binde man das Oberteil zusammen und entzünde es an einem Ende. Mit fünf Zoll kann man jeweils eine Meile gehen. Vor Reise-Antritt sollte man dieses Problem bedenken [H].

Für den Gebrauch von Fackeln empfiehlt es sich, solche bei sich zu tragen, die selbst bei Regen und Wind nicht erlöschen.

[81] Man schäle dazu die Rinde vom Kirschbaum dick ab, löse Schwefel in Reis-Alkohol auf, bestreiche die Rinde damit zwei Mal und lasse sie in der Sonne trocknen. Eine Fackel aus diesem Material wird auch bei heftigem Regen nicht verlöschen. Ein anderes Verfahren: vier bis fünf Rindenstücke mit Baumwolle umwickeln und darauf Kiefernharz streichen und trocknen [C].

[*Fackeln zu machen, die der Regen nicht auslöschen kan*] *Man siedet den Tacht von dergleichen Fackeln oder Wind-Lichter in Salpeter, lässet ihn trocknen, und mischet unter das Wax Terpentin, Campher, und Griechisch Pech, doch muss vom Wax an meisten darzu genommen werden.*
Wann man nun die Fackel flichtet, legt man lebendigen Schwefel darein, so wird es kein Wasser oder Regen auslöschen können [NZB].

[82] Herstellung einer Aal-Fackel.

Man trockne die Ähren des Rohrkolbens [*typha latifolia*], streiche Öl darüber, trockne sie wieder und verfahre so drei oder vier Male. Darüber wickle man dann die Haut eines Aals, streiche nochmals Öl darüber und lasse sie trocknen. Wenn man sie dann entzündet, so wird sie selbst im Regen nicht verlöschen [M].

[83] Eine Fackel, die den Lichtschein eines Feuers woanders her übernimmt.

Man poliere dazu die weißen Stellen der Feder-Stiele von Uhus, fülle in das Innere hochwertiges Quecksilber gestrichen voll und verschließe gut die Öffnung. So zubereitet, binde man mehrere Stiele zu einem Bündel.

Wenn man eine solche Fackel an die Stelle hält, wo auf der Gegenseite ein Feuer ist, so kann man dieses Licht mit in die Dunkelheit nehmen. Wie weit auch immer die dazwischen liegende Entfernung sein mag, die Helligkeit wird sich gut übertragen lassen. Wenn aber dazwischen auch nur ein Blatt Papier liegt, dann lässt sich der Schein nicht übertragen. Je mehr Federstiele, desto besser natürlich der Schein [G].

Neben dem Problem der Helligkeit und Solidität der Fackeln stellt sich auch die Frage der Haltbarkeit, wozu uns das nächste Verfahren hilft:

[84] Methode, eine Fackel herzustellen, die, nur ein Zoll groß, doch acht Meilen reicht.

Man tauche dafür ungefähr hundert *monme* [1 *monme* = 3,75 g] einer Eiche [*kunugi*] in einen Teich, zerkleinere sie danach und mache daraus eine Fackel, die, nur einen Zoll groß, doch über acht Meilen hin Licht spendet. Eine solche Fackel sollte aber mindestens vier Zoll dick sein [C].

[85] Methode, eine Fackel von nur einem Zoll herzustellen, die aber eine Meile hält [E].

[86] Auf Reisen Feuer bei sich in der Tasche tragen, ohne dass es erlischt.
Man karbonisiere hierzu Sugiwara-Papier, knete und erhärte es mit Leim und zünde es an. Wenn man es dann zwischen kleine Holzplättchen klemmt und auf Reisen in der Tasche trägt, wird es lange nicht verlöschen [C].

Krankheitsfall————

[87] Auf Reisen nicht erkranken.
Wenn man frühmorgens zur Reise aufbricht, nehme man Ingwer in den Mund, um so von allen schädlichen Ausdünstungen, vor Nebel, Tau, Feuchtigkeit, kaltem Bergwind, etc. verschont zu bleiben und nicht zu erkranken. Bei Reisen zur heißen Jahreszeit binde man ihn sich [wohl: Penis = im Text freigelassen!] zum Bauchnabel hin mit einem drei Fuß großen Handtuch fest: auf diese Weise wird man keinen Sonnenstich bekommen [B]. Ein analoges Verfahren präzisiert, an der fraglichen Stelle Knoblauch [zu binden] [Q/2].

[88] Gegen Hitze-Schlag auf Reisen.
Man binde sich so etwas wie ein drei Zoll großes Handtuch über dem Nabel zusammen. Selbst wenn man dann untertags in großer Hitze läuft, wird man keinen Hitzschlag riskieren [S/2].

[89] Wenn Beamte, die bei Ausübung ihrer Pflicht über gefährliche oder schwierige Passagen im Gelände gehen müssen oder aber sich unerwarteterweise einem Bergrücken gegenüber sehen, eine Muskel-Schwäche bekommen und nicht weiterlaufen können: dann solle man Stroh auf einem Stein ausschlagen, bis es weich wie Watte wird und damit seinen Hodensack umwickeln. Gleiches auch für die Hüften. So verfahren, wird man zehnmal so stark sein wie gewöhnlich [C].

[90] Auf Reisen sollte man auf alle Fälle seine sexuellen Gelüste zurückhalten. Prostituierte sind die Ursache von Geschlechtskrankheiten, die man sich sehr leicht während der warmen Jahreszeit zuzieht – schrecklich! Da nun überdies feuchtes Bettzeug leicht derlei Krankheiten überträgt, sollte man stets einige stark riechende Substanzen bei sich tragen, um damit solche schädlichen Ausdünstungen zu eliminieren [RY].

[91] Vorsicht bei „Wasser-Wechsel".
Jeder, der eine andere Provinz bereist, läuft Gefahr, während der ersten fünf oder sieben Tage auf Grund des „Wechsels des Wassers" Verdauungsschwierigkeiten, eine erhöhte Blutzufuhr zum Kopf, Konstipation oder vielleicht Pocken zu bekommen.

Natürlich liegt jede Gegend, in die man reist, unter demselben Himmel, und man atmet doch das gleiche Klima, man sollte eigentlich also nicht unter dem Wechsel des Wassers leiden. Aber dem ist nicht so! Jede Provinz hat ihren eigenen Charakter, und es ist nicht leicht, alle Verschiedenheiten aufzuzählen beim Wasser, Klima, den Menschen, ihrer Nahrung, alles, wirklich alles ist verschieden. Man könnte dies vergleichen mit einem Fisch aus einem Bergbach, den man in einem Teich in der Ebene aussetzt: eine Zeitlang wird er sich nicht wohlfühlen. Für die Menschen ist es also ganz normal, dass sie während ein, zwei Monaten, noch nicht akklimatisiert, sich unwohl fühlen

Verglichen mit den Ostprovinzen [Kantō], ist das Klima in Kyōto oder Ōsaka bereits sehr verschieden, und gen Norden, in den Provinzen Echigo [Präfektur Niigata] und Ōshū [Teile der Präfekturen Aomori und Iwate] ist es wieder anders. Was die Gegenden am Meer angeht oder die Inseln, so kann man sich, ausgehend von ihrem Namen oder von ihrer Form, eine Idee von ihrem Klimas machen. Wenn also die Bewohner warmer Provinzen sich in eine kältere begeben, trifft sie die Kälte, während es im umgekehrten Fall weniger zu Problemen kommt.

In früherer Zeit begab es sich, dass zahlreiche Bewohner der Insel Hachijōjima [300 km südlich von Tōkyō gelegen] in großer Zahl in die Hauptstadt Edo zogen, wo sie auf eine Epidemie von Pocken oder Masern trafen, die unter ihnen eine erschrecklich hohe Anzahl von Todesopfern forderte. Dies hängt sicher auch damit zusammen, dass sie absolut nicht an die örtlichen Gegebenheiten gewohnt waren [RY].

Orientierung im Gelände

Wichtig auf Reisen war in jedem Fall, früher wie heute, sich im Gelände zurecht zu finden. Was tun, um auf seiner Reise, wenn man vom Weg abgekommen ist, die richtige Richtung zu finden? Hier eine überraschend logische Methode:

[92] Falls man sich auf Reisen auf einem Waldweg verirrt hat, so steige man, einem Wasserlauf folgend, den Berg hinunter: ohne Zweifel wird man auf einen Weg stoßen. Sollte man sich aber in der Ebene auf dem Weg verirrt haben, so suche man nach einem Pfeilkraut [*omodaka*] und bewege sich in der Richtung fort, in welcher dessen Blätter ausgerichtet sind: diese Pflanze wächst nämlich in Richtung auf die Nähe zu Menschen.

Bei Schnee solle man sein Pferd loslassen und ihm nachfolgen. Denn, wie es seit alters heißt: „Ein altes Pferd kennt seinen Weg" [C].

> Hier liegt eine Anspielung auf das Idiom „Weisheit des alten Pferds" vor, das sich im Chinesischen bei *Han fei-tzu* findet und auch in unterschiedlicher Form in der japanischen Literatur auftritt.

Bequemer als zu Fuß war natürlich die Fortbewegung per Pferd, was aber auch nicht ganz ungefährlich war. Zunächst galt es, sich vor einem Sturz vom Pferd zu schützen. Vgl. Abb. (9/1)

[93] Nach einer Mahlzeit sollte man weder schnell laufen noch ein Pferd oder einen Tragkorb besteigen. Denn sollte man z. B. stolpern oder vom Pferd fallen, so kann es zu Atemschwierigkeiten kommen, da der Magen, so kurz nach einer Mahlzeit, noch nicht zur Ruhe gekommen ist. Man sollte deswegen größte Vorsicht walten lassen! [RY].

[94] Wenn man sehr lange seine natürlichen Bedürfnisse zurückgehalten hat, ist davon abzuraten, ein Pferd zu besteigen oder in einem Tragkorb Platz zu nehmen. Denn, falls es zu einem Sturz kommt, besteht die Gefahr, dass das Herz „durchstoßen" wird und man auf der Stelle verstirbt [RY].

[95] Unbeobachtet von anderen sollte man, bevor man in den Sattel steigt, und noch ehe man die Zügel ergreift, das Schriftzeichen „Süden" dreimal in die Handfläche schreiben, was einen Sturz vom Pferd verhindern wird [A].

[96] Wie man ja weiß, erschrecken Pferde sehr leicht. In so einem Fall sollte man nicht sogleich abspringen, sondern sich an die Gepäckstücke klammern und, wenn letztere fallen, die Lage abschätzend, mit ihnen fallen. Wenn man, unüberlegt, absteigt, wird man sich dabei ganz sicher verletzen [RY].

[97] Falls man bei einer Reise im dritten oder vierten Monat ein Zug-Pferd benutzt, sollte man beim Auf- und Absteigen besonders gut aufpassen. Nach langer Zeit im Stall und ohne Bewegung haben solche Tiere die Eigenschaft, in ihrer frühlingshaften Erregung plötzlich auf und davon zu galoppieren [RY].

[98] Um ein sich wild gebärdendes Pferds zu beruhigen, gebe man ihm einen kräftigen Schluck Sake zu trinken – es wird sich beruhigen [S/3]. Vgl. Abb. (10) (11)

[99] Besonders im Sommer sind Pferde recht empfindliche Tiere, sie werden häufig von Bremsen befallen, was sie zum Aufbäumen bringt. Im Sommer sollte ein Reiter also aufpassen, nicht auf dem Pferd einzuschlafen, und dies vor allem auf Bergwegen, in der Nähe von Flüssen, etc. Alte und Kinder sollten zu solcher Jahreszeit besonders umsichtig sein [RY].

[100] Falls man sich nach einem Sturz vom Pferd schlecht fühlt oder Blut spuckt, wird empfohlen, in Sake vermengtes Puder von Lotus-Wurzeln oder auch fein geschnittene Lotus-Blätter einzunehmen. Vgl. Abb. (9/2)
Wenn man sich an der Taille oder an den Füßen stark angeschlagen hat, blaue oder blutunterlaufene Hämatome hat, sollte man auf der Stelle einen Arzt aufsuchen und sich zur Ader lassen. Solcherart verfahren, wird man später keine Probleme haben. Darüber hinaus sollte man sich auch Massagen geben lassen.

[09-1] Sturz vom Pferd 1 • [09-2] Sturz vom Pferd 2
[09-3] Das widerspenstige Pferd • [09-4] Warme Kleidung

[10]
Mit dem Pferd unterwegs

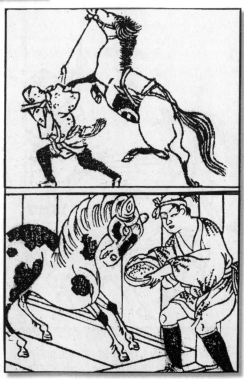

[11]
Ein wildes Pferd besänftigen

Der Schweiß von Pferden stellt ein sehr starkes Gift dar, das man weder in die Augen noch auf Esswaren bringen sollte [RY].

[101] Methode, sein Leben lang nicht vom Pferd zu stürzen.
Wer Angst hat, vom Pferd zu fallen, sollte lieber einen Tragkorb besteigen – auf wunderbare Weise wird er niemals vom Pferd fallen [...] [S/15].

[102] Wer von Kühen oder Pferden gebissen worden ist, gebe schnellstens Asche in heißes Wasser, wache darüber, dass das heiße Wasser nicht erkalte und tauche die Biss-Stelle geradewegs hinein. Falls es zu Schwellungen gekommen sein sollte, erwärme man einen Stein und lege ihn sich auf. Man kann aber auch weißen Zucker oder das Blut des Hahnenkamms auftragen [Q/3].

Pferde sind bisweilen eigenwillige Tiere, die, glaubt man den Texten, beim Überqueren eines Flusses plötzlich scheu werden und inmitten des Wassers „in die Knie gehen" [*kawa-bushi*].

[103] Falls dies passiert, sollte man nicht sofort versuchen, sie hochzuziehen, sondern sie eine Weile in dieser Position belassen, dann etwas Wasser in ihre Ohren spritzen, zur Peitsche greifen und sie so zum Aufstehen anstacheln [E].

[104] Einem Pferd, das die Angewohnheit hat, sich inmitten eines Flusses niederzulegen, sollte man umgehend eine Haar-Spange recht tief in die Ohren einstecken – das Tier wird, vergessend sich hinzukauern, weiter den Fluss durchschreiten. Es muss jedoch nicht immer eine Spange sein. Dies ist ein großes, geheimes Verfahren [E].

[105] Geheim-Rezept, um einen breiten Fluss, sei es zu Pferd oder sei es zu Fuß, zu überqueren: man setze sich einen Zielpunkt am gegenüberliegenden Ufer und durchschreite in dieser Richtung den Fluss, z. B. auf einen Wald oder einen großen Baum hin. Das wäre zu allererst einmal zu lernen. Wichtig ist hierbei, nicht die Orientierung zu verlieren, selbst wenn die Strömung umschlagen sollte [E].

Nicht selten aber sind die Fälle, in denen Mann und Pferd per Schiff übersetzen.

[106] In solchen Fällen solle man zuerst die Pferde an Bord bringen und dann die Passagiere, andernfalls man Gefahr läuft, dass die Pferde beim Anblick des vielen Gepäcks sich schnaubend aufbäumen und in ihrer Verwirrung Passagiere verletzen. Normalerweise sollten deshalb weder ältere Leute noch Frauen oder Kinder ein Boot besteigen, das auch Pferde befördert [RY].

[107] Sollte ein Pferd Schwierigkeiten machen, auf das Schiff zu steigen, so schreibe man auf seine Stirn das chinesische Zeichen *fu* [„Steuer, Abgaben, Talent"], wobei man den Punkt im rechten Teil [*tsukuri*] des Zeichens auf das Schiffs-Innere überträgt: Erstaunlich, wie ein solches Pferd dann willig das Boot besteigt [G]. Vgl. Abb. (9/3)

[108] Idem.

> *Himmlische Lande – Fährboot, das uns übersetzt – über diesen Fluss – alle Tiere sind an Bord – Weg des großen Gesetzes* [ZMA]

Schauplatz der Handlung sind weit entfernt liegende „himmlische Gefilde". Ein Wortspiel nutzt die Homophonie des Terminus *noru/nori*: „[Schiff] besteigen" mit dem „buddhistischen Gesetz" und verleiht so dem Gedicht, drei Mal ins linke Ohr eines Pferdes gesprochen, seine magische Wirksamkeit.

Um Schwierigkeiten dieser Art soweit wie möglich aus dem Weg zu gehen, empfiehlt sich ein Verfahren, das gestattet, vorweg die charakterliche Verträglichkeit von Pferd und Reiter zu erkunden.

[109] Anhand der Farbe der Pferde-Haare lässt sich die Verträglichkeit mit dem Reiter feststellen. Menschen, die aufgrund ihres Geburtsdatums dem Element „Holz" zugehören, für die ist ein Schimmel oder ein graublaues Pferd richtig. Für andere, unter dem Zeichen „Feuer" Geborene, ein dunkelbraunes oder gelbweiß geflecktes Pferd. Für „Erde" ist es die Farbe hirschbraun; für „Metall" ein Falbe oder ein hellbraunes Pferd, für „Wasser" ein schwarzes oder schwarzweißes. Wenn man nach einem Pferd sucht, sollte man auf diese Charakteristika achten [F].

[110] Ein ganz allgemeines Problem ist es, ein Pferd am Fortlaufen zu hindern, dort, wo man es nicht anbinden kann. Hierbei hilft die „Gras-Binde-Überlieferung" mit einem Gedicht:
Westen und Osten – im Norden wie im Süden – eine Umzäunung – also steht eingezäunt still – in der Mitte, dieses Pferd
Dreimal rezitiert, wird das Pferd auf wunderbare Weise stillstehen bleiben. Um danach den Zauber wieder zu lösen, rezitiere man dreimal dasselbe Gedicht, und ersetze dabei das Verbum „stillstehen" durch „freilassen" [F].

[111] Eine gefährliche Situation entsteht, wenn ein entlaufenes Pferd auf einen Menschen zu galoppiert. Man sollte in diesem Falle seine Jacke ausziehen und sie dem Pferd über den Kopf stülpen – eine Methode von augenblicklicher Wirkung [E].

[112] Ein schlechtes, eigensinniges Pferd „verbessern".
Man stopfe dem Pferd eine Mixtur von Ginseng, Früchten der Gewürznelke, Schnurbaum [*kushin*], Magnolie, zerkleinert und mit Leim zu Pillen gerollt, in die Ohren. Ungestüme und schlechte Pferde werden so auf wunsame Weise „frei" [E].

[113] Allerlei Pferdekrankheiten heilen.
Man zerkleinere Blatt und Blüten von weißem Springkraut [*hōsenka*], koche sie in einem Kessel, zerstampfe sie und mache daraus eine Art Pflaster. Falls dann ein Pferd erkrankt, sollte man dieses Pflaster auf die vier Augenwinkel kleben: das Tier wird Schweiß treiben und geheilt werden [G]

[114] Ein Pferd, das Giftiges gefressen hat, von seinem Leiden heilen [C].

[115] Wenn der Rücken eines Pferdes durch den Sattel wund gescheuert wurde, nehme man vom übel riechenden Schlamm eines in der Sonne liegenden Abwasser-Kanals und bestreiche damit die wunde Stelle: sofort tritt Heilung ein [I].

[116] Heilmethode, wenn die Hufe des Pferdes reiben und schmerzen.
Hierbei sollte man den Saft aus Blatt und Stiel der japanischen Pestwurz [*fuki*] ausdrücken und auftragen [L].

[117] Die Krankheit eines Pferdes heilen, welches sich zusammenkauert und, ohne den Kopf zu bewegen, nur die Augen nach hinten stellt oder auch die Schultern „aufrichtet". Man füttere ein solches Pferd mit zwei oder drei *gō* [1 *gō* = 0,18 l] Reis-Gärstoff: auf wunderbare Weise wird es geheilt werden [L].

[118] Damit ein Pferd auch über eine größere Entfernung hin nicht den Atem verliert, soll man seine Zunge herausziehen und in der Mitte mit einer Nadel oder einem Kurz-Schwert ein Loch bohren. Wenn man dann das Pferd antreibt, so wird es nie außer Atem kommen [L].

[119] Läuse bei Pferden und Ochsen bekämpft man mit einem Aufguss von Blättern der japanischen Esche [*toneriko*] [M].

Reise-Ausrüstung

Was gehört zur Ausstattung für eine Reise? Im schon öfters zitierten Reise-Ratgeber lesen wir:

[120] Tragbares Schreibzeug, Fächer, Nadel und Faden, Taschenspiegel, ein Schreibheft für das Tagebuch, Kamm und Haar-Pomade [nur die Rasierklinge sollte man in der Herberge ausleihen]. Eine Laterne, Kerzen, Feuerzeug, Taschen-Streichhölzer [selbst Nichtraucher sollten solche mit sich führen, da die Laternen in der Herberge leicht verlöschen]. Ein Hanfseil – etwas sehr Nützliches jedes Mal, wenn man etwas zusammen zu schnüren hat. Ein Stempel [RY].

Weiterhin galt es, die Witterung, d. h. vor allem die Kälte zu bedenken.

[121] Anfertigung von Bettzeug [*futon*], das auf Reisen vor Kälte schützt.
In der kalten Jahreszeit ist es nicht leicht, ins Reisequartier oder auch auf das Schiff sein Nachtzeug mitzunehmen. Deshalb sollte man in das Bettzeug, das nicht für Kälte gemacht ist, weich gemachte Beinkleider aus Stroh einlegen. Ältere Menschen werden es auf diese Weise sehr warm haben [B].

[122] Gegen die Kälte nehme man jeden Morgen, beim Verlassen der Herberge, drei Pfeffer-körner – was auch vor Feuchtigkeit und Kälte schützt [S/2].

[123] Warme Kleidung.
Da Bauchfedern von Schwänen äußerst weich sind, sollte man daraus Unterkleidung für ältere Menschen anfertigen. Man kann auch Gamaschen [*kyahan*] daraus machen [B]. Vgl. Abb. (9/4)

[124] Im Schnee oder in kalten Nächten verhindern, dass Hände und Füße erfrieren. Man teile Pfeffer-Körner in zwei, röste sie stark in einer Pfanne, wickle sie in Papier, so dass ihr Duft nicht verlorengeht und lege sie sich auf den Nabel. Vor allem Personen, die Kalligraphie betreiben oder sich in der Schwertkunst üben, sollten diese Mittel immer vorrätig haben. Wunderbar, wie man so der Kälte nicht mehr gewahr wird [A].

[125] Wenn Leute angeln wollen und deswegen im Fluss stehen, so kribbeln ihnen oft die Beine; verlassen sie dann das Wasser, so sind die Beine unangenehm warm oder es kommt auch vor, dass sich Ekzeme u. ä. entwickeln. Deshalb stecke man Knoblauch in heiße Asche und erhitze dies, mit ein wenig Bohnen-Mus, über dem Feuer. Wenn man dann diese Mischung einnimmt, werden die Beine, selbst wenn man längere Zeit im kalten Wasser steht, nicht kribblig werden und man wird später auch keinerlei Dermatosen entwickeln [M].

[126] Vorbeugen, um in den Kälte-Monaten bei Schnee und Eis nicht an Händen und Füßen zu erstarren.
Man lege die Früchte von Stern-Anis [shikimi] drei Tage lang in reinen Sake, trockne sie dann im Schatten, mache sie zu Pulver und reibe damit in den kalten Monaten Hände und Füße ein [G].

[127] Geheimrezept, um bei strenger Kälte nicht zu erfrieren.
Man zerkleinere hierfür zu gleichen Teilen Gemüse-Spargel [tenmondō] und weißen Riesen-Trüffel [byaku buku-ryō] und benutze sie mit Sake oder mit Wasser täglich in größerem Umfang: selbst zu Zeiten großer Kälte wird man es auf diese Weise so warm haben wie im dritten oder vierten Monat. Dies ist eine wunderbare Methode. Insbesondere wenn man sie ständig befolgt, kräftigt sie auch Herz und Lunge – und dies ohne jede schädliche Nebenwirkung [I].

[128] Verhindern, dass unterwegs der kalte Wind bis auf die Haut durchdringt.
Hierzu breite man Papier-Taschentücher aus und lege sie zwischen die Kleidung – so wird man vor Kälte geschützt sein [B].

[129] Gegen schlechte Witterung braucht der Reisende vor allem einen wasserundurchlässigen Regenmantel. Hierzu mische man in den Leim pulverisierten Eisenhut [sōzu], Japan-Orchidee [bletilla hyacinthina] [byaku-kyū], Wolfsmilch [„Wolfsgift": rōdoku], getrocknete Samen des Bilsenkrauts [tensenshi], weißes Alaun [hakuban] – von jedem ein ryō [1 ryō = 37, 3 gr] und imprägniere damit den Regenmantel [I].

Mehr Spielerei denn Notwendigkeit zeigen die folgenden Praktiken:
[130] Selbst ohne gefütterte Kleidung im Winter nicht frieren.
Man zerkleinere hierzu zu gleichen Teilen Auripigment [oō], rote Tonerde [shaku-seki-shi], Bleioxyd [tan], getrockneten Ingwer [kankyō], Harz [shōkō], forme daraus mit Leim Pillen in der Größe von Früchten der Paulownia und trinke davon jeden Tag, je zehn Stück, in etwas Sake eingenommen. Nach

zehn Tagen wird der Körper rot und immer wärmer werden. Selbst wenn man dann nackt im Schnee oder im kalten Wasser läuft, wird man keine Kälte mehr verspüren [L].

[131] Im Sommer, selbst mit gefütterter Kleidung, es nicht zu warm haben.
Je zu gleichen Teilen Gummigutt [*shi-ō*], weiße Tonerde [*hakuseki-shi*], Bleioxyd [*tan*], Magnetstein [*jishaku*], weißes Harz [*haku shōkō*] zusammen mit Muttermilch und Honig zu Pillen in der Größe von Paulownia-Früchten geformt und zehn Stück davon eingenommen. Nach zehn Tagen wird der Körper auch bei großer Hitze kühl bleiben, und selbst bei sengender Hitze, mit zwei, drei gefütterten Kleidungsstücken übereinander, wird man es nicht [zu] warm haben [L].

Um Übernachtungsproblemen vorzubeugen, empfiehlt es sich, unter den Reise-Utensilien auch ein Zelt und ein Netz mit sich zu führen.
[132] Jemand, der zu Fuß verschiedene Provinzen durchwandert, muss manchmal, wenn die Unterkunftsmöglichkeiten schlecht sind, in freier Natur oder in einer kleinen Shintō-Kapelle die Nacht verbringen. Für solche Fälle sollte er ein Papierzelt bei sich tragen: zur Sommerzeit schützt es vor Moskitos, im Winter vor Kälte. Nachstehend die Form, so wie ich es bei einem buddhistischen Asketen gesehen habe. Im Innern eines solchen Zeltes kann man dann eine Matte aus Papier oder Stroh legen [L]. Vgl. Abb. (12/1)

Vervollständigt wird die Ausstattung durch einen Schlafsack:
[133] Aus dickem Papier einen Sack so groß anfertigen, dass man selbst gut hineinpasst. Zum Schlafen schlüpfe man hinein, so dass nur der Kopf herausschaut, und nehme dann ein Kopfkissen. In den letzten Jahren wird ein solcher Schlafsack von vielen Leuten benutzt, und er ist auch sehr nützlich, um Flöhe, Läuse und Moskitos fern zu halten [L].

Dem japanischen Camper fehlt dann noch ein Taschen-Kocher [Windofen: *furo*] für seine Reise.
[134] Unterwegs auf Reisen, bei Ausflügen in Berg und Feld, kommt es vor, dass man plötzlich Reis oder Gemüse kochen will oder eine Medizin zusammenbrauen muss: in all diesen Fällen ersetzt ein solcher Ofen einen richtigen Herd [*kamado*]: er ist klein und bequem. Weiterhin benötigt man einen Topf aus Messing oder Kupfer, mit Henkel, oder auch in der Art eines *yakan*-Kupfer-Kessels [L]. Vgl. Abb. (12/2)

[135] In Papier kochen [S/8].

[136] Ein Moskito-Netz für unterwegs.
Man ziehe mit einem Baumwollfaden das Fett einer Kröte auf und bringe in der Herberge den Faden in ungefähr ein Zoll Höhe über der Schlafstelle an. Wie viele Moskitos es auch immer geben mag, in einem Umkreis von fünf *ken* [5 x 1,8 Meter] in alle vier Richtungen werden keine Insekten mehr auftauchen [H].

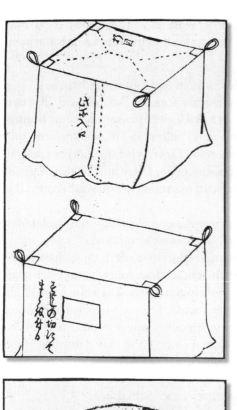

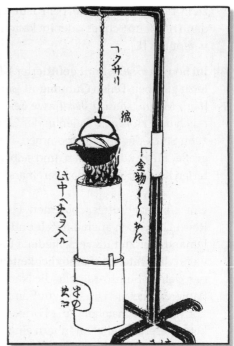

[12-1] Camping-Ausrüstung • [12-2] Der Reise-Kocher
[12-3] Kompass • [12-4] Sturm auf See

[137] Bei Schiffsreisen konnte es unter anderem von Bedeutung sein, vom Meer her schon die Beschaffenheit des festen Landes zu erkennen. Wenn die Atmosphäre [*ki*] gelb erschien, so kann man auf menschliche Siedlungen und Land schließen; wenn weiß, auf Berggipfel, und bei schwarz, auf Wasser [B].

Geht man nicht zu Fuß durch einen Fluss, sondern setzt per Fähre über, so galt es, nicht zu spät zur Abfahrt dieser Fähre zu kommen.

[138] Wenn man sich in Richtung auf das Boot hin in Bewegung setzt, kann es passieren, dass man sich verspätet und erst eintrifft, wenn die Fähre schon abgelegt hat. Es kommt aber auch vor, dass man zu früh ankommt, der Schiffer noch wartet, bis die nötige Anzahl von Passagieren erreicht ist, und man deswegen eilige Geschäfte versäumt. Man gehe also auf die Fähre zu, und sobald man in einer Entfernung von etwa hundert Metern das Schiff sieht, schreibe man, die Augen auf das Boot gerichtet, mit den Fingern dreimal das Zeichen *fu*: auf diese Weise wird man genau rechtzeitig zur Abfahrt kommen [H/47].

Wichtig für die Schiffsreise aber ist es, die korrekte Fahrt-Richtung zu erkennen:

[139] Überlieferung, wie man den Kompass bedient: wer auf See reist, sollte diese Methode kennen, andernfalls er die Richtung verliert.
Bei Antritt einer Schiffsreise, das Heck des Schiffes gen Süden, den Bug geradeaus nach Norden gewandt, richte man den Kompass hiernach aus. Dann bringe man die zwölf Zeichen des chinesischen Sexagesimal-Kalenders an einem passenden Platz auf dem Schiff an und setze darüber einen normalen Kompass.
Wenn man dann z. B. in die Richtung zwischen Ochs [*ushi*] und Tiger [*tora*], i. e. Nord-Ost gehen will, dirigiere man das Schiff so, dass die Nadelspitze des Kompasses auf die Zeichen *ushi/tora* gerichtet wird. Wenn man nach Osten vorwärts gehen will, dann steuere man das Schiff so, dass die Nadel in Richtung Hase [*u*] zeigt – auf diese Weise lassen sich alle zwölf Richtungen fehlerlos bestimmen [G]. Vgl. Abb. (12/3)
[*See-Compaß dessen Nutzen und Gebrauch*] [MANA].

[140] Den Nebel vertreiben und die richtige Richtung erkennen, wenn man auf einem Schiff die Orientierung verloren hat.
Unterwegs oder auf einem Schiff im Nebel, wenn die Richtung nicht mehr auszumachen ist, zerreibe man rohe Bohnen in einer Schale oder zerkaue sie im Mund und spucke sie ins Wasser [oder auf den Weg]. Wenig später wird sich der Nebel lichten und die korrekte Fahrt-Richtung wird klar zu erkennen sein [C].

Eine weitere gefährliche Situation entsteht natürlich, wenn das Boot in einen Sturm gerät. Am besten versichert man sich vor Antritt der Reise, ob das Boot irgendwie in Gefahr kommen wird. Vgl. Abb. (12/4)

[141] Hierzu betrachte man, nach vorne gebeugt, und durch die Beine nach hinten schauend, das Gesicht der Leute, die auf dem Boot sind. Wenn dann auf jedem Gesicht Verletzungen zu sehen sind, wird es ganz sicher zu Schiffbruch kommen – man steige also besser nicht ein [Dies ist eine geheime Überlieferung] [E].

[142] Wenn man an Bord geht, sollte man mit den großen Zehen zum Schiff gewandt, das Zeichen <*fu*> schreiben, dann mit beiden Händen ein „Wildschwein-Auge" [= Herzform] formen und sodann auf das Schiff schauen: falls man dort dann Menschen ohne Kopf sieht, so ist dies ein sicheres Zeichen für drohenden Schiffbruch und man sollte besser nicht an Bord gehen. Das gleiche gilt, wenn man sieht, dass Mäuse das Schiff in Richtung Land verlassen [F].

Im *Ryokō-yōjin-shū* finden wir einen längeren Abschnitt, der den Gefahren einer Bootsreise gewidmet ist.

[143] Sobald man an Bord eines Schiffes ist, sollte man zuallererst ausmachen, wo die verschiedenen Geräte, Planken oder das Ruder sind. Falls je ein Taifun oder eine plötzliche Boje das Schiff zum Kentern bringen sollte, lasse man sich mit Hilfe der Planken oder Ruder ohne Aufregung ins Wasser gleiten. Solcherart verfahren, werden selbst diejenigen, die über keinerlei Erfahrung im Wasser verfügen, nicht untergehen und leicht gerettet werden können [RY].

[144] Auf hoher See kommt es vor, dass große Fische sich an das Boot anhängen. In einer solchen Situation solle man, ohne in Aufregung zu geraten, die [Gegenwart von] Personen auf dem Schiff verbergen und mit einer Planke oder irgendetwas Hohlem Lärm schlagen, worauf die Fische sich zurückziehen werden [RY].

[145] Falls sich an der Kante des Bootes eine Windhose bildet oder sich plötzlich schwarze Wolken aufs Wasser senken, wird es starken Wellengang geben. Der Kapitän weiß natürlich, was zu tun ist; ohne Aufregung sollte man Planken oder Schilf-Matten ins Wasser werfen: die Wellen werden sich beruhigen. Wichtig ist, dass in der Zwischenzeit das Schiff sich aus der Gefahren-Zone entfernt hat [RY].

[146] Eine große Anzahl von Passagieren ist immer ungünstig. Vor allem wegen der Unbequemlichkeit, die daraus entsteht, aber auch für die Besatzung ist es dann schwierig, alle nötigen Maßnahmen zu treffen. An Bord sollte man sich in allem nach den Anweisungen des Kapitäns richten und sich denen auf keinen Fall widersetzen [RY].

Einmal an Bord, galt es, nicht seekrank zu werden – unzählige Einträge geben hierzu die besten Ratschläge. In den meisten Fällen werden die Verfahren als auch für den Tragkorb gültig dargestellt.

[147] Wer auf Reisen leicht seekrank wird, sollte, bevor er ein Schiff besteigt, ein einfaches Oribe-Sakeschälchen versiegeln und in den [Kimono-]Ärmel stecken: auf höchst wunderbare Weise wird man so nicht „seekrank" werden [A].

> *Oribe-yaki* bezeichnet Tonwaren aus der Präfektur Gifu, ihr Aufkommen ist Ende der Muromachi-Zeit anzusetzen. Die Tonwaren wurden unter Anleitung des Tee-Meisters Furuta Oribe [1544–1615] gefertigt. Als Charakteristika gelten unausgeglichene Form und eine grellgrüne Farbe.

[148] Um der Seekrankheit vorzubeugen, schreibe man das chinesische Zeichen <*fu*> inmitten des Schiffs, den Punkt [in diesem Zeichen] aber auf die Stirn des Passagiers, der dann auf wunderbare Weise nicht erkranken wird [G].

[149] Jemand, der leicht seekrank wird, sollte, bevor er an Bord geht, Salz auf seinen Nabel streichen und darüber ein Papier legen [B]. Von gleicher Wirksamkeit sind gekochte Mauspflanzen [*pinellia ternata*] [*hange*] [E].

[150] Eine etwas originellere Methode: beim Besteigen des Schiffs sich einen Papierfaden in die Nase einführen, und dreimal niesen [F].

Was aber tun, wenn man bereits seekrank geworden ist?

[151] In einem solchen Fall nehme man irgendeinen trächtigen Fisch mit viel Wasser ein. Getrocknetem Haifisch [B] und dünner Rinde des Kirschbaums, aufgebrüht [P], wird die gleiche Wirkung zugesprochen. Bei sehr starker Seekrankheit und ununterbrochenem Erbrechen mache man einen Aufsud von *karasu bishaku* [*pinellia ternata*], getrockneten Orangenschalen und Riesen-Trüffeln [S/2].

[152] Wunderbare Methode für den Fall von Seekrankheit.
Bei Seekrankheit und starkem Erbrechen wird man Durst verspüren. In solchen Fällen sollte man die Exkremente von Kindern trinken oder aber, falls nicht zur Hand, den Urin von Erwachsenen. Falls man aus Versehen kaltes Wasser trinkt, wird man auf der Stelle sterben. Man sollte deshalb mit großer Umsicht vorgehen [RY].

Im Tragkorb

[153] Wer bei Reisen im Tragkorb „seekrank" wird, sollte unterwegs die Tür des Tragkorbs offen lassen. Im Innern des Tragkorbs *nanten* [*nandina domestica*] aufgestellt und den Blick darauf gerichtet, verhindert ebenfalls das Auftreten von Seekrankheit.
Bei sehr starkem Kopfweh und Übelsein sollte man ein Gemisch von gepresstem Ingwer mit heißem Wasser trinken, niemals aber kaltes Wasser. Wenn Frauen und Kinder zu Pferd oder per Tragkorb reisen, sollten sie ihre Kleidung solide mit einem feinen Gürtel an der Taille festzurren [RY].

Besucher: 1–4 • Diebstahl [+ Entlaufen, Verlaufen]: 5–17 • Gedächtnis: 18–21 • Handlesen [+ Charakter, Physiognomie]: 22–25 • Mann und Frau: 26–49 • Müdigkeit [+
Schlaf] und Traum: 50–75 • Poesie: 76–80 • Selbstvertrauen: 81 • Skatologie: 82 •
Spiel und Verspieltes: 83–95 • Tabus und Wahrsagen: 96–102 • Wunscherfüllung:
103–115

Besucher

[1] Verfahren um einen Besucher, gleichgültig in welch wichtiger Angelegenheit
auch immer, am Kommen zu hindern.

Wenn jemandem ein Besuch als Belästigung erscheint, man aber auch nicht
gut Abwesenheit vortäuschen kann, so nehme man – ohne aufzufallen – zwei
schöne irdene Gefäße, schreibe in die Mitte des einen davon mit Zinnober das
Zeichen „Eins" und schräg an seine Seite den Namen der als lästig empfunde-
nen Person: unterhalb des Zeichens dann, auch das mit Tusche, das Zeichen
„Halt".

Das zweite der Gefäße dient als Deckel. Beide werden in gelb-farbenes Papier
gewickelt, in Kreuzform zusammengebunden und am Hauseingang oder am
Tor, dort wo die betreffende Person ein- und auszugehen pflegt, drei Fuß
[*shaku*] tief in der Erde vergraben. So lange man die Gefäße nicht wieder her-
ausholt, wird es dem Betreffenden unmöglich sein, näher zu kommen [A].
Vgl. Abb. (1/1)

Eine andere Möglichkeit wäre natürlich, sich einfach unsichtbar zu machen.

[2] Man nehme hierzu die Leber eines fahlen oder eines weißen Hundes, vermische sie mit Reispapier und forme daraus Pillen. Bei Einnahme verschwindet
die äußere Form und man bleibt für andere unsichtbar.

Variante: zu Mitternacht am letzten Tag des achten Monats, nach Norden gewandt, trinke man Eier eines dunkelgrauen Huhns, womit man sich nach Belieben unsichtbar machen kann [O].

[3] Um jemanden, der zu lange bleibt, zum Aufbruch zu bewegen, schreibe man
seinen Namen auf ein Weidenblatt und stecke es auf einen Besen [S/6].

[4] Auch folgendem Gedicht wird dieselbe Wirkung zugeschrieben:

*Auf dann, es ist Zeit – schon färben sich die Blätter – am Berg Tatsuta –
schnell, bevor der Überdruss – sich einstellt und Herbst es wird* [GO]

Dreimal rezitiert, stoße man dabei, hinter dem Rücken stehend, den Atem aus
[S/3].

Der Berg Tatsuta, im Nord-Osten der Präfektur Nara, auf dem Weg zwischen
den alten Provinzen Kawachi und Yamato, ist für seine kräftige Herbstfärbung
berühmt. Im Text des vorstehendes Gedichts findet sich der Ausdruck
„schwache Herbstlaub-Färbung", der – sollte das Gedicht die Beziehung einer
Geisha zu ihrem Kunden betreffen – die schwächer werdenden Gefühle aus-
drückt. *Aki*: Herbst ist homophon zu *aki*[*ru*]: überdrüssig werden.

[01-1] Einen lästigen Besucher vertreiben • [01-2] Der Botengang
[01-3] Die Entlaufene • [01-4] Den Flüchtigen aufhalten

[5] Man wickle in ein Kleidungsstück der entlaufenen Person einen Magnet und hänge es so in den Brunnen. Ganz natürlich wird die Person zurückkommen. [Dieses Verfahren stammt aus dem *Huai Nan tzu*] [F].

> Das Huai Nan tzu ist ein philosophisches Werk taoistisch-synkretistischer Art, das, auf die Interpretation der Fünf Elemente abstellend, von Liu An [179–122] zusammen mit anderen Gelehrten kompiliert wurde.

[6] Um zu erreichen, dass jemand von einem Botengang unverzüglich zurückkehrt, fixiere man das Papier der Ess-Stäbchen dieser Person umgedreht an den Griff eines Quer-Hammers, binde es bei dem Namen zusammen und lege eine Nadel an die Knotenstelle [S/4]. Vgl. Abb. (1/2)

[7] Bei einem ähnlichen Verfahren werden die Sandalen des Entlaufenen mit einem Nagel vor dem Küchenherd fixiert, was zur Folge hat, dass die betreffende Person nicht sehr weit kommt und nach Haus zurückkehrt [G]. Vgl. Abb. (1/3)

[8] Auch durch eine verbal-magische Blockade aller Himmelsrichtungen kann ein Flüchtender angehalten werden:

> *Westen und Osten – im Süden und im Norden – Schaf/Affe/Süd-Ost – Ochs und Tiger in Nord-West – Drache, Schlange halten ihn* [Shin] Vgl. Abb. (1/4)

[9] Idem.

> *Du rennst schnell davon – am Ende des Wegs jedoch – herrscht nur tiefe Nacht – halte an und kehr' zurück – durch die Macht Vairocanas* [SHi]

[10] Idem.
[Eine Zeichnung, in deren innerem Kreis, zu beiden Seiten einer menschlichen Figur, Name und Geburtsjahr des Flüchtigen stehen. Außerhalb des Kreises, und in allen vier Richtungen, die Zeichen „Dämon", die auf diese Weise ein Entrinnen verhindern [U]. Vgl. Abb. (2)

[11] Auf die abgelegten Kleider [der betreffenden Person] setze man ein Amulett des Schreins der Sonnengottheit in Ise und bringe dieser ein Licht dar: die flüchtige Person wird mit Sicherheit sich einfinden [S/2].

> [*Ein Dieb/so wegen Diebstahl in der Flucht begriffen/legt alle Tage 8. Meilen zurück/wird aber von einem Strassen-Knecht verfolgt/welcher den ersten Tag nur 3. Meilen gereist/den anderen 5. den dritten 7. und so fort alle Tag 2. Meilen mehr. Nun wird gefragt/in wie viel Tagen dieser Strassen-Knecht den Dieb erreichen könne/und wie viel Meilen ein jeder abgeleget*] [NZB].

[12] Um einen Dieb zu entlarven, verkohle man den der Jahresgottheit [*toshi-toku-jin*] geopferten Riementang [*konbu*], setze diesen in Sake an und gebe ihn dann der verdächtigen Person zu trinken. Wunderbar, wie auf der Stelle die Backen

des Schuldigen anschwellen [G]. Nach einem anderen Verfahren, stecke man den Riementang in einen Brunnen: mit fortschreitender Fäulnis wird das Äußere des Diebes aufgeschwemmt erscheinen [M].

[Zu errathen / wer den Diebstahl in unserm Haus begangen] Man hat offtermahlen viele Dienstboten in seinem Hause, unter welchen insgemein auch ein Dieb sich befindet, dann, nach den gemeinen Sprichwort, gut stehlen ist, wo auf vielen zugleich der Argwohn hafften kan.

Wann dir nun etwas gestohlen worden, so gehe hin, und nimm ein zinnern Gefäss oder Deller, halt ihn über ein Licht, daß der Rauch daran schlage, und er gantz schwartz werde; setze diesen Deller an einen finstern Ort, und sprich: Ich will nun erfahren, welcher unter meinen Hauß-Leuten der Dieb ist, der mir meine Sach gestohlen; derohalben befehl ich euch, daß einer nach den andern in die finstere Kammer gehe, seine Hände auf den rauchigten Deller lege, und wieder hieher zu mir komme.

Ob nun zwar die, so sich vom Diebstahl rein wissen, ihre Hand auf den Deller (so aber ziemlich groß seyn, muß, damit man alle die Hände darauf deutlich, und unverwürret sehen möge) legen werden, so wird doch der Dieb aus Forcht, sich selbsten zu verrathen, seine Hand nicht darauf setzen. Kanst also leicht abnehmen, daß, weil dessen Finger oer Hand auf dem Boden oder Teller nicht zu sehen, er der Dieb seyn müsse, der dir deine Sach gestohlen habe.

Oder man drohe mit dem Schmied, daß man dem Dieb ein Aug wolle ausschlagen lassen; welches wann es der Dieb hört, wird er dir das gestohlene Gut gar bald wieder bringen [NZB].

[Diebstall zu erfahren wer den gethan] [MANA].

[13] Idem.

> *Dieb, der sich anschleicht – Dein Weg führt Dich über den – Berg der Unterwelt – dort, mit gezogenem Schwert – das Dich köpft, ein Hinterhalt!* [KIT]

Über diesen Berg in der Unterwelt, *Shide no yama,* müssen der buddhistischen Mythologie zufolge die Toten auf ihrem Weg zum Hof des Königs Enma gehen, werden dabei aber von Dämonen angegriffen und belästigt. Diese Idee beinhaltet ein apokryphes Sūtra der Heian-Zeit [*Jizō-jūō-kyō*]. Die Transkription des Wortes *Shide no yama* mit chinesischen Zeichen, welche im chinesischen – ebenfalls apokryphen – Pendant zu diesem Sūtra fehlt, legt die Idee nahe, dass die Bezeichnung dieses Berges uralte japanische Jenseits-Vorstellungen widerspiegelt: Berge als Ort der Toten, deren Grabstellen durch Papier-Streifen – *shide* – gekennzeichnet wurden.

Man kann sich weiter fragen, ob nicht auch das bekannte *Iroha*-Gedicht [das das gesamte japanische Silbenalphabet, 4 x 12 Silben, in Form eines auf dem Nirvāna-Sūtra basierenden buddhistischen Liedes aufruft] auf diesen Berg anspielt:

Zwar duften die Blüten, aber sie fallen auch ab, wer in dieser unserer Welt ist denn unvergänglich? Heute überschreite ich die Berge fern von den Wechselfällen des Lebens, und werde keine seichten Träume mehr haben und auch nicht berauscht sein.

Vgl. Abb. (3)

[14] Schutz vor Dieben.

Ein Dieb nähert sich – draußen, weit weg von dem Haus – hört, der Kuckuck ruft – ruhig betrachtet der Hausherr – den Mond in der Morgenstund' [AW]

Ariake no tsuki: der fahle Mond am Morgen, wenn schon die Sonne am Himmel steht, kennzeichnet in den Liebesgedichten den Augenblick der Trennung der Liebenden, und von diesem Element der Trennung profitiert wohl dieses magische Gedicht. Der Dieb befindet sich außerhalb des Hauses, in einer feindlichen, gefährlichen Umwelt, in welcher der Kuckuck [*hototogisu*] Unheil verkündend ruft, während der Hausherr [= das potentielle Opfer des Diebs] ruhig und in Sicherheit im Hausinnern weilt. Tragendes Element dieser Formel ist die klare Trennung der zwei Sphären, der des Diebs und der des Hausherrn. Zusammen mit der japanischen Nachtigall [*uguisu*] im Frühjahr und der Wildente [*kari*] im Herbst ist der Kuckuck für den Sommer der bekannteste Vogel. Seine Zeit erstreckt sich vom fünften bis zum neunten Monat, sein erster Schrei kündet vom kommenden Sommer. In der Sammlung *Kokinshū* zitiert ein Großteil der Gedichte über den Sommer den Kuckuck. Gibt es in obigem Gedicht einen Parallelismus zwischen der Erwartung des ersten Rufs des Kuckucks und dem Warten darauf, dass sich der herankommende Dieb verrät?

Der Kuckuck besitzt in der japanischen Sprache mehrere Synonyme, deren eines *shide no taosa* ist, Onomatopöie, die den Vogel mit oben genanntem Berg in der Unterwelt in Verbindung bringt. Im Volksbrauchtum wird der Ruf des Kuckucks einerseits als Unheil verkündend betrachtet [falls auf den Toiletten oder auf der Schlafstelle vernommen], andererseits als Anzeichen für reiche Ernte [falls auf einem Kartoffelfeld gehört]. Um aber eventuelle nachteilige Folgen des ersten Rufs zu neutralisieren, kennt die Volkstradition verschiedene Formeln, wie z. B.: *Kuckuck, war das Dein erster Ruf? Gestern und vorgestern habe ich Dich doch im Wald von Tatsuta schon gehört: namu abira unken sowaka* [SU]

Ein Kuckuck kann sich ganz plötzlich mitten in der Nacht bemerkbar machen, i. e. zu einem Zeitpunkt, da man Diebe am meisten fürchtet. Dies könnte seine Stellung in obigem Gedicht erklären. Darüber hinaus wird sein Ruf – der Vogel selbst bleibt versteckt – auch *shinobi-ne* genannt, der „versteckte Ruf", ein weiterer Hinweis auf den Dieb, der sich ebenfalls versteckt hält.

[15] Magie, um einen Dieb sein ganzes Leben lang am Stehlen zu hindern.
[Ein Dieb wird, zum Unterhalt seines prekären Lebens, immer wieder stehlen. Unbelehrbar wie er ist, bleibt nur, seit alters her, ihm den Kopf abzuschlagen. Der Justiz übergeben, und den Gesetzen gemäß verfahren, wird er so, auf wunderbare Weise, kein weiteres Mal mehr stehlen] [S/15].

[16] Geheimes Verfahren, um zu verhindern, dass Diebe ins Haus eindringen.
Wer Diebe fürchtet, der solle auf Armut machen und in seinem Haus nur wertlose, billige Sachen aufstellen. Ohne auch nur die Tür zu verschließen, wird so bei ihm auf wunderbare Weise kein Dieb mehr einbrechen. Arme Leute können sorglos schlafen, reiche keineswegs […] [S/15].

[17] Ein verirrtes Kind wieder finden.
Derjenige, der auf die Suche geht, steckt sich ein *kujira-zashi* Längenmaß in den Gürtel, falls es ein Junge ist, an die linke Seite, falls ein Mädchen, an die rechte. Auf wunderbare Weise wird man so auf eine Spur stoßen [Q/4]. Vgl. Abb. (4)

Gedächtnis ————

[18] Das Gedächtnis stärken.
Man lege hierzu am fünften Tag des fünften Monats die Krallen einer Schildkröte in den Kragen seiner Kleidung [O]. Vgl. Abb. (5)

[19] Methode, Vergesslichkeit zu heilen.
Man zerkleinere China-Wurzel [*bukujin*] [*Pachyma Hoelen Rumphius*], Kreuzblumen [*onji*] [*polygala tenuifolia Willd.*] und Kalmus [*seki-shōbu*] [*acorus gramineus Solander*] und verwende sie: das Erinnerungsvermögen wird in überragender Weise zunehmen und Tag für Tag wird man so tausend Worte auswendig lernen. Diese Methode ist von wunderbarer Wirkung [I].

[20] Glücksperioden und Zeiten ohne Glück auswendig lernen.
Für diejenigen, die unter dem Zeichen „Holz" geboren wurden, beginnt eine Glücksperiode von sieben Jahren, ausgehend vom Jahr des „Hahns", und fünf Jahre ohne Glück, ausgehend vom Jahr des „Drachens". Die unter dem Zeichen „Feuer" Geborenen werden, ausgehend vom Jahr der „Ratte" sieben Jahre Glück genießen, und fünf Jahre ohne Glück, ausgehend vom Jahr des „Schafes", etc. [E]

[21] Rechnen mit dem Abakus [F].

Handlesen [+ Charakter, Physiognomie] ————

[22] Anhand der Finger erkennen, ob ein Mensch geschickt oder ungeschickt ist.
Spitze Finger deuten auf Geschicklichkeit, andere auf Ungeschicklichkeit. Weiche Hände sind ein Zeichen von Weisheit, raue Hände aber hat jemand, der ganz sicher einfältig ist [A].

[23] Mit Hilfe der fünf Finger das Geburtsjahr einer Person bestimmen [E].

[24] Anhand der Finger den durch die fünf Elemente bedingten jeweiligen Charakter eines Menschen bestimmen [E] Vgl. Abb. (5)

[25] Verschiedene Gesichtszüge, vgl. Abb. (6):
[von links nach rechts, von oben nach unten] Armut, Reichtum, Eifersucht, Liederlichkeit, Liederlichkeit, Schönheit [EZ].

Mann und Frau ————

Eifersucht [auf Seiten der Frau] war als ein Übel angesehen, das man bekämpfen sollte. Vgl. Abb. (7)

[26] Hierzu umwickle man eine Kröte mit einem Tuch, das mit dem Monatsfluss einer solchen Frau getränkt ist. Dann sollte man, vor den Toiletten einen Schritt zurücktretend, alles fünf Zoll tief in die Erde eingraben [cf. *Pen ts'ao kang mu / Honzō kōmoku*] [C].

[02]
Die Einkreisung

[03]
Der Einbrecher

[04]
Nächtliche Suche

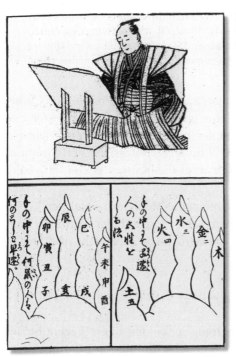

[05]
Gedächtnis stärken
Charakter bestimmen

[06]
Gesichtszüge

[07]
Die Eifersüchtige
Verdächtigungen aufklären

Das *Pen ts'ao kang mu* ist eine Ming-zeitliche Abhandlung zur Botanik und Phar-makologie [1552–1578] von Li Shih-chen [1518–1593]. Mit 52 Heften, ca. eintau-sendneunhundert Medikamenten, zehntausend Rezepten und tausend Illustra-tionen ist das Werk das bedeutendste Kompendium zur traditionellen chine-sischen Heilmittel-Lehre.

[27] Zur Eifersuchts-Bekämpfung nehme man auch folgende Formel aus China: man gebe der Frau, ohne ihr Wissen, eine gekochte Nachtigall zu essen. Sie wird – garantiert – keinen Neid, keine Eifersucht mehr kennen und vielmehr willfährig, sanft werden [O]. Unter [S/2] findet sich dasselbe Verfahren mit dem Verweis auf die eifersüchtige Gemahlin des Kaisers Wu-Ti [502–549], Hsi, der südlichen Liang-Dynastie.

Nach einem anderen Verfahren fertige man eine Medizin, zu gleichen Teilen aus rotem Lack und Perlgraupen-Kernen [*yoku-i nin*], in Pillen-Form, die man ständig der Frau zu schlucken gebe: sie wird keine Eifersucht und keinen Neid mehr kennen [O].

Neben der Eifersucht der Frau galt es auch noch weitere weibliche Fehler zu bessern.

[28] Methode, um eine Haupt- oder Nebenfrau, der es den Eltern gegenüber an Pietät mangelt und die dem Ehemann gegenüber unfolgsam ist, umzuerzie-hen.

Man nehme hierzu die Leber eines Hundes, vermenge sie mit Erde und be-streiche damit den Küchenherd. Wie unbotmäßig und pietätlos auch immer eine Frau sein mag, auf diese Weise wird sie äußerst pietätvoll und pflichttreu werden [O].

• • •

[29] Jemanden in die Augen blicken und so sein Herz erkennen.

Um jemandes Herz zu ergründen, sollte man ihm in die Augen sehen. Schaut er nach oben, so zeigt dies, dass sein Herz dünkelhaft ist. Nach unten bedeu-tet, dass er irgendetwas in seinem Herzen fühlt und liebevoll bedenkt. Wenn sich aber die Augen wechselnd bewegen, so zeigt dies, dass er im Herzen, ohne es auszusprechen, irgendwelche Zweifel hegt. Wenn jemand uns an-schaut und dabei zur Seite blickt, dann sollte man wissen, dass er uns nicht wohlgesinnt ist [B].

[30] Um das Herz einer Frau zu erkennen, folgender Test:

Eine Frau, die im Kreise von vielen Menschen recht viel redet, der steht das Herz auch nach vielen Seiten. Eine aber, die redet, dort wo keine Menschen sind, passt zu einem [S/6].

[31] Falls man einen Verdacht gegen seine Frau hegt, sollte man den Kot eines rot-braunen Pferdes trocknen, in Papier wickeln und unbemerkt unter ihre Schlafstelle legen. Ganz natürlich wird sie sich verraten [M].

[Pour faire que de son bon gré, une femme raconte en dormant ce qu'elle aura fait] Il semble, quant à la pratique de ce fait, que Démocrite ait été de mon opinion et estime que ceci a mieux opéré chez les femmes que chez les hommes, vu qu'elles sont plus babillardes et ont plus de caquet. Or, vous ferez donc ainsi: en une nuit où la femme sera éprise d'un profond sommeil, vous prendrez des langues de racines de marets et aussi, si bon vous semble, d'un canard sauvage et d'un crapaud, parce que ces animaux crient la nuit, et vous les mettrez sur sa poitrine, dans la partie où le cour palpite. Vous les laisserez séjourner là quelque temps et vous poserez alors toutes sortes de questions à cette femme, les répétant même à plusieurs reprises, si elle ne vous répondait pas aussitôt. Finalement sa voix trahira le secret de son cœur et à toutes vos interrogations, elle donnera des réponses exactes et vraies. D'aucuns croient que cela se fait en vertu de quelques charmes, vu que, toute superstition rejetée, cette pratique opère avec tant d'efficacité. Dieu immortel! d'où vient que cela réussisse si bien, qu'en songe la femme raconte librement ce qu'en veillant nous tâchons en vain de tirer d'elle? Comment comprend-on que cela puisse se faire? Et cependant, en s'approchant tout bellement d'elle, elle parlera gracieusement. Usez du moyen, quand vous en aurez besoin [POMA].

[32] Methode, um zu wissen, ob einer Frau der Sinn nach anderem steht.
Man nehme die Erde unter den Hufen eines nach Osten laufenden Pferdes und verstecke sie im Gewand der Frau: sie wird unwillkürlich von ihren Gefühlen sprechen [O]. Vgl. Abb. (7)

• • •

[33] Eine Frauens-Person anschauen und erkennen, ob sie liederlich ist.
Wenn man jemanden lange anblickt und dessen Blick wie der eines Wildschweins ist, so handelt es sich unbedingt um ein liederliches Wesen: aus dem Blick eines Menschen kann man alles herauslesen [C].

[34] Ein Anzeichen für einen solchen schlechten Lebenswandel ist es, wenn sich die Frau ständig auf die Lippen beißt [S/6].

[Comment on pourra éprouver si une femme est chaste] Nous nous sommes souvent moqués des expériences que l'on faisait avec des pierres et nous avons dû reconnaître plus tard que nous avions eu grandement tort. Voici par exemple l'expérience à faire avec la pierre d'aimant. Or, cette pierre d'aimant, a une telle vertu que si elle est posée sous la tête d'une femme endormie, si elle est chaste, elle embrassera son mari d'amoureux et doux embrassements; mais si elle est autrement, c'est-à-dire si elle n'est pas chaste, elle sera jetée hors du lit comme poussée par une main violente [POMA].
[Wie man an einer Weibs-Person erkennen soll / ob sie noch unberühret und ein Jungfrau sey / oder ob sie mit Männern zu thun / und Kinder gehabt habe] Welche zu diesen Dingen Lust haben / können die Probe thun mit dem schwartzen Agtstein welcher bey uns gemein ist / also daß man Pater noster davon machet. Dieser Stein kan geschabet / oder zu subtilem Pulver gestossen / und durch ein Sieb geseit werden: Wenn der einer Weibs-Person in Wasser oder Wein zu trincken gegeben wird / und er alsobald den Harn treibet / also das man ihn nicht halten kan / so ists eine Anzei-

gung / daß die Person ihre Jungfrauschafft verlohren habe: Ist aber dieselbe annoch rein und von Männern unberühret / und hat kein Kind getragen / so stillet er das Harnen [MANA]

[Idem] *Qu'on prenne de la racine du jayet et qu'on la pile très menu dans un mortier, puis qu'on la passe par un tamis, pour la réduire en une poudre très fine; puis faites-là boire dans de l'eau ou du vin à la femme, et s'il lui prend incontinent envie de pisser, et qu'elle ne peut retenir son urine, c'est signe d'une vierge corrompue et donne témoignage de sa défloration ou dépucelage; mais si elle ne s'est pas encore livrée à l'homme ou si elle n'a pas fait d'enfant, cela la retiendra et lui donnera une grande force de retenue. Et l'ambre blanc opère de la même façon, car s'il est réduit en poudre et bu à jeun, il coule aux entrailles, si la fille a été souillée, elle sera immédiatement obligée de pisser. Nous pouvons encore faire cette expérience en prenant des parfums. Prenez de la semence de pourcelaine ou des feuilles de glycine, et mettez-les sur de la braise ardente. Faites que la fumée en passe sous la fille et arrive par un entonnoir ou un autre instrument percé dans sa vulve; si elle est déflorée, elle pissera aussitôt et ne pourra retenir son urine. Mais si elle est chaste et qu'elle n'a jamais encore coïté, elle recevra ce parfum dans sa vulve sans aucun dommage et ne pissera pas, ce qui prouvera qu'elle est toujours pucelle. Si quelqu'un, par manière de passe-temps voulait que la fille ou la femme non seulement pissât, mais qu'elle jetât et répandît sa semence, il ferait ainsi: il scierait du bois d'aloès et le ferait brûler; il en ferait passer la fumée par la vulve et aussitôt la semence en sortirait avec abondance, chose vraiment assez plaisante* [POMA]

• • •

[35] Jemandes Zuneigung gewinnen.

Man schreibe an einem Tag „älterer Bruder/Metall Affe" [*ka-no-e-saru*] die Namen beider Personen auf, wickle darin etwas Erde von einem Tempel ein und vergrabe dies an einer Wegkreuzung [S/6].

[36] Um jemandem seine Liebe zu erklären, schreibe man den Namen der Person umgedreht und stecke ihn unter das Kopfkissen. Dann spreche man dreimal:

Mein liebendes Herz – melde es der Geliebten – kami meiner Schlafstätte [S/6]

[37] Sehnsuchtsvoll an jemanden denken.

Falls der Wind aufdreht – bilden sich auf hoher See – stürmische Wellen – Ihr verfolgt in tiefer Nacht – allein, einsam euren Weg [S/3a]

Wellen, die sich „auftürmen" enthält eine *kake-kotoba* zu „aufbrechen" *tatsu* ← Tatsuta-yama.

Was aber tun, um den Geliebten im Traum zu sehen? Man rezitiere dazu einfach folgendes Gedicht:

[38] *Ich liebe ihn doch – sag' dies meinem Geliebten – Gott meiner Liebe – denn ich leg' ich mich nun schlafen – mit umgedrehten Gewand*

Dabei wende man seinen Kimono um und schlafe so [S/3]. Vgl. Abb. (8/1)

[08-1] Im Traum verbunden • [08-2] Aufwachen zu bestimmter Zeit
[08-3] Melonen gegen Gähnen • [08-4] Mittel gegen Schnarchen

[39] Ganz ohne Worte jemanden rufen – es gelingt mittels folgenden Gedichts:

> *Vor lauter Liebe – ganz und nur für mich allein – brennt so stark mein Herz –*
> *werde dessen schnell gewahr – Zierkamm der Verkündigung*

Hierzu galt es, einen Frosch umgekehrt aufzuhängen [S/3]. Vgl. Titelblatt I.

[40] *Unsere Gürtel – für uns beide gebunden – hier in Hitachi – unser beider Kopf-*
kissen – unsre Liebe, ich und Du [GS]

Das Gedicht spielt auf ein Orakel-Ritual an, das in alter Zeit am Kashima-
Schrein [Hitachi, Präfektur Ibaragi] am vierzehnten Tag des ersten Monats ausgeführt wurde. Ein Shintō-Priester machte dabei einen Knoten in die Gürtel
eines Paares, auf welche zuvor jeder den Namen des ersehnten Partners geschrieben hatte, und schuf so eine magische dauerhafte Verbindung. Eine Frau,
die zwischen verschiedenen Freiern schwankte, würde deren aller Namen sowie ihren eigenen auf Gürtel schreiben: vor den *kami*-Gottheiten dargebracht,
würde sich einer der Gürtel von ganz allein umdrehen, worauf der Shintō-
Priester dann zusammenbinden würde, was so offensichtlich zusammen gehört. Bereits gegen Ende der Heian-Zeit jedoch erscheint dieser Brauch wie eine
legendäre Überlieferung.
Der „Hitachi-Gürtel" [*Hitachi-obi*] kann auch unter dem Blickpunkt einer anderen Etymologie, nämlich *hi-tatsu* = der von Tag zu Tag größer werdende Fötus,
als magisches Objekt der Fruchtbarkeit und des Wachstums angesehen werden.

• • •

[41] *Der weiße Faden – bald nach links und bald nach rechts – drehen, anlegen –*
träfe er nicht auf das Rot – woher käme das Leben! [Shug]

Das Gedicht verweist offensichtlich auf das Konzept des esoterischen Buddhismus, *shaku-byaku ni-tai*, i. e. die zwei Wahrheiten [oder zwei Tropfen] von „rot"
und „weiß", d. h. das Blut der Mutter und das Sperma des Vaters, deren Union
die Bedingung zur Entstehung neuen Lebens ist. Auf der Grundlage dieses
Konzepts hat die aus der Shingon-Schule erwachsene [aber von dieser wegen
ihres häretischen Charakters verworfene] Tachikawa-Lehre eine komplexe Ri-
tualität entwickelt, welche den Akt der sexuellen Vereinigung zu der Realisie-
rung der Buddhaschaft in Beziehung setzte.

[42] Um eine Frau zu schwängern, sollte man zur Stunde der Ratte [*ne*] am Abend
eines Tags „älterer Bruder des Holzes" bis zur Stunde des Ochsen [*ushi*] [= 24h
– 2h] je zweimal mit ihr schlafen [S/6].

[Pour faire que les femmes engendrent de beaux enfants] Empédocle, philosophe émi-
nent, dit que dans l'acte de la conception, le regard donne forme à la progéniture, car
il s'est trouvé que souvent les femmes ont aimé les statues et ont engendré des enfants
semblables à ces statues. On trouve aussi qu'en maints endroits les femmes ont fait des
enfants noirs et velus, dont les hommes étonnés après s'être fort travaillé l'esprit, ont
enfin aperçu des tableaux exposés au regard de la femme lorsqu'elle était occupée à
l'acte d'amour et sur lesquels sa vue s'était arrêtée; or, la femme accouchait d'êtres
semblables à ceux qu'elle avait vus. C'est pourquoi je suis d'avis qu'il faut conserver
dans sa mémoire ce que l'expérience nous enseigne, à savoir qu'on tienne les effigies
de Cupidon, d'Adonis et de Ganimède peintes et pendues devant elle, ou bien qu'elles

soient forgées de matière solide, et que les femmes, pendant le jeu d'amour, considèrent ces effigies et en imprègnent leur esprit, de sorte que leur entendement en soit ravi, et que les femmes enceintes les contemplent longuement, et l'enfant qui naîtra d'elles sera ce que dans l'embrassement amoureux, elles auront conçu dans leur pensée; je suis persuadé que cela les aidera grandement. Ayant quelquefois commandé cela, une femme l'entendit et soudan se proposa devant les yeux la statue d'un enfant de marbre blanc, et bien formé, car elle désirait un enfant de cette forme et de fait, et dans l'embrassement et dans le coït et tandis qu'elle était enceinte, elle représentait en esprit cette effigie. Il en advint qu'après son accouchement elle montra un enfant grasset, et non dissemblable du simulacre composé de marbre et tellement pâle qu'il imitait un vrai marbre. L'exactitude de cette expérience est bien patente; plusieurs femmes ont été louées d'avoir employé cet artifice, qui a favorisé leurs succès et leurs desseins. D'ailleurs, il faut prendre garde que les embrassements ne soient pas désordonnés et que le coït ne se fasse point de côté ou debout, car cela a été cause que plusieurs ont produit des monstres [POMA]

Jeden Monat gab es jedoch bestimmte Tage, an denen man sich streng in seinen sexuellen Begierden zurückhalten sollte. Dies sind

[43] jeden Monat der 1. Tag, der 15., 8., 23., 28. und der letzte Tag, sowie die Tage „älterer Bruder/Metall Affe" und „älterer Bruder/Holz". Diese Tage nennt man die Zeit des individuellen Schicksals [das ein jeder bei der Geburt mitbekommt und das nach dem Tag der Geburt aufgrund der Stämme und Zweige [*kan-shi*] des Sexagesimal-Kalenders berechnet wird. Man sollte sich dann in seinen sexuellen Gelüsten sehr zurückhalten, andernfalls die Lebensspanne Schaden nimmt und der Körper zugrundegerichtet wird [O].

[44] Verfahren, sicher ein Kind zu zeugen.
Nach dem Ende der Regel, bei einer Empfängnis in der tiefen Nacht des ersten, dritten und fünften Tags wird es ein Junge werden, der lange leben und von scharfem Verstand sein wird. Am zweiten, vierten, sechsten Tag nach dem Ende der Regel wird es ein Mädchen geben. Über den sechsten Tag hinaus wird es keine Befruchtung mehr geben [B].

[45] Rechen-Methode für Mann und Frau, um ganz sicher ein Kind zu zeugen.
Man stelle drei Finger auf und lege sie als dreizehn, vierzehn und fünfzehn Jahre fest. Danach beginne man mit sechzehn bei dem Finger, der anfänglich dreizehn war, und gehe so noch einmal die Zahlen durch; der Finger, der mit seiner Zahl auf das Alter des Mannes oder der Frau fällt, bestimmt den Schwangerschaftsmonat. Die „Dreizehn" gilt als der erste Monat, alle folgenden werden so durchgezählt. Für eine junge Frau von sechzehn Jahren ergibt sich folgendes Kalkül: erster, vierter, siebter und zehnter Monat. Für Mann und Frau sind es so innerhalb eines Jahres vier Monate, die zählen. Eine Schwangerschaft außerhalb dieser errechneten Monate wird Kinder bringen, die nur ein kurzes Leben haben [E].

[46] [Während einer Schwangerschaft durch Orakel-Praktiken mittels Hexagrammen sowie anderer komplexer Rechenspiele festlegen, ob das Kind ein Junge oder ein Mädchen wird] [E].

• • •

[47] Trennung.

Dein liebendes Herz – das für mich so lange schlug – weit weg ist es jetzt – Du denkst nun nicht mehr an mich – ich denke nicht mehr an Dich [SH]

• • •

Wenn es nicht weiter verwundern darf, dass in erster Linie mehrheitlich Fehlhaltungen von Frauen aufgeführt wurden, so finden sich doch auch Verfahren, Zwist zwischen Ehepartnern zu lösen.

[48] Man nehme hierzu am fünften Tag des fünften Monats die Knochen der Beine einer schönstimmigen Taube und stecke sie in den Schminkbeutel, den ein Mann an die linke, eine Frau an die rechte Hand hängen wird. Man kann ihn auch ständig im Ärmel des Kleides bei sich tragen [O].

[49] *Einst, vor langer Zeit – erschien als Tiger der Fels – auf den der Pfeil traf – sollte wirklich die Liebe – uns denn nicht mehr durchdringen* [KIR]

Anspielung auf einen chinesischen Präzedenzfall, nach welchem ein Pfeil, der versehentlich auf einen Felsen – welcher wie ein Tiger erschienen war – abgeschossen wurde, diesen jedoch durchstoßen habe → hieraus dann die Metapher für eine große Willenskraft.

Müdigkeit [+ Schlaf] und Traum

Müdigkeit zu unterdrücken, ist wichtig, aber genauso wichtig kann unter Umständen sein, rechtzeitig aufzuwachen, falls Gefahr im Verzug ist.

[50] Gedicht zum morgendlichen Aufstehen.

Im Morgennebel – in der Bucht von Akashi – leicht segelt ein Schiff – hinter den Inseln dahin – in Gedanken folg' ich ihm [B] [S/3a]

[51] Die Kunst, morgens zur rechten Zeit aufzustehen.

Um morgens [rechtzeitig] aufzustehen, schreibe man auf ein Blatt Papier die Zeit und Stunde, wickle darin etwas Kot der Maus und lege sich dies auf den Nabel [S/6].

[52] Umgehend aufwachen, falls etwas Verdächtiges eintritt.

Hierzu schreibe man unter und über der Schlafstelle dreimal die Zeichen „Am Himmel rennt ein Hund" [sora ni inu ga hashiru] und lege sich dann schlafen. Bei Gefahr von Diebstahl, Feuer oder irgendetwas Verdächtigem wird man so schnell die Augen aufschlagen [B].

[53] Art und Weise, wie jemand schlafen sollte, der sich gegen Diebe vorsieht. Hier nun ein Gedicht:

Wer ist's, der da kommt – heute Nacht, ich kenn' ihn nicht – sollte er jedoch – bis in unser Haus kommen – so weckt mich, Ihr kami, auf!

Man rezitiere es dreimal und lege sein Schwert am Kopfkissen nieder [M].

[54] Mittel, um bei wichtigen Angelegenheiten, zu jeder Zeit, zur festgelegten Stunde, aus dem Schlaf aufzuwachen.

Man bedenke fest in seinem Herzen die Stunde, zu der man morgens aufwachen möchte, und betrete so die Schlafstätte. Ein Mann schreibe dann in das Innere der linken Hand, eine Frau in das der rechten Hand, dreimal mit dem Finger das Zeichen „groß", gleite mit der Zunge darüber und rezitiere danach, dreimal, folgendes Gedicht:

> *Sollt' ich je ganz kurz – einmal alles vergessend – eingeschlummert sein – dann weckt mich zur rechten Zeit – kami meiner Lagerstatt*

So verfahren, wird man wunderbarer Weise wie geplant aufwachen [A]. Vgl. Abb. (8/2)

• • •

[55] Melonen essen ist gut gegen Gähnen [L]. Vgl. Abb. (8/3)

• • •

[56] Trotz großer Ermüdung wieder munter werden [H].

[57] Jemandes „Schlaf befördern".

Man schreibe dreimal das Zeichen „Katze" [*neko*] und lege es auf den Oberkörper der betreffenden Person [S/6].

Eigenschaft der Katzen oder Abstellen auf einen der verschiedenen Etymologie-Versuche, die /*ne*/ von /*neko*/ mit „schlafen" [*neru*] in Verbindung bringen?

[58] Schlaftrunken machen gelingt, wenn man ein Blatt Papier in vier faltet und darauf das Zeichen „allein" [*hitori*] schreibt und es so auf die Brust legt [S/3].

[59] Methode, jemanden, dem die Augen vor Müdigkeit zufallen oder der ständig blinzeln muss, die Müdigkeit, wie groß auch immer sie sei, auszutreiben.

Man nehme Augen von Mäusen, röste sie und forme daraus zusammen mit Fisch-Talk, Pillen, die man in die Augenwinkel legt. Man kann aber auch zwei davon in einen roten Beutel stecken und bei sich tragen [O].

Hier liegt klar ein von der Magie genutztes Wortspiel vor: die Bezeichnung der Maus, *nezumi* im Japanischen, enthält die bequeme Homophonie zu → *nezu* = nicht schlafen.

[*Schlafsucht wie sie curirt*] [MANA]

[60] Hundert Tage und hundert Nächte ohne Schlaf auskommen, ohne dabei seine Spannkraft zu verlieren.

Wenn man tagelang, weder tagsüber noch nachts schläft, schwächt sich die Energie und man hat Schwierigkeiten, seiner Arbeit nachzugehen. In so einem Fall pulverisiere man die Schale einer Auster und nehme sie ein. Die Energie, mit der man seine Arbeit anpackt, wird gestärkt werden, und man wird keine Abgespanntheit mehr kennen [C].

• • •

[61] Um jemanden, der immer gut schläft, dahin zu bringen, dass er nicht mehr schläft, verbrenne man die Kopfknochen eines Pferdes zu Asche, [lasse] davon jeden Tag drei Mal einen Löffel einnehmen. So verfahren, wird die Person kein Schlaf-Bedürfnis mehr verspüren. Zu gleichem Zweck kann man auch die Knochen des Pferdeschädels als Kopfkissen nehmen [O].

[62] Jemandem, der nachts nicht einschlafen kann, zu behaglichem Schlaf verhelfen.

Hierzu gebe man etwas von dem aus Holland stammenden Muskat-Öl [?] in Sake und trinke davon beim Schlafengehen. Es erhöht die gesamte Energie und ist ein wunderbares Mittel, um abends leicht einzuschlafen [O].

[Moyen par lequel on pourra provoquer le sommeil] Faites distiller par l'alambic du jus de pavot dit opium et des têtes d'oignons dans un vase de verre et mêlez cela avec les autres médicaments et compositions et donnez-en à celui que vous voudrez faire dormir autant qu'il en pourra contenir dans la coque d'une noix, car ce breuvage avalé remplira la tête de vapeurs, de sorte qu'elle la disposera au sommeil. L'eau de mandragore, tirée d'un bain d'eau bouillante, produira le même résultat, et celui qui en boira ne sera pas incommodé par sa mauvaise odeur. On compose encore un médicament plus efficace avec les drogues suivantes. On prend du jus de pavot et un poids égal de noix mételle et de la semence de jusquiame noire, on fait dissoudre le tout dans du jus de laitue; on verse ensuite dans un vase qu'on enfouit dans du fumier et on l'y laisse reposer quelque peu, après quoi on le passe dans un alambic pour le distiller. Lorsqu'il commencera à bouillir, ôtez-en l'eau et gardez le marc, puis séchez-le avec des cendres chaudes; ensuite, pour le réduire en une poudre bien menue, passez-le par un crible délié. Faites de cette cendre une forte lessive et faites que toute la vapeur chaude qui est en elle s'évapore, puis mêlez-y votre première eau et donnez-la en viande ou en breuvage non pas en même quantité mais en moindre quantité qu'on ne la présente à personne, s'il n'y a nécessité ou contrainte. Ou autrement encore qu'on mêle de l'eau de mandragore, du jus de pavot et de la semence de pavot avec un ail ou autres drogues qui portent à la tête, et il suffira d'en prendre la grosseur d'une fève seulement [POMA].

• • •

[63] Ein Mittel gegen Schnarchen ist, Nasen-Papier in einhundertacht Teile zu zerreißen, zu kauen [?] und sich dann schlafen zu legen [S/3a]. Vgl. Abb. (8/4)

• • •

[64] Träumen und auf der Stelle erkennen, ob es sich um einen guten oder einen schlechten Traum handelt.

Ein Siegel oder ein Angelhaken bedeutet eine Schwangerschaft / sieht man einen Däumling, so heißt dies, dass nichts gelingt und man zum Gelächter der Leute wird / ein Pavillon, der konstruiert wird, verheißt Gelingen in allen Dingen / wenn man einen Pfirsich sieht, wird man irgendetwas bewachen müssen, bei Pflaumen eine Aufgabe im Gefängnis erhalten / Räucherwerk kündet an, dass eine verheiratete Frau, verstoßen, in ihre Familie zurückkehren und im Verborgenen leben wird / ein Kamm wird jegliche Sorge auflösen / Läuse künden Betrübnis an / eine Kiefer bedeutet Aufstieg an die Spitze, eine Weide weist auf einen Ausflug in die Landschaft oder eine Reise hin / bei Wachteln sollte man sich im Streit und bei Diskussionen zurückhalten / ein Mess-Stab kündet an, dass man Übeltaten anderer wiedergutmachen kann / eine Waage bedeutet Probleme mit Gold und Silber, oder auch die Übertragung von Aufgaben wie die eines Inspektors / bei *Go-* oder *Shōgi*-Spielen sollte man sich von Streit und Diskussion zurückhalten / sah man, wie die Frau sich schminkt, so deutet dies mit absoluter Sicherheit auf eine Schwangerschaft hin [L].

[Le moyen assuré d'exciter des songes agréables] Si, sur la fin du souper et à l'heure d'aller se coucher, la personne mange du phypogrossum, de la mélisse, appelée autrement citrago, et autres herbes et plantes semblables, elle aura en dormant des illusions et représentations d'effigies diverses, voire telles que l'esprit humain n'en pourrait désirer de plus joyeuses, car elle verra des champs, des vergers, des fleurs, et la terre diaprée de verdure, il la verra ombragée de divers bocages, et finalement, en jetant les yeux autour de lui, il lui semblera voir que le monde entier verdoyera et fera rire pour sa merveilleuse beauté. Encore pourrez-vous faire cela, si vous oignez les tempes de la personne de fleurs nouvelles de peuplier, de baguenaudes, de pomme épineuse et d'aconit, et principalement si ces plantes sont verdoyantes, et il sera très utile aussi d'en frotter le col ou gésier par lequel les veines, où coule le sommeil, montent, de même qu'aux endroits où apparaissent les veines des pieds et des mains. Il sera utile aussi d'en frotter la région du foie, d'autant que le sang s'évaporant depuis le ventricule en haut coule dans le foie, et du foie au cœur. Et par ce moyen les vapeurs réciproques sont teintes, et rapportent des effigies de même couleur [POMA].

[65] Traum-Interpretation der Alten.

Von guter Bedeutung:

Im ersten Traum des neuen Jahres den Berg Fuji, Falken oder Auberginen sehen / wenn sich die Nacht aufhellt [→ ein Kranker wird wieder genesen] / vom Blitz getroffen werden / Wolken in allen vier Himmelsrichtungen [→ gute Geschäfte] / den Donner hören, die Erde beben sehen [→ Karriere] / ein großer Stein [→ Reichtum] / sich in der Erde stehend sehen / Verehrung der *kami*-Gottheiten / ergraute Haare / in ein neues Haus einziehen / Lang- und Kurzschwert neben sich haben / Pickel im Gesicht / Brunnen säubern / Sake-Schälchen austauschen [→ gute Kinder erzeugen] / Reis-Säcke / Gold und Silber spucken / einen Spiegel geschenkt bekommen [→ gute Kinder zeugen] / ein Schiff, das die Segel gesetzt hat / ein Fahrzeug besteigen / auf einem breiten Weg laufen / Trauerkleidung ablegen [→ Karriere] / Trauerfeier [→ Freude] / ein Schriftstück lesen / mit dem Buddha reden / Gräser und Blumen pflücken / Sterne, die aufleuchten / Reis, der vom Himmel fällt / Wandschirm zusammenfalten [→ langes Leben] / im Tal Wasser trinken [→ Reichtum] / Eingangsportal vor einem Shintō-Schrein [→ Reichtum] / die zwei buddhistischen

Wächtergottheiten [*ni-ō*] sehen [→ langes Leben] / Regen [→ Wunscherfüllung] / sich auf dem Dach des Hauses sehen / ins Gefängnis kommen / Libellen, die sich zusammenfinden / von einem Tausendfüßler gebissen werden / ein Pferd besteigen / eine Katze, die Mäuse fängt / fließendes Wasser [→ Heiratsantrag] / einen Unsterblichen treffen. Vgl. Abb. (9) (10)

> Es ist nicht leicht, für „Auberginen" eine traumrelevante gute Bedeutung zu begründen. Nach manchen Erklärungsversuchen blühen Auberginen niemals auf, ohne auch Früchte zu tragen; oder aber es handelt sich um eine Anspielung auf ein Sprichwort der Gegend um Shizuoka – der Berg Fuji und auch Falken sind ja nicht weit entfernt – deren eines der bekanntesten Anbau-Produkte Auberginen sind. Andererseits erscheint die Verbindung von Falken mit [guten] Träumen naturbedingt: ein Falke wird immer zielsicher seiner Beute habhaft werden → der Traum wird zum guten Ergebnis führen.

Von unheilvoller Bedeutung:

Wenn Mond oder Sonne abstürzen [→ die Eltern verlieren] / Raureif fallen sehen / ein Bergrutsch / wenn aus einem Ableger ein Baum wächst / ein Maulbeer-Baum [→ verheißt eine Krankheit für die Kinder] / Birnen essen [→ Trennung] / Kaki [→ Krankheit] / ausfallende Zähne [→ Trennung von Verwandten [durch Tod] / Schweiß-Ausbruch / Wind [→ bringt Krankheit] / zerbrochene Spiegel / Ameisen auf *tatami*-Matten / Süßigkeiten kaufen / Früchte kaufen / eine gerissene Bogen-Sehne [→ Trennung von den Geschwistern] / Handtrommel schlagen / Menschen, die sich versammeln [→ Krankheit] / Faden spinnen [→ Schwierigkeiten] / Spazierstock [→ Krankheit] / Karriere machen [→ kann Unglück bringen] [EZ].

> Vorstehende Definitionen entziehen sich in der Regel einer [logischen] Begründung, wenngleich zahlreiche Einträge sich möglicherweise psychologisch erklären ließen. Da sich gute Träume – mit Ausnahme des von Magie unterstützten Traums in der ersten Nacht eines neues Jahres – kaum erzwingen ließen, nimmt es nicht Wunder, dass eine große Zahl von Praktiken und Formeln die Umkehrung schlechter Träume zum Ziel hatte.

[66] Umkehr eines schlechten Traums.

Wie in dem Gedicht – von der Jagd in Ōhara – aufrecht stand der Hirsch – Vorderläufe über kreuz – von der Kugel blieb verschont [ZMA]

[67] Idem.

Ich habe geträumt – unter meinem Kopfkissen – die tama-Schachtel – doch als ich sie öffnete – nichts, absolut nichts darin [IS]

> Das Zitat der Juwelen-Schachtel [*tama-tebako*] verweist auf die bekannte Legende des armen Fischers Urashima Tarō, die dieser von seinem Aufenthalt im Palast des Drachenkönigs auf dem Grund des Meeres mitbringt. Die Schachtel, die ihm seine Frau, Otohime, dort zum Abschied überreichte, und die seine „Lebensgeister" [*tama*] enthielt, dürfte er jedoch auf keinen Fall öffnen. Urashima – nach unendlich langer Zeit auf die Erde zurückgefunden, wo sein früheres Dasein für die Menschen seiner Heimat nur noch eine vage, weit zurückliegende Erinnerung ist – vergisst jedoch diese Ermahnung, öffnet die

Schachtel, worauf seine Lebensgeister freigesetzt wurden, er selbst aber auf der Stelle alterte [oder starb]: die Legende spricht von weißem Rauch, welcher der Schachtel entwich.

Könnte, im Rahmen des vorstehenden Gedichts, das Altern von Urashima nicht auf ein langes Leben hinweisen, das der Sprecher des Gedichts, alt geworden, ohne Probleme gelebt hatte, trotz des Unheil verkündenden schlechten Traums? Oder aber besagt der Hinweis, dass die Schachtel absolut leer war, dass dem Sprecher kein Unheil geschehen wird, dass also der Traum letztlich „leer" war?

· · ·

Die Legende des Fischers Urashima Tarō ist in der Topographie *Tango fudoki* überliefert. Urashima hatte einmal keinerlei Fisch gefangen, wohl aber eine fünf-farbene Schildkröte. Während er schläft, verwandelt sich diese in eine schöne junge Frau, der Urashima bis in deren Residenz auf dem Grund des Meeres nachfolgt. In diesem Palast wird dann eine prachtvolle Hochzeit ausgerichtet. Nach Ablauf von drei Jahren jedoch entschließt sich Urashima, an Heimweh leidend, wieder in die Menschenwelt zurückzukehren: zum Abschied erhält er [supra] eine Juwelen-Schachtel. Vgl. Abb. (11)

In seine alte Heimat zurückgekehrt – Jahrhunderte sind vergangen – findet er diese völlig verändert. Aus Sehnsucht nach seiner Frau [aus dem Meeres-Palast] öffnet er trotz des ausdrücklichen Verbots die Schachtel – und altert auf der Stelle. Genau genommen, hat Urashima keinerlei Schätze aus dieser anderen Welt mitgebracht [wie gewöhnlich in dieser Art Erzählungen], bis auf die Schachtel, Geschenk seiner Frau. Der Unterschied im Zeitablauf in dieser anderen Welt und in der Menschen-Welt ist ein häufig anzutreffendes Thema in japanischen Legenden und Volksmärchen – Analoges gilt für die Zeit, die in Bergen zugebracht wird.

Die Legende von Urashima ist in ganz Japan verbreitet, mit kleineren regionalen Varianten. In einigen Fällen lebt die Frau eine Zeitlang mit ihrem Mann [in der Menschen-Welt], und wartet auf eine Hochflut, um wieder in ihr Ursprungsland heimzukehren. Nach anderen Versionen findet Urashima bei seiner Rückkehr weder Eltern noch Freunde, will daraufhin wieder in den unterseeischen Palast zurückkehren, aber kein Weg führt mehr dorthin, auf dem Strand bleibt nur eine tote Schildkröte zurück. Es heißt aber auch, dass Urashima Tarō im Besitz taoistischer Praktiken zu Unsterblichkeit gelangt sei, und die Fähigkeit besitze, durch die Lüfte zu fliegen.

In der mittelalterlichen Erzählliteratur [*otogi-zōshi*] ändert sich das Bild Urashimas völlig. Nach der Öffnung der Schachtel altert er, verfällt und wird zu einem Kranich, der zum Berg Hōrai, dem Insel-Paradies der Genien [weit draußen im Meer gedacht, östlich der Halbinsel Shan-tung] fliegt, wo er die Schildkröte wiederfindet. Letztlich promoviert Urashima zur Gottheit Urashima myōjin und wirkt zum Heil der Menschen.

Die aus dem Mittelalter stammenden Geschichten um Urashima betonen weniger diese Idee taoistischer Unsterblichkeit als vielmehr den Wert und die Belohnung guter Handlungen [wie z. B. Errettung einer Schildkröte]. Diese Ausrichtung findet sich dann auch in den *jōruri*-Balladen der Edo-Zeit wie auch im *Kabuki*, und schließlich wird Urashima sogar Thema eines Volkslieds.

Die Legende um Urashima Tarō ist die populäre Form der mythologischen Erzählung aus dem *Kojiki* von den beiden Brüdern Yamasachi und Umisachi, einer Erzählung, deren Hintergrund die Vorstellung einer Heirat zwischen einer

[09]
Fuji, Falke und Auberginen

[10]
Im Traum einen Unsterblichen treffen

[11]
Urashima Tarō

[himmlischen] Gottheit oder einem Menschen [Fischer im vorliegenden Fall] und einer Meeres-Gottheit ist. Die Neugierde des Mannes [Öffnen der Schachtel] symbolisiert die Trennung von Meer und Land. Nach dem *Kojiki* ist Umisachi, der ältere der Brüder, geschickt im Fischfang, Yamasachi, ist es in der Jagd. Als sie eines Tages ihre Geräte austauschen und der Jüngere den Angelhaken des Älteren verliert, verlangt Umisachi, erzürnt, die Rückgabe desselben. Auf der Suche nach diesem verlorenen Angelhaken gelangt der Jüngere bis in den Palast des Meeres-Gottes, dessen Tochter er heiratet. Nach drei Jahren jedoch verfällt er der Sehnsucht nach seinem Heimatland. Mit Hilfe einer Goldbrasse wieder in den Besitz des Angelhakens gekommen, erhält Yamasachi zum Abschied zwei Juwelen, mit denen er Ebbe und Flut beherrschen kann, kehrt in sein Heimatland zurück, übergibt den verlorenen Angelhaken seinem Bruder und wird schließlich – mit Hilfe dieser magischen Juwelen – dessen Herr: Umisachi, der Unterlegene, vollführt für den Bruder – wie es in den Mythen heißt – allerlei Pantomime-Spiele: als Nachfahren von Umisachi gelten die Hayato, ein in Kyūshū ansässiger Stamm, dessen Aufgabe es war, am Hof Schauspiele und Tänze aufzuführen. Die Nachfahren des jüngeren Bruders [= Großvater von Jimmu tennō, dem ersten legendären Kaiser] werden dann das japanische Kaiserhaus gründen. Wir finden hier, vor dem Hintergrund des Kampfes zweier Clans um die Vorherrschaft, die ätiologische Erzählung zu den von dem Clan der Hayato ausgeführten Schaustücken und Tänzen.

Das *Kojiki* zeigt uns Toyotama-bime, die Tochter des Meeres-Gottes, die ihrem Mann in die Menschen-Welt folgt. Im Augenblick der Entbindung zieht sie sich in eine „Gebär-Hütte" [*ubuya*] zurück: als ihr Mann das Tabu, sie nicht im Augenblick ihrer Entbindung zu sehen, missachtet, verlässt sie ihn unter Zurücklassung ihres Kindes.

Was den Besuch in einer fremden Region, die Heirat dortselbst sowie die nachfolgende Rückkehr angeht, so sind die beiden Erzählungen, die aus den Mythen und die von Urashima, in weiten Teilen identisch. In beiden findet sich die Vorstellung einer Gegend von Reichtum und Glück, eines fernen Landes der *kami*. Tajimamori, nach der Mythologie ein Mann im Dienst des Kaisers Suinin [der 11. Souverain in der legendären Genealogie der Frühzeit], verbrachte auf der Suche nach einer wunderbaren Frucht mehrere Jahre im Jenseits-Land *tokoyo*; Urashima und Yamasachi leben beide eine Zeitlang in der Pracht eines unterseeischen Palastes. Die zwei Juwelen, die letzterer mitbringt, symbolisieren einen bedeutenden Zugewinn für die Landwirtschaft, gestatten sie doch, nach Belieben das Wasser zu beherrschen.

Zahlreiche Volksmärchen nehmen ihrerseits dieses Moment des Reichtums in der Jenseits-Welt auf. In einer Gruppe von Erzählungen, deren Obertitel „das Kind des Drachenpalastes" [*ryūgū dōji*] ist, begleitet eine kleine schäbige Gestalt stets die Hauptfigur der Erzählung, welche ihn jedoch immer gut behandelt und nachfolgend alle Wünsche in Erfüllung gehen sieht. Als sie ihn aber schließlich, seiner Gegenwart überdrüssig, wegjagt, verfällt sie wieder in ihre anfängliche, ärmliche Situation.

In den Erzählungen „Fisch-Frau" [*sakana-nyōbō*] – ebenfalls auf dem vorgenannten Mythos beruhend – erscheint sehr klar das Motiv der notwendigen Rückkehr der Frau in ihr Ursprungsland, sobald ihr Mann sie in ihrer eigentlichen Erscheinung gesehen hat: sie hinterlässt ihm eine Schachtel, die jedoch niemals geöffnet werden sollte. Als der Mann aber dieses Verbot vergisst und die Schachtel öffnet, tritt ein weißer Rauch aus der Schachtel aus, und der Mann fällt wieder in seinen ursprünglichen Zustand der Armut zurück.

• • •

Die Glaubensvorstellungen eines „Drachenkönigs" auf dem Grund des Meeres – sein Ursprung soll die indische Mythologie um die Verehrung von Schlangen sein – haben in China die Idee eines Fabelwesens geschaffen, dessen symbolische Interpretation, in politischer wie in religiöser Hinsicht, auf den Herrscher abstellt. Diese Vorstellungen haben in Japan seit alters – Schreine zu Ehren des Drachens [*ryūjin-sha* oder *ryū-sha*] belegen es – den Kult einer Wasser-Gottheit getragen – in zahlreichen Festen spielen [Stroh-]Figuren von Drachen eine gewisse Rolle. Am Dorfeingang aufgestellt, kommt diesen Stroh-Puppen ein klarer apotropäischer Charakter zu, in einigen *kagura*-Tänzen sind sie der „materielle Stützpunkt" einer Gottheit. Das Bild des „Drachenkönigs" [*ryū-ō*] oder des „Herren des Drachen-Palastes" [*ryūgū-sama*] verbindet sicherlich Elemente des chinesischen Drachens mit der Schlange, im japanischen Volksglauben Symbol und Inkarnation der Gottheit des Wassers. Eine bis zu Beginn der Shōwa-Zeit [1926–89] beobachtete Tradition brachte es mit sich, dass man ein dickeres, geflochtenes Seil [sichtbare Form des Gottes des Wassers] im Dorf herumführte und dann dem Meer übergab. Hinter diesen Bräuchen – Dank für den lebensnotwendigen Regen und die reichen Ernten – steht die Verabschiedung des Drachens [*ryū*] = des Gottes des Wassers, der danach seine eigentliche Heimat, das Meer wieder findet. Eine analoge Vorstellung in Südostasien siedelt ja während der Regenperiode die *naga* auf dem Land an, und verweist sie später, während der Trockenzeit, wieder ins Meer.

Die verschiedenen Erscheinungsformen von Regen-Bitten sprechen, ganz allgemein, den Drachen[-König] an, welcher auch für reichen Fischfang und die Sicherheit auf See zuständig ist: entlang der Küste der Halbinsel Miura oder der Bucht von Sagami z. B. finden sich zahlreiche Schreine zu Ehren der Drachen-Gottheit [*ryūjin*]. Eines der zahlreichen Verfahren im Rahmen von Regen-Bitten besteht darin, den Drachen zu „erzürnen" und auf diese Weise Regenfall zu erzielen: zu diesem Zweck „beschmutzt" man einen Teich oder einen See, indem man in diesen Pferde- oder Ochsenknochen wirft, oder auch gewisse metallene Gegenstände wie Sicheln, Angelhaken, etc. Mit gleichem Ziel verbrennt man diese Knochen auch auf dem Gipfel eines Berges [= ganz allgemein Wohnort der *kami*-Gottheiten]. Falls man aber aus Versehen solche Metallobjekte ins Wasser fallen ließ, empfahl sich als Sühne ein Besuch im Schrein der Clan-Gottheit [*ujigami*] sowie die Darbringung einer Votiv-Tafel.

Die vorgenannten Tabu-Vorstellungen erscheinen jedoch nicht immer oder zu jeder Zeit als zwingend angesehen worden zu sein, wie z. B. ein Blick ins Tagebuch des Dichters Ki no Tsurayuki, das *Tosa nikki* [um 935], lehrt, in welchem ein Sturm [= Ausdruck des Zorns der Drachen-Gottheit] beschrieben wird, der durch Opfer von Spiegeln befriedet werden konnte.

Der gewöhnliche Aufenthaltsort der Drachen-Könige ist ein Palast auf dem Grund des Meeres [*ryū-gū*] – wie schon in der Legende von Urashima belegt. Für den Buddhismus, welcher die Drachen-Gottheit unter die acht großen Drachen-Könige zählt, deren Aufgabe es ist, das buddhistische Gesetz zu beschützen, beherbergt dieser Palast [zu welchem sich auch, der Tradition zufolge, der große Denker Nāgārjuna begeben haben soll] die fundamentalen Sūtren des Großen Fahrzeugs. Die Idee des „Drachen-Palastes" taucht so auch im *Lotus-Sutra* auf und findet später Eingang in die Literatur, wie z. B. in das *Sanbō-e kotoba* [„Erklärende Worte zu den Bildern der Drei Juwelen", 10. Jh.] oder das *Konjaku monogatari* [„Geschichten, die jetzt der Vergangenheit angehören", 12. Jh.].

Der Glaube an die Existenz eines solchen Palastes – als Jenseits-Welt von Glück und Wohlstand – auf dem Grund des Meeres ist im Süden Japans [Amami-Ōshima, Miyako-jima] weit verbreitet, wo man andererseits aber auch – nach einer älteren Vorstellung – eine solche Welt jenseits des Meeres ansiedelt, am Horizont, wo Himmel und Meer sich zu vereinen scheinen.

Die anfänglich sicherlich als eine Einheit empfundene Wasser-Gottheit hat sich im Laufe der Zeit differenziert in Gottheiten der Brunnen, des Meeres, der Flüsse. Hierbei nimmt die Drachen-Gottheit als Herrscher eines unterseeischen Palastes eine Sonderstellung ein, insofern, als der Mensch mit ihr in Kontakt treten kann. Eine Besonderheit, die dem Drachen-Palast als Jenseits-Welt eigen ist, belegt das *Ryūkyū shintō-ki* [17. Jh.] in einer Notiz über den 32 Jahre währenden Aufenthalt einer jungen Frau dortselbst: eine traditionelle religiöse Vorstellung Okinawas setzt auf das 33. Jahr das „Ende der Trauer-Zeit" [*toburai-age*] und das nachfolgende Aufgehen der Totenseele in der anonymen Masse der „Ahnen" fest.

Nach volkstümlicher Anschauung ist der Drachen-König, primär Wasser- und Meeres-Gottheit, auch Herr über den Regen und mit den himmlischen Regionen verbunden: die Literatur belegt nämlich die Vorstellung, dass ein Blitz, der in die Reisfelder niedergeht, dort die Gestalt einer Schlange annimmt. *Ryūjin* ist also – neben Berufen, die in der einen oder anderen Form vom Meer leben – auch für die Landwirtschaft bedeutsam. In der Ikonographie nimmt der Drachen-König/Meeres-Gott manchmal die Züge eines bärtigen Alten an, der in seinen Händen zwei Juwelen hält [s. supra] oder von seinen zwei Töchtern [Oto-hime und Toyotama-bime] begleitet wird.

[68] Idem.

Den Traum, den ich sah – ich gebe ihn dem Tapir – der ihn dann auffrisst – so finde ich meine Ruh – klar strahlt der Mond am Himmel [MK]

Wenn es schon nicht leicht war, mit Sicherheit einen guten Traum herbeizuführen, galten vielerlei Praktiken dem Wunsch, einen schlechten Traum von sich zu weisen. Der Tapir [*baku*] ist ein bunt zusammengesetztes Fabelwesen, dessen Nase ein Elefanten-Rüssel, der Schwanz der eines Ochsen, die Füße die eines Tigers, etc. sind, und dem die Kraft zugesprochen wird, böse Träume zu verschlingen – ein Bild von ihm schütze gar vor Epidemien. Der Glaube an die Macht des Tapirs war im Mittelalter so stark und weit verbreitet, dass sogar Kaiser Bilder von diesem Fabelwesen angefertigt haben sollen.

[69] Idem.

Traum in dieser Nacht – diesen Traum, den ich geseh'n – bringt kein Unheil mir – schlief ich doch am Fuße der – zweiflügligen Schiebetür [SH] [ZMA]

So wie die zwei Flügel der Schiebetür aneinander vorbei gleiten, so „verfehlen" auch die Unglück verkündenden Anzeichen eines schlechten Traums den Schläfer.

[70] Idem.

Wurzellos sind sie – die Lianen aus dem Traum – tief in den Bergen – mir erschienen sie wahrlich – als Glück bringende Gräser [ZMA]

Berge als spezifisches Jenseits haben in vielerlei Hinsicht das japanische religiöse Denken beeinflusst. Der Bergkult, in seinen überlieferten Ausdrucksformen sicherlich ein universell zu beobachtendes Phänomen, hat in Japan für gewisse volksreligiöse Traditionen eine ganz besondere Bedeutung, er nimmt eine zentrale Stellung in zahlreichen Bereichen des täglichen Lebens ein. Dies zeigt sich nicht nur in einem speziellen bergbezogenen Vokabular, sondern auch in Legenden, Märchen und Sprichwörtern, sowie auch in der Poesie.

Heilige Berge sind zunächst der Ort, an dem *kami*-Gottheiten residieren bzw. auf welchen sie hinuntersteigen – eine rationelle Erklärung liefert das von den Bergen kommende und für die Reiskultur unabdingbare Wasser. Berge sind zudem jener Bereich, in welchem sich die Totenseelen läutern und ins Jenseits eingehen als Ahnengottheiten, die über das Wohlergehen ihrer Nachkommenschaft wachen.

Hier liegt einer der Grundzüge der japanischen religiösen Mentalität: Ahnen-Geister, die durch die ihnen entgegengebrachte Verehrung zu *kami*-Gottheiten aufsteigen; fehlt eine solche Verehrung, besteht die Gefahr, dass die „Totenseelen ohne Bindung" [an eine Familie: *muen-botoke*] zu gefährlichen Zorngeistern mutieren.

Volkstümliche Vorstellungen verwandeln die Berge auch in eine Paradies-Gegend, Quelle von Reichtum und Schätzen. Im Volksglauben und in den hieraus erwachsenen magischen Gedichten findet sich die Vorstellung von tief in den Bergen liegenden geheimnisvollen, wunderkräftigen Quellen oder seltenen Heil-Pflanzen. Nicht weit entfernt hiervon die Idee eines magischen Ortes, an welchem man, mit größerem Erfolg als anderswo, Unheil abwehrende Praktiken vollziehen kann.

Der Ausdruck „tief in den Bergen" [*oku-yama*] ruft in der Wortmagie diese wunderkräftige Qualität weit entfernter Gegenden auf. Die „wurzellosen Lianen" und die „Glück verheißenden Gräser" [wörtlich: Gräser, die kein Unheil mit sich bringen] – im Japanischen durch ein Wortspiel unterstrichen – werden entweder durch die Wirkung des magischen Ortes umgewandelt, oder aber der [potentiell schlechte] Traum wird, wie andere Beispiele zeigen [infra], in die Bergwelt als weit entfernt liegendem Ort der Unreinheit zurückgetrieben.

[71] Idem.

Eine Nacht hindurch – trug mich weit weg dieser Traum – jetzt bin ich erwacht – welch eine Glück, ich hör' ein Schiff – wellenreitend fortsegeln [U] [S/ 8]

Berühmtes „Umkehr"-Gedicht [gleichlautend vom Anfang oder vom Ende her gelesen], das gewöhnlich auf ein Bild des „Schatz-Schiffs" [*takara-bune*] geschrieben wird. Die besondere Qualität, die dem Wasser, dem Meer oder einem Wasserfall zugesprochen wird, basiert oft auf der Idee einer Gottheit, die in eben diesen Bereichen residiert. Das Meer als Ort und Quelle von Reichtum und Glück tritt am augenfälligsten im Bild der Sieben Glücksgottheiten, die auf dem „Schatz-Schiff" von jenseits des Meeres kommen, zu Tage.

Als in der zweiten Hälfte des Mittelalters [15./16. Jh.] der Handel zwischen China und Japan sich vertiefte und Japan eine schnelle Entwicklung der Städte kannte, genießen die Sieben Glücksgötter – und vor allem zwei unter ihnen: Ebisu und Daikoku – eine besondere Popularität als Gottheiten, die, von jenseits des Meeres her kommend, Reichtum und Glück bringen. Die Ikonographie stellt meist Daikoku mit Reis-Säcken beladen oder auf ihnen stehend und Ebisu mit einer Goldbrasse oder einem Angelhaken dar. In der Edo-Zeit verkauften Kolporteure Bilder dieses Schatz-Schiffes mit der Inschrift obigen Gedichts. Vgl. Abb. (12)

Ebisu [vgl. Abb. 13], dessen Name sich weder in der Mythologie noch in den klassischen Texten findet – in der Edo-Zeit [17.–19. Jh.] aber mit verschiedenen mythologischen Gottheiten identifiziert wurde – ist zusammen mit Daikoku eine der beliebtesten Gottheiten Japans. Seit dem Mittelalter einer der Sieben Glücksgötter, ist Ebisu für die Reichtümer des Meeres zuständig [↔ Daikoku für die aus der Erde], dann aber auch, in einem weiteren Rahmen, für Erfolg im Handel. Vgl. Abb. (14)

Nach alter Anschauung besitzt alles, was von jenseits des Meeres kommt, eine besondere Kraft und stellt einen Zuwachs an Reichtum und Glück dar: Ebisu wird vorzüglich von den Fischern oder in den Häfen verehrt. In einigen Gegenden ist es Brauch, jedes Jahr – oder auch nach magerem Fischfang – einen „neuen" Ebisu zu verehren. Als äußere Form dieser Gottheit werden oft Steine angesehen oder auch seltsam ausgestaltete Dinge, aber auch Delphine oder Wale, welche die Eigenart haben, größeren Fischzügen zu folgen und dergestalt den Eindruck erwecken, als ob sie diese den Fischern zuführten. Die Popularität des Ebisu-Kult zeigt sich u. a. auch in dem Brauch, den [wunderkräftigen] Ebisu eines Nachbar-Dorfes zu stehlen, mit dem Ziel, ihn eine Weile bei sich zur Verehrung aufzubewahren und so reichen Fischfang zu realisieren.

Ebisu gilt auch als Schutzpatron der Seefahrt, ist aber, seit Beginn des Mittelalters, ebenfalls für florierenden Handel und Märkte verantwortlich. Die Verehrung dieser Gottheit wird aber auch in der Landwirtschaft beobachtet, die Ebisu als Gottheit der Reisfelder [und davon ausgehend auch als – identische – Gottheit der Berge] feiert. Zur Verbreitung des Ebisu-Kults trugen in der Edo-Zeit sicherlich auch wandernde Puppen-Spieler bei, die „Ebisu-Tänze" [*Ebisu-mai, Ebisu-mawashi*] in die Provinzen brachten, in einer Form von volkstümlichen Schaustücken, die Ebisu beim Fischen der Goldbrasse zeigten.

Etymologisch wird dieser Gottheit gewöhnlich mit *emishi/ebisu*: Barbaren [↔ im Gegensatz zu den dominanten Kultur-Trägern] zusammengebracht, einem Terminus für die Bevölkerung im Norden Japans, langsamer assimiliert als die im Süden des Landes. *Ebisu* [< *emishi*] wird auch mit dem Ainu-Wort *enchiu* für „Mensch" zusammengebracht.

Die ersten schriftlichen Belege, die Ebisu erwähnen, scheinen auf den ungestümen Geist eines Kriegsgottes hinzudeuten – religiöse Gesänge des 12. Jahrhunderts z. B. zählen den Ebisu-Schrein in Nishi-no-miya zu den Kultstätten, die einen „Kriegsgott" beherbergen. Ebisu wird so auch von der Kriegerklasse verehrt in einer Epoche, in welcher die Ideologie des shintō-buddhistischen Synkretismus [Ebisu identifiziert mit Bishamon, Gottheit indischer Herkunft und Beschützer im Krieg] zur Rechtfertigung einer alten, tief verwurzelten religiösen Mentalität diente.

Bevor Ebisu zum Glücksgott aufsteigt, war er ja auf Märkte spezialisiert, Orte des Aus- und Umtauschs [Fischer/Jäger] verschiedener Produkte, der aus dem Meer [*umi no sachi*] und der aus den Bergen [*yama no sachi*]. Versteht sich von dorther die Charakterisierung von „Ebisu" als „Fremder", „Anderer"?

Ikonographisch wird Ebisu oft auf einem Felsen am Meeresstrand sitzend dargestellt, das rechte Bein abgewinkelt, das linke auf den Boden gesetzt. Unterm Arm trägt er eine Goldbrasse, in der Rechten eine Angelrute oder einen Hakenspieß. Möglich, dass auch die Homophonie zwischen dem japanischen Wort für Goldbrasse, *tai*, und der Endung des Adjektivs „glückbringend", *medetai*, Prestige und Beliebtheit der Gottheit Ebisu mittragen, ebenso wie die im gleichen

[12]
Das Schatz-Schiff mit zwei [von sieben]
Glücksgöttern: Daikoku und Ebisu

[13]
Ebisu

[14]
Daikoku

[15]
Poesie in Japan: *waka*, in China: *shi*

Sinn interpretierte rote Farbe, die diesen Fisch auszeichnet. Seltener in den bildlichen Darstellungen findet sich Ebisu mit einer Hellebarde [anstelle der üblichen Angelrute], ferne Reminiszenz der Anschauung, dass gewisse Glücksgottheiten ursprünglich als für den Sieg im Krieg zuständig angesehen waren [Vgl. im Deutschen: „Kriegs-Glück"!].

• • •

[72] Um jemanden zu beruhigen, der durch den Umtrieb böser, Unheil stiftender Geister nachts von Albträumen heimgesucht wird, fertige man sein Kopfkissen aus einem ein Fuß großen, roten Teppich-Stück [O].

[73] Jemanden, der krankheitsbedingt oder durch das Wirken böser Geister Nacht für Nacht, von Albträumen gequält, nicht zum Schlafen kommt, auf einfache Weise beruhigen.
Man lege von Zinnober die Menge einer Pfeilspitze in einen roten Seiden-Beutel, hefte ihn sich ins Haar und schlafe so: es wird so keinen schlechten Traum mehr geben, die Sinne werden ruhig und ausgeglichen sein [O].

[74] Hilfe, wenn jemand, durch Albträume erschreckt, bewusstlos wird.
Man blase der betreffenden Person ganz rasch Pulver von *hange* [*pinellia ternata*] und *sōkaku* [*gleditschiae Semen*] in die Nase, befreie sie von Schleim und gebe ihr als nächstes Pillen aus „Wiederbelebens-Weihrauch" [Harz vom Amber-Baum?] [*so-kōgan*]. Jemandem, der zwar ruhig ist, dessen Augen aber schon eingefallen sind, kann nicht mehr geholfen werden; desgleichen jemandem, dessen Gesichtsfarbe bereits schwärzlich-dunkelgrün erscheint [L].

[75] Jemanden beruhigen, der, wenngleich nicht von perversen Geistern besessen, wiederholt Albträume hat.
Man röste hierzu Pfirsich-Kerne, entferne die Haut und die scharfen Enden und nehme davon einundzwanzig Stück zusammen mit Urin ein [O].

Poesie

[76] *Waka*-Gedichte zu machen, liegt in der Natur der Bewohner unseres Landes, es begann im Zeitalter der Gottheiten und hat sich bis heute gehalten, nein, ist immer stärker geworden. Seit Anbeginn der Zeiten hat sich die Art, Gedichte zu machen, in jeder Generation geändert, nicht aber die Worte, mit denen Poesie gemacht wird. Für die Dichtkunst der neueren Zeit gilt die Poetik-Schrift des Fujiwara Teika, *Eiga no taigai* [1213–19, oder 1222–24] oder, was den äußeren Stil angeht, die [Privat-Anthologie] *Sōan-shū* des Ton'a [1359] [P]. Vgl. Abb. (15)

[77] Die Poesie in unserem Reich kennt zwar sehr viele [berühmte] Dichter, aber verglichen mit fremden Reichen [i. e. China], erscheint sie mir in meiner dummen Ansicht, unterlegen zu sein an innerer Stimmung, an Ausdrucksform [P/ 100].

[78] In einem Gedicht [eines der vierundzwanzig „Sake-Trink Gedichte"] von T'ao Yüan-ming [365–427] heißt es: *„in stiller Gelassenheit den Süd-Berg betrachten"*

[*yūzen toshite Nanzan wo miru*] oder, in einem Gedicht von Hsieh Ling-yün [385–433, vom Buddhismus beeinflusst, besingt vor allem die Landschaft]: „*Am Teich ist das Frühlingsgras gewachsen*" [*chi-tō ni wa shunsō shōji*]. Dies sind Verse, die man heute wie schon früher zitiert; ich verstehe zwar ihren tiefen Sinn nicht recht, sicher aber handelt es sich um ungekünstelte, naturschöne Verse.

Das gleiche gilt für Tu Fu [712–770]: „*[Alles zwischen] Himmel und Erde spiegelt sich Tag und Nacht [im Wasser des Sees Tung t'ing]*: Verse wie diese sind für die Dichter unseres Landes unerreichbar. An *waka*-Gedichten gibt es ja nur so etwas wie: „Im Morgendunst, die Bucht von Akashi" [*Hono-bono to – Akashi no ura*], oder welche, die vom Frühlingsbeginn sprechen [*Haru tatsu*]. Auch in Versen wie: „Seit unserer Trennung, als sie mich ansah so kalt wie der Mond in der Morgendämmerung…" [*Ariake no-tsure naku mieshi*] u. ä. kann man den Gehalt von Dichtung nicht so recht goutieren [P].

> Anfangs-Verse eines berühmten Gedichts von Mibu no Tadamine, einem der Kompilatoren der Anthologie *Kokinshū* [Nr. 625].

[79] In den Schriften der „Unsterblichen der Poesie" verschiedener Generationen sind die Art, ein Gedicht zu machen, und die Stile ausführlich beschrieben. Vielerlei gilt es dabei zu beachten, aber von woher auch man die Dinge angeht, letztlich laufen alle Anweisungen auf das Gleiche hinaus. Am Fuß eines Berges gibt es vielerlei Wege zum Gipfel, aber oben angekommen, betrachtet man doch einen und den selben Mond [P].

[80] Festgelegte Methode und Ausmaße einer Poetik-Schrift [E].

Selbstvertrauen

[81] Einem furchtsamen Menschen Selbstvertrauen einflößen.

Für einen solchen Menschen nehme man einen Holzsplitter von einem Baum, in welchen der Blitz eingeschlagen ist, mache ihn zu Pulver und gebe davon zu trinken [E].

Skatologie

[82] Jemanden furzen machen.

Hierzu röste man die Schalen von *hazu* [*croton tiglium*], verbinde sie zu gleichen Teilen mit Schleifstein-Puder zu Pillen in der Größe von Samen der *gotō* [*firmiana platanifolia*] und lasse jemanden davon zwei oder drei einnehmen: Auf der Stelle wird die Person zu furzen anfangen [M].

Spiel und Verspieltes

[83] [Die Materialien, die zur Herstellung verschiedener Feuerwerke Verwendung finden, sind in der Regel Schieß-Pulver, Schwefel, Asche, Eisenspäne. An Formen finden wir genannt: Schnur-Feuerwerk, Meteorit, Weidenbaum, Wagen, Goldnessel, Kräuselwellen, Blumengesteck, Chrysanthemen, etc.] [K].

[84] Verschiedene Feuerwerksarten.

[Die Form ist nicht näher beschrieben]: Trauerweide, Teufelsfaust, Goldnessel [M].

[*Feuerwerck zu den Freuden-Festen*] [MANA]

• • •

[85] Wie man auf einem *Go*-Brett dem Gegner leicht Steine wegnehmen kann.

Wie auf der Zeichnung angedeutet, ordne man seine Steine an und schlage andere, ohne von der Linie abzuweichen und ohne zurückzuweichen [H]. Vgl. Abb. (16/1) (16/2)

• • •

[86] Erraten, ob etwas in der rechten oder der linken Hand festgehalten wird.

In die eine Hand etwas nehmen, die andere leer, beide Hände verstecken; wenn man dann den Partner fragt, in welcher Hand es gehalten wird, so summe dieser still für sich irgendein altes Gedicht, das ihm gerade in den Sinn kommt: falls darin die Silbe /*no*/ auftaucht, bedeutet das die linke, falls /*chō*/, die rechte Hand: auf diese Weise wird er sicherlich einen Treffer erzielen [B].

• • •

[87] Reliquien anfertigen.

Hierzu stecke man ein Stück vom Weihrauch-Baum [*nyūkō*] in eine Schachtel und hebe es darin längere Zeit auf – es wird zu einer Reliquie werden [O].

• • •

[88] Auf der Stelle nach Belieben Schattenbilder produzieren.

Wie auf der Abbildung [16/3] zu sehen, stelle man innerhalb der *shōji*-Papier-wand ein rechteckiges Kopfkissen auf und davor eine Leuchte. Durch den Schatten dieses Kissens wird die Papierwand dunkel werden. Dann poliere man gut einen sieben, acht Zoll großen Spiegel, auf welchen man Bilder oder Schriftzeichen malt; wenn man dann das Licht im Spiegel fängt und auf die *shōji* überträgt, ist alles klar zu erkennen. Wenn man den Spiegel dem Feuer nähert, erscheint alles ganz dünn; wenn man die Leuchte weiter entfernt hält, erscheint alles dünn und groß. Den Spiegel poliere man immer mal wieder und schreibe oder male dann irgend etwas darauf [S/10]. Vgl. Abb. (16/3)

• • •

[89] Durch die Nase atmen und so die [Uhr-]Zeit erkennen.

Zur vierten, sechsten und achten Stunde atmet man nämlich mehr durch die rechte Nasen-Seite, zur fünften, siebten und neunten Stunde mehr durch die linke. Bei den halben Stunden ist rechts und links der Atem-Ausstoß identisch [S/2].

• • •

[90] Karten mit den Nummern eins bis sechzehn aufreihen.

Auf sechzehn Papier-Karten schreibe man die Zahlen von eins bis sechzehn und lege dann jeweils vier in einer Reihe so, dass sie von oben nach unten oder seitlich gezählt immer die Summe „34" ergeben [H]. Vgl. Abb. (16/2)

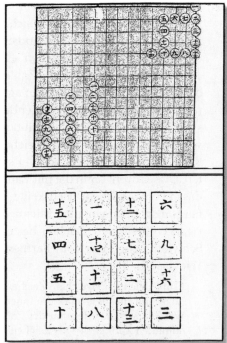

[16-1] Go-Spiel 1 • [16-2] Go-Spiel 2 / Spiel mit Zahlen
[16-3] Schattenbilder zeigen • [16-4] Spiel mit Zeichen und Zahlen

[91] Dem Spiel-Partner ein Schaubild von sechzehn Schriftzeichen zeigen und erraten, welches der Zeichen er sich davon ausgesucht hatte.

[Zum besseren Verständnis, und eventuellen Erproben – auch bei Unkenntnis der chinesischen Schriftzeichen –, haben wir dem Original-Bild (vgl. Abb. 16/4) auch eine „Umschrift" in Zahlen und Buchstaben beigegeben. Derjenige, dem diese Zeichen/Zahlen-Anlage vorgelegt wird, wählt sich insgeheim zunächst als Ausgangspunkt irgendein chinesisches Zeichen (*kanji*), zählt dann still für sich die aufgereihten chinesischen Zeichen so viele Felder nach rechts, wie dem Wert der über dem Zeichen notierten Zahl entspricht: das solchermaßen gefundene Zeichen merkt er sich und bittet dann den Partner, es zu erraten. Dieser dreht dann die mit Zahlen beschriebene, innere, zweite Scheibe so, dass allem Anschein nach keine Übereinstimmung mehr zwischen der anfangs insgeheim von dem Mitspieler ausgewählten Zahl und dem dazugehörigen chinesischen Zeichen bestehen kann – trotzdem wird er aber ohne Schwierigkeiten das vom Partner eingangs bestimmte Zeichen „erkennen". Wie das? [S/8]

> Ganz gleich, von welchem Zeichen ausgegangen, wie viele Feldern nach rechts abgezählt und wie stark die innere, mit Zahlen beschriftete Scheibe verdreht worden war, das Resultat des Zählens wird immer auf ein zu einer ganz bestimmten Zahl gehöriges Zeichen fallen – welches sich der „ratende" Partner, in Kenntnis der Sachlage, vorweg gut eingeprägt haben wird… Auflösung am Ende dieses Kapitels.

Ein analoges Verfahren in:

[92] Jemanden nach Belieben ein Ketten-Gedicht machen lassen und erraten, von welchem Zeichen aus das Gedicht geformt wurde [F].

[93] Geheime Überlieferung der Straßen-Gaukler, die zeigt, wie man Ochsen und Pferde „verschlingen kann".

Dies wird schwerlich gelingen, wenn die Tiere noch leben. Am besten ist es, sie zu „zerkleinern", d. h. sie, ohne auf den Preis zu schauen, zu verkaufen und sich mit dem Geld Sake einzuhandeln […] [S/15]

[94] Auf dem Dach des Hauses Sumō-Ringkämpfe machen, ohne herunterzufallen.

Hierzu lege man sich ein großes Seil um die Taille und binde es an einen hohen Baum fest: auf wunderbare Weise wird man so, selbst wenn man umgestoßen wurde, nicht in die Tiefe stürzen [S/15] Vgl. Abb. (17/1)

[95] Ohne Zeitverlust eine Million Mal die Anrufung Amidas abspulen.

Nach der Doktrin vom Reinen Land verwirft der Buddha Amida nichts Unreines, weshalb seine Anrufung [*nenbutsu*] – *Namu Amida Butsu* – selbst auf einem Dünger-Schiff von Wert ist. In armen Familien muss selbst abends noch gearbeitet werden, weshalb keine Zeit [für das *nenbutsu*] übrigbleibt: nach einer geheimen Überlieferung hat man deshalb eine Schnell-Methode zur Rezitation dieser Gebetsformel entwickelt. Zunächst einmal schreibe man auf die

[17-1] Ringkampf auf dem Dach
[17-2] Gebetsmühle für das *nenbutsu*
[17-3] Ein Zeichen für langes Leben

vier Seiten einer Papier-Lampe die Zeichen *Namu Amida Butsu,* lege ins Innere der Lampe einen aus Papier gefertigten „Rosenkranz" [*juzu*] und bringe das Ganze mittels eines [doppelten] Rotations-Systems [*kage-dōrō*] zum Drehen: auf diese Weise kann man in kürzester Zeit eine Million Male [die Formel] rezitiert bekommen. Ohne auch nur ein Wort gesprochen zu haben, ohne auch nur eine Handbewegung sich trotzdem Verdienste erworben zu haben – das ist allein nur mit diesem Verfahren möglich [...] [S/15]. Vgl. Abb. (17/2)

Tabus und Wahrsagen

[96] Tabu-Tage auswendig lernen mittels eines Gedichts, das die zwölf Tierkreiszeichen aufzählt, beginnend mit dem Ochsen-Tag [im ersten Monat] – dem des Schafs [zweiter Monat] – Tiger – Affe – Hase – Hahn – Drache – Hund – Schlange – Wildschwein – Pferd – Maus. An all diesen Tagen sollte man Heiraten vermeiden, die Jagd auf Tiere oder Vögel, sowie das Setzen von Moxa, etc. [E].

[97] Was Menschen beachten sollten.
In einem normalen [von Laien bewohnten] Anwesen sollte man keine Kreuzreben [*nōzen kazura*] [*bignoniaceae*] anpflanzen: wenn nämlich eine Frau diesen Duft einatmet, wird sie steril werden. Im [*Sung*] *Sa-sai-roku* heißt es: kleine Kinder sollten nicht mit dem Finger auf den Mond deuten, weil sonst der Mond bei ihnen einen Hautausschlag verursacht. Man sollte weiter Kleinkindern nicht direkt aus einem Kürbis oder einem Krug Wasser zu trinken geben. Falls dies aus Versehen geschehen ist, wird das Kind stottern [G].

[98] Verfahren, an einer Wegkreuzung Orakel zu nehmen.
Will man in irgendeiner Angelegenheit das Orakel befragen, so gehe man an eine Wegkreuzung, rezitiere dreimal das nachstehende Gedicht, höre genau auf das, was ein Dritter unter den Vorbeikommenden sagt und gründe darauf seine Orakel-Aussage. Natürlich muss dieser Dritte zusammen mit jemand anderem gehen, allein wird er ja nichts reden.

> *Hundert Kreuzungen – hinter der Orakel-Bucht – eine Kreuzung nur – alles sei gutes Omen – kami der Orakel, Du!* [E]

[99] Das Docht-Ende einer Kerze ansehen und daraus Glück oder Unglück wahrsagen.
Falls sich am Docht-Ende schwarze Klumpen bilden, so werfe man diese nicht einfach weg, denn falls man so verfährt – oder auch die Kerze ausbläst – wird eher Unglück eintreten. Falls aber das schwarz verkohlte Docht-Ende bis Mitternacht nicht abfällt, so wird es am nächsten Morgen in diesem Haus Glück und Freude geben; falls es aber bis zur Morgen-Dämmerung nicht abfällt, wird fünf Tage lang Erfreuliches eintreten.
Falls die „Docht-Blume" sich in Richtung Hase [= Osten] hin wendet, so bedeutet dies, dass am nächsten Tag ein Schreiben von einem Höher-Gestellten eintreffen wird. Falls sie aber sieben Nächte lang sich in diese Richtung wen-

det, bedeutet dies für einen Adligen den Erhalt eines Rangs, für einen Samurai eine Erhöhung des Lehnbesitzes, und im Fall eines Händlers zehntausendfachen Gewinn.

Wenn aber selbst nach zweimaligem Ausblasen die Flamme immer noch nicht erlischt, sollte man sie nicht löschen, denn am nächsten Tag wird sich ganz gewiss etwas Glückbringendes einstellen. Teilt sich die Flamme ganz von allein in zwei Teile, so bedeutet dies eine Reis-Zuteilung seitens des Feudalherren. Reiche Leute bekommen Amt und Rang oder kommen mit der höheren Gesellschaft in Kontakt.

Falls vom Docht-Ende zwei Kugeln [wie Perlen] abfallen, so gehe der Hausherr in die so aufgezeigte Richtung: er wird Schätze erhalten. Wenn das Ende sich zur Mitte hin zusammenballt, sich zu Bohnengröße formt, ohne an der Seite in Zacken-Form herunterzulaufen, so bedeutet dies: Speise und Trank. Falls es in der Familie eine Schwangere gibt, so wird sie ihr Kind zur Welt bringen. Falls sich die Docht-Blumen nach oben stellen, so wird ein adliger Gast eintreffen. Falls aber die Flamme von ganz allein erlöschen sollte, steht Unglück ins Haus. Falls fortgesetzt aus der kleinen Flamme Funken sprühen, deutet dies auf einen Streit. Falls die Flamme ganz natürlich ihren hellen Schein verliert und dunkel geworden ist, so deutet dies auf Unglück und Leid. Falls in einer Periode fortgesetzter Dürre die Farbe des Lichts rötlich wird, die „Blume" ganz kurz und dünn flackert, so wird innerhalb von drei Tagen Regen fallen. Wenn allerdings Tage lang der Himmel bedeckt ist, das Docht-Ende sich schließt und das Licht hell aufleuchtet, so wird am folgenden Tag das Wetter gut [F].

[100] Ausgehend vom Niesen Wahrsagungen treffen.

Niesen bei einem Tag der Ratte bedeutet → Sake und Essen; [idem] Ochs → Unglück; Tiger → Angelegenheiten außer Haus; Hase → alles sehr günstig; Drache → Heirat; Schlange → Streiterei; Pferd → irgendetwas Erfreuliches; Schaf → Gewöhnliches; Affe → still und friedlich; Hahn → Besuch kommt; Hund → im [liebenden] Gedenken einer Frau sein; Wildschwein → jemand denkt an einen [G].

[101] Wahrsagen auf der Grundlage von Augen-Zwinkern.

[Hier wird, wie in → Handlesen, eine Liste von Interpretationen vorgelegt, wobei jeweils zwischen rechtem und linkem Auge unterschieden wird] [G].

[102] Eine Unterteilung der Tiere des Zwölfer-Zyklus in Yin- und in Yang-Zugehörigkeit [L].

Wunscherfüllung————

[103] Man verbrenne die Federn eines Hahns, tauche sie dann in Sake und trinke davon. Alles, was man erstrebt, wird so ganz sicher in Erfüllung gehen. Das gleiche passiert, wenn man am fünften Tag des fünften Monats, einem Tag des Tigers, einen Löwenkopf-Helm vor dem Küchenherd darbringt [O].

[104] Innerhalb von hundert Tagen alle Wünsche in Erfüllung gehen lassen.
Hierzu kopiere man, hundert Tage lang, Tag für Tag, ohne jedes Nachlassen, jeden Morgen hundert Mal das folgende Gedicht:

Am frühen Abend – nicht in unserer Hauptstadt – wohn' und lebe ich – voll Gedanken in Kyūshū – fahler Mond im Morgenlicht

Wenn man dabei im Innersten seines Herzens fest an seine Wünsche denkt, so werden diese innerhalb von hundert Tagen mit absoluter Sicherheit in Erfüllung gehen [A].

[105] Wunderkräftiger Weihrauch der Drei *kami* [-Geistwesen] von Himmel und Erde.
Wenn man dieses Räucherwerk gen Himmel hin anzündet, werden sich alle Wünsche erfüllen. Wenn man es in den Bergen anzündet, werden sich keine wilden Tiere, giftigen Schlangen oder Insekten nähern. Auf gewöhnliche Weise angezündet, ist man vor Räubern oder Angriffen mit dem Schwert sicher. Wenn man es auf einem Schiff anzündet, werden weder starker Wind noch hohe Wellen entstehen.
Dieses Räucherwerk schützt auch vor Epidemien, entfernt jegliche Unreinheit. Falls man es vor Kamis und Buddhas anzündet, werden diese erscheinen. Verbrennt man es bei Donner-Rollen, so wird der Blitz nicht einschlagen. Wenn man es beständig in einem Amulett-Beutel bei sich trägt, hat es eine überragende wunderbare Wirksamkeit [F].

• • •

[106] Wer seine Kinder beruflich in gute Positionen bringen will, sollte die Schnauze eines Tigers an der Eingangstür anbringen: Kinder und Enkel einer solchen Familie werden mit absoluter Sicherheit in hohe Positionen aufsteigen [O].

• • •

[107] Erkennen, ob jemand ein langes Leben hat.
Man bringe vor einer Statue der verehrten Gottheit Opferreis [*senmai*] dar und bete einundzwanzig Mal aus vollem Herzen: fressen die Raben dann von diesem Reis, ist das ein Zeichen für langes Leben [S/3]. Vgl. Abb. (17/3)

[108] Äußerst geheime Überlieferung, ein langes Leben von 180 Jahren zu verwirklichen.
Wer unbedingt auf ein langes Leben aus ist, sollte Tag und Nacht nicht schlafen, sondern ständig wach bleiben: so werden aus einem Tag zwei, was bei einem Leben von 90 Jahren 180 Jahre ergibt. [Der Dichter] Su Tung-p'o [1036–1101] sagt [zu Beginn eines seiner Gedichte]: „wenn man friedlich und still dasitzt, so erscheint ein einziger Tag wie zwei. Bei einem Alter von 70 Jahren ergibt dies 140. Man nennt dies ein Mittel zur Erlangung eines langes Lebens" [S/15].

[109] Um den Wunsch nach Unsterblichkeit zu realisieren, sollte man Zweige und Blätter von hundert verschiedenen Bäumen essen, Getreide und Leckereien aber vermeiden.

Man gebe Wasser zu je einem *shō* [1,8 Liter] von schwarzen Bohnen und *cyrtemium Fortunei* [*kanju*] und bringe beides zum Kochen. Dann nehme man letztere heraus, trockne die Bohnen und forme daraus Pillen. Wenn man täglich davon nach Belieben fünf oder sieben Pillen einnimmt, und auch von den Zweigen und Blättern von hundert Bäumen isst, so schmeckt das gut, man wird von den fünf Getreidearten ablassen und deren über werden [O].

[110] Rezept der Unsterblichkeit: Durch Einnahme von Schnurbaum-Samen [*kaishi*] [*sophora japonica*] wird man hunderte von Krankheiten vermeiden, ein langes Leben und klare Augen haben, mit den Unsterblichen verkehren, und selbst graue Haare werden wieder schwarz werden.

Hierzu nehme man am Tag der Schlange im zehnten Monat vom Schnurbaum Samen, die in großer Anzahl zusammenhängen, lege sie, nachdem man sie geschält hat, in eine neue Vase und halte diese während siebenundzwanzig Tagen gut verschlossen: danach esse man zuerst einmal einen, am zweiten Tag zwei Kerne – auf solche Weise sollte man jeden Tag einen Kern mehr essen. Am zehnten Tag dann zehn Stück, und am elften Tag fängt man wieder von vorne an. Auf diese Weise verfahren, hält man alle hundert Krankheiten fern, lebt mehr als hundert Jahre lang, kommt mit den Göttern [*kami*] in Kontakt. Selbst ein grauhaariger Hundertjähriger wird wieder zum Kind werden. Dies ist ein Rezept des Doktor Pien Ch'üeh [O].

[111] *Der heilige Zaun – umgibt den Schrein von Ise – ewig, ohne End – auch für uns Kami-Kinder – Wohlstand, Glück für alle Zeit* [U]

[112] *Ende des Sommers – wer jetzt, im sechsten Monat – den Ritus befolgt – der verlängert sein Leben – um tausend Jahre, sagt man* [OM/5]

Der Ritus des „Sommer-Überschreitens" [*nagoshi no harae*] wurde nach dem traditionellen Kalender am Ende des sechsten Monats ausgeführt und zählt zusammen mit der „Großen Reinigung" [*ō-harae*] zu den am Hof beobachteten Festen und Reinigungs-Zeremonien. In der Bevölkerung haben sich hieraus verschiedene Gebräuche entwickelt, wie z. B. das rituelle Bad in einem Fluss [*oharae-gawa*] oder die Sitte, sich mit aus Papier gefertigten „Ersatz-Formen" [*kata-shiro*] abzureiben, auf diese so alle Unreinheit zu übertragen und sie dann ins Meer zu werfen.

Gewöhnlich sind solche Reinigungs-Gesten von Formeln begleitet, deren iterativer Gebrauch, vergleichbar dem Charakter der *Norito*-Gebete, die magische Wirksamkeit erhöhen soll. Heutzutage wird ein Reinigungs-Ritus in einem Shintō-Schrein ausgeführt, wobei der Liturgist die Gläubigen mittels eines *sakaki*-Zweigs (*cleyera ochnacea*) „reinigt".

[113] *Wunder-Medizin – die eines jeden Leben – sagt man, verlängert – Wasser, in das die Blüten – von Chrysanthemen fielen* [SH]

Der Hintergrund dieses Gedichts verweist auf eine im *Pao p'u tzu* tradierte Legende, welcher zufolge die Bewohner der Gegend Nan-yang Li hsien [Teil der Provinz Honan] ihr Leben zu verlängern wussten, indem sie vom Quellwasser tranken, in welches der Tau von Chrysanthemen-Blüten gefallen war. Diese Legende fand in Japan Eingang und wurde dort mit einer Begebenheit, die vom fünften Chou-Herrscher, Mu-wang [10. Jh. AC] und seinem Lieblingspagen, Jidō, handelt, angereichert. Hiernach war die wunderbare Wirksamkeit des Chrysanthemen-Taus letztlich auf die Kraft des Lotus-Sūtras gegründet.

Wegen eines Vergehens war dieser Page in die oben genannte Provinz verbannt worden, hatte jedoch zuvor vom Herrscher eine dem Lotus-Sūtra entnommene magische Formel erhalten, die ihn vor allen Gefahren beschützen und ihm ein langes Leben sichern sollte. Tau von Chrysanthemen-Blättern, auf welchen Jidō besagte Formel niedergeschrieben habe, sei dann ins Wasser getropft, von welchem die Bewohner der Gegend auf der Suche nach Langlebigkeit zu trinken pflegten.

Als taoistischer Unsterblicher erscheint der Page, siebenhundert Jahre alt, in der Regierungszeit der Kaisers Wen-Ti [zweite Hälfte des zweiten Jh.], welchem er die heilbringende Formel überliefert. Auf diese Weise sei sie auch nach Japan gelangt. Das *Chung-yung* [jap. *Chō-yō*] Fest, einst in China wie auch in Japan beobachtet, verdanke vorstehender Legende seine Entstehung. Eines des fünf großen Jahresfeste [*sekku*], wurde das Chrysanthemen-Fest [*kiku no sekku*] vom neunten Tag des neunten Monats bis zur Edo-Zeit wahrgenommen.

In der Heian-Zeit trank man an diesem Tag „Chrysanthemen-Sake" und rieb sich mit in Chrysanthemen-Wasser getränkten Tüchern ab – immer mit dem Ziel, dergestalt Langlebigkeit zu erreichen. Hintergrund obiger Legende sind wohl traditionelle Vorstellungen von heilendem Wasser und den Kräften taoistischer Unsterblicher, überlagert von dem Glauben an die Wunderwirkung des Lotus-Sūtras.

* * *

[114] Verfahren, um jemanden reich werden zu lassen.

Man nehme hierzu die Ohren eines Schweins des zwölften Monats und lege sie auf den Dachbalken: die Familie wird mit absoluter Sicherheit wohlhabend werden [O].

[115] Verfahren, mittels dessen ein Armer reich wird.

Man nehme unbemerkt von anderen am siebten Tag des siebten Monats [oder an Silvester] etwas Erde aus dem Garten oder von den Feldern eines Reichen und bestreiche damit den Herd. Vom nächsten Jahr an wird man äußert reich werden [A].

Auflösung zu I. Miszellaneen Nr. [91]: die Zahl „33".

ABKÜRZUNGEN

[A]   Kokon chie makura
[AW]   Awa no zokushin
[B]   Hiji shian-bukuro
[Bde]   Bände
[C]   Hiji shinan-guruma
[CHU]   Chūgoku Shikoku no
         minkan ryōhō
[D]   Hyakkō hi-jutsu [Kinnō
         chijutsu zensho]
[DE]   Denju majinai no daiji
[E]   Shūgyoku zoku chie no
         umi [Kinnō chijutsu
         zensho]
[ED]   Edo meisho zu-e
[EH]   Sō-ka sho-chō ehon te-ka-
         gami
[EHE]   E-hon Edo murasaki
[EK]   E-hon katagi otogi
[EZ]   Eitai ōzassho manreki tai-
         sei
[F]   Shūgyoku shin chie no umi
         [Kinnō chijutsu zensho]
[G]   Zōho shūgyoku chie no
         umi [Kinnō chijutsu
         zensho]
[GO]   Go-kitō densho
[GS]   Go-ryū shintō yoko tate in-
         jin-shū
[H]   Bansei hiji makura
[I]   Sehō denju-bukuro
[IS]   Issai sho-daiji oboe
[K]   Shūgyoku nichiyō denka-
         hō [Myōjutsu-hakubutsu-
         sen]
[Ka]   Kantō no minkan ryōhō
[Ki]   Kinki no minkan ryōhō
[KIH]   Kitō hōten [Koden hihō –]

[KIN]   Kinnō bandai hōkan
[KIR]   Kitō hiyō-roku
[KIT]   Kita-Azumi-gun Kyōdo-
         shi-kō
[KSSM]   Kokusho sō-mokuroku
[KY]   Kyūshū Okinawa no
         minkan ryōhō
[L]   Shūi chie no umi
         [Myōjutsu-hakubutsu-sen,
         kōhen]
[M]   Hiden sehō-bukuro
[MA]   Majinai chōhō-ki
[MAF]   Majinai fu-shū
[MANA]   J.-B. de Porta, Magia natu-
         ralis
[MAS]   Majinai-sho
[MK]   Majinai no kiki-gaki
[MN]   Monumenta Nipponica
[MY]   Miyako meisho zu-e
[N]   [Banpō chinjutsu] nichi-yō
         himitsu-gura
[NB]   National-Bibliothek Tōkyō
[NDZK]   Nihon dai-zōkyō
[Ni]   Nihon saniku shūzoku
         shiryō shūsei
NKBTK   Nihon koten bungaku tai-
         kei
[NMZ]   Nihon sankai meisan zu-e
[NMBZ]   Nihon sankai meibutsu
         zu-e
[NSSS]   Nihon shomin seikatsu
         shiryō shūsei
[NZB]   Natürliches Zauber-Buch
[NZTS]   Nihon zuihitsu taisei
[O]   Shinpen senjutsu kinnō
         hikan
[o. D.] ohne Datum

[OM]	Ōmiwa jinja shiryō	[S/17]	Shojin nichi-yō-dakara
[OMA]	On-majinai hiden	[S/18]	Myōhō kiwa chie no hikari
[P]	Banpō chie-bukuro [Myōjutsu hakubutsu-sen, kōhen]	**[SH]**	Shugen jinpi gyōbō fuju-shū
		[SHi]	Shinbutsu hihō taizen
[POMA]	J.-B. de Porta, La Magie Na-turelle	[Shin]	Shintsū reimyō hizō-sho
[Q]	Minka nichi-yō kōeki hiji taizen	[SHK]	Shi-ki
		[SHM]	Shinsen majinai chōhō-ki
[RY]	Ryokō yōjin-shū	**[Sho]**	Shintō sho daiji
[S/1]	Majinai haya-gaten	**[Shok]**	Sho kiri-kami
[S/2]	Chie kurabe hakubutsu-sen	**[Shug]**	Shugen tongaku sokushō-shū
[S/3]	Myōjutsu chie kagami	**[SS]**	Shugen-shū shintō jinja in-jin
[S/3a]	Myōyaku kihō chie kagami		
[S/4]	Majinai-iri myōjutsu chie no umi	[SU]	Sutego kyōkai no uta
		[T.]	Tōkyō
[S/6]	Myōjutsu ochibo-shū	[TASJ]	Transactions of the Asiatic Society of Japan
[S/7]	Myōjutsu hiden tora no maki		
[S/8]	Hiji hyaku-sen	**[U]**	Unno monjo
[S/9]	Hiji hyaku-sen [san-ben]	[W/1]	[o. Titel: „tejina-Zauber-tricks"]
[S/10]	Hiji hyaku-sen [kō-hen]		
[S/11]	[En no gyōja go-hihō] ma-jinai sanbyaku-ka-jō	[W/2]	Chinjutsu sange-bukuro
		[W/7]	Chinkyoku tawabure-gusa
[S/12]	Banka-chōhō-majinai-denju-bukuro	**[W/9]**	Tengu-tsū
		[W/10]	Tejina haya-gaten
[S/15]	Kyōge betsu-den shōge ji-chi-roku	[WB]	Wunderbuch
		[YA]	Yamato meisho zu-e
[S/16]	[Himitsu kuden] banpō chie no umi	[YAM]	Yamato kōsaku-e shō
		[ZMA]	Zoku majinai chōhō-ki

LITERATUR-AUSWAHL

Alltag in Japan – Sehenswürdigkeiten der Edo-Zeit, Edo jidai meisho-zue [A. Dufey / J. Laube, ed.] [Ausstellungs-Katalog], Harrassowitz Verlag, Wiesbaden 1995

Awane Ch.
Densetsu-engi majinai yume handan, Keibundō shoten, T. 1917

Awa no zokushin [= Awa-minkan-sōsho II], Morimoto Y. ed., Tokushima 1942 [AW]

Banka-chōhō-majinai-denju-bukuro [„Sack überlieferter magischer Praktiken für jedermann"] [Fragment o. D.] **[S/12]**

Banpō chie-bukuro [„Weisheitssack der zehntausend Schätze"] [1725] [Myōjutsu haku-butsu-sen, kōhen], 2 Bde **[P]**

Banpō chie no umi [Himitsu kuden-] [1828] [Kopie: Universität Tōhoku] [S/16]

Banpō chinjutsu nichi-yō himitsu-gura [„Speicher geheimer Praktiken für den täglichen Gebrauch"] [1812], Daigo Chinjin **[N]**

Banpō-goku-hiden, Shinsendō [Kopie: Universität Kasei-gakuin]

Banpō shinsho [1860] [Kopie: Universität Kasei-gakuin]

Bansei-hiji-makura [„Kopfkissen geheimer Praktiken für ewige Zeiten"] [1725] [Chinjutsu-banpō-zensho], Hayami Kenzan, 3 Bde [Kopie: NB] **[H]**

Bibliothèque bleue [La], Editions Gallimard/Julliard, Paris 1971

Bohner A. [üb.]
Japanische Hausmittel. Das Buch „Kokon Chie Makura", MOAG, Bd. XXI, Teil E, T. 1927.

Bollème G., Les almanachs populaires aux XVIIe et XVIIIe siècles – essai d'histoire sociale, Mouton & Co, Paris/La Haye 1969

–––, La Bible bleue – anthologie d'une littérature „populaire", Flammarion, Paris 1975

Buchū-hiden [= Buchū-kongen-ki] [1694], NDZK I

Casal U. A.
„Some Notes on the Sakazuki and on the Rôle of Sake Drinking in Japan", in: TASJ 2. Serie, Bd. 19 [1940]

Chie kurabe hakubutsu-sen [1883] [Kopie: Kokuritsu gekijō, Nachdruck] [S/2]

Chie no kura [1877/83] [Kopie: Stadt-Bibliothek Nishio-shi], Sammelbände 6 [Nr. 51–60] und 8 [Nr. 71–80], Yūki-sha, T. 1877/83]

Chinjutsu sange-bukuro [1764] [Chinjutsu banpō zensho] [Kopie: Kokuritsu gekijō] [W/2]

Chinkyoku tawabure-gusa [1794] [Kopie: Universität Tōhoku] [W/7]

Chisō kasō ō-kagami [Nakamura Sh.], Kokusho kankō-kai, T. 1980

Chūgoku-Shikoku no minkan-ryōhō, Meigen shobō, T. 1976 [CHU]

Denju majinai no daiji [„Überlieferung magischer Praktiken"], Gangō-ji, Nara [Kopie: Kinoshita M.] [DE]

Dennō hiji no umi [1775] 3 Bde, Shibajaku-ken [Kopie: Universität Tōhoku] [S/13]

Dore R. P.
Education in Tokugawa Japan, Routledge & Kegan Paul, London 1965

Döring Y. H.
Ein Handbuch zur Haltung von Mäusen aus der Edo-Zeit. Edition und kommentierte Übersetzung des *Yōsotama no kakehashi* (1775) von Shunpandō Shujin [unveröffentlichte Magisterarbeit, LMU München 2008/2009]

Eberhard W.
  Lexikon chinesischer Symbole. Die Bildsprache der Chinesen. Heinrich Hugendubel Verlag [Diederichs Gelbe Reihe], Kreuzlingen/München 2004
Edo fūzoku zu-e shū, 2 Bde, Kokusho kankō-kai (ed.), T. 1986
Edo jidai-kan [Bijuaru-waido -] [2002], Shōgaku-kan, T.
Ehmcke F. / Shōno-Sladek M. [ed.]
  Lifestyle in der Edo-Zeit, Iudicium Verlag, München 1994
E-iri-shingaku-dōka-hyaku-shu-wage [1886] [Morimoto E.], T. 1886
E-iri yorozu hiketsu hōten [= Hinode 1–1, Anhang], Shinchō-sha, T. 1932
Eitai-ōzassho-manreki-taisei [Tenpō shinsen -] [„Grosse Enzyklopädie vermischter Schriften und Kalender-Einträge für ewige Zeiten", Ōsaka, Edition 1897 **[EZ]**
Eitai sanze-sō manreki taisei [Kokuhō zassho-] [Kōbundō shujin], Kyōto/Ōsaka 1903
Endō M. et al.
  Nihon no meisan jiten, Tōyō keizai shinpō-sha, T. 1977
Formanek S. / Linhart S. [ed.]
  Buch und Bild als gesellschaftliche Kommunikationsmittel in Japan einst und jetzt, Literas, Wien 1995
Fujikawa Y.
  Meishin no kenkyū, Yōsei shoin, T. 1932
———, Shinkō to meishin [Nihon-minzoku-sōsho], Isobe kōyōdō, T. 1928
Fujikawa Y. et al.
  Shinsen yamai sōshi, [Kyōrin sōsho 1], Tohōdō shoten, T. 1922 [Kopie: N. B.]
Fujisawa M. [1961]
  Zusetsu Nihon minzoku-gaku zenshū, 8 Bd., Akane shobō, T. 1961
Fūryū zashiki kage-e [o. Dt.]
Go-kitō-densho [„Überlieferung exorzistischer Riten"] [Zauber-Buch einer Shintō-Priester-Familie in der Nähe von Izumo; Kopie: Ishizuka T.] [GO]
Gorai Sh.
  Zoku Bukkyō to minzoku [Kadokawa-sensho], Kadokawa shoten, T. 1979
Goryū-shintō-yoko-tate-injin-shū [„Verschiedene geheime Überlieferungen der Goryū Shintō-Schule"] [1746] [Kopie: NB] [GS]
Hampp J.
  Beschwörung, Segen, Gebet – Untersuchung zum Zauberspruch aus dem Bereich der Volksheilkunde, Stuttgart 1961
Harada N.
  „Die Koch- und Esskultur in der zweiten Hälfte des Edo-Zeit und die Art ihrer Verbreitung" [Formanek S. 1995]
Hashimoto M.
  Nihon no jikoku seido, Hanawa shobō, T. 1978
Hattori T.
  Edo-jidai igaku-shi no kenkyū, Yoshikawa Kōbunkan, T. 1978
Hayakawa K.
  Sanshū Yokoyama-banashi [Nihon minzoku-shi taikei V: Chūbū 1], T. 1974
Hayashiya T.
  „Tenjin-shinkō no henreki" [Nihon-emaki-mono-zenshū VIII: Kitano tenjin-engi], T. 1962
Henjaku [Pien-Ch'üeh] senshi
  Minkan ryōhō myōyaku hiden-shū, Toraya gofuku-ten, Präfektur Tokushima 1916
Hiden dokuza gūshō [1742], Kōchi [Kawauchi] Gentaku, [Kopie: Universität Tōhoku] [S/14]

Hiden-sehō-bukuro [„Sack geheimer überlieferter Schätze verschiedener Generationen"] [1765] [Kusakabe Furen] **[M]**

Hiji-hyaku-sen [„Auswahl von einhundert geheimen Dingen"] 2 Bde [1827] [Kinnō-chijutsu-zensho] [Fukui Chitoku Sai] **[S/8]**

Hiji hyaku-sen [kō-hen] [1847] [Kopie: Universität Tōyō] [S/10]

Hiji hyaku-sen [san-ben] [1867] [Kopie: NB [S/9]

Hiji shian-bukuro [„Sack geheimer Dinge und Erfindungen"] 3 Bd. [1729] [Wada Yosuke] **[B]**

Hiji-shinan-guruma [„Leitwagen geheimer Dinge"] 3 Bd. [1726] [Myōjutsu-hakubutsu-sen] [Wada Ihei] **[C]**

Hiji shinsho [1868], Tenrindō [Motoki Shōzō] [Kopie: Universität Kasei-gakuin]

Himitsu fu-hō [o. D.] [Baba N.] [Kopie: Universität Tōyō]

Himitsu-myōchi-den-chōhō-ki [1837] [Kopie: Universität Tōhoku]

Hino K.

Meishin no kaibō, Kōsei-kaku, T. 1938

[Hōshū] Kubote-san shugen bunka-kō [Shigematsu T.], Buzenshi kyōiku iinkai 1969

Hōsō majinai hiden-shū [1750] [Hashimoto Seiwa] [Kopie: Mukyū-kai]

Hyakkō hijutsu zenpen [„Geheime Technik zu verschiedenen handwerklichen Tätigkeiten"] 3 Bd. [1725] [Kinnō chijutsu zensho] [Irie Teian] **[D]**

Ide T.

Chūsei Nihon no shisō to bungei – waka-butsudō-ichinyo-kan, T. 1964

Inokuchi Sh.

Nihon no zokushin, Kōbundō, T. 1975

Ishida E.

Shinpan-kappa-koma-hiki-kō [Ishida Eiichi zenshū V], T. 1970

Ishikawa I. [ed.]

Edo-bungaku-zokushin-jiten, T. 1989

Issai-sho-daiji-oboe [„Niederschrift von allerlei esoterischen Riten"] [1759] [Kopie: Sasaki T., Fukuoka] [IS]

Jinka hitsuyō zen [Nichi-yō chōhō –] [1837] [Takai Razan ed.]

Kabashima T. et al.

Jiten Nihon no moji, Taishūkan shoten T. 1985

Kaibara yōjin-bukuro, 3 Bd. [1749] [Kaibara Ekiken] [Kopie: Universität Kasei-gakuin]

Kamado-gami hi-setsu [1807] [Tamada E.] Jingaku-kan

Kanai yōjin-shū [1726] [Tongū Shōgetsu] [Seikatsu no koten sōsho], Yasaka shobō, T. 1983

Kanazawa no meishin [Sugi Y.], Kanazawa 1978

Kaneko T.

Jōdai no ju-teki shinkō, T. 1968

Kantō no minkan-ryōhō, Meigen shobō, T. 1976 [Ka]

Kasō hi-roku, 2 Bd. [Hikida Y.], Nara 1783.

Kasō hiden-shū [Matsuura K.], Hotei-ya shoten, T. 1920

Kasshi-yawa [1841] [Matsura Seizan] NZTS III/7, 8

Kawaguchi K.

Koyomi jiten [Tōkyō bijutsu sensho 18], Tōkyō bijutsu, T. 1977

Kinki no minkan-ryōhō, Meigen shobō, T. 1976 [Ki]

Kinnō bandai hōkan [„Seidensack des Schatzspiegels für zehntausend Generationen"] [Myōjutsu hakubutsu-sen 1781]

Kinnō-chijutsu-zensho [„Seidensack wunderbarer Künste"] [1724] [Kompendium, das vier Titel umfasst: Hyakkō hijutsu zenpen, Shūgyoku zoku chie no umi, Shūgyoku shin chie no umi, Zōho shūgyoku chie no umi]

Kinsei bungaku shoshi kenkyū-kai ed.
Chōhō-ki shū I, II [= Kinsei bungaku shiryō ruijū: Sankō bunken-hen 14, 15], Benseisha, T. 1979.
Kita-Azumi-gun kyōdo-shi-kō IV: Zokushin-rigen-hen [1932] [Shinano-kyōiku-kai éd.] Nagano [KIT]
Kitō-hiyō-roku [1912] Hokuten kyōkō-sha [Kopie: Universität Risshō] [KIR]
[Koden-hihō-] Kitō-hōten [1903] Miyanaga Seiboku-kan [Kopie: Mukyū-kai] [KIH]
Kiyū-shōran [1830] [Kitamura N.], Ryokuen shobō, T. 1958
Kobayashi E.
„Minkan-ryōhō toshite no majinai", in: Shinano VII
Kōbe chūi-gaku kenkyū-kai [1992] [ed.]
Chūi rinshō no tame no Chū-yaku-gaku – Clinical Research of Chinese traditional Medicine-Phamracognosy, Ishiyaku shuppan, T. 1992
Kojima G.,
[Meishin kansō] Unsei no shinpi, Kyōbunsha, T. 1930
Koji-zokushin kotowaza-daijiten, Shōgaku-kan, T. 1982
Kokon chie-makura [„Kopfkissen der Weisheiten aus alter und neuer Zeit"] 3 Bde [1734] [Myōjutsu hakubutsu-sen, 1781], Kawauchi [Kōchi] Gentaku **[A]**
Konno E.
Gendai no meishin [= Gendai kyōyō-bunko], T. 1969
Kornicki P.
The Book in Japan. A Cultural History from the Beginnings to the Nineteenth Century. Brill, Leiden/Boston/Köln 1998
Koyomi no kai [ed.]
Koyomi no hyakka jiten – Encyclopedia of Calendar, Shin Jinbutsu ōrai-sha, T. 1987
Kracht K. [ed.]
Japanese Thought in the Tokugawa Era. A Bibliography of Western-Language Materials, Harrassowitz Verlag, Wiesbaden 2000
Kracht K. / Rüttermann M. [ed.]
Grundriss der Japanologie, Harrassowitz Verlag, Wiesbaden 2001
Kurashi no mame chishiki 86, Kokumin seikatsu sentā, T. 1986
Kyūmin myōyaku-shū [Zōho –] [1693] [Hozumi Hoan] Auswahl 1806 [Wada S.] [Kopie: Mukyū-kai]
Kyūshū Okinawa no minkan ryōhō, Meigen shobō T. 1976 [KY]
Lamparth H.
Japanische Etikette. Ein Handbuch aus dem Jahre 1887, 3 Bde, MOAG 130, Hamburg 1998
Laube J. [ed.]
Alltag in Japan. Sehenswürdigkeiten der Edo-Zeit – Edo-jidai meisho-zue. Harrassowitz Verlag Wiesbaden 1995
Laurent E.
Lexique des espèces de mushi et de leurs caractéristiques dans la culture japonaise. IHEJ, Collège de France, Paris 2002
Lemke H.
Die Weisheit des Essens, Iudicium Verlag, München 2008
Les admirables secrets d'Albert le Grand [Cologne 1703], La Diffusion Scientifique, Paris 1972
Majinai-chōhō-ki [„Wertvolle und praktische magische Vorkehrungen"] [1699] [Kopie: Universität Tenri] **[MA]**
Majinai-chōhō-ki-taizen [1781] [Ōe M.] [Kopie: Universität Tenri]

Majinai-fu-shū [„Sammlung von Magie und Amuletten"] [Kopie: Stadt-Bibliothek Nishio-shi] [MAF]

Majinai haya-gaten [o. D.] [Kopie: Universität Tōhoku] [S/1]

Majinai-iri myōjutsu chie no umi [o. D.] [Kopie: Universität Tōyō] [S/4]

Majinai no kikigaki [Kopie: Universität Tōyō] [MK]

Majinai sanbyaku-ka-jō [En no gyōja go-hihō –] [o. D.] [Kopie: Universität Tōyō] [S/11]

Majinai-sho [„Sammlung magischer Riten"] [1883 >] [Kopie: Kobayashi F.] [MAS]

Makino T.

    Shin Nihon shokubutsu zukan, Hokuryū-kan, T. 1980

May E.

    Die Kommerzialisierung der japanischen Literatur in der späten Edo-Zeit (1750–1868), Otto Harrassowitz, Wiesbaden 1983

Meiji setsuyō taizen [Denka hōten –] [1894], Geiyū sentā [repr.], T. 1974

Meishin-chōsa-kyōgi-kai [ed.]

    Nihon no zokushin, 3 Bde, T. 1952/55

Mestler G. E.

    „A Galaxy of Old Japanese Medical Books with Miscellaneous Notes on Early Medicine in Japan", in: Bulletin of the Medical Library Association 42-1 [1954], 42-2 [1956], 44-3 [1956], 45-2 [1957]

Mihara G.

    Jakyō Tachikawa-ryū no kenkyū, Kyōto 1968

Mimi-bukuro [1814] [Negishi Yasumori], NSSS XVI

Minka nichi-yō kōeki hiji taizen [„Grosse Sammlung nützlicher geheimer Dinge für den täglichen Hausgebrauch"] 5 Bde [1851], Sanshō-kan shujin **[Q]**

Miyanaga Y. [1911]

    Majinai no kenkyū, Präfektur Miyazaki, Kanton Higashi Morokata, Honjō 1911

Morisada-mankō, 5 Bde, Tōkyōdō shuppan, T. 1992

Morita T.

    „Ōzassho kenkyū josetsu – ,Eitai ōzassho manreki taisei' no naiyō bunseki kara", in: Nihon kenkyū 29, Kokusai Nihon bunka kenkyū sentā, Kyōto 2004.

Moriyama S.

    Tachikawa jakyō to sono shakai-teki haikei no kenkyū, T. 1965

Motoyama T.

    Inshoku jiten, Heibonsha, T. 1969

Murayama S.

    Shinbutsu-shūgō-shichō [Sāra-sōsho VI], Kyōto 1964

Myōhō kiwa chie no hikari [1803] 3 Bde, Zenka chinjin (?) **[S/18]**

Myōjutsu chie kagami [1862] [Kopie: Kokuritsu gekijō] [S/3]

Myōjutsu hakubutsu-sen [1781] [Kompendium von sechs Titeln: Kinnō bandai hōkan, Shinpen senjutsu kinnō hi-kan, Hiji shinan-guruma, Hiji shian-bukuro, Kokon chie makura, Chinka yōjin-guruma]

Myōjutsu hakubutsu-sen, kōhen [1803] [Kompendium von 4 Titeln: Shūi chie-bukuro, Banpō chie-bukuro, Shūgyoku nichiyō denka-hō, Tenmon zoku-dan] [Kopie: Universität Tōhoku]

Myōjutsu hiden tora no maki [1885] [Kopie: National-Museum Tōkyō, Nachdruck] [S/7]

Myōjutsu myōyaku takara no tane [1823] [Kopie: Universität Kyōto 1849]

Myōjutsu ochibo-shū [1849] [Kopie: National-Museum Tōkyō] [S/6]

Myōjutsu shinpō-ki [Kopie: Kokuritsu gekijō]

Myōyaku iroha-uta shin-kai, Kurihara K., Kinkei gakuin, T. 1937 [Kopie: NB Tōkyō]

Myōyaku hakubutsu-sen [1802] 7 Bde [Fujii Kenryū], Ōsaka

Myōyaku kihō chie kagami [1862] [Kopie: Kokuritsu gekijō] [S/3a]

Nagano T.
    Neko no genzō to zokushin [Shūzoku sōsho IX], Takai-shi/Ōsaka 1978
---, Neko no minzoku-shi, zoku [Neko to Nihonjin] [Shūzoku sōsho XII], Takai-shi/
    Ōsaka 1986

Nakagawa T.
    „Waka-dharani no setsu – kyōgen-kigo-kan no tenkai", in: Hiroshima-daigaku Ko-
    kubun-gaku-kō XX, 1958–11

Nannyo miyage chōhō-ki [1700] [Kopie: NB Tōkyō]; idem: Chōhō-ki shū II, Bensei-sha,
    T. 1979

Nanzandō igaku daijiten, T. 1978

Naoe H.
    „Hachigatsu-jūgo-ya-kō", in: Minkan-denshō XIV/7

Negishi K. [1986]
    Minzoku-chishiki no jiten, Ōfūsha, T. 1986

Nichi-yō chōhō kenbun-ki [1904 >], Tōsui shoya shujin

Nihon fūzoku-shi gakkai [1978] [ed.]
    Zusetsu Edo jidai shoku seikatsu jiten, Yūzan-kaku, T. 1978
---, Nihon fūzoku-shi jiten, Kōbundō, T. 1979

Nihon meisho fūzoku zu-e, 19 Bde, [bekkan: fūzoku no maki], Kadokawa shoten T.
    1988

Nihon sankai meibutsu zu-e [1754] [Nihon meisho zue zenshū], Meicho fukyū-kai, T.
    1975 [NMBZ]

Nihon sankai meisan zu-e [1799] [Nihon meisho zue zenshū], Meicho fukyū-kai, T.
    1975 [NMZ]. Idem: Nihon meisho fūzoku zu-e [Kadokawa shoten]

Nihon-saniku-shūzoku-shiryō-shūsei, T. 1975 [Ni]

Nihon shomin seikatsu shiryō shūsei [„Materialien zum Leben des einfachen Volkes in
    Japan"], San'ichi shobō, T. 1968 sq. [NSSS]

Nihon unmei gakkai / Takashima eki kenkyū honbu, Shōwa 39-nen unmei hōkan,
    Jingū-kan, T. 1964

Nisard Ch.
    Histoire des livres populaires ou de la littérature du colportage, Maisonneuve &
    Larose, Paris 1968

Nishimura T.
    Uta to minzokugaku [Minzoku-mingei-sōsho VI], T. 1966

Nishimura M. / Yoshikawa I.
    Nihon kyōkō-shi kō, Yūmei shobō, T. 1983

Nishiyama H.
    Kanpō igo jiten [reprint], Sōgen-sha, T. 1978

Nishiyama M. et al. [ed.]
    Edo-gaku jiten, Kōbundō, T. 1984

Nomoto K.
    „Tōge-tsūka no girei to bungaku", in: Kokugaku-in-zasshi 78/3

Nomoto K.
    „Majinai-uta no minzoku", in: Kokugaku-in-zasshi 84/5

Nozaki K
    Kitsuné-Japan's Fox of Mystery, Romance & Humor, The Hokuseido Press, T. 1962

Ōe-bunko mokuroku-Edo-jidai hen, Universität Kasei-gakuin, T. 1973

Ogi T.
    Neko no minzoku-gaku, T. 1979

Ogura Y.
    Zōhō shokubutsu no jiten, Tōkyōdō shuppan, T. 1978
Okada K.
    Dōbutsu no jiten, Tōkyōdō shuppan, T. 1973
Okuno Y.
    Majinai shūzoku no bunka-shi, Iwata shoin, T. 1997
Ōmiwa-jinja-shiryō [„Dokumente des Ōmiwa-Schreins"] vol. V, VI [Sakurai-shi, Prä-
    fektur Nara], T. 1978/79 [OM]
On-majinai-hiden [„Geheime Überlieferung magischer Praktiken"] [18. Jh.] [Präfektur
    Hyōgō, Tajima, Hōzō-in-monjo] [Kopie: Gorai Sh.] [OMA]
Onna chōhō-ki, Namura Jōhaku, 1692 [Kopie: Universität Kyōto]
Otogi-zōshi [NKBTK 38], Iwanami shoten, T. 1963
Ōtsuka K.
    Kanpō to minkan-yaku hyakka, Shufu no tomo-sha, T. 1978
Porta J.-B. de-
    La Magie Naturelle ou les secrets et miracles de la Nature. Edition conforme à celle
    de Rouen [1631]. Guy Trédaniel, Edition de la Maisnie [S. A. Imprimérie centrale de
    l'Ouest, La Roche sur Yon] 1975 [POMA]
---, Magia Naturalis, oder Haus-Kunst-und Wunder-Buch [...] heraus gegeben Durch
    Christian Peganium, sonst Rautner genannt, Nürnberg / in Verlegung Johannes
    Ziegers Buchhändlers. Gedruckt zu Sultzbach durch Abraham Liechtenthaler / im
    Jahr Christi 1680, zwei Bände [Handschriften-Abt. der Bibliothek der Universität
    Erlangen] [MANA]
Rigen zokushin sono hoka no kikigaki [Nakayama T. ed.], Tokushima 1942
Rotermund H. O.
    Majinai-uta. Grundlagen, Inhalte und Formelemente japanischer magischer Ge-
    dichte des 17.–20. Jahrhunderts. Versuch einer Interpretation. Hamburg/Tōkyō
    1975
---, Collection de sable et de pierres-Shasekishū, Gallimard, Paris 1979
---, Pèlerinage aux neuf sommets, CNRS, Paris 1983
---, „Sagesse et savoir-vivre du ‚bout des doigts" [G. S. D. zur Feier. Eine Festschrift für
    Geza S. Dombrady], Hamburg/Tōkyō 1989
---, Hōsōgami ou la petite vérole aisément. Matériaux pour l'étude des épidémies
    dans le Japon des XVIIIe, XIXe siècles [Ecole Pratique des Hautes Etudes, Centre
    d'Etudes sur les Religions et Traditions Populaires du Japon]. Maisonneuve & La-
    rose, Paris 1991
---, „Chasse à la bouddhéité: un exemple de syncrétisme japonais" [Bouddhisme et
    cultures locales – Quelques cas de réciproques adaptations. Actes du colloque
    franco-japonais de septembre 1991], Ecole Française d'Extrême-Orient, Paris 1994
---, „L'offrande de fleurs en mémoire du Bouddha ou l'art de disséquer les insectes
    [Essais sur le rituel III: Colloque du centenaire de la Section des Sciences Religi-
    euses de l'EPHE, Bibliothèque de l'EPHE, vol. CII], Louvain/Paris 1996
---, La Sieste sous l'aile du cormoran et autres poèmes magiques – Prolégomènes à
    l'étude des concepts religieux du Japon, L'Harmattan, Paris 1998
---, „Sacred Space and its Characteristics in Japanese Religion and Folk Culture" [Göt-
    tinger Beiträge zur Asienforschung, Heft 2–3: Creating and Representing Sacred
    Spaces], Peust & Gutschmidt Verlag, Göttingen 2003
---, Images des Occidentaux dans le Japon de l'ère Meiji, Maisonneuve & Larose, Paris
    2005

---, „Good Dreams, Bad Dreams in the History of Japanese Civilisation" [The Indian Night – Sleep and Dreams in Indian Culture, C. Bautze-Picron ed.], Rupa. Co, New Delhi 2009

---, „Kami, Flowers and Insects: Commemoration of Sākyamunis Birthday in Japanese Folk Tradition", in: Hōrin 15 – Vergleichende Studien zur japanischen Kultur, Iudicium Verlag, München 2009

Ryokō-yōjin-shū [„Was es auf Reisen zu beachten gibt"] [1810] [Yasumi Keizan] [RY]

Saishin shokubutsu yōgo jiten, Hirokawa shoten, T. 1975 Saishin Wakan-yakuyō-shokubutsu [Kariyone T. / Kimura Y.], T. 1978

Sakai Sh.
    Nihon no iryō-shi, Tōkyō shoseki, T. 1982

Sakurai Y.
    Sōgō shokuhin jiten, Dōbun shoin, T. 1979

Sansom G. B.
    Japan – A Short Cultural History. Appleton-Century Crofts, Inc. New York 1943

Sanze-sō ō-kagami [Shinpan –] [Yoshimura T.], Shinyū-sha, T. 1926

Sauerhoff F.
    Etymologisches Wörterbuch der Pflanzennamen, Wissenschaftliche Verlagsgesellschaft mbH, Stuttgart 2004

Scholz-Cionca St. (ed.)
    Japan Reich der Spiele. Iudicium Verlag, München 1998

Sehō denju-bukuro [„Sack von überlieferten Schätzen aller Zeiten"] 3 Bd. [1726] [Chin-jutsu-banpō-zensho], Tsutsumi Seizanshi [Hanzan], [Kopie: Universität Tōkyō] [I]

Sehō hi-en yōjutsu, 5 Bd. [1727] [Fujii Masatake] [Kopie: Universität Tōhoku]

Shiki, Yūjitsu [o. D.] [Kopie: Universität Kōya-san] [SHK]

Shinbutsu-hihō-taizen [Karazawa Sh.], T. 1909 [SHi]

Shinpen senjutsu kinnō hikan [„Geheim-Kapitel aus dem Seidensack wundersamer Künste der Unsterblichen"] [1726] [Myōjutsu hakubutsu-sen] [Irie Teian] [O]

Shinsen hiji matsuge [1716/36?] [Kopie: NB] [W/8]

Shinsen-Majinai-chōhō-ki-taizen [„Neue Auswahl wertvoller und praktischer magischer Vorkehrungen"] [1842] [SHM]

Shintō-sho-daiji [1589] [Tōji Hōbodai-in] [Kopie 1609]

Shintsū-reimyō-hizō-sho [Karazawa Sh.], Shinsei-kan, T. 1925 [Shin]

Shiraishi D.
    Nomi-kui-koto koto-ten [Shi-rizu shoku bunka no hakken 3], Shibata shoten, T. 1977

Shōge jichi-roku [Kyōge betsu-den –] [„Lachhaft-vergnügliche Aufzeichnungen eigener Erkenntnisse ausserhalb der orthodoxen Tradition"] [1817] [Handa Sanjin] [Kopie: NB] [S/15]

Shojin nichi-yō-dakara [1737] [Kopie: Universität Kasei-gakuin] [S/17]

Sho kiri-kami [1802] [Kopie: Miyamoto Kesao] [Shok]

Shokubutsu yōgo jiten [Saishin –], Hirokawa shoten, T. 1977

Sho-mu kikkyō wago-shō, 1713, [Mukaku Ichinyoshi] [Kopie: Universität Tōhoku]

Shugen-jinpi-gyōhō-fuju-shū, NDZK II [SH]

Shugen-shōten [Shugen-shōten hensan-kai ed.], Kyōto 1927

Shugen-shū shintō-jinja-injin [Shugen-shōten], Kyōto 1927 [SS]

Shugen-tongaku-sokushō-shū, NDZK II [Shug]

Shūgyoku nichi-yō denka-hō [„Gesammelte Perlen an Hausschätzen zum täglichen Gebrauch"] 3 Bde [1765] [Myōjutsu hakubutsu-sen kōhen], [KSSM: Yanagiwara Motohide] [K]

Shūgyoku shin chie no umi [„Gesammelte Perlen aus dem neuen Meer der Weisheiten"] 3 Bde [1724] [Kinnō chijutsu zensho] [KSSM: Fujii Masatake] **[F]**

Shūgyoku zoku chie no umi [„Gesammelte Perlen aus dem Meer der Weisheiten, Fortsetzung"] 3 Bde [1724] [Kinnō chijutsu zensho] [KSSM: Fujii Masatake] **[E]**

Shūi chie no umi [„Nachtrag zu dem Meer der Weisheiten"] 3 Bde [1788] [Myōjutsu haku-butsu-sen kōhen] **[L]**

Sōda H.
    Nihon no meiyaku, Yasaka shoten 1981

Sō-ka sho-chō ehon te-kagami [Meiji-Zeit?] **[EH]**

Sutego kyōkai no uta [1861] [Giten]

Suzuki A.
    Edo no myōyaku, Iwasaki bijutsu-sha, T. 1991

Suzuki T. [ed.]
    Nihon zokushin-jiten, dō-shokubutsu-hen, T. 1982

Takashima ekidan-sho honbu [ed.]
    Kai-un hiketsu sanze-sō ō-kagami, Jingū-kan, T. 1936
––––, Shōwa 46-nen Jingū-kan kyūsei honreki, Jingū-kan, T. 1971

Takashima goryū-kaku honbu / Tōkyō unmei-gakuin
    Shōwa [kinoe-ne] 59-nen kigaku unsei-goyomi, Jingū-kan, T. 1984

Tamamuro T.
    „Minkan-shinkō, kyōha-shintō", „Majinai no uta" [Zusetsu Nihon-bunka-shi-tai-kei X: Edo-jidai, ge], T. 1967

Tejina haya-gaten [Kopie: Universität Tōhoku] [W/10]

Tejina no tane-hon [1862] [Kopie: Kokuritsu gekijō] [W/5]

Tengu-tsū [1779] [Kopie: Kokuritsu gekijō] **[W/9]**

Tezuma no tane [1868?] [Kopie: Kokuritsu gekijō] [W/6]

Ueno I.
    „Majinai ni tsuite", in: Minkan-denshō XIII/11

Unkin-zuihitsu [1861] [Akatsuki no Kanenari], NZTS I/2

Unno-monjo [Dokumente aus dem Besitz des Exorzisten Unno Eishō, Shizuoka-shi, Ikawa-mura, Dainichi-kigan-sho] **[U]**

Uranai-majinai-kikigaki [1785] [Autor nicht bekannt]

Vaporis C. N.
    „Caveat Viator. Advice to Travelers in the Edo Period", in: MN 44-4 [1989]

Waka shokumotsu honzō [1630], 2 Bde [Kopie: Universität Kasei-gakuin]

Waku H.
    Bukkyō shokubutsu jiten, Kokusho kankō-kai, T. 1979

Watatani K.
    Jutsu, Seia-bō, T. 1975

Weber V.-F.
    Ko-ji hō-ten, dictionnaire à l'usage des amateurs et collectionneurs d'objets d'art japonais et chinois, Hacker Art Books [repr.] 2 Bde, New York 1965

[Wunderbuch]
    Des Mährischen Albertus Magnus, Andreas Glorez, Klostergeistlicher und Natur-kundiger, Eröffnetes Wunderbuch [...], Regensburg und Stadtamhof 1700, Reprint Bellaire Verlag, Homburg 1982

Yabe Z.
    Kami-fuda-kō, Shirōto-sha shoya, T. 1934

Yamada Sh.
    Yakusō zukan, Jingū-kan, T. 1983

Yokoyama T.
„In Quest of Civility: Conspicuous Uses of Household Encyclopedias in Nineteenth Century Japan", in: Zinbun, Kyōto University 34 (1), 1999
---, „On the civilising Role of ōzassho, the Household Encyclopedia for Divining in Premodern Japan", in: Zinbun 37, 2003/4
---, „Die Rolle der Setsuyōshū im Zivilisations und Kulturprozess" [Formanek S. 1995]
Yoshida Kenkō
Betrachtungen aus der Stille [Tsurezuregusa] [üb. Oscar Benl], Insel Verlag, Frankfurt 1963
Yoshino H.
Kitsune-onmyō-gogyō to Inari-shinkō [Mono to ningen no bunka-shi 39], T. 1980
---, Onmyō gogyō to Nihon no minzoku, Jinbun shoin, T. 1983
Yosooi no bunka-shi, Tabako to shio no hakubutsu-kan, T. 1996
[Zauberbuch]
Natürliches Zauber-Buch oder: neu eröffneter Spiel-Platz rarer Künste, in welchem nicht allein alle Taschen-Spieler – und andere curiose Mathematische und Physicalische Künste sondern auch die gebräuchlichen [...] Spiele aufs genaueste beschrieben, und mit vielen Figuren erläutert werden. Nürnberg, bey Adam Stein und Gabriel Nicolaus Raspe, 1745, Faksimilé-Druck, Antiqua Verlag, Lindau 1978 [NZB]
Zōho kyūmin Myōyaku myōjutsu-shū [1823] [Kopie: Universität Kyōto 1849] [R]
Zōho shūgyoku chie no umi [„Ergänzungen zu den gesammelten Perlen aus dem Meer der Weisheiten"] 3 Bde [1747] [Kinnō chijutsu zensho] **[G]**
Zokka chōhō-shū [kōhen] [1827], Ryūbokushi [Kopie: Universität Kasei-gakuin]
Zoku Majinai-chōhō-ki [Onmyō-ji-chōhō-ki] [Fortsetzung zu den „Wertvollen und praktischen magischen Vorkehrungen"] [1701] [Kopie: Universität Tōyō] **[ZMA]**
Zusetsu Nihon shomin seikatsu-shi, 8 Bde, Kawade shobō shinsha, T. 1962
Zusetsu Nihon bunka-shi taikei, 14 Bde, Shōgaku-kan, T. 1968
Zusetsu Nihon bunka no rekishi, 13 Bde, Shōgaku-kan, T. 1981

VERZEICHNIS DER ABBILDUNGEN

*K*rankheit, Schwangerschaft, Unfälle [E]: 14, 165

Akupunktur: 167, Allergie: 168, Atmung: 168, Bäder: 168, Beriberi: 170, Blutungen [auch Nasenbluten]: 170, Brandwunden: 171, Buckel: 173, Dermatologie: 174, Diagnose erstellen: 178, Epidemien: 179, Epilepsie: 191, Gelbsucht: 191, Geschlechtskrankheiten: 191, Gynäkologie: 194, Hals-Nasen-Ohren: 195, Hämorrhoiden: 196, Hände, Finger, Fingernägel: 196, Husten und Erkältung: 197, Krämpfe: 199, Krankheit, allg.: 166, Lähmung: 199, Lepra: 199, Lumbago: 199, Moxibustion: 200, Neurologie: 202, Oesophagitis: 208, Ophtalmologie: 208, Pädiatrie: 211, Prolapsus ani: 216, Reanimation: 216, Ruhr: 219, Schlaganfall: 220, Schwangerschaft und Geburt: 220, Sprechfähigkeit: 232, Stärkungsmittel: 232, Stomatologie: 233, Wundliegen: 233, Zahnheilkunde: 233.

*L*esen, Schreiben und Malen [D]: 14, 141

Lesen: 142, Malen: 162, Schreiben: 145.

*M*iszellaneen [I]: 17, 345

Besucher: 346, Diebstahl [+ Entlaufen, Verlaufen]: 348, Gedächtnis: 351, Handlesen: [+ Charakter, Physiognomie]: 351, Mann und Frau: 351, Müdigkeit: [+ Schlaf] und Traum: 360, Poesie: 374, Selbstvertrauen: 375, Skatologie: 375, Spiel und Verspieltes: 375, Tabus und Wahrsagen: 380, Wunscherfüllung: 381.

*R*eisen [H]: 16, 309

Ermüdung: 312, Flüsse durchwaten: 312, Füße [schmerzende –]: 317, Gefahren auf Reisen: 320, Herberge: 325, Im Tragkorb: 343, Krankheitsfall unterwegs: 330, Orientierung im Gelände: 331, Reise-Ausrüstung: 337, Reise zu Pferd: 332, Schiffsreisen: 341, Schuhwerk: 318, Unterwegs in der Nacht: 326.

*T*iere, Vögel und Insekten [G]: 15, 259

Ameisen: 296, Enten, Hahn und Huhn: 260, Fische: 263, Fliegen: 296, Flughörnchen: 290, Frösche: 264, Füchse: 266, Glühwürmchen: 299, Hunde: 267, Insekten und Ungeziefer, allg.: 295, Jagd-Magie: 272, Kakerlaken: 299, Katzen: 274, Krähen: 290, Läuse und Flöhe: 299, Mäuse: 276, Moskitos: 301, Pferde: 280, Raupen: 302, Schildkröten: 283, Schlangen: 284, Schmetterlinge: 303, Schwalben: 293, Spatzen: 293, Spinnen: 303, Tausendfüßler: 303, Tierwelt, allg.: 260, Toiletten-Ungeziefer: 303, Vogelwelt, allg.: 289, Wespen: 305, Wildschweine und Wölfe: 287, Würmer: 305, Zecken: 307.